Einblicke in Franz Kafkas *"Betrachtung"*

Analyse und literaturgeschichtliche Einordnung

von

Tilly Kübler-Jung

Tectum Verlag
Marburg 2005

Umschlagabbildung: Henri Jean-Louis Le Secq: *Meereslandschaft,* 1856

Kübler-Jung, Tilly:
Einblicke in Franz Kafkas "Betrachtung".
Analyse und literaturgeschichtliche Einordnung.
/ von Tilly Kübler-Jung
- Marburg : Tectum Verlag, 2005
Zugl.: Heidelberg, Univ. Diss. 2004
ISBN 978-3-8288-8799-2

© Tectum Verlag

Tectum Verlag
Marburg 2005

Inhaltsverzeichnis

Einleitung 5

I. **Entwicklungsgeschichte, Einzelanalyse und literaturgeschichtliche Einordnung** 7
   1. Entwicklungsgeschichte 7
      1.1. Verlagskontakt und Herausgabe 7
      1.2. Entstehung 12
      1.3. Auflage und Rezension 15
   2. Erste Einzelanalyse 16
   3. Literaturgeschichtliche Einordnung 45
      3.1. „Die Betrachtung" – Ein Prosagedicht? 45
      3.2. Die expressionistischen Züge der „Betrachtung" 50
      3.3. Stilmittel und Erzähltechnik 62

II. **Gesamtanalyse und Interpretation des „Sehens", „Schwebens" und „Schreibens"** 72
   1. Erste Gesamtanalyse 72
      1.1. Sinn und Funktion des Fensters und der Blicke 77
      1.2. Etymologische Aspekte und Analyse des „Sehens" 102
   2. Zur Bedeutung des „Schwebens" 109
      2.1. Etymologie und erste Analyse des „Schwebens" 110
      2.2. Das „Schweben" als Ausdruck der ontologischen Unsicherheit und metaphysischen Leere 118
      2.3. Versuchte Assimilation und existentielle „Schwebe" der Prager Juden 133
      2.4. Das „Schweben" als Schwanken zwischen „Innen" und „Außen" 159
      2.5. Das „Schweben" als metaphysische Ästhetik und Befreiung vom Willensdruck 184
   3. Zur Bedeutung des „Schreibens" 211
      3.1. Die Thematisierung der Literatur im Schreibprozess 211
      3.2. Das „Schweben" als Ritt auf dem Dichterpferd Pegasus 220
      3.3. Bedeutung und Stellenwert des Schreibens 229

Zusammenfassung und Epilog 295
Bibliographie 309

EINLEITUNG

Franz Kafkas „Betrachtung", ein sicher zu Unrecht von der Forschung bislang wenig beachtetes Frühwerk, zeigt einerseits zwar deutlich den Charakter eines literarischen Schaffensbeginns, andererseits lassen sich jedoch in diesem sehr früh entstandenen (1903 bis 1912) Erzählzyklus bereits sehr deutlich die Motive, Stilmittel und Erzähltechniken der späteren Werke erkennen.

Neben den entwicklungsgeschichtlichen Aspekten und der Interpretation der Einzeltexte soll daher im ersten Teil der vorliegenden Arbeit u.a. auch die formale Beschaffenheit der Stücke im Hinblick auf die später entstandenen Romane untersucht werden. Als Grundlage hierfür wird Martin Walsers Dissertation „Beschreibung einer Form. Versuch über Franz Kafka" dienen, wobei es festzustellen gilt, inwiefern die hier herausgearbeiteten und als typisch dargestellten Mittel und Techniken der drei großen Romane („Das Schloss", „Der Prozess", „Amerika") auch schon in der „Betrachtung" (ansatzweise oder in extenso) ihren Stellenwert besitzen.

Zur weiteren Analyse wird im Rahmen einer literaturgeschichtlichen Einordnung überprüft, ob und in welcher Hinsicht die „Betrachtung" der expressionistischen Literatur zuzuordnen ist bzw. nahe steht, und ob es sich bei diesem Werk um die literarische Mischgattung des „Prosagedichtes" handelt.

Der zweite Teil dieser Arbeit beschäftigt sich sodann mit der Gesamtinterpretation der Prosatexte als inhaltliche und zyklische Einheit. In diesem Zusammenhang soll dabei auch die Funktion des Fensters und der Blicke, beides Elemente, die in der „Betrachtung" schon aufgrund ihrer häufigen Verwendung signifikant erscheinen, näher analysiert und interpretiert werden. Des Weiteren soll die besondere Bedeutung des „Schwebens" in mehrfachen Sinn- und Funktionszusammenhängen näher untersucht und herausgearbeitet werden.

Aber auch der besondere Stellenwert des Schreibens und der Literatur in der „Betrachtung" wird Gegenstand einer näheren Analyse sein, wobei im Besonderen die Thematisierung der Literatur im Schreibprozess und die Verwendung des Pegasus-Motivs untersucht, aber auch die besondere Bedeutung des Schreibens für Kafka und sein Leben unter mehreren Gesichtspunkten anhand autobiografischer und literarischer Texte überprüft werden soll.

Zusammenfassend und abschließend wird dann im letzten Kapitel eine Gesamtbewertung des Frühwerks expliziert, wobei nochmals alle zentralen Elemente und Aspekte der „Betrachtung", teilweise auch in einem erweiterten Blickfeld, dargestellt und analysiert werden.

Die „Betrachtung", vom Autor selbst als „heillose Unordnung"[1] bezeichnet, ist zweifellos ein in jeder Hinsicht schwer interpretierbares Werk, und „man muß schon sehr nahe herantreten, um etwas zu sehn"[2]. Doch andererseits veranlasst und zwingt sie den Leser geradezu immer wieder zu einer erneuten Betrachtung, und nach und nach erscheinen „Lichtblicke in eine unendliche Verwirrung hinein"[3], was im Folgenden zu zeigen ist.

---

1   Kafka, Franz: Briefe an Felice, S. 218.
2   Ebenda, S. 218.
3   Ebenda, S. 218.

I. ENTWICKLUNGSGESCHICHTE, EINZELANALYSE UND LITERATURGESCHICHTLICHE EINORDNUNG

1. ENTWICKLUNGSGESCHICHTE

1.1. Verlagskontakt und Herausgabe

Die „Betrachtung", erstmals 1908 in der von Franz Blei und Carl Sternheim herausgegebenen Zweimonatsschrift „Hyperion" als acht Prosatexte ohne Einzeltitel erschienen, zählt nicht nur zu den Frühwerken Kafkas, sondern war gleichzeitig auch seine erste Publikation überhaupt.

Es handelte sich hierbei um die später (in der Veröffentlichung von 1912) wie folgt betitelten Stücke: „Der Kaufmann", „Zerstreutes Hinausschaun", „Der Nachhauseweg", „Die Vorüberlaufenden", „Kleider", „Der Fahrgast", „Die Abweisung" und „Bäume". Der letztgenannte Text sowie das Stück „Kleider" entstammen ursprünglich dem Textmaterial der „Beschreibung eines Kampfes", sind vermutlich zwischen 1903/04 und 1907 entstanden und zählen somit zu den entwicklungsgeschichtlich am frühesten überlieferten Schriften Kafkas.

1910 sind ferner fünf Prosatexte der „Betrachtung" in der Zeitschrift „Bohemia" erschienen (hier veröffentlicht unter dem Plural „Betrachtungen"), vier bereits 1908 veröffentlichte und nun mit Titeln versehene Stücke: „Am Fenster" – später als „Zerstreutes Hinausschaun" benannt, „In der Nacht" – 1912 als „Die Vorüberlaufenden" erschienen, „Kleider" und „Der Fahrgast", sowie ein bis zu diesem Zeitpunkt noch unveröffentlichtes Stück: „Nachdenken für Herrenreiter".

Als Buch erschien die „Betrachtung" erstmals Ende 1912 (unter dem Erscheinungsjahr 1913) im Verlag Ernst Rowohlt. Zu den Texten von 1908 und 1910 traten nun noch neun weitere hinzu: „Kinder auf der Landstraße", „Entlarvung eines Bauernfängers", „Der plötzliche Spaziergang", „Entschlüsse", „Ausflug ins Gebirge", „Das Unglück des Junggesellen", „Das Gassenfenster", „Wunsch, Indianer zu werden" und „Unglücklichsein".

Die nunmehr 18 Prosastücke der „Betrachtung" erschienen mit der Widmung „Für M.B.", für Max Brod, welcher die Veröffentlichung in mehrfacher Hinsicht erst ermöglichte, denn Franz Kafka hätte ohne die Unterstützung seines Freundes wohl „weder die Kraft noch das Selbstbewußtsein gehabt"[4] diesen Schritt zu wagen.

Max Brod galt 1912 bereits als ein vielversprechender Autor, der jedoch mit seinem Verleger Axel Juncker, einem Buchhändler aus Kopenhagen, auf Dauer nicht recht zufrieden war. Juncker, tagsüber weiterhin

---

4   Unseld, Joachim: Franz Kafka. Ein Schriftstellerleben, S. 46.

als Buchhändler tätig und Führer eines Ein-Mann-Verlages, genoss zwar den Ruf eines Entdeckers junger Autoren, konnte jedoch „zu den entscheidenden Instanzen der Literaturszene keinen rechten Kontakt"[5] aufbauen; auch sein Verlagsprogramm war weit gestreut und uneinheitlich und „bot den Anblick eines wenig profilierten Sammelsuriums"[6], was insgesamt dazu führte, dass die durch ihn betreuten Autoren wenig Erfolgsaussichten besaßen. Brod sah sich aus diesem Grunde sehr bald schon gezwungen, sich nach einem anderen Verlag umzusehen und als ihm schließlich (durch Gustav Meyrink vermittelt) der Rowohlt-Verlag anbot, seine weiteren Arbeiten zu verlegen, nutzte er die gemeinsam mit Franz Kafka im Sommer 1912 durchgeführte Reise nach Weimar (hier wollten die Freunde die Wirkungsstätten Goethes besuchen, da beide diesen gleichsam verehrten), um in weitere Geschäftsverhandlungen mit Ernst Rowohlt zu treten. Die Bildungsreise für einen Tag unterbrechend, traf er sich mit diesem sowie mit dem zweiten Verlagsleiter, Kurt Wolff, in Leipzig (eine zum damaligen Zeitpunkt sehr bekannte Buchhandels- und Verlagsstadt) zu einem persönlichen Gespräch.

Doch nicht nur seine Belange kamen bei dieser Unterredung zur Sprache, geschickt lenkte Brod, der in sich den „heißen Wunsch, ein Buch seines Freundes gedruckt zu sehen"[7] spürte, auch die Rede auf Kafka und legte Proben seiner frühen Prosa empfehlend vor.

„Sehr 'anregend` fanden sie das alles, die beiden Verleger"[8], denen Kafka bereits als Autor der in der Zeitschrift „Hyperion" veröffentlichten Prosastücke bekannt war und man wollte auch diesen persönlich kennen lernen. So traf man sich noch am gleichen Tag zu einem gemeinsamen Mittagessen in „Wilhelms Weinstuben", ein zu dieser Zeit sehr beliebter und traditioneller Treffpunkt junger Künstler. Anschließend begab man sich ins Café Felsche zu weiteren Gesprächen.

Kafka, der sich in Gesellschaften stets sehr unwohl fühlte, verhielt sich auch hier äußerst scheu, zurückhaltend und wortkarg, sein Freund Max Brod dagegen, redegewandt und überzeugend, der, um seinem Freund den Weg zu ebnen, auch „vor keiner Übertreibung zurückschreckte"[9], erwies sich wieder einmal als erfolgreicher Fürsprecher Kafkas, denn schließlich endete die gemeinsame Unterredung mit der Aufforderung Rowohlts, ihm ein Manuskript mit weiteren Schriften Kafkas zu übersenden.

Ob dieses Angebot des Verlegers jedoch tatsächlich auf ein ernsthaftes Interesse zurückzuführen war oder nur aufgrund des vehementen

---

5   Stach, Reiner: Kafka. Die Jahre der Entscheidungen, S. 67.
6   Ebenda, S. 67.
7   Brod, Max: Franz Kafka, S. 130.
8   Stach, Reiner: Kafka. Die Jahre der Entscheidungen, S. 69
9   Ebenda, S. 70.

Drängens Brods zustande kam, den Rowohlt zudem als neuen Autor gewinnen und verpflichten wollte, somit auch auf keinen Fall indignieren wollte, bleibt freilich unklar.

Auf jeden Fall jedoch ersparte Brod seinem Freund damit „die Verlegenheit, womöglich mit unverbindlichen Zusagen abgespeist zu werden"[10], zumal dieser nicht imstande gewesen wäre, einen Verleger auch nur halbwegs von sich zu überzeugen.

Überrascht, aber durchaus auch erfreut, notierte Kafka in sein Reisetagebuch: „Rowohlt will ziemlich ernsthaft ein Buch von mir"[11]; doch bald schon quälten ihn Zweifel. Bereits unmittelbar vor der Weiterreise nach Weimar verabschiedete sich Kafka mit den Worten: „Ich werde Ihnen immer viel dankbarer sein für die Rücksendung meiner Manuskripte als für deren Veröffentlichung"[12]. Denn „der Hoffnung Kafkas, die er mit der Herausgabe dieses Buches verband, stand gleichzeitig sein Bedenken gegenüber, dass der Verleger sich doch keinerlei Vorstellung von dem Manuskript machen konnte."[13] Auch die ihn sicherlich peinlich berührenden Anpreisungen und Lobeshymnen seines Freundes konnte er somit relativieren, aber auch die Last seiner Verpflichtung zur Vorlage eines druckreifen Manuskriptes etwas erleichtern, denn die Arbeiten an dem versprochenen Manuskript gestalteten sich für Kafka äußerst schwierig.

Zum einen gab es dieses bisher nicht und musste somit erst völlig neu aus älteren Stücken zusammengestellt werden, zum anderen war es sehr schwer zu erarbeiten und stellte sich in zweierlei Hinsicht problematisch dar: Sowohl im qualitativen Sinne, denn ihm erschien neben dem bereits Veröffentlichten „kein weiteres Stück rein genug, um in das Buch aufgenommen zu werden"[14], als auch im quantitativen Sinne, da für die Veröffentlichung eines Buches schlichtweg zu wenig Textmaterial vorhanden war.

Noch in Jungborn, wohin sich Kafka nach der mit Brod unternommenen Reise zur Erholung begeben hatte, schrieb er daher bittend an seinen Freund Max Brod, ihm doch die Herausgabe des Buches zu erlassen:

„Ich bin außer Stande und werde es kaum in nächster Zeit im Stande sein, die noch erübrigenden Stückchen zu vervollkommnen. Da ich es nun nicht kann ... willst du mir wirklich raten ... bei hellem Bewusstsein etwas Schlechtes drucken zu lassen, das mich anwidern würde ... ? ... Es gibt in diesen Stückchen ein paar Stellen, für die ich zehntausend Berater haben wollte; halte ich sie aber zurück, brauche ich niemanden als Dich

---

10 Stach, Reiner: Kafka. Die Jahre der Entscheidungen, S. 70.
11 Unseld, Joachim: Franz Kafka. Ein Schriftstellerleben, S. 45
12 Ebenda, S. 47.
13 Ebenda, S. 48.
14 Ebenda, S. 49.

und mich und bin zufrieden. Gib mir recht! ... Schlechte Sachen endgültig schlecht sein lassen, darf man nur auf dem Sterbebett. Sag mir, daß ich recht habe, oder wenigstens, daß Du es mir nicht übelnimmst."[15]

Alles bisher von ihm Geschriebene schien ihm mit einem Mal für eine Veröffentlichung nicht verwendbar, zu schlecht, „wie in einem lauen Bad geschrieben"[16].

Doch Brod blieb konsequent. Er bestand weiter auf der Veröffentlichung der von Kafka selbst als die „alten, wertlosen Stücke"[17] bezeichneten Texte, wohlweislich, dass dies zu einer schweren Belastungsprobe ihrer Freundschaft führte.

In mühevoller Nachtarbeit arbeitete Kafka schließlich ganze Texte um, wobei ihm nicht nur die Zeit zum Weiterschreiben an seinem ersten großen Roman verloren ging, sondern ihn auch immer wieder Zweifel am Sinn seines Schreibens überhaupt befielen, bis er am 7. August schließlich resigniert an Max Brod schrieb, dass er „die übrigen Stückchen nicht ins reine bringen"[18] und „daher das Buch nicht herausgeben"[19] könne.

Doch Brod gewann den Kampf um die Publikation dank seiner unablässigen und konsequenten Motivation und den mehrmaligen Hinweisen auf die Nachfrage Rowohlts.

Am 13. August schließlich war ein Manuskript mit 18 Prosastücken zusammengestellt, lediglich die Reihenfolge der Texte sollte noch am Abend dieses Tages gemeinsam besprochen werden. Doch mit seinem Freund Max Brod konnte Kafka dies an jenem Abend nur in aller Kürze tun, denn es handelte sich hierbei um jenen schicksalshaften Abend, an dem er Felice Bauer erstmals begegnete. Es war der Beginn eines über fünf Jahre währenden Kampfes mit Verlobung, Entlobung, erneuter Verlobung und endgültiger Trennung, der hier bereits seine Schatten vorauswarf.

Denn schon in der darauf folgenden Nacht kamen ihm Bedenken, ob nicht „unter dem Einfluß des Fräuleins"[20] eine „im Geheimen komische Aufeinanderfolge"[21] entstanden sein könnte und er bat Brod um eine nochmalige Durchsicht. (Dass die Reihenfolge dennoch ganz offensichtlich sehr sorgfältig bedacht und ausgewählt wurde, wird an anderer Stelle noch genauer erörtert. Vgl. hierzu Teil II, Kap. 1.)

---

15 Kafka, Franz: Briefe 1902-1924, S. 99.
16 Ebenda, S. 100.
17 Unseld, Joachim: Franz Kafka. Ein Schriftstellerleben, S. 50.
18 Ebenda, S. 51.
19 Ebenda, S. 51.
20 Kafka, Franz: Briefe 1902-1924, S. 102.
21 Ebenda, S. 102.

Dieser übersandte noch am gleichen Tag, dem 14. August 1912, das Manuskript der „Betrachtung" an den Verlag.

Kafka selbst schrieb daraufhin den ersten Brief an seinen Verleger Ernst Rowohlt, in dem er, noch immer nicht ganz seiner Zweifel entledigt, von seinem inneren Zwiespalt, von dem Schwanken „zwischen der Beruhigung meines Verantwortungsgefühls und der Gier, unter Ihren schönen Büchern auch ein Buch zu haben"[22] sprach.

Andererseits war aber auch der übermächtige Wunsch nach einer Veröffentlichung des Werkes unüberhörbar:

„Jetzt aber wäre ich natürlich glücklich, wenn Ihnen die Sachen auch nur soweit gefielen, daß Sie sie druckten. Schließlich ist auch bei größter Übung und größtem Verständnis das Schlechte in den Sachen nicht auf den ersten Blick zu sehen. Die verbreitetste Individualität der Schriftsteller besteht ja darin, daß jeder auf ganz besondere Weise sein Schlechtes verdeckt."[23]

Wie wichtig nun Kafka der Druck der „Betrachtung" erschien, zeigen auch seine Ungeduld und sein Bangen um die Annahme seines Manuskriptes, als nach einer Woche noch keine Antwort des Verlages eingetroffen war. Andererseits quälten ihn immer wieder Bedenken, das Geschriebene nicht verantworten zu können und er litt unter der vermeintlichen Unzulänglichkeit seines Werkes. In seinem Tagebuch vermerkte er:

„Wenn Rowohlt es zurückschickte und ich alles wieder einsperren und ungeschehen machen könnte, so dass ich bloß so unglücklich wäre wie früher."[24]

Doch das Manuskript wurde angenommen und verlegt, ebenso kam man auch seinem Wunsch nach der größtmöglichen Schrift bei der Drucklegung bereitwillig nach. Nicht ohne Stolz übersandte Kafka die erste Schriftprobe der „Betrachtung" an Felice Bauer mit den Worten:

„Sie ist zweifellos ein wenig übertrieben schön und würde besser für die Gesetzestafeln Moses passen als für meine kleinen Winkelzüge. Nun wird es aber schon so gedruckt."[25]

Die „Betrachtung" wurde schließlich nach einer letzten Korrektur am 3. November gedruckt und Kafka schrieb erleichtert an Felice: „Mein Buch, mein Büchlein, Heftchen ist glücklich angenommen."[26]

Das „Büchlein" umfasste nun 99 Seiten, der größtmögliche Schriftgrad ermöglichte diesen Umfang aus ehemals 31 Manuskriptseiten.

---

22   Kafka, Franz: Briefe 1902-1924, S. 103.
23   Ebenda, S. 103.
24   Kafka, Franz: Tagebücher 1910-1923, S. 208.
25   Kafka, Franz: Briefe an Felice, S. 83.
26   Ebenda, S. 46.

Und obwohl Rowohlt nur den Druck von 800 Exemplaren wagte, sah sich Kafka durch die Herausgabe des Buches „sowohl in seinem Schreiben als auch in seinem Lebenswunsch bekräftigt"[27] und konnte nun, wie es sich Brod für ihn wünschte, ein „literarisches Leben beginnen"[28].

1.2. Entstehung

Die 18 Prosastücke der „Betrachtung" sind „Mosaiksteinchen", d.h. eine Sammlung unterschiedlich entstandener und datierter Texte.
Am 11. Dezember 1912 übersandte Kafka den Band „Betrachtung" an Felice mit den Worten: „Ob Du wohl erkennst, wie sich die einzelnen Stückchen im Alter voneinander unterscheiden. Eines ist z.B. darunter, das ist gewiß 8-10 Jahre alt."[29]
Hierbei handelt es sich offenbar um das Stück „Die Bäume" oder „Kleider". Beide Texte entstammen der Fassung A seines frühesten Werkes „Beschreibung eines Kampfes". Beide sind handschriftlich überliefert („Die Bäume" allerdings in der „Beschreibung eines Kampfes" noch ohne Titel) und werden in der Forschungsliteratur sehr unterschiedlich datiert: So geht Christoph Bezzel beispielsweise von einer Entstehung des Stückes „Die Bäume" im Jahre 1904 oder 1905 aus, Ludwig Dietz vermutet die Niederschrift des Stückes „Die Bäume" in den Jahren 1904 bis 1907 und „Kleider" 1902 bis 1904/07, Klaus Wagenbach geht von einem Ursprung des Textes „Die Bäume" im Jahre 1904 oder 1905 aus, Roger Hermes dagegen datiert beide Stücke auf 1907 (genauer zwischen September und Dezember 1907).
Roland Reuß setzt aufgrund des Briefes an Felice die Entstehungszeit auf 1902 bis 1904 fest, was durchaus einleuchtend erscheint. Die Frage, warum Kafka in diesem Brief nur von einem Stückchen spricht und damit offenbar das Stück „Kleider" anspricht, ergibt sich nach Reuß und Hartmut Binder aus der Tatsache, dass „Die Bäume" später überarbeitet wurden und „zum Zeitpunkt der Veröffentlichung dem Autor innerlich noch nicht so fern standen"[30].
Das Stück „Kleider" dagegen wurde fast unverändert aus der ersten Fassung der „Beschreibung eines Kampfes" übernommen, somit handelt es sich hier vermutlich um das entwicklungsgeschichtlich früheste Stück der „Betrachtung"
Die Entstehungszeit des Textes „Wunsch, Indianer zu werden" ist dagegen völlig ungewiss, denn es gibt bisher keinerlei Anhaltspunkte zu

---

27   Unseld, Joachim: Franz Kafka. Ein Schriftstellerleben, S. 63.
28   Ebenda, S. 63.
29   Kafka, Franz: Briefe an Felice, S. 175.
30   Reuß, Roland: Zur kritischen Edition ... , S. 4.

einer möglichen Datierung. Das Stück ist handschriftlich nicht überliefert und erstmals bei Rowohlt (1912/13) erschienen.

„Die Abweisung" hingegen war Beilage eines (allerdings undatierten) Briefes an Hedwig Weiler, der in den Zeitraum zwischen Oktober und November 1907 eingeordnet werden kann. Das zu diesem Brief beigefügte Blatt wurde mit der Überschrift „Die Begegnung" versehen und enthielt „Die Abweisung". Kafka spricht in diesem Brief von einer „schlechten, vielleicht ein Jahr alten Kleinigkeit"[31], woraus sich eine mutmaßliche Entstehung des Textes im Jahre 1906 ableiten lässt. Erschienen ist „Die Abweisung" erstmals im 1. Band, Heft 1 (Jan.-Feb. 1908) der Zeitschrift "Hyperion".

Die Stücke „Der Kaufmann", „Der Nachhauseweg", „Zerstreutes Hinausschaun", „Die Vorüberlaufenden" und „Der Fahrgast" sind handschriftlich nicht überliefert, auch gibt es keinerlei Überlieferungen, die Hinweise auf eine eindeutige zeitliche Zuordnung und Datierung geben könnten. Lediglich eine Entstehung vor Ende 1907 kann als gesichert angenommen werden, da sie zu diesem Zeitpunkt bereits der Redaktion des „Hyperion" vorlagen und dort auch erstmals veröffentlicht wurden.

Der Text „Zum Nachdenken für Herrenreiter" ist ebenfalls handschriftlich nicht überliefert. Seine Entstehung wird von Roger Hermes auf Ende 1907 bis Anfang 1910 festgelegt, da sowohl Briefe als auch Tagebuchaufzeichnungen aus diesem Zeitraum Kafkas Interesse am Reitsport dokumentieren und das Stück im März 1908 im „Hyperion" noch nicht, sondern erst am 27. März 1910 in der „Bohemia" veröffentlicht wurde.

„Unglücklichsein" dagegen ist handschriftlich (jedoch ohne Schluss) im 2. Tagebuch dokumentiert, die vollständige Fassung ist als Erstdruck bei Rowohlt (unter dem Erscheinungsjahr 1913, jedoch noch 1912 erschienen) überliefert.

Der mutmaßliche Beginn der Niederschrift wird von Roger Hermes auf November 1909 festgelegt. Beendet wurde die Arbeit an diesem Stück vermutlich (über eine Entstehung in drei Etappen) Ende Februar/Anfang März 1911.

Das Stück „Ausflug ins Gebirge" ist ebenfalls handschriftlich überliefert und entstammt der Fassung B der „Beschreibung eines Kampfes". Die von Malcolm Pasley im Jahre 1993 herausgegebenen „Nachgelassenen Schriften und Fragmente I" verweisen auf eine Niederschrift des Textes wenige Tage nach dem 14. März 1910. Roger Hermes weist jedoch darauf hin, dass es sich möglicherweise auch um einen bereits deutlich früher entstandenen Text handeln könnte, „der bei der Niederschrift der zweiten Fassung von „Beschreibung eines Kampfes" gleich-

---

31 Kafka, Franz: Briefe 1902-1924, S. 50.

sam eingebaut wurde"[32]. Erstmals veröffentlicht wurde der „Ausflug ins Gebirge" 1912/13 bei Rowohlt.

Das Stück „Kinder auf der Landstraße" war ursprünglich Teil der Fassung B des Stückes „Beschreibung eines Kampfes", entstanden zwischen 1909 und 1910. Nach Pasley und Hermes kann aus handschriftlichen Überlieferungen Kafkas und einer Tagebucheintragung Max Brods der Entstehungszeitraum weiter auf nach dem 14. März 1910 und vor dem 11. Juni 1910 eingeschränkt werden. Auch hier erscheint es jedoch durchaus denkbar, dass es sich um ein bereits früher verfasstes Stück handeln könnte, das nachträglich mit in die zweite Fassung der „Beschreibung eines Kampfes" aufgenommen wurde.

„Entlarvung eines Bauernfängers" ist hingegen weder handschriftlich überliefert, noch finden sich handschriftliche oder biographische Anhaltshaltspunkte zur Entstehung des Textes. Aufgrund von Parallelen und einigen Tagebucheintragungen zur „Beschreibung eines Kampfes" kann allenfalls vermutet werden, „dass die Arbeit nicht vor Oktober 1910 aufgenommen wurde"[33]. Der Arbeitsabschluss des Stückes kann jedoch genauer festgelegt werden, da am 8. August 1912 Kafka in sein Tagebuch notierte:

„'Bauernfänger' zur beiläufigen Zufriedenheit fertig gemacht. Mit der letzten Kraft eines normalen Geisteszustandes"[34]. Gedruckt wurde das Stück erstmals bei Rowohlt 1912/13.

Auch „Das Gassenfenster" ist nicht handschriftlich überliefert. Die Erwähnung des Stückes in Verbindung mit dem Text „Entlarvung eines Bauernfängers" lässt jedoch vermuten, dass es ebenfalls wie dieses zwischen Oktober 1910 und August 1912 entstanden sein könnte. Erstmals veröffentlicht wurde das Stück ebenso bei Rowohlt 1912/13.

Die erste Niederschrift des Textes „Das Unglück des Junggesellen" findet sich als Tagebucheintragung vom 14. November 1911. Für die Veröffentlichung in der „Betrachtung" bei Rowohlt 1912/13 wurde das Stück von Kafka jedoch nochmals überarbeitet und gekürzt.

„Der plötzliche Spaziergang" entstammt ursprünglich ebenfalls einer Tagebucheintragung (5. Tagebuch) und wurde ebenso für den Druck bei Rowohlt vom Autor überarbeitet. Die Niederschrift ins Tagebuch erfolgte „nach einer Eintragung vom 5. Januar und vor einer Eintragung vom 6. Januar 1912"[35], was ein Entstehen in der Nacht vom 5. auf den 6.1. nahe legt.

---

32   Hermes, Roger (Hrsg.): Franz Kafka. Die Erzählungen, S. 552.
33   Ebenda, S. 553.
34   Kafka, Franz: Tagebücher 1910-1923, S. 206.
35   Hermes, Roger (Hrsg.): Franz Kafka. Die Erzählungen, S. 555.

Auch das Stück „Entschlüsse" wurde aus dem 5. Tagebuch entnommen, es findet sich nach einer Eintragung vom 5. Februar und vor einer Notiz vom 7. Februar 1912. Für die Veröffentlichung bei Rowohlt 1912/13 wurde es geringfügig überarbeitet, wobei „vor allem Bezüge zur tatsächlichen Lebenssituation herausgenommen"[36] wurden.
Dass diese teilweise so differenten und sowohl zeitlich als auch hinsichtlich ihrer ursprünglichen Entstehungsweise so unterschiedlichen Stücke trotzdem eine Einheit, oder wie es der Autor selbst nannte, „ein ganz wahrheitsgemäßes Bild"[37] im Ganzen ergeben, zeigt sich erst bei einer genaueren Analyse und Interpretation der Texte im Einzelnen und im Gesamten (vgl. Teil II dieser Arbeit).

1.3. Auflage und Rezension

„Wie Kafka vorhersah, war der Verkaufserfolg des Werkes gering."[38] Nach der ersten, mit 800 Exemplaren sehr geringen, Auflage erschien zwar 1915 eine zweite Ausgabe von Verlags wegen, hierbei handelte es sich jedoch um eine Titelauflage, und während der drei darauf folgenden Jahre (zwischen 1. Juli 1915 und 30. Juni 1918) wurden nicht mehr als 429 Bücher verkauft. Noch Ende 1922 waren einige Exemplare vorhanden und obwohl die „Betrachtung" Kafkas Meinung nach nicht zu den Büchern gehörte, „die gelten"[39], gab er sein Einverständnis zum weiteren Erhalt der unverkauften Stücke, denn er wollte, wie er sagte, „niemandem die Mühe des Einstampfens machen, aber neu gedruckt darf nichts daraus werden"[40]. Diese Meinung musste er allerdings später wieder revidieren: Als er im Frühjahr 1924 dringend Geld benötigte, um einen Sanatoriumsaufenthalt zu finanzieren, sah er sich gezwungen, „die Stücke der `Betrachtung´ für Zeitungsabdrucke ohne Einschränkung freizugeben"[41].
Obwohl die „Betrachtung" keine breite Öffentlichkeit fand, wurde sie doch unter den Schriftstellerkollegen überaus gut aufgenommen und durchgängig positiv rezensiert, wenngleich sie auch sehr oft missverstanden und fehldeutet wurde.
Otto Stoessl, welchen Kafka sehr verehrte, lobte die Heiterkeit und den Humor der „Betrachtung", ein Urteil, dem Kafka nur kopfschüttelnd folgen und nur mit einem zu ungenauen Lesen sich erklären konnte. Als

---

36 Hermes, Roger (Hrsg.): Franz Kafka. Die Erzählungen, S. 555.
37 Kafka, Franz: Briefe an Felice, S. 229.
38 Binder, Hartmut: Kafka-Kommentar zu sämtlichen Erzählungen, S. 122.
39 Ebenda, S. 122.
40 Ebenda, S. 122.
41 Ebenda, S. 122.

„übertrieben lobende Besprechung"[42] bezeichnete er dagegen Otto Picks Kritik in der „Deutschen Zeitung Bohemia". Max Brods geradezu hymnische Rezension empfand Kafka mehr als Lob seiner selbst als seines Werkes:
„Weil eben die Freundschaft, die er für mich fühlte, im Menschlichsten, noch weit unter dem Beginn der Literatur ihre Wurzel hat ... überschätzt er mich in einer solchen Weise, die mich beschämt und eitel und hochmütig macht."[43]

Die von Albert Ehrenstein im „Berliner Tageblatt" erschienene Besprechung bezeichnete er dagegen als „die freundlichste"[44], die von Robert Musil in der „Neuen Rundschau" aber als „die bedeutendste"[45].

Kafkas geheimer Stolz über das generell positive Echo der zeitgenössischen Kritik war unverkennbar, und aufmerksam verfolgte er jede Rezension seines Erstlingswerkes.

Doch obwohl die Resonanz hinsichtlich der Bewertung der „Betrachtung" einheitlich positiv war, war sie andererseits im Hinblick auf die Einordnung und Interpretation äußerst different. Keine gemeinsame Deutung ließ sich finden, das Spektrum reichte „von der Seelenqual eines neuen, befangenen Kaspar Hauser"[46] bei Otto Pick, bis hin zu der falsch verstandenen „leichten, innersten Heiterkeit"[47] bei Stoessl, was letztlich auf ein Erkennen des schriftstellerischen Talentes, doch auch auf ein nicht völliges Begreifen des Stoffes schließen lässt.

2. ERSTE EINZELANALYSE

Als verbindende Thematik der teilweise sprach-, stil- und deutungsdifferenten Einzeltexte der „Betrachtung" erscheint in erster Linie die problematische Beziehung des Einzelnen zur Welt, die Suche des Ichs nach der eigenen Identität einerseits und der Wunsch nach Integration und Einbindung in den Rhythmus der Gemeinschaft andererseits. Die Sinnsuche des Lebens und die Sehnsucht nach menschlicher Nähe bei gleichzeitigem Unvermögen diese (er-)tragen, stabilisieren und intensivieren zu können ist vorherrschendes Thema in nahezu allen Einzelstücken der „Betrachtung". Es ist „dieses Verlangen nach Menschen ..., das sich in Angst verwandelt, wenn es erfüllt wird"[48], das sich in fast allen Texten immer wieder findet und das gepaart ist mit einer allgemeinen Seins-

---

42 Binder, Hartmut: Kafka-Kommentar zu sämtlichen Erzählungen, S. 121.
43 Ebenda, S. 122.
44 Ebenda, S. 122.
45 Ebenda, S. 122.
46 Ebenda, S. 122.
47 Ebenda, S. 121.
48 Kafka, Franz: Briefe 1902-1924, S. 101.

Unsicherheit und ontologischen Leere, einem inneren Schwanken zwischen Innen- und Außenwelt und dem Wunsch nach einer gleichzeitig vorhandenen Festigkeit und Leichtigkeit der Existenz: das Verlangen nach der Gewissheit der eigenen „Stellung in dieser Welt" (Der Fahrgast) und dabei doch „wie auf Wellen" (Der Kaufmann) gehen, sich literarisch-geistig frei entwickeln zu können.

Doch das „Ich" in der „Betrachtung" ist und bleibt gefangen im Kampf zwischen Innen- und Außenwelt, verliert sich im ewigen Schwanken zwischen Identitätssuche und Integration. Ein konkreter Entschluss kann letztlich nicht gefasst werden, was bleibt ist ein stetes „Unglücklichsein" und der Wunsch nach der „letzten grabmäßigen Ruhe" (Entschlüsse).

Der unentwegte „Kampf zwischen der absoluten Forderung des individuellen freien „Selbst" und den ewig in sich kreisenden Lebensvollzügen"[49] scheint nur durch den Tod abwendbar.

Im Einzelnen wird dies wie folgt in den Stücken dargestellt:

Kinder auf der Landstraße

Die anfangs fast romantisch anmutende Kindheitsidylle und Leichtigkeit des Seins wechselt rasch (und immer wieder) ins Problematische und Schwere. Eine Szenerie voll „Feuer, das ganze unruhige Feuer und Blut einer ahnungsvoll gespannten Kindheit"[50], das von einer fernen Macht beherrscht zu sein scheint, denn „die Flammenwände gehorchen einem unsichtbaren Kapellmeisterstab"[51], tritt hier zutage. Was anfangs unbeschwert scheint, verkehrt sich rasch ins belastend Dunkle. Denn schon im dritten Satz wird das Lachen „zur Schande". Die Erwachsenen („Getreidewagen mit Männern und Frauen") „verdunkeln" die kindliche Unbeschwertheit, die gedeihenden, wachsenden „Blumenbeete". Ängstlich weichen Mädchen einem „Herrn mit Stock" aus, indem sie „ins seitliche Gras" treten. Das epische Ich verfängt sich mit seinen Blicken im Flug der Vögel, bis es nicht mehr weiß, wer fällt oder steigt, die Welt erzittert, schaukelt, nur Seile noch Halt bieten.

Diese Haltlosigkeit wird verstärkt durch einen ständigen Bild- und Szenenwechsel: Ohne Überleitung wird ein „Nachtmahl" bei Kerzenschein beschrieben, die dabei dargestellte Abendstimmung und Betonung der Müdigkeit, der verlöschenden Kerze und der Mücken evozieren das Alter und den nahenden Tod als konträres Gegenspiel zum kindlichen Schaukeln des ersten Absatzes.

---

49 Emrich, Wilhelm: Franz Kafka, S. 101.
50 Brod, Max: Franz Kafka, S. 137.
51 Ebenda, S. 137.

Die menschliche Kommunikation und Bindung ist schwach, läuft immer wieder ins Leere („Wie redest Du?", „Kommt doch herunter! – Kommt zuerst herauf!"), was von beiden Seiten jedoch nicht als Verlust empfunden, sondern eher mit einem Gefühl der Erleichterung konstatiert wird: „Fragte mich einer vom Fenster aus, so sah ich ihn an, als schaue ich ins Gebirge oder in die bloße Luft, und auch ihm war an einer Antwort nicht viel gelegen." Einer weiteren Annäherung „über die Fensterbrüstung" wird nur „seufzend" nachgegeben.

Ein abstraktes „besonderes, nie gut zu machendes Unglück" wird thematisiert, fast ironisch klingt dabei die Feststellung: „Nichts war verloren", womit offenbar der verlorene Glaube an Gott gemeint ist, denn die nachfolgenden Worte „Gott sei Dank", „Du kommst halt immer zu spät" und „Keine Gnaden" verweisen ganz offensichtlich auf die längst verlorene Möglichkeit der religiös fundierten Seinskonstituierung.

Die Sätze „Wir durchstießen den Abend mit dem Kopf. Es gab keine Tages- und Nachtzeit ... bald liefen wir in gleichbleibender Entfernung" zeigen dagegen die zeit- und ortsungebundene Daseinssphäre eines Kindes auf, die Wortwahl wird sodann freier und leidenschaftlicher, bis schließlich die Existenz vollkommen durch die Fantasie bestimmt zu sein scheint: „Bald rieben sich unsere Westenknöpfe aneinander wie Zähne ... Feuer im Mund, wie Tiere in den Tropen".

Die Leichtigkeit des fantasiebestimmten Seins hebt das Körperliche „hoch in die Luft". Man treibt sich gegenseitig „die kurze Gasse hinunter und mit diesem Anlauf in den Beinen die Landstraße weiter hinauf" (in eine höhere Daseinssphäre), lässt sich ganz von den Gefühlen lenken und treiben.

Doch andererseits fehlt es auch nicht an Festigkeit und Kraft, denn „stampfend" und „wie Kürassiere in alten Kriegen" nimmt man den Lebenskampf auf, Brust und Herz sind dabei durch einen Küraß sicher geschützt.

Doch auch hier, während der fast völligen Enthebung aus den irdischen Zwängen, kommt es erneut zu einer plötzlichen Wendung ins Negative und Dunkle:

„Einzelne traten in den Straßengraben, kaum verschwanden sie vor der dunklen Böschung, standen sie schon wie fremde Leute oben auf dem Feldweg und schauten herab."

Der „Straßengraben" (als Ende des Lebensweges), die „dunkle Böschung" (Übergang vom Leben zum Tod) und die „fremden Leute oben" (die Toten) indizieren die allgegenwärtige Präsenz des Todes.

Die im nächsten Absatz erneut betont hervorgehobene Ambivalenz zwischen „herunter" und „herauf" verdeutlicht nochmals die Nähe der Gegensätze Leben und Tod.

Der nun übermächtige Hang zur Müdigkeit und die fast greifbare Todesnähe werden zwar von außen angestoßen („Wir ... wurden vor die

Brust gestoßen"), doch „fallend und freiwillig" auf- und angenommen. Der Lebenskampf („Wir machten den Angriff, wurden vor die Brust gestoßen und legten uns in das Gras des Straßengrabens") scheint verloren, was jedoch nicht als Verlust, sondern vielmehr als emotionale Befreiung empfunden wird: „Alles war gleichmäßig erwärmt, wir spürten nicht Wärme, nicht Kälte im Gras, nur müde war man."

Man möchte sich abwenden von der Welt, sich hin zur „rechten Seite drehen", sich der letzten Stille hingeben („die Hand unters Ohr") und so „wollte man gerne einschlafen". Dieser Todeshingabe folgt jedoch ein immer wieder von Neuem beginnendes Aufbegehren, eine versuchte Rückwendung zum Leben, die aber mit immer größerer Intensität zu scheitern droht: „Zwar wollte man sich noch einmal aufraffen mit erhobenem Kinn, dafür aber in einen tieferen Graben fallen. Dann wollte man, den Arm quer vorgehalten, die Beine schiefgeweht, sich gegen die Luft werfen und wieder bestimmt in einen noch tieferen Graben fallen. Und damit wollte man gar nicht aufhören."

Doch diese Todessehnsucht in letzter Konsequenz auszuleben („sich im letzten Graben richtig zum Schlafen aufs äußerste strecken"), „daran dachte man noch kaum", sondern man lag nur „zum Weinen aufgelegt, wie krank auf dem Rücken", d.h. man war allem und jedem hilflos ausgeliefert. Ein Motiv, das im Übrigen stark an Gregor Samsas Verwandlung erinnert, hier sozusagen schon vorweggenommen wird. Denn auch Gregor Samsa lag „zu einem ungeheuren Ungeziefer verwandelt"[52] zunächst vollkommen hilflos auf dem Rücken und „mit welcher Kraft er sich auch auf die rechte Seite warf, immer wieder schaukelte er in die Rückenlage zurück"[53].

Der Übergang vom Leben zum Tod, symbolisiert durch die Gelenke „Knie" und „Ellbogen", wird letztlich nicht vollzogen, denn man will dem Tod („ein Junge ... mit dunklen Sohlen") noch nicht ins Gesicht schauen, sondern „man zwinkerte" nur.

Sobald jedoch der Wunsch nach Leben wieder erwacht (aufgehender Mond, „Licht", „schwacher Wind"), erwacht auch die Sehnsucht nach menschlicher Nähe („Da lag einem nicht mehr so viel daran, allein zu sein", „Wo seid Ihr?", „Kommt her!"), aber auch der ewige Kreislauf der ambivalenten zwischenmenschlichen Gefühle, der Wunsch sowohl nach Integration als auch nach Isolation, die Dialektik zwischen Anziehung und Abstoßung tritt wieder zutage:

„Wir liefen enger beisammen, manche reichten einander die Hände", aber „den Kopf konnte man nicht genug hoch haben, weil es abwärts ging". Das Soziale, die Gemeinschaft, gefährdet die Existenz des Ichs.

---

52 Kafka, Franz: Die Erzählungen, S. 96.
53 Ebenda, S. 97.

Die menschliche Nähe, obwohl bis zur Ekstase genossen („ ... wir bekamen in die Beine einen Galopp wie niemals, bei den Sprüngen hob uns in den Hüften der Wind. Nichts hätte uns aufhalten können"), wird andererseits auch als Gefährdung des Ichs empfunden, misstrauisch und argwöhnisch beäugt („ruhig uns umsehen") und abwehrend erlebt („die Arme verschränken").

Der nächste Absatz thematisiert wiederum die Todesnähe und den noch nicht gekommenen Zeitpunkt des Übertritts in eine andere Sphäre, denn man blieb „auf der Wildbachbrücke ... stehn", und „die weiter gelaufen waren, kehrten zurück", da „das Wasser unten ... an Steine und Wurzeln" schlägt, der Lebensfluss noch nicht versiegt und der Lebensabend noch nicht gekommen ist („als wäre es nicht schon spät abend"). Doch die Todesnähe ist weiter gegenwärtig, der schmale Grad zwischen Leben und Tod bleibt bestehen: „Es gab keinen Grund dafür, warum nicht einer auf das Geländer der Brücke sprang."

Mit der nun anschließend geschilderten Eisenbahnfahrt vollzieht sich der bildliche und emotionale Wechsel zwischen Land und Stadt, kindlichem Dasein und Erwachsenenwelt, was ein neues Problemfeld aktiviert:

„Alle Coupées" des „Eisenbahnzuges" sind zwar „beleuchtet", doch sind „die Glasfenster sicher herabgelassen", d.h. Teile des Ichs sind für andere sichtbar, das Innere jedoch ist für sie nicht zugänglich, der Weg dorthin ist versperrt.

Während im sechsten Absatz (in der kindlichen Welt) noch „einer über die Fensterbrüstung" springen konnte, sind hier bereits (auf dem Weg in die Stadt/Erwachsenenwelt) „die Glasfenster sicher herabgelassen", der andere, die Welt wird zum reinen Anschauungsobjekt.

Wiederum wird jedoch zunächst das Gemeinsame bis zur völligen Loslösung vom Irdischen gesteigert, als ein ekstatisches Heraustreten aus dem eigenen Bewusstsein erlebt („Wir sangen viel rascher als der Zug fuhr, wir schaukelten die Arme, weil die Stimme nicht genügte, wir kamen mit unseren Stimmen in ein Gedränge, in dem uns wohl war"), um dann erneut ins Problematische zu wechseln, denn „wenn man seine Stimme unter andere mischt, ist man wie mit einem Angelhaken gefangen." Das soziale Miteinander wird mehr und mehr zur Belastung und Bedrohung, man hat „den Wald im Rücken", das Ungewisse, Dunkle, Unüberschaubare („Wald", „im Rücken") der menschlichen Gemeinschaft lastet auf dem Ich, die zwischenmenschliche Distanz wird größer, denn man singt nur noch „den fernen Reisenden in die Ohren", während die Todesnähe immer spürbarer wird: Zwar wachten die Erwachsenen „noch im Dorfe", doch „die Mütter richteten die Betten für die Nacht" schon her. Die Isolation des Ichs steigert sich Stufe um Stufe: Zuerst küsst es „den, der bei ihm stand", den „drei Nächsten" reichte es nur noch „so die Hände" und dann begann es schon „den Weg zurückzulaufen" und zu konstatieren, dass es „keiner rief". An der „Kreuzung", dem Scheideweg zwischen Isolation und Integration, „wo sie mich nicht mehr sehen konnten", wählt das epische Ich den Weg des sozialen Rückzuges, in das Ungewisse, denn es „lief auf Feldwegen wieder in den Wald". Doch nur, um erneut den menschlichen Kontakt zu suchen: Es strebt einer Stadt zu, in der die Leute weder „schlafen" noch „müde werden", weil sie „Narren" sind.

Der schon durch den Titel angedeutete (Lebens-) Weg der „Kinder auf der Landstraße" führte somit von einer (wenn auch mit Schatten behafteten) Kindheitsidylle zu einer städtischen Erwachsenenwelt, in der 'Narrenfreiheit', d.h. die Möglichkeit einer zweckfreien Existenz in einer den Lebenszwängen enthobenen Daseinssphäre gesucht wird.

Entlarvung eines Bauernfängers

Der Übergang vom Landleben zum Leben in der Stadt ist vollzogen. Es ist bereits später am Abend („gegen 10 Uhr abends"). Auffallend ist hier die zeitliche Präzisierung, die in allen anderen Stücken fehlt. Auch existiert hier ein klares und eindeutiges Ziel (ebenso im Gegensatz zu den übrigen Texten): der Besuch einer Abendgesellschaft in einem „herrschaftlichen Hause".

Der Weg zu diesem Ziel führt über Hindernisse (ein „nur flüchtig bekannter Mann" hatte das erzählende Ich „zwei Stunden lang in den Gassen herumgezogen"), die sich letztlich jedoch nur als Vorwände entpuppen (der „Bauernfänger" wird „entlarvt"). Das Innere, der Bewusstseins-Raum tritt in Kontakt mit der Außenwelt, die Gegensätze zwischen „Innen" und „Außen" werden thematisiert. Nach dem Erkennen des „Bauernfängers" geht das Ich gestärkt aus der Situation hervor.

Wiederum beginnt das Geschehen im „Außen" und führt schließlich (eindeutig gewollt) ins „Innere". Die positive Seite der menschlichen Begegnung fehlt jedoch zunächst völlig. Vielmehr wird der „nur flüchtig bekannte Mann", der sich dem epischen Ich „unversehens wieder anschließt", als überaus lästig empfunden, denn es „klatschte in die Hände zum Zeichen der unbedingten Notwendigkeit des Abschieds" und hatte zuvor schon einige „weniger bestimmte Versuche ... gemacht". Die als Belästigung empfundene physische Nähe des anderen steigert sich schließlich bis zu einem Gefühl der Bedrohung: „In seinem Munde hörte ich ein Geräusch wie vom Aneinanderschlagen der Zähne."

Die Kommunikation läuft auch hier wiederum ins Leere, das erzählende Ich schaut „an den Ohren" seines „Gegenübers" vorüber, um jetzt „mit ihm stumm zu werden". Ein alles durchdringendes Schweigen und Dunkel entsteht: „Dabei nahmen an diesem Schweigen gleich die Häuser rings herum ihren Anteil, und das Dunkel über ihnen bis zu den Sternen."

Das jeweilige Bewusstsein bleibt in sich verschlossen, „Ich und Begleiter bleiben in einem solipsistischen Spiel verankert"[54]. Die betonten Gegensätze zwischen „hier unten vor dem Tor" und der Einladung, „hinaufzukommen, wo ich so gerne gewesen wäre" verdeutlichen nochmals die Trennung der Bewusstseinswelten und die Unerreichbarkeit des anderen.

Die Mitmenschen werden zu „unsichtbaren Spaziergängern, deren Wege zu erraten man nicht Lust hatte". Der Zugang zur Welt bleibt dem Ich versperrt, beide können die Hindernisse nicht durchbrechen, wie „ein Grammophon, das gegen die geschlossenen Fenster irgendeines Zimmers sang" oder ein „Wind, der immer wieder an die gegenüberliegende Straßenseite sich drückte".

Schließlich fügen sich beide („in seinem und ... auch in meinem Namen" – nicht jedoch in 'Gottes Namen', wie man unweigerlich hinzufügen möchte) in ihr Schicksal, der nächtliche Begleiter „lehnte sein Gesicht" – als äußeres Zeichen der Akzeptanz der Unüberwindbarkeit – an den an der Mauer aufwärts gestreckten Arm, lächelnd und „die Augen schließend", ergeben und resigniert.

Sein Lächeln jedoch „entlarvt" ihn als „Bauernfänger", als „nichts weiter" und somit als einen der „ersten städtischen Bekannten", dem das Ich „den ersten Anblick einer Unnachgiebigkeit" verdankt, die es sich „jetzt so wenig von der Erde wegdenken konnte" und schon in sich „zu fühlen begann". Der Zwang eines Erwachsenen, die eigene Existenz rechtfertigen zu müssen, die verlorene kindliche Unbeschwertheit in einer zweckfreien Lebenswelt, wird hier als „Bauernfänger" personifiziert, denn der „Bauernfänger" wird in dem Moment erkannt, als „Scham" das Ich „plötzlich herumdrehte", das eigene Selbst nicht mehr unfraglich und selbstverständlich in die Welt eingebunden ist, sondern sich verschämt behaupten muss. Die „Bauernfänger" werden „erkannt" als Hindernis im eigenen Vorhaben, sie verstellten den Weg zur Zielverwirklichung „so breit sie konnten" und „suchten uns abzuhalten von dort, wohin wir strebten". Und obwohl sie uns noch gegenüberstehen, „selbst wenn man ihnen schon längst entlaufen war" und sogar noch „aus der Ferne" überzeugen, können sie dennoch als „diese alten Späße" erkannt und „entlarvt" werden, denn „ihre Mittel waren stets die gleichen". Der innere Drang, das eigene Dasein „verteidigen" zu müssen, obwohl es „niemand verlangt" (vgl. „Der Fahrgast") erweist sich lediglich als „Wohnung" in der „eigenen Brust" und damit als potentiell überwindbar. Ein leichtes Klopfen „auf die Schulter" genügte, und das Ich kann "die Treppe hinauf" eilen. „Aufatmend und langgestreckt" freut es sich über die Wiederbelebung und Erhöhung des eigenen Selbst, auch der „Saal", in der sich die Gesellschaft befindet, kann nun betreten

---

54   Binder, Hartmut: Kafka-Handbuch, Band 2, S. 255.

werden. Die zwischenmenschliche Begegnung wird nun von Anfang an positiv erlebt: Das „ich" freut sich schon über „die so grundlos treuen Gesichter der Dienerschaft oben im Vorzimmer" wie über „eine schöne Überraschung". Die gestörte Atmosphäre der Kommunikation erscheint gereinigt wie „die Stiefel", die man „abstaubte", der „Mantel" des Schweigens wurde „abgenommen".

Die „Unnachgiebigkeit", die statische Präsenz („Wie setzten sie sich nicht, wie fielen sie nicht hin") bleibt jedoch weiterhin bestehen, denn selbst nach dem Erkanntwerden lehnte der „Bauernfänger" noch an der Wand „wie früher, hielt sich noch immer für einen Bauernfänger, und die Zufriedenheit mit seinem Schicksal rötete ihm die freie Wange". Die Mauer zwischen Innen- und Außenwelt, der Störfaktor in der Dynamik der interaktiven Tangibilität, ist weiterhin präsent.

„Entlarvt und erkannt wird in diesem Text nicht der Bauernfänger, sondern die 'Schande` des Ich"[55], die man „ungeschehen zu machen" versucht, jedoch nur zeitweise und scheinbar überwinden kann und die den zwischenmenschlichen Austausch blockiert.

Der plötzliche Spaziergang

Dieser Text vermittelt Aufbruchstimmung, Abschied und die Suche nach der „wahren Gestalt" im „Außen".

Wieder ist es Abend und zu vorgerückter Stunde („nach dem Nachtmahl", wenn „man gewohnheitsgemäß schlafen geht"), eine präzise Zeitangabe fehlt jedoch, dies unterstreicht die nunmehr schwankende, ungewisse Stimmungslage. Die Szene beginnt nun im „Inneren", „zu Hause". Doch auch hier fühlt sich das neutrale „man" mit einem Mal unwohl und „in einem plötzlichen Unbehagen" entschließt es sich zum Weggang. Alles würde ein Verbleiben im „Inneren" nahe legen („den Hausrock angezogen", „unfreundliches Wetter", „das Treppenhaus dunkel", „das Haustor gesperrt"), ein Aufbruch dagegen würde „allgemeines Erstaunen hervorrufen", und dennoch wird der Schritt ins „Außen" gewagt. Denn hier findet man „diese schon unerwartete Freiheit", erst „auf der Gasse" erfahren die „Glieder" ihre „besondere Beweglichkeit", man „erkennt, daß man ja mehr Kraft als Bedürfnis hat", man glaubt, dass „die schnellste Veränderung leicht zu bewirken und zu ertragen" sei und fühlt „durch diesen einen Entschluß alle Entschlußfähigkeit in sich gesammelt".

Das im vorangegangenen Text als unerträglich und belastend empfundene „Außen" wird nun zum Medium der Selbsterhebung und zum Erreichen der „wahren Gestalt".

---

55 Kurz, Gerhard: Lichtblicke in eine unendliche Verwirrung. Zu Kafkas „Betrachtung", S. 55.

Das Soziale erscheint nun als affirmatives Element, als Mittel zur Stärkung des Ichs („verstärkt wird alles noch, wenn man ... einen Freund aufsucht"). Die Kontaktaufnahme geht nun auch nicht mehr vom anderen aus, sondern das „man" initiiert die Begegnung, sucht bewusst die menschliche Nähe und den Zugang zum anderen („um nachzusehen, wie es ihm geht").

„Innen" und „Außen" wechselten somit ihre Stellung, sie erscheinen hinsichtlich ihrer Funktion und Bedeutung dialektisch im Vergleich zum vorherigen Stück.

Trotz der am Ende wiederum vorherrschenden positiven, scheinbar stabilen Stimmung, die den Entschluss als richtig zu bestätigen scheint, ergibt sich beim Leser nun insgesamt dennoch ein Bild des Schwankens, der inneren Zerrissenheit und Skepsis.

Entschlüsse

Der Titel „Entschlüsse" erscheint doppeldeutig im Sinne von Entschlüsselung des Inneren und im herkömmlichen Sinne als Entscheidung (zwischen „Innen" und „Außen"). Der hierbei verwendete Plural vermittelt Unbestimmtheit und weist auf eine polyvalente Bedeutungsstruktur.

Die Verwirklichung des Wunsches, sich „aus einem elenden Zustand zu erheben", sollte, ja „muß selbst mit gewollter Energie leicht sein". Auch das „selbst" erscheint hier im doppelten Sinne: Einmal im Sinne von „obwohl" oder „sogar" (und hebt damit die Widersprüchlichkeit des situativen Konfliktes hervor), zum anderen personifiziert als das Selbst, das Innere, das eigene Ich. Ebenso ist das Wort „gewollt" zweifach interpretierbar: zum einen als „Wille" (Verstand) und zum anderen als Wunsch (von „wollen") und Betonung der Gefühlsseite. Ratio und Emotionen scheinen hier im Konflikt zu stehen.

Somit scheint hier zunächst die Enthebung aus dem „elenden Zustand" trotz der Widersprüchlichkeit zwischen Verstandes- und Gefühlsebene zugunsten dem Inneren, dem eigenen Selbst möglich, gar leicht zu sein, wenn die Energie, die innere Kraft dazu vorhanden ist.

„Ich reiße mich vom Sessel los" unterstreicht noch einmal die Notwendigkeit der Eigeninitiative und Selbstüberwindung, der bequeme Zustand im „Sessel" muss verlassen werden. Der „Tisch" wird danach „umlaufen": Der Tisch als Ort der (schriftlichen) Arbeit und Reflexion, der umrundet wird, verdeutlicht das Kreisen der Gedanken. Der Tisch als Symbol des (geistigen) Heims verstanden, akzentuiert die (geistige) Heimatsuche, die angestrebte Selbstfindung.

„Kopf und Hals" werden „beweglich gemacht", d.h. Gedanken und Sprache werden geordnet.

„Feuer" wird „in die Augen" gebracht, „die Muskeln um sie herum" gespannt. Der innere Kampf wird aufgenommen (Anspannen der Muskeln), die Augen als Spiegel der Seele und als Instrument der Außenbetrachtung verweisen auf einen Kampf zwischen „Innen" und „Außen". „Jedem Gefühl" wird „entgegengearbeitet", der Konflikt soll rational bewältigt werden. Doch das soziale Gegenüber wird mehr und mehr zur Belastung: A. wird noch „stürmisch begrüßt", B. nur noch „freundlich im Zimmer geduldet" und bei C. wird schon „alles, was gesagt wird, trotz Schmerz und Mühe mit langen Zügen" in das Ich hineingezogen. Wird es dennoch ertragen („selbst wenn es so geht"), so wird doch „mit jedem Fehler, der nicht ausbleiben kann, das Ganze, das Leichte und das Schwere, stocken", und das Ich wird sich „im Kreise zurückdrehen müssen". „Das Ganze", das Leben ansich, mit Freude und Leid („das Leichte und das Schwere") verliert sich im Kreislauf des ewigen Seins.

Im nächsten, dem dritten, Absatz, erfolgt die Umkehr ins ausweglos Problematische: Was bleibt ist Resignation („Deshalb bleibt doch der beste Rat, alles hinzunehmen", „keinen unnötigen Schritt sich ablocken lassen"), das Selbst fühlt sich wie „fortgeblasen", nur der Körper ist noch existent als „schwere Masse", was die „Melancholie und Schwerbeweglichkeit der jungen Jahre ('Erdenschwere` nennt Kafka einmal in anderem Zusammenhang diese Eigenschaft"[56]) ausdrückt, der andere wird angesehen mit einem „Tierblick", d.h. ohne Ich-Bewusstsein und Identitätssinn. Ferner ist der Tierblick auch Zeichen der Entrückung und Entfernung von der menschlichen Nähe und Gesellschaft, denn „die Seele des Tieres ist dem Menschen unzugänglich"[57]. Der Tierblick ist somit auch Ausdruck „der äußersten Menschenferne und Einsamkeit"[58], des Andersseins und der veränderten Perspektive, denn „verlockend war diese Metapher vor allem deshalb, weil der Blick des Tieres auf den Menschen ein Blick *von außen* ist – das einzig denkbar lebendige Außen in einer Welt ohne Transzendenz"[59].

Ohne inneren Rechtfertigungszwang muss das „ich" nun aber auch „keine Reue fühlen", was jedoch zu einer völligen Selbstaufgabe und -vernichtung führt: „ ... das, was vom Leben als Gespenst noch übrig ist, mit eigener Hand niederdrücken, d. h., die letzte grabmäßige Ruhe noch vermehren und nichts außer ihr mehr bestehen lassen."

Das hier bereits genannte „Leben als Gespenst" verweist auf das letzte Stück, „Unglücklichsein", das ebenfalls den gefürchteten Ichverlust („wenn Sie mir ... mein Gespenst wegnehmen") thematisiert.

---

56   Brod, Max: Franz Kafka, S. 14.
57   Ebenda, S. 101.
58   Ebenda, S. 101.
59   Stach, Reiner: Kafka. Die Jahre der Entscheidungen, S. 214.

Der hier dargestellte Konflikt zwischen „Innen" und „Außen", das Schwanken zwischen Ich-Findung und gesellschaftlicher Integration, Innenschau und Weltbezug kann letztlich nicht bewältigt und ein konkreter Entschluss nicht gefasst und realisiert werden. „Eine charakteristische Bewegung eines solchen Zustandes ist das Hinfahren des kleinen Fingers über die Augenbrauen", d. h. ein zaghaftes Abtasten (mit dem kleinen Finger, nicht mit der ganzen Hand) der „Augenbrauen" als Mittelstelle zwischen Auge und Stirn, Anschauung und Reflexion. Die Hand als Agitationsmittel verblasst hier zum „Tast-Instrument" der Möglichkeiten.

Der Ausflug ins Gebirge

Der Wunsch nach sozialem Kontakt und menschlicher Nähe wird thematisiert, wobei das Empfinden der eigenen Isolation in diesem Stück gesteigert hervortritt. Das abstrakte Gegenüber erscheint nun nur noch als „niemand", trotzdem sehnt sich das epische Ich nach einem „Ausflug mit einer Gesellschaft von lauter Niemand".

Eine konkrete Zeitangabe oder ein temporaler Anhaltspunkt fehlt in diesem wie auch im vorhergehenden Stück völlig. Der Ort wird nur vage und indeterminiert mit „Gebirge" umschrieben, was wiederum die Gegensätze „unten" und „oben" impliziert.

Der sehr stark negativ gefärbte Beginn des Textes („niemand kommt", „niemand ... will mir helfen") wechselt erneut am Ende ins Optimistische und Befreite: „Die Hälse werden im Gebirge frei! Es ist ein Wunder, dass wir nicht singen." Die anfänglich dargestellte zwischenmenschliche Beziehungslosigkeit und der beschriebene Zustand der Entfremdung wendet sich somit letztendlich ins Positive, jedoch nicht ohne einen Rest des Problematischen zu resistieren („durch winzige Schritte getrennt", „der Wind fährt durch die Lücken"); eine letzte Distanz bleibt, die unüberwindbar scheint.

Die Klimax des Sozialen zeigt sich als Vermehrung der „niemand": „Ich habe niemandem etwas Böses getan, niemand hat mir etwas Böses getan" – „Lauter niemand" – „Wie sich diese Niemand aneinander drängen".

Hier zeigt sich eine gleichzeitige Kumulation sowohl des Sozialen als auch der Entfremdung, was den paradox-abstrakten Charakter dieser „Gesellschaft" unterstreicht.

Auffällig ist hierbei auch die veränderte Schreibweise der „niemand" im 2. Absatz des Textes: Sie ändert sich von der Klein- zur Großschreibung, was die zunehmende Isolation und Anonymität nochmals unterstreicht.

Insgesamt vermittelt dieses Stück das Bild eines einsamen Wanderers in einer anonymen Menschenmenge ohne zwischenmenschlich-emotionalen Bezug.

Das Unglück des Junggesellen

Der zuvor abstrakt beschriebene problematische Gemeinschaftsbezug des Individuums wird hier erneut als Thema aufgegriffen und anhand der als Beispiel dienenden Einsamkeit eines Junggesellen konkretisiert. Schon der Titel „Das Unglück **des** Junggesellen" verweist auf eine Fokussierung der bereits beschriebenen Problematik und auf eine diesbezügliche Beschreibung eines konkreten Beispiels.

Die „Treppe" symbolisiert wiederum die Gegensätze „unten" und „oben". Erneut ist von einem „Abend" die Rede, jedoch ohne näheren Angaben.

Die Einsamkeit des Ichs und die zwischenmenschliche Fremde wird hier nochmals gesteigert, indem das Ich „um Aufnahme ... bitten" und „wochenlang das leere Zimmer" ansehen muss. Die „Seitentüren", die „in fremde Wohnungen führen", erinnern einerseits stark an Gregor Samsas Zimmer in der später entstandenen und hier vielleicht schon ansatzweise angelegten „Verwandlung", andererseits unterstreichen und steigern sie nochmals die gesellschaftliche Entfremdung und Trennung zwischen Ich und alter, die räumliche Nähe bei gleichzeitiger emotionaler und bewusstseinstrennender Distanz.

Der Junggeselle, „eine Gestalt ohne Trost, ohne soziale Ausreden"[60], kann nicht auf „die mildernde Perspektive des Realismus"[61] hoffen, denn das neutrale „man" existiert schon „mit einem Körper und einem wirklichen Kopf, also auch einer Stirn, um mit der Hand an sie zu schlagen". Die emblematische wird zu einer realen Gestalt stilisiert. Diese sieht sich in der Not, die Nicht-Realisierung des Ehe- und Familienwunsches rational erklären zu wollen, jedoch nicht zu können. Das Sensorielle („Körper") und das Rationale („Stirn") stehen dem Konkreten, dem Anschaulich-Begreifbaren („fremde Kinder anstaunen") ungewollt entgegen.

Das Junggesellentum war für Kafka schon sehr früh Gegenstand zahlreicher (literarischer) Reflexionen und eine stark autobiographisch gefärbte Problematik, mit der er auch innerfamiliär konfrontiert wurde. So „raunzte Kafkas Vater, er solle nur aufpassen, dass er nicht zu einem zweiten Onkel Rudolf werde"[62]. Denn mit Onkel Rudolf, dem Halbbruder von Kafkas Mutter, „der ein einsames Leben als Buchhalter und

---

60 Binder, Hartmut: Kafka-Handbuch, Band 2, S. 254.
61 Ebenda, S. 254.
62 Stach, Reiner: Kafka. Die Jahre der Entscheidungen, S. 20.

Junggeselle zubrachte"[63], verband Kafka nicht nur eine auffallende äußere Ähnlichkeit, auch eine gewisse Grundängstlichkeit, Bescheidenheit und Hypochondrie sagte man beiden gleichsam nach.

Aufgrund zahlreicher Verschrobenheiten und Spleens galt Rudolf bei den Kafkas als Sonderling und „Narr der Familie"[64] und sollte Kafka als abschreckendes Beispiel eines ehelosen Lebens dienen.

Aber auch zwei enge Freunde Kafkas blieben lange Zeit mit ihrem Junggesellentum verwoben und litten mehr oder minder an diesem Zustand: Max Brod, der für seine Promiskuität bekannt und berüchtigt war und der es daher mit einem einengenden Eheleben nicht allzu eilig hatte, ersehnte sich andererseits eine soziale Konsolidierung, die ihm als Junggeselle verwehrt blieb; aber auch Felix Weltsch, der zwar „mit neurotischer Akribie"[65] versuchte, seinen ehelosen Zustand zu überwinden, jedoch lange Zeit immer wieder scheiterte, konnte letztlich nur eine stark konfliktbeladene und von Anfang an problematische Ehe führen.

Ebenso beschäftigte sich die klassische Literatur der damaligen Zeit mit der Problematik eines trostlosen, einsamen und gesellschaftlich fragwürdigen Junggesellendaseins. So wird beispielsweise bei Hofmannsthal (den Kafka überaus schätzte) im Stück „Der Schwierige" der erst „neununddreißigjährige Protagonist als 'ältlicher Junggeselle` bezeichnet: ein Brandzeichen, eine Art sozialer Schuld, die früh zu wachsen beginnt und niemals vergeben wird"[66].

Kafka, der aufgrund seines sozialen Umfeldes bereits sehr früh die gesellschaftlichen und persönlichen Probleme eines junggesellenhaften Daseins unmittelbar erlebte, hat daher schon in jungen Jahren „dieses Brandzeichen nicht nur bereitwillig empfangen, er hat sich auch in solchem Maße damit identifiziert"[67], dass er, noch nicht einmal dreißig, „das Schreckbild des älteren Junggesellen auf sich selbst projizierte"[68] und schon in seinen frühen Schriften literarisch zu verarbeiten suchte.

„Dabei hielt Kafka das Junggesellentum sowohl im allgemeinen als auch besonders im eigenen Fall für einen natur- und lebenswidrigen Zustand, der ihn mit ewigem Schuldbewußtsein erfüllte. Er litt unter seinem Anderssein, darunter, daß er von der moralischen Norm der bürgerlichen Mittelschicht an der Jahrhundertwende abwich und gegen ihre Erwartungen sogar zähen Widerstand leistete."[69] Und so war er

---

63 Stach, Reiner: Kafka. Die Jahre der Entscheidungen, S. 20.
64 Ebenda, S. 20.
65 Ebenda, S. 33.
66 Ebenda, S. 38.
67 Ebenda, S. 38.
68 Ebenda, S. 38.
69 Kajtár, Mária: Der mystische Prokurist … . In: Kraus/Winkler (Hrsg.): Das Phänomen Franz Kafka, S. 76.

„Zeit seines Lebens ... krampfhaft bemüht, ... der von der eigenen inneren Wertordnung grundverschiedenen äußeren Wertordnung zu entsprechen"[70], doch er litt dabei nur unvermindert an der fehlenden Assonanzmöglichkeit zwischen „Innen" und „Außen" (vgl. hierzu auch Teil II/ Kapitel 2.4.) ohne eine für ihn zufrieden stellende Lösungsoption zu finden.

Der Kaufmann

Das erzählende „ich" gelangt in die Sphäre der Fantasie und wird in einen ästhetischen Zustand enthoben, in dem es von Zeit und Raum entbunden wird, jedoch weiterhin isoliert erscheint.

Die zwischenmenschliche Beziehung scheitert zunächst an einer inneren Blockade des „ichs":

„Es ist möglich, dass einige Leute Mitleid mit mir haben, aber ich spüre nichts davon."

Nur die Distanz zum anderen bleibt fühlbar.

Auch das „Innen" erweist sich als problematisch: Das eigene „Geschäft" bereitet nur Arbeit und Mühe, ohne „Zufriedenheit in Aussicht zu stellen", denn das Selbstbewusstsein ist gering („das Geschäft ist klein") und es erfüllt das „ich" daher „mit Sorgen, die ... innen an Stirne und Schläfen schmerzen", d.h. Verstand („Stirne") und Anschauung („Schläfen" als Nachbarorte der Augen) belasten.

Das „ich" in der städtischen Welt ist dem kindlichen Leben auf dem Lande weit entrückt, geistig und räumlich fern erscheinen die „unzugänglichen Bevölkerungen auf dem Lande". Der ungewöhnliche Plural des Wortes „Bevölkerung" akzentuiert sowohl die menschlichen Unterschiede und Differenzen (verschiedene „Bevölkerungen") als auch die weite Generalisierung der zwischenmenschlichen Distanz und Sperre (zu allen „Bevölkerungen", zu jedem).

Das „Geld" des Erzählenden „haben fremde Leute", ihre Verhältnisse sind ihm jedoch „nicht deutlich" und „das Unglück, das sie treffen könnte", vermag er nicht zu erahnen, geschweige denn „abzuwehren".

Er mutmaßt stattdessen Verschwendung und ein „Fest in einem Wirtshausgarten" („Garten" als Anklang eines paradiesischen Zustandes im Garten Eden), währenddessen sich andere „für ein Weilchen auf der Flucht nach Amerika" befinden. Ein Teil seiner Selbst, sein „Geld" („Gedrucktes") ermöglicht anderen Freude („Fest") oder verhilft ihnen zu einer „Flucht nach Amerika", in die bzw. eine „neue Welt". (Die Literatur befreit das gefangene Ich aus dem Gefängnis, den Zwängen des Alltags und führt es in eine alles vergessende Schwebe, die hier bereits angedeutet und einige Abschnitte später als Liftfahrt beschrieben wird.)

---

70   Kajtár, Mária: Der mystische Prokurist ... . In: Kraus/Winkler (Hrsg.): Das Phänomen Franz Kafka, S. 76.

Sobald jedoch „am Abend ... das Geschäft gesperrt wird" und das „ich" „für die ununterbrochenen Bedürfnisse" seines „Geschäftes" nichts mehr tun kann, fällt es in die Leere seines Selbst zurück und es erfasst eine „am Morgen weit vorausgeschickte Aufregung", die es „wie eine zurückkehrende Flut mitreißt", d .h. eine schon in den Kindertagen angelegte innere „Zerrissenheit" („mit-reißende Auf-regung") wird gewahr.

Die Bewältigung der Innen- und Außenwelt erweist sich somit als gleichermaßen schwierig und problematisch.

Was dem „ich" bleibt, ist eine innere Suche nach sich selbst, es kann „nur nach Hause gehen", denn es hat „Gesicht und Hände schmutzig und verschwitzt, das Kleid fleckig und staubig, die Geschäftsmütze auf dem Kopfe und von Kistennägeln zerkratzte Stiefel", und fühlt sich somit nicht „gesellschaftsfähig". Noch existiert ein inneres Schwanken, eine letzte Unentschlossenheit, denn das „ich" läuft auf dem Weg nach Hause „wie auf Wellen", doch „der Weg ist kurz" und die „Lifttür", der Eingang in einen anderen Bewusstseinsraum, der in eine höhere Sphäre führt, ist schnell erreicht.

Hier merkt es, dass es „jetzt und plötzlich allein" ist, denn die „anderen" können nur ins „Vorzimmer" gelangen, sie gehen „durch den Gang an einigen Glastüren vorbei in ihr eigenes Zimmer". Der andere ist somit zwar sichtbar („Glas"), jedoch durch „Türen" getrennt, wird zum reinen Anschauungsobjekt, und sucht seinerseits seinen Weg durch den „Gang" (Leben) hin zum eigenen Selbst („Zimmer").

Wiederum wird also die solipsistische Verankerung des Einzelnen und die Unüberwindbarkeit der Bewusstseinsschranken thematisiert.

Die Fahrt mit dem Lift symbolisiert jedoch nicht nur den sozialen Rückzug („Ich aber bin gleich allein im Lift"), sondern auch den ästhetischen Zustand des Schwebens („Flieget weg", „Geht über den Bach auf der hölzernen Brücke", „auf ihren Pferden galoppierende Polizei", „reiten sie ... fliegend über Plätze") und den Rausch der Fantasie („Euere Flügel ... mögen Euch ... tragen" in eine Welt der Fantasie, „seid entsetzt, seid gerührt, lobet die schöne Dame ... und staunt über das Hurra der tausend Matrosen"), aber auch ein (teilweises) Selbsterkennen und – finden („schaue ... in den schmalen Spiegel"), die Wahrheitssuche („Verfolget nur den unscheinbaren Mann und ... beraubt ihn" – unscheinbar im Sinne von wahrhaft, nicht scheinbar), die Suche nach der Erfüllung des Seins („die leeren Gassen werden sie unglücklich machen") und das Erreichen eines paradiesischen Zustandes („Flieget weg ... nach Paris" – Paris als lautliche Anlehnung an „Paradies", wie G. Kurz sicherlich zu Recht vermutet) durch den Blick in eine andere Welt („genießet die Aussicht des Fensters").

Das schnelle Absinken in das Reich der Fantasie und der inneren Welt verdeutlichen die „Milchglasscheiben", die „hinuntergleiten wie stürzendes Wasser" und den Blick für das Reale langsam verwischen und „verschwimmen" lassen.

Die Liftfahrt ist die Beschreibung einer Flucht des „Ichs, das sich aus dem Prager ´Gefängnis` hinausträumt"[71] und eine vorübergehende innere Entlastung in einer ausschließlich von der Fantasie getragenen Welt findet.

Die Enthebung mit dem „Lift" aus der äußeren, problembelasteten Welt ist jedoch nur temporär und zeitlich begrenzt, denn bald schon muss das erzählende Ich „aussteigen, den Aufzug hinunterlassen, an der Türglocke läuten".

Auffallend ist hier die Reihenfolge: Erst wird das Aussteigen, dann das Hinunterlassen des Aufzuges genannt, das völlig der praktischen Realität entgegensteht und somit nochmals auf das Fantastische, Irreale, das aus der normalen Welt Enthobene verweist.

Sobald sich das „ich" mit dem Lift wieder unten (auf dem Boden der Tatsachen) befindet, ist es sofort erneut gezwungen, sich in das Soziale mit einzubinden. Es scheint, als müsse es wiederum „um Aufnahme bitten" (vgl. „Das Unglück des Junggesellen"), denn es muss zunächst einmal „an der Türglocke läuten". Danach kann es jedoch augenblicklich mit seinem sozialen Gegenüber in Kontakt treten, denn „das Mädchen öffnet die Tür". Das „ich" reagiert seinerseits darauf, indem es „grüßt", die Rückbindung an das Gesellschaftliche und Reale ist somit erreicht.

Die bezüglich des Titels zu erwartenden, anfänglich auch geschilderten geschäftlichen Alltagsabläufe traten im Laufe der Handlung sehr schnell in den Hintergrund und verloren am Ende jegliche Bedeutung. Die praktische Welt des Kaufmanns kann am Ende allenfalls als „Gegenwelt" noch ihre Relevanz behaupten. Das allmähliche und zuletzt völlige Zurücktreten der über den Titel konturierten Signifikanz des „Kaufmanns" unterstreicht die Wichtigkeit und die zentrale Bedeutung der zeit-, orts- und zweckungebundenen ästhetischen Sphäre, des von den Lebensgesetzen enthobenen und befreiten Daseins. Die mentale und ontologische Ungebundenheit und Freiheit der „Kinder auf der Landstraße" wurde hier wieder zeitweilig erreicht und das „ich" erlangte letztlich doch Zutritt zu den scheinbar „unzugänglichen Bevölkerungen auf dem Lande" durch das Verlassen der kaufmännischen Welt, den Eintritt in den „Aufzug".

„Der Kaufmann" erwarb somit keine Waren, sondern eine „Aussicht" in eine andere Welt, in die der Fantasie und der bildhaften Vorstellungen, und konnte so „die starren Bindungen des Alltags für kurze Zeit auflösen"[72].

---

71 Stach, Reiner: Kafka. Die Jahre der Entscheidungen, S. 76.
72 Bezzel, Christoph: Natur bei Kafka, S. 33.

Zerstreutes Hinausschaun

Das Stück „Zerstreutes Hinausschaun" vermittelt Aufbruchstimmung und eine scheinbare Öffnung für das Äußere (durch den Blick aus dem Fenster), doch dieser Schritt wird letztendlich nicht gewagt, gedankenverloren und unentschlossen „lehnt" man nur „die Wange an die Klinke des Fensters", ohne diese zu betätigen und das Fenster zu öffnen.

Die Welt bleibt reines Anschauungsobjekt ohne wirklichen Bezug. Das „Innen" ist und bleibt vom „Außen" durch das geschlossene Fenster getrennt.

Das Äußere wird zudem von oben, d.h. aus sicherer Distanz, betrachtet und beurteilt. Was man „unten sieht" erscheint fern, wird emotionslos betrachtet.

Die Unüberwindbarkeit und Trennung wird weiter verdeutlicht durch die Polaritäten „Licht" und „Schatten", Abendstimmung („schon sinkende Sonne") und Frühling („in diesen Frühlingstagen"), Kindliches („auf dem Gesicht des kindlichen Mädchens") und „Mann".

Die menschliche Beziehung und Bindung erscheint gänzlich gestört, der Kontakt mit dem anderen Subjekt bedrohlich und belastend, denn das „Gesicht des kindlichen Mädchens, das so geht und sich umschaut" (offenbar in ängstlicher Erwartung) wird durch „den Schatten des Mannes" verdunkelt, als dieser „hinter ihm rascher kommt". Erst als „der Mann schon vorübergegangen" ist, wird „das Gesicht des Kindes" mit einem Mal wieder „ganz hell".

Eine Stimmung der Unsicherheit wird erzeugt durch den einleitenden Satz „Was werden wir in diesen Frühlingstagen tun, die jetzt rasch kommen?". Der „Frühling" deutet auf einen Neubeginn hin, der „rasch" eine Entscheidung verlangt, doch noch steht alles in Frage.

Das in diesem Text verwendete „wir" lässt die geschilderte Situation gleichzeitig persönlich als auch generalisiert erscheinen. Das epische Subjekt bezieht in diesem Stück erstmals den Leser in seine „Betrachtung" mit ein („werden wir", „ist man", „sieht man").

Die Stimmungslage schwankt ständig und ist ausgesprochen instabil, positive und negative Bilder wechseln sich ab: „... in diesen Frühlingstagen", „... war der Himmel grau", „ist man überrascht", „Licht", „sinkende Sonne", „Schatten", „hell". Analog zum Titel „Zerstreutes Hinausschaun" wird hier eine nicht gefestigte, „zerstreute" innere Gefühlswelt beschrieben, die mit einer extremen (auch emotionalen) Distanz zum „Außen" dasselbige als reines „Schau-Objekt" erlebt.

Das auch hier wieder verwendete Motiv des Fensters als Symbol des Übergangs zwischen „Innen" und „Außen", unten und oben, Einsamkeit und gesellschaftlicher Einbindung, erhält hier einen besonderen Stellenwert, ist Medium und Möglichkeit der „Weltanschauung".

Der Nachhauseweg

Die Grundstimmung ist zunächst positiv und wird bis zur Überhöhung gesteigert:
„Man sehe die Überzeugungskraft der Luft nach dem Gewitter! Meine Verdienste erscheinen mir und überwältigen mich, wenn ich mich auch nicht sträube."
Der scheinbare Widerspruch „ Meine Verdienste ... überwältigen mich, wenn ich mich auch nicht sträube" unterstreicht dabei noch zusätzlich die eigene situative Selbsterhöhung und Größe: Das Wort „sträuben", ursprünglich nur auf die Tierwelt bezogen im Sinne von „die Haare sträuben, um auf andere größer und damit bedrohlicher zu wirken" („Im Nhd. bedeutet 'sträuben` zunächst (Federn oder Haare) emporrichten, wie es angegriffene Tiere tun"[73]), wurde erst später reflexiv übertragen und in der Bedeutung von „sich wehren" verwendet. Hier, in diesem Text, ist offenbar die ursprüngliche Bedeutung des Emporrichtens gemeint: Seine „Verdienste ... überwältigen" das epische „ich", wobei sein Selbst ohne eigenes Zutun empor gerichtet wird.

Durch das Erheben des eigenen Selbst zu „seiner wahren Gestalt" („Der plötzliche Spaziergang"), kommt es nun auch zu einer sich stufenweise steigernden Verschmelzung der konträren Welten des „Innen" und „Außen": „...mein Tempo ist das Tempo dieser Gassenseite, dieser Gasse, dieses Viertels." Die Abhängigkeit des harmonischen Gleichgewichtes von Individuum und Gesellschaft vom inneren Zustand des Subjekts wird somit deutlich.

Das „ich" befindet sich in einem Zustand der gesteigerten Selbstsicherheit, fühlt sich einverstanden, ja sogar eins mit der Außenwelt, fällt dann jedoch wieder in sich selbst, in die eigene Isolation zurück und wird sich seiner Unfreiheit bewusst:
„ ... als ich in mein Zimmer trete, bin ich ein wenig nachdenklich ... Es hilft mir nicht viel, daß ich das Fenster gänzlich öffne ...".
Erneut entsteht ein innerer Zwang, die eigene Existenz rechtfertigen zu müssen:
„Ich bin mit Recht verantwortlich ...und ... die Ungerechtigkeit der Vorsehung, die mich begünstigt, muß ich tadeln."
Die dabei angesprochene „Ungerechtigkeit der Vorsehung", die „getadelt" werden muss, verdeutlicht den verlorenen Glauben an Gott, an die religiös fundierte Existenzbegründung.
Wiederum wird das „ich" beherrscht von einem Gefühl der existentiellen Unsicherheit und des inneren Schwankens („kann keiner von beiden den Vorzug geben").

---

73 Drosdowski, Günther u.a. (Hrsg.): Duden. Etymologie, S. 717.

Die Gegensätze zwischen „unten" und „oben" werden hier über das Motiv des „Treppensteigens" vermittelt, wieder erscheint das Fenster als Barriere zwischen „Innen" und „Außen", das nun sogar geöffnet nicht mehr die Isolation des Subjekts zu durchbrechen vermag („Es hilft mir nicht viel, daß ich das Fenster gänzlich öffne ..."). Aber auch die Einflüsse der äußeren Welt, die Tatsache, dass „in einem Garten die Musik noch spielt", kann die Grenze zum „ich" nicht durchstoßen, „ich" und Welt sind gänzlich getrennt.

„Der Nachhauseweg", der Zugang zum wahren Ich, ist mit dem Eintritt in das „Zimmer" beendet, hier kann „die Überzeugungskraft der Luft nach dem Gewitter" nicht eindringen, nicht wirken.

Die gegenseitige Abhängigkeit und Beeinflussung von „Innen" und „Außen" wird somit deutlich. Das Ich kann sich nur dann zum wahren Selbst entgrenzen und erhöhen, wenn es das „Außen" als Teil seiner Selbst annimmt, ein gleiches „Tempo" mit dem „Außen" erlangt, d.h. das „Innen" und das „Außen" sich im harmonischen Einklang befinden. Nur dann kann eine wahre Selbstfindung glücken.

Durch einen völligen Rückzug in das eigene „Zimmer" jedoch, verschließt sich das „ich" nicht nur vor der Welt, sondern auch vor der Möglichkeit eines wahren „Nachhauseweges", der die „Gassenseite", die „Gasse" und das „Viertel" als Teil seiner Selbst mit einschließt.

Die Vorüberlaufenden

Das anonyme „man" befindet sich hier auf einer „Gasse", einem vorgegebenen Weg. Die „Gasse vor uns steigt an und es ist Vollmond". Der entgegenkommende Mann wird somit deutlich sichtbar, doch „es ist Nacht, und wir können nicht dafür, daß die Gasse im Vollmond vor uns aufsteigt". Deshalb „werden wir ihn nicht anpacken, selbst wenn er schwach und zerlumpt ist, selbst wenn jemand hinter ihm läuft und schreit, sondern wir werden ihn weiter laufen lassen".

Der hier dargestellte absolute Selbstbezug, das Gefühl der Unverantwortlichkeit und Ignoranz gegenüber dem Schicksal des anderen, wird zum einen durch das alle umfassende „man" und „wir" generalisiert, als auch durch die Betonung der lebenslangen Eigenverantwortlichkeit bis zum Tode gesteigert: Denn „es läuft nur jeder auf eigene Verantwortung in sein Bett", den Weg bis hin zur „letzten Ruhe" muss somit jeder jeweils für sich selbst suchen, beschreiten und verantworten.

Die Menschen werden dargestellt als „Nachtwandler", die das Licht der Wahrheit jeder für sich selbst suchen, den Existenzkampf mit eigenen „Waffen" bewältigen müssen, evtl. auf Kosten anderer („vielleicht will der zweite morden") oder in Anlehnung an ein fremdes Lebenskonzept, das nicht übertragbar ist („vielleicht wird der erste unschuldig verfolgt") oder durch sozialen Rückzug und Besinnung auf das eigene Selbst („vielleicht wissen die zwei nichts voneinander").

Hier wird klar: „Jeder einzelne Mensch ist auf sich selbst zurückgeworfen, sein Weg ist der keines anderen, kein Beispiel hilft"[74], jeder wandelt für sich durch die düstere Gasse seines Lebens.

Dieser „Spaziergang durch die Gasse" ist ein lebenslanger Prozess, denn erst am Lebensende dürfen wir dann „endlich ... müde sein" (Betonung der „Endlichkeit" der Existenz, „müde" als Vorstufe des Sterbens), denn wir haben „soviel Wein getrunken" (Wein als Sinnbild des Blutes und des Lebens). Dann sind wir „froh, daß wir auch den zweiten nicht mehr sehn", denn mit dem Tod ist das Subjekt endlich völlig von der Verpflichtung zur sozialen Einbindung befreit, kann sich nunmehr nur noch auf sich selbst beziehen.

Die soziale Beziehungslosigkeit wurde in diesem Stück bis zum Wunsch der endgültigen Befreiung des Individuums aus der Gemeinschaft durch den Tod gesteigert. Die Menschen erscheinen hier als „Vorüberlaufende" ohne Fremdverantwortung und Mitgefühl. Und selbst dieser dünne Faden der zwischenmenschlichen Bindung wird noch als Belastung empfunden, so dass man vom Wunsch beseelt ist, „endlich ... müde sein" zu dürfen und „auch den zweiten nicht mehr ... sehn" zu müssen, im Tod endlich von allem Sozialen entbunden zu sein.

Das Müdesein ist hier (wie bereits angesprochen) ganz offensichtlich als Vorstufe zum Tod zu verstehen. Ein Bild, das Kafka im Übrigen auch in einem Brief an Max Brod verwandte, als er schrieb: „ ... aber da ich fest entschlossen war, ohne Abschiedsbrief hinunterzuspringen – vor dem Ende darf man doch müde sein ... "[75].

Einen weiteren, ganz anderen Aspekt sieht dagegen Max Brod in diesem Stück. Seiner Meinung nach spiegelt sich hier auch einer der wichtigsten Charaktereigenschaften Kafkas wider: „seine unvorstellbar präzise Gewissenhaftigkeit. *Conscienta scrupulosa*. Sie zeigte sich in allen moralischen Fragen, in denen er auch noch den leichtesten Schatten eines Unrechts, das geschah, niemals übersehen mochte"[76], auch viele seiner Werke brachten diesen Charakterzug zum Ausdruck. So „zum Beispiel 'Die Vorüberlaufenden` ..., wo die Möglichkeiten diskutiert werden, die dazu geführt haben, daß in der Nacht einer hinter dem andern herläuft, ihn aber nicht verfolgt"[77], wie Brod glaubte.

---

74 Reffet, Michel: Die Rezeption .... In: Kraus/Winkler (Hrsg.): Das Phänomen Franz Kafka, S. 109.
75 Stach, Reiner: Kafka. Die Jahre der Entscheidungen, S. 134.
76 Brod, Max: Franz Kafka, S. 53.
77 Ebenda, S. 53.

Allgemein lässt sich sagen: Hier wird „die Perspektive extrem isolierter Subjekte in ihrem alltäglichen Überlebenskampf entfaltet"[78], welche „restlos auf sich selbst zurückgeworfen"[79] und jeglichem Fremdbezug und –verständnis beraubt sind.

Der Fahrgast

In diesem Stück wird der Topos vom Menschen als (Fahr-) Gast auf der Erde aufgegriffen, den Kafka offenbar liebte und auch im privatsprachlichen Bereich verwandte, denn Max Brod gegenüber erwähnte „er einmal, als der Zug hielt, im Ton tiefster Klage: 'Daß es so viele Stationen gibt auf der Fahrt zum Tode, daß es gar so langsam geht!'"[80].

Das Leben erscheint als Fahrt in einem „elektrischen Wagen". Der Stand auf der „Plattform" desselben erweist sich als labil und das epische Ich fühlt sich „vollständig unsicher in Rücksicht seiner Stellung in dieser Welt, in dieser Stadt, in seiner Familie". Auffällig ist hierbei die ungewöhnliche Steigerung bzw. Abnahme vom Makro- zum Mikrosozialen: Welt, Stadt, Familie. Der quantitativen Abschwächung steht eine qualitative Kontaktintensivierung und Bedeutungszunahme entgegen, was die Widersprüchlichkeit und Problematik der sozialen Beziehung unterstreicht.

Es glaubt, das eigene Dasein „verteidigen" zu müssen („Auch nicht beiläufig könnte ich angeben, welche Ansprüche ich in irgendeiner Richtung mit Recht vorbringen könnte. Ich kann es gar nicht verteidigen, daß ich auf dieser Plattform stehe ..."), obwohl es „niemand verlangt", doch „das ist gleichgültig".

Weder die Fortführung des eigenen Lebens („daß ich ... mich an dieser Schlinge halte" – nicht aufhänge) noch das der anderen („daß Leute dem Wagen ausweichen" – sich nicht überfahren lassen) kann „verteidigt" werden.

Das erzählende Ich des ersten Abschnittes geht im zweiten in ein erlebendes über, wechselt jedoch im dritten wieder ins epische, was im übertragenen Sinne an einen Ein- und Ausstieg in den „Zug des Lebens" (Geburt – Leben – Tod) erinnert.

Im zweiten Abschnitt des Textes nähert sich das „ich" dem Ende des Lebenslaufes („Der Wagen nähert sich einer Haltestelle"), verstärkt wird dieses Bild des sich nähernden Todes durch die Beschreibung eines Mädchens, das „schwarz gekleidet" und „zum Aussteigen bereit" ist und sich schon „nahe den Stufen" befindet. Das „ich" steht ihr bereits so

---

78 Kremer, Detlef: Kafka. Die Erotik des Schreibens, S. 45.
79 Ebenda, S. 45.
80 Brod, Max: Franz Kafka, S. 221.

nahe, dass es „den ganzen Rücken der rechten Ohrmuschel" und sogar „den Schatten an der Wurzel" sieht und somit auf gleicher Stufe steht. Der „Schatten", der das Licht des Lebens verfinstert, und sich an der „Wurzel", der Basis des Lebens, befindet, verdeutlicht zusätzlich den nunmehr präsenten Schatten des Todes.
Der Tod, personifiziert durch das „Mädchen", erscheint dem „ich" bereits „so deutlich", als ob das „ich" es schon „betastet hätte", die Berührung mit dem Tod bereits stattgefunden hätte. Doch das Mädchen bleibt stumm und hält „den Mund geschlossen". Das „ich" staunt, „dass sie nicht über sich verwundert ist ... und nichts dergleichen sagt", selbst der Sinn des Todes wird somit in Frage gestellt. Andererseits verdeutlicht diese Szene jedoch auch die allgemeine und permanente ontologische Verunsicherung und „Schwebe", die eigentlich verbal ausgetauscht werden müsste (vgl. hierzu Teil II, Kapitel 2).
Der Gegensatz zwischen „unten" und „oben" wird hier über die Stufen des „elektrischen Wagens" dargestellt. In der Kleidung des Mädchens erscheinen zudem die Kontraste von hell und dunkel in den Farben „schwarz" und „weiß".
Die soziale Nähe ist körperlich eng, jedoch von einer geistigen Ferne geprägt und kommunikativ völlig leer. Nichtssagend (in doppelter Hinsicht) stehen sich die Fahrgäste gegenüber, während andere Menschen „still gehn oder vor den Schaufenstern ruhn". Die Welt wird zur reinen Anschauung („Schaufenster") ohne kommunikativen Austausch („still") und ohne zwischenmenschlichen (Gefühls-) Kontakt, denn das Mädchen hält „ihre linke Hand flach an die Wand", das von Herzen Kommende („linke Hand") prallt somit an einer äußeren Barriere („Wand") ab.
Das Stück „Der Fahrgast" ist somit die Schilderung eines in der modernen Welt gesellschaftlich und zwischenmenschlich „isolierten, liebeleer auf sich selbst verwiesenen"[81] Menschen, der sich „in seiner Vereinsamung, in seiner Abgeschnittenheit vom Nebenmenschen"[82] der Sinnlosigkeit seiner Existenz bewusst wird.

Kleider

Verunsicherung, Entfremdung, Alter, Todesnähe und der Zweifel am Sinn des Lebens wird hier anhand des Topos vom Leben als Theater, als Schein und Maskerade zum Thema gemacht.
Die Kleider als Sinnbild der eigenen Existenz erinnern selbst in ihrer Schönheit mit „Rüschen und Behängen" an ihre Vergänglichkeit, zeigen „Falten", bekommen „Staub ..., der ... nicht mehr zu entfernen ist", sie

---

81 Brod, Max: Franz Kafka, S. 305.
82 Ebenda, S. 305.

vergegenwärtigen die Unwiederbringlichkeit der Jugend, das nahende Alter und den Tod, zeigen die Nichtigkeit des Lebens auf, das „traurig und lächerlich" ist zugleich. Der täglich gleiche „Maskenanzug", der im Widerschein des Spiegels zu erkennen ist, ist eine Maskerade, eine äußere Hülle, die das Innere, das Wahre des Menschen verbirgt.

Was dem Menschen bleibt „am Abend" seines Lebens, ist nicht mehr als ein Gesicht, das im Spiegel der Zeit „abgenützt, gedunsen, verstaubt, von allen schon gesehn und kaum mehr tragbar" erscheint.

Die menschliche Existenz, verflacht und sinnentleert, ist reduziert auf das Äußere, den Schein, der jedoch vergänglich ist und schon auf seinem Höhepunkt an das nahende Ende und an den Verlust all dessen erinnert, das ihn ausmacht und somit per se sinnlos und unerträglich erscheint.

Das ontologisch leere Leben wird zum Prozess der kontinuierlichen Selbstzerstörung und -auflösung, bei dem der Mensch nur resigniert und beschämt das „immer gleiche Gesicht in die gleichen Handflächen legen" kann, das Leben allerdings somit auch in der „eigenen Hand" hat.

Die Abweisung

Auch in diesem Stück wird das problematische Verhältnis des Einzelnen zur Gesellschaft, zum anderen, thematisiert.

Die bereits im Stück „Der Fahrgast" angedeutete Thematik der gestörten Beziehung zwischen Mann und Frau wird nun wieder aufgegriffen und intensiviert analysiert. Die verfehlte Begegnung kommt hier durch die Übertragung des eigenen negativen Bildes auf den anderen zustande; zu hoch angelegte Erwartungen an das soziale Gegenüber können von vornherein nicht erfüllt werden und so will man „lieber jeder allein nach Hause gehen".

Bezeichnend ist hierbei, dass sich „die Abweisung" nicht über einen Dialog, eine zurückweisende Rede vollzieht, sondern nur, indem man „stumm vorübergeht". Die menschliche Kommunikation ist bereits in einem derartigen Grade gestört und blockiert, dass eine rein körperliche Geste, ein stummes Vorübergehen, den sprachlichen Gestus vollständig ersetzt.

Jeder ist in seiner eigenen Bewusstseinssphäre gefangen, lebt in seiner, der realen Welt schon entrückten, Gedankenwelt, zu welcher der andere keinen Zutritt mehr findet.

Eine zwischenmenschliche Begegnung wird von beiden Seiten gleichermaßen gescheut, eine der Realität nicht entsprechende, weit überhöhte und unerfüllbare Erwartungshaltung an den anderen dient als Selbstschutz und vorgeschobenen „Abweisungs-Grund".

Andererseits verursacht aber auch die geistige Vergegenwärtigung der eigenen Isolation Unbehagen und man vermeidet es, sich „dessen ... unwiderleglich bewußt zu werden".

Die innere ambivalente Spannung zwischen sozialer Anziehung („Sei so gut, komm mit mir") und Abstoßung steht hier als zentraler Aspekt im Vordergrund. Das in einem Brief von Kafka an Max Brod beschriebene innere Zerriebenwerden zwischen der „Furcht vor völliger Einsamkeit"[83] und der „Angst um die Erhaltung der Einsamkeit"[84] wird hier am Beispiel Mann und Frau dargelegt. Es ist dieses Schwanken zwischen der Bitte „Sei so gut, komm mit mir" und dem Wunsch, „lieber ... allein nach Hause gehen" zu wollen, das die zwischenmenschliche Beziehung problematisiert und das „ich" am Ende innerlich zerreißt.

Zum Nachdenken für Herrenreiter

Dieses Stück beschreibt die Abhängigkeit des Subjekts von der Außeneinschätzung, welche selbst einen Sieg wertlos erscheinen lassen kann, denn „nichts ... kann dazu verlocken, in einem Wettrennen der erste sein zu wollen", wenn „der Neid der Gegner, listiger, ziemlich einflußreicher Leute, ... in dem engen Spalier" schmerzt, „das wir ... durchreiten".

Die Freude über den „Ruhm" wird dann schnell zur „Reue", denn selbst „die besten Freunde ... haben gar nicht auf unser Pferd gesetzt, da sie fürchteten, käme es zum Verluste, müßten sie uns böse sein", während „die Konkurrenten" lauernd darauf hoffen und „das Unglück zu überblicken" suchen. Selbst „vielen Damen scheint der Sieger lächerlich" und „endlich fängt es gar aus dem trüb gewordenen Himmel zu regnen an".

Die Wertlosigkeit der äußeren Anerkennung wird gesteigert dargestellt: Von der mangelnden Unterstützung und Fehleinschätzung der „Freunde" zum „Unrecht", das den „Konkurrenten" „zugefügt wird", bis hin zur völligen Abwertung des Sieges und des Siegers, der den „Damen" nur „lächerlich" erscheint. Die Verdunkelung des Verdienstes erstreckt sich schließlich bis hin zum „trüb gewordenen Himmel", aus dem es zu regnen beginnt.

Die durch den ersten Satz eingeführte These, die die Sinn- und Wertlosigkeit („nichts") und die Abhängigkeit („wenn") akzentuiert, wird durch die darauf folgenden Sätze immer mehr bekräftigt, bis es schließlich gar der „Himmel" zu bestätigen scheint. Durch den einsetzenden Regen wird geradezu die Wertlosigkeit, das „Nichts" des Sieges „zeichenhaft bis zum Horizont erweitert"[85], wobei das hierbei verwendete Präsens „die Zeichenhaftigkeit des Naturbildes ... betont und verstärkt"[86].

---

83   Kafka, Franz: Briefe 1902-1924, S. 415.
84   Ebenda, S. 415.
85   Bezzel, Christoph: Natur bei Kafka, S. 38.
86   Ebenda, S. 38.

Das Gassenfenster

Das „Gassenfenster" symbolisiert die Verbindung zwischen Innen- und Außenwelt, Individuum und Gesellschaft. Die Welt, getrennt durch eine Scheibe, wird zum reinen Anschauungsobjekt, nicht zur Stätte des unmittelbaren Erlebens. Der Bezug zum anderen Menschen erfolgt somit nur materiell mittelbar, die Welt ist eine Dingwelt des äußeren Scheins. Eine Situation der Isolation wird beschrieben („Wer verlassen lebt"), jedoch wird eine Rückbindung an das Äußere, das Soziale ersehnt („wer ... sich doch hie und da irgendwo anschließen möchte"). Diese Anziehung durch das Äußere, die Welt („so reißen ihn doch unten die Pferde mit in ihr Gefolge von Wagen und Lärm und damit endlich der menschlichen Eintracht zu"), existiert jedoch nur auf der Ebene der Beobachtung (... wer sich ... anschließen möchte ...wird es ohne ein Gassenfenster nicht lange treiben"), ohne wirklichen Austausch und zwischenmenschliche Kommunikation.

Doch die äußere Instabilität („Veränderungen der Tageszeit, der Witterung, der Berufsverhältnisse und dergleichen") lässt den Wunsch nach einem menschlichen Halt, einem „beliebigen Arm ..., an dem man sich halten könnte" entstehen. Trotzdem kann der Standpunkt an der „Fensterbrüstung" nicht verlassen werden, die Grenze zwischen Einsamkeit und „menschlicher Eintracht" nicht überschritten werden. Das innere ängstliche Zurückweichen („ein wenig den Kopf zurückgeneigt") ist stärker als die äußeren Anreize; das Fenster bleibt geschlossen und der sichere Beobachtungsposten wird nicht verlassen. Die Kontaktaufnahme scheitert letztlich am mangelnden inneren Antrieb, denn es steht „mit ihm so, daß er gar nichts sucht" und lieber „als müder Mann, die Augen auf und ab zwischen Himmel und Publikum" richtet, als resignierter Zuschauer des Lebens verharrt. So „lebt er hin, ohne Eifer, ohne Zorn, nur die Umwelt beobachtend"[87] und in sich selbst gefangen.

Die Gegensätze zwischen unten und oben werden auch in diesem Stück wiederum thematisiert. Hier dargestellt über die Augen, die „auf und ab zwischen Himmel und Erde" wandern.

Weder das Gesellschaftlich-Profane („Publikum") noch das Religiös-Göttliche („Himmel") wird erstrebt, sondern „gar nichts gesucht". Beides wird nur „als müder Mann" in Augenschein genommen, als wisse man um die Vergeblichkeit der Bemühung.

Die in den vorherigen Stücken immer wieder dargestellte „völlige Beziehungslosigkeit zu Menschen"[88] wird hier noch ausgeweitet auf das Göttliche, das man nicht sucht und sich „gar nicht weit genug von sich

---

87   Kremer, Detlef: Kafka. Die Erotik des Schreibens, S. 52.
88   Kafka, Franz: Briefe 1902-1924, S. 403-404.

entfernt denken"[89] kann, sondern lediglich als „ein Mittel, ... das die Blicke der Menschen festhielt"[90] erscheint.

Wie Max Brod bemerkte, war es „das ewige Mißverstehen zwischen Mensch und Gott"[91], das Kafka gleichsam faszinierte und reizte, und was ihn immer wieder veranlasste, „diese Disproportion ... im Bilde zweier Welten darzustellen, die einander nie, nie verstehen können"[92]; ein Aspekt, der ganz offensichtlich auch schon in diesem sehr frühen Werk von Kafka literarisch verarbeitet wurde.

Wunsch, Indianer zu werden

Der „Wunsch, Indianer zu werden" repräsentiert den Wunsch nach Befreiung, Losgelöstsein von den irdischen Zwängen, einer Selbstauflösung und Enthebung aus der gegenständlichen Welt.

Der optativischen Formulierung („Wenn man doch ein Indianer wäre ...") folgt unerwartet ein Imperfekt („erzitterte", „ließ", „wegwarf"), womit das Verschwinden und Hintersichlassen der gegenwärtigen Realität akzentuiert wird.

Das hier verwendete Motiv des „Indianischen" korrespondiert mit der Welt der „Kinder auf der Landstraße": Während diese nur „einen indianischen Kriegsruf" herausschrieen und „in die Beine einen Galopp wie niemals" bekamen, befindet man sich hier schon „auf dem rennenden Pferde", wenn auch noch etwas ungewohnt und unbeholfen, weil „schief in der Luft".

Und während im ersten Stück „Kinder auf der Landstraße" lediglich „zitternde Sterne erscheinen", ist es hier nun das erzählende „man" selbst, das „immer wieder kurz erzitterte über dem zitternden Boden", das sich hier quasi selbst die Sterne vom Himmel holte.

Die völlige Lösung von Körper und Geist („ohne Pferdehals und Pferdekopf") erfolgt stufenweise: „ ... bis man die Sporen ließ, denn es gab keine Sporen, bis man die Zügel wegwarf, denn es gab keine Zügel", bis man schließlich „kaum das Land vor sich als glattgemähte Heide sah".

Zwar ist „man" auch hier auf dem Lande und von der städtischen Welt befreit, doch anders als die „Kinder auf der Landstraße" ist das „man" selbst hier noch in das Zivilisatorische („gemähte Heide", nicht, wie erwartet, ursprüngliche, freie Natur) mit eingebunden. Sogar in der Welt der Fantasie und der völligen Selbstenthebung aus der Realität vermag sich somit das „man" vom Gesellschaftlichen nicht völlig zu befreien.

---

89 Kafka, Franz: Briefe 1902-1924, S. 279.
90 Ebenda, S. 279.
91 Brod, Max: Franz Kafka, S. 185.
92 Ebenda, S. 185.

Die Bäume

Das anonyme kollektive „wir" erscheint hier im Vergleich mit „Baumstämmen im Schnee". Diese liegen „scheinbar ... glatt auf", daher sollte man sie „mit kleinem Anstoß ... wegschieben können". Aber „sie sind fest mit dem Boden verbunden", doch „sogar das ist nur scheinbar". Der Wechsel zwischen (scheinbarer) Wirklichkeit und Schein, das Durcheinandergeraten von offenbar sicheren Tatsachen, die sich dann jedoch nur als Illusion erweisen, vergegenwärtigt eine existentielle „Schwebelage" und Bodenlosigkeit. Das Sein, offensichtlich mit der Realität verbunden, wird letztlich nur als „Schein, hinter dem wieder nur Schein ist"[93] erkannt. Die im Titel angesprochenen „Bäume", die mit der Erde verwurzelt und am Leben sind, werden im Text entlarvt als längst gefällte und damit auch tote „Baumstämme" ohne sichere Bodenhaftung.

Der Schnee, auf dem sie liegen, symbolisiert nicht nur Kälte, sondern in seiner Farbe weiß auch den absoluten Kontrast.

Die menschliche Existenz wird somit dargestellt als unsicheres, instabiles, entwurzeltes Sein, das eingebettet ist in emotionale Kälte („Schnee") und eine ihm entgegengesetzte Umwelt (weiß im Gegensatz zum Schwarz/Dunkelbraun der Stämme).

Der Mensch befindet sich zudem in seiner Wahrheitssuche in einem unaufhebbaren Kreislauf der Illusion: Das scheinbar Wahre wird als Täuschung enttarnt; die danach neu erkannte Wahrheit erweist sich jedoch nur als Doppelung der Täuschung. Die Welt wird daher „ ... nur in der Vermittlung und damit in der Verzerrung durch ... Subjektivität ... 'wirklich`" [94] und kann somit dem Menschen nicht zu ontologischer Stabilität (zu einem Verhaftetsein mit der Erde) verhelfen.

Unglücklichsein

Die Einsamkeit ist in diesem Stück absolut und „unerträglich" geworden (symbolisiert durch den „Schrei ..., dem nichts antwortet und dem auch nichts die Kraft des Schreiens nimmt, also aufsteigt ... und nicht aufhören kann"). Die Zeit, als „einmal gegen Abend im November" bestimmt, weist auf das nahende Ende, den Tod.

Doch wiederum geht der verlorene Kontakt zur Außenwelt auf das Innere des „ichs" zurück: Dieses ängstigt sich allein schon beim Sehen der äußeren Sphäre („durch den Anblick der beleuchteten Gasse erschreckt") und weicht lieber „in die Tiefe des Zimmers" zurück, wendet sich zurück in sein solipsistisches Sein, wo es „im Grund des Spiegels

---

93 Kurz, Gerhard: Lichtblicke in eine unendliche Verwirrung", S. 61.
94 Kobs, Jürgen: Kafka. Untersuchungen zu Bewußtsein und Sprache seiner Gestalten, S. 46.

doch wieder ein neues Ziel bekam". Andererseits bleibt die Sehnsucht nach dem „Gegengewicht" bestehen, und der „Schrei" nach der Außenwelt „kann nicht aufhören, selbst wenn er verstummt". Gefangen im „Unglücklichsein" und der reinen Selbstreflexion erscheint das Alter Ego als nächtliches Gespenst, jedoch in Form eines Kindes, welches als Motiv auf das erste Stück der Textsammlung verweist. Die Erscheinung des kindlichen Gespenstes repräsentiert die Wiederkehr des Verdrängten, symbolisiert die alte Angst, die eigene Existenz nicht rechtfertigen zu können (vgl. „Der Fahrgast"). Das Unbewusste wird somit zum Objekt, das als Kind bzw. als „kleines Gespenst" durchaus überwunden und bewältigt werden könnte, stattdessen jedoch gehegt und gepflegt, ja sogar „aufgefüttert" werden soll und bereits sehnlichst erwartet wurde („es fehlte mir nichts, als gerade dieser allerdings erwartete Besuch"). Die permanente Selbstbezogenheit kann und will nicht durchbrochen werden, denn das Gespenst wird freundlich hereingebeten und soll sogar sicher eingeschlossen werden: „Dann kommen Sie weiter ins Zimmer herein, ich möchte die Tür schließen ...". Ein längerer Aufenthalt soll vorbereitet werden („Und jetzt machen Sie es sich nur behaglich ..."). Das Alter Ego soll zur Selbsterkenntnis und ´Erleuchtung` verhelfen („Dazu kommt, daß ich Sie nicht überall und immerfort kenne, gar bei dieser Finsternis. Es wäre viel besser, wenn Sie Licht machen ließen"), doch auch dieser Schritt wird letztlich nicht gewagt („Nein, lieber nicht. Immerhin werde ich mir merken, daß Sie mir schon gedroht haben"), denn das „ich" fühlt sich, völlig zurückgeworfen auf das eigene Selbst, überfordert und vom eigenen Inneren „bedroht". Das Verdrängte, Unbewusste, soll nicht ganz an die Oberfläche gelangen, damit es nicht zur „Bedrohung" werden und vom Kind zum Objekt der Selbstzerstörung erwachsen kann.

Der Rechtfertigungszwang und Seins-Konflikt ist ein innerer, kein von außen her begründeter („Ein fremder Mensch wäre entgegenkommender als Sie"), dessen verdrängte Ursache Angst erzeugt („Die eigentliche Angst ist die Angst vor der Ursache der Erscheinung") und nicht gänzlich verdrängt werden kann („Und die Angst bleibt. Die habe ich geradezu großartig in mir."). Die Orientierungslosigkeit des metaphysisch heimatlosen Menschen in der Moderne, die verlorene Möglichkeit einer religiösen Sinnkonzeption des Daseins wird zum eigentlichen Problem („Was hilft mir aber dieses Nichtglauben?"). Was bleibt ist eine existentielle Leere und Unsicherheit, denn das eigene Selbst kann allein aus sich heraus zu keiner Antwort und Seins-Festigkeit gelangen („Sie haben offenbar noch nie mit Gespenstern gesprochen. Aus denen kann man ja niemals eine klare Auskunft bekommen."). Ein inneres Schwanken („Das ist ein Hin und Her."), Selbstzweifel („Diese Gespenster scheinen über ihre Existenz mehr im Zweifel zu sein als wir") und eine instabile Seinskonstituierung („bei ihrer Hinfälligkeit") lassen Bedenken an der „Erscheinung" entstehen. Und doch hält das „ich" an ihr verzweifelt fest („'Aber trotzdem` rief ich, wenn Sie mir dort oben mein Gespenst wegnehmen, dann ist es zwischen uns aus, für immer"). Durch die verlorene äußere Orientierungsoption bleibt ihm nichts als die Rückkehr ins eigene Selbst. Die Subjektivität wird zum Ausgangspunkt der existentiellen Sinnsuche und zum Ersatz der religiösen Metaphysik („dort oben ... mein Gespenst").

Das letzte Stück der „Betrachtung" zeigt noch einmal die Einsamkeit und Problematik des ontologisch orientierungslos gewordenen „ichs". Die „wahre Gestalt" („Der plötzliche Spaziergang") des eigenen Selbst konnte letztendlich nicht gefunden werden, stattdessen verblasste es zum scheinhaften „Gespenst", das in seiner „Hinfälligkeit" nicht zu einer stabilen Lebens- und Sinnkonzeption verhelfen konnte. Was übrig blieb, war ein Gefühl des „Unglücklichseins" und der Isolation, das bis zur Selbstaufgabe führte: „Aber weil ich mich gar so verlassen fühlte, ging ich lieber hinauf und legte mich schlafen."

Der „Nachhauseweg" wurde somit zum „Heimgang".

Die bereits im Stück „Entschlüsse" angedeutete Möglichkeit, „das, was vom Leben als Gespenst noch übrig ist, mit eigener Hand niederzudrücken" wurde hier vollzogen. Der Tod („legte mich schlafen") erscheint als einziger Ausweg aus der „Gasse". Die Fortführung des Lebensweges, der Spaziergang („und hätte jetzt eigentlich ruhig spazieren gehen können") scheitert an der Einsamkeit und Isolation („weil ich mich gar so verlassen fühlte").

Die in der städtischen Erwachsenenwelt gesuchte Befreiung aus den das „ich" ewig umkreisenden Lebensbezügen in Anlehnung an die kindliche zweck- und sinnfreie Existenz auf dem Lande schlug fehl. Der Rückbezug ins Selbst, die hieraus erhoffte Orientierung und Entfesselung aus den Zwängen der Realität, scheiterte am inneren Unvermögen, eine „Festigkeit, mit der die Menschen das Leben zu tragen wissen"[95] aufbauen und erhalten zu können, denn „die Überzeugungskraft der Luft nach dem Gewitter" („Der Nachhauseweg") war „hinfällig" wie der nächtliche Gast.

---

95   Kafka, Franz: Briefe 1902-1924, S. 29.

3. LITERATURGESCHICHTLICHE EINORDNUNG

3.1. „Die Betrachtung" – Ein Prosagedicht?

Kurt Tucholsky, der Kafkas „Betrachtung" im Jahre 1913 im „Prager Tagblatt" rezensierte, sprach diesbezüglich von einer „singenden Prosa"[96]. Albert Ehrenstein bezeichnete die „Betrachtung" in seiner Rezension als „seltsam lyrische Prosa"[97] und auch Gerhard Kurz betont hinsichtlich Kafkas „kleiner Prosa"[98] die offensichtliche „Nähe zum Gedicht"[99]. Schon die Kürze der „Stückchen"[100] legt die Vermutung nahe, dass Kafka in seinem Frühwerk diese Hybridgattung zwischen Lyrik und Prosa wählte. So bestehen beispielsweise die Stücke „Die Bäume" und „Zerstreutes Hinausschaun" aus lediglich vier Sätzen, „Das Gassenfenster" enthält gar nur zwei, allerdings längere, Sätze, während der „Wunsch, Indianer zu werden" mit nur einem Satz auskommt. Aber auch der vom Autor selbst ausdrücklich gewünschte größte Schriftgrad (Tertia) für den Druck der „Betrachtung" erzeugte ein Druckbild, das zusammen mit den großen Randflächen und den Einzeltiteln mehr den Eindruck einer Lyrik als den einer Prosa vermittelte. Zusätzlich lassen sich fast alle zentralen Merkmale des Prosagedichtes in der „Betrachtung" finden: Kürze und dichte Struktur, Wiederholungen, Assonanzen, Rhythmisierungen, Evokationen, Allusionen, Metaphorisierungen und polyvalente Bedeutungsstrukturen. Außerdem zeigt sich in der „Betrachtung" die für ein Prosagedicht typische Bedeutungsverdichtung, denn auch hier „macht eine Intensität an Bedeutung wett, was dem Text an Extensität fehlt"[101].

Doch darüber hinaus, wie ein kurzer Exkurs über die Geschichte des „poème en prose" zeigt, lassen sich in der „Betrachtung" die für eine lyrische Prosa kennzeichnenden Autorenintentionen finden, die ein bewusstes Wählen dieser tragelaphischen Form durch den Autor nahe legen.

---

96 Born, Jürgen (Hrsg.): Franz Kafka. Kritik und Rezeption zu seinen Lebzeiten 1912-1924, S. 19.
97 Ebenda, S. 20.
98 Kafka, Franz: Briefe 1902-1924, S. 103.
99 Kurz, Gerhard: Lichtblicke in eine unendliche Verwirrung. Zu Kafkas „Betrachtung", S. 50.
100 Kafka, Franz: Briefe 1902-1924, S. 102.
101 Kurz, Gerhard: Lichtblicke .... , S. 50.

Die Entwicklung des europäischen Prosagedichtes war „ein historischer Prozeß, der im 18. Jahrhundert begann und in der ersten Hälfte des 20. einen Höhepunkt erreichte"[102].

„Ihr Muster (und den Begriff *poème en prose*) erhielt diese Form von Bertrand und Baudelaire"[103] („Petits poèmes en prose", 1869). Das deutsche Prosagedicht hingegen wird „auf die poetische Prosa des 18. Jh.s (z.B. die Idyllendichtung Salomon Gessners), auf Friedrich Nietzsches *Also sprach Zarathustra* (1883-85) und andere Texte vom Expressionismus bis zur Gegenwart bezogen"[104].

Das Prosagedicht konnte insgesamt jedoch nur eine „schwache eigene Tradition"[105] ausbilden, da es als ein „extremes Ergebnis einer revolutionären Literaturentwicklung ... der terminologischen Fixierung innerhalb eines tradierten poetologischen Systems"[106] widersprach. Um so mehr jedoch erlagen viele Autoren gerade deshalb dem „Reiz einer im genauen Wortsinn namenlosen Originalität"[107] und nutzten es als Möglichkeit zur Emanzipation von den äußeren Formzwängen einerseits und als „revolutionären, antiklassischen Impuls"[108] andererseits. Aufgrund seines traditionsunabhängigen Charakters konnte es „immer wieder in verwandelter, erneuerter Form auftreten"[109], so dass man sagen kann: „Es gibt nicht das Prosagedicht, es gibt nur Prosagedichte."[110]

Als erstes, deutliches äußeres Merkmal eines Prosagedichtes ist das Fehlen der Verse zu nennen, wobei die Angrenzung an die Verslyrik noch deutlich spürbar sein kann, oder aber auch sämtliche Mittel der Poetisierung fehlen können. Aufgrund der „zweipoligen Spannweite dieser Gattung"[111] (je nach Akzentuierung in Richtung Prosa oder Lyrik) kann man daher auch zwischen dem „poetischen Prosagedicht" und dem „prosaischen Prosagedicht" unterscheiden.

Allgemein kann man jedoch sagen, dass „überall, wo Prosalyrik deutlich als von der Versbindung befreite Lyrik erkennbar ist"[112], der Gattungsbegriff „Prosagedicht" berechtigt erscheint.

Entwicklungsgeschichtlich ist das Prosagedicht im Zuge der tief greifenden Veränderungen und Umwälzungen im Übergang zur Moderne

---

102 Fülleborn, Ulrich: Deutsche Prosagedichte des 20. Jahrhunderts, S. 15.
103 Kurz, Gerhard: Lichtblicke ..., S. 50.
104 Meid, Volker: Sachwörterbuch zur deutschen Literatur, S. 416.
105 Fülleborn, Ulrich: Deutsche Prosagedichte des 20. Jahrhunderts, S. 16.
106 Ebenda, S. 16.
107 Ebenda, S. 16.
108 Ebenda, S. 17.
109 Ebenda, S. 17.
110 Ebenda, S. 17.
111 Ebenda, S. 18.
112 Ebenda, S. 19.

entstanden, als auch das „Gedicht als Gebilde der Lyrik, das früher nur in metrisch gebundener Gestalt existierte"[113] aus seinen traditionellen Strukturen trat und neue Formen annahm.

„In bezug aufs 20. Jahrhundert läßt sich in dem Zusammenhang historisch feststellen, daß das Gedicht vor allem dadurch zum Text geworden ist, daß es sich endgültig vom Lied emanzipierte."[114]

Aber auch die Epoche des Expressionismus hatte einen nicht unwesentlichen Einfluss auf die Entwicklung des Prosagedichtes. Besonders der hier vordergründige „Wille zum Appell"[115] und das allgemein gesteigerte „Ausdrucksstreben"[116] sprengten mehr und mehr die starre Form des Verses und führten zu einer Abwendung von der traditionellen Dichtung hin zu einer lyrischen Prosa, die sich nicht nur von der Versbindung befreite, sondern sich auch „mit herkömmlichen kleinen Prosaformen"[117] verbinden ließ. Essays und Parabeln, aber auch andere (kleinere) Textarten konnten so in Prosagedichte transformiert werden, wie dies beispielsweise bei Hofmannsthal und Kafka zu sehen ist.

Durch das Fehlen der Strophen und Verse als stabilisierende Elemente verlor das Prosagedicht (durch diesen Verlust der rein ästhetischen, nichtsprachlichen Faktoren) jedoch an Ausdruckskraft, die nun über eine größere Extension und andere Expressionsmittel (rhetorisch-linguistische, nicht rein ästhetische) gewonnen werden musste. „Deshalb sind Prosagedichte im allgemeinen länger als vergleichbare Versgedichte"[118] und die sprachlichen Mittel werden als gestalterische Gegengewichte nachdrucksvoller eingesetzt. Die freiere sprachliche Gestaltungsmöglichkeit, aber auch „die vergrößerte Distanz des Autors und des Lesers zu den ästhetischen und sprachlichen Mitteln"[119] ermöglichten einen „höheren Grad an Reflexivität"[120] und führten damit zu einem gesteigerten Erkenntnisgewinn. Die sinnlich-ästhetische Komponente wurde somit geschwächt zugunsten einer erhöhten Reflexionskraft. Daneben vermag der Gedichttext durch seine „semantische Mehrschichtigkeit"[121] Bedeutungssuggestionen zu erzeugen, die eine explizite Deutungszuweisung verweigern und eine offene Sinnkonzeption ermöglichen. Die lyrischen Elemente dieser „kunstvoll strukturierten und

---

113 Fülleborn, Ulrich: Deutsche Prosagedichte des 20. Jahrhunderts, S. 17.
114 Ebenda, S. 21.
115 Ebenda, S. 42.
116 Ebenda, S. 42.
117 Ebenda, S. 19.
118 Ebenda, S. 24.
119 Ebenda, S. 22.
120 Ebenda, S. 22.
121 Ebenda, S. 23.

klangl.-rhthm. ausgestalteten Prosa"[122] dazugenommen, machen das Prosagedicht insgesamt zu einem außergewöhnlichen „Gebilde von sowohl sprachlicher wie ästhetischer Qualität"[123].

Die Prosalyrik Kafkas ist nach Fülleborn schon „über den Expressionismus hinausgegangen"[124], denn sie „zeigt ... eine Entwicklung vom mehr lyrischen, dem expressionistischen Stilwillen nahestehenden Prosagedicht zu einer eigenen Form, die gattungsgeschichtlich als Innovation anzusehen ist"[125].

Mit Kafka vollzieht sich der Wandel von der modernen Lyrik zum phantastisch-traumhaften Erzählgedicht und die Transformation der Parabel zur lyrischen Prosa, deren Bilder „atmosphärisch aufs äußerste verdichtet sind"[126] und „nicht mehr der Vermittlung eines isolierbaren Sinnes dienen wollen oder können, indem ihnen keine logisch faßbare Gleichung mehr zugrunde liegt"[127], sondern „unauflösliche Rätsel ins Bewußtsein des Lesers"[128] streuen, wobei sich „die überlieferte Erzählform in ein Medium reiner Evokation verwandelt"[129] und sich die sprachliche Zeichenhaftigkeit der Dichtung zur absoluten Poetizität steigert.

Über den Wechsel zwischen Traumwelt und Realität, eine surrealistische Gestaltung der Bildwelt sowie den „drängenden und immer wieder gestauten Sprachrhythmus"[130] erzeugt Kafka in seiner lyrischen Prosa „die Darstellung einer unendlichen Bewegung und eines unüberwindlichen Widerstandes"[131]. Die dadurch beim Leser erzeugte, scheinbar unauflösbare Rätselhaftigkeit zwingt diesen immer wieder zur erneuten Reflexion, zum unaufhörlichen Hinterfragen des Gelesenen.

Hier zeigt sich deutlich die für die Prosalyrik des 20. Jahrhunderts typische Schwächung der ästhetischen Komponente zugunsten einer Stärkung der Reflexions- und Erkenntnisfunktion.

Dichten wurde zur „transzendentalen Tätigkeit"[132], die Sprache zum linguistisch-reflexiven Instrument einer experimentellen Textkonstitution und erkenntnisorientierten Strukturbildung.

---

122 Gfrereis, Heike: Grundbegriffe der Literaturwissenschaft, S. 160.
123 Fülleborn, Ulrich: Deutsche Prosagedichte des 20. Jahrhunderts, S. 23-24.
124 Ebenda, S. 25.
125 Ebenda, S. 30-31.
126 Ebenda, S. 31.
127 Ebenda, S. 31.
128 Ebenda, S. 31.
129 Ebenda, S. 31.
130 Ebenda, S. 31-32.
131 Ebenda, S. 32.
132 Ebenda, S. 40.

Doch nicht nur das über die Grenzen der Poesie weit hinausreichende Erkenntnisinteresse des Autors dokumentiert die Nähe der „Betrachtung" zum Prosagedicht, auch weitere zentrale Merkmale der Prosalyrik des 20. Jahrhunderts lassen sich in der „Betrachtung" finden:

So spricht beispielsweise die Tatsache, dass sich vor allem junge Autoren zu Beginn ihres Schaffensprozesses mit dieser traditionsbrechenden Mischgattung befassten, die großen Raum für künstlerische Freiheit und außerästhetische Impulse lässt, für eine Verwendung dieser poetischen Form im Frühwerk Kafkas. Denn erst „mit zunehmendem Alter pflegt sich auch in der Kunst das Hergebrachte wieder mehr durchzusetzen"[133].

Aber auch die durch die Aufhebung der äußeren tradierten Form erkennbare „Kritik und Destruktion"[134] und die für das Prosagedicht typische literarische Artikulierung des verlorenen Humanum, das Beklagen des Verlustes an Menschlichkeit in einer inhuman gewordenen Zeit, lassen sich durchaus in der „Betrachtung" finden (in der Darstellung der Anonymität, Ausgrenzung und Isolation des Individuums in der modernen, entfremdeten Gesellschaft).

Ferner lässt sich die Selbstreflexion der lyrischen Prosa auch in der „Betrachtung" durchaus erkennen. „Das Poem als ästhetischen Gesetzen unterworfenes Gebilde reflektiert sich selbst"[135] in der lyrischen Prosa, und die Dichtung macht sich somit „selbst zum Gegenstand"[136], wobei dies über eine „l'art pour l'art", über eine Dichtkunst zum Selbstzweck weit hinausgeht. Vielmehr geht es um eine „Erkundung und Demonstration"[137] der literarischen Bedingungen und Möglichkeiten, um eine, wie in der „Betrachtung" vorgenommene (vgl. hierzu auch Teil II / Kap. 3), Selbstthematisierung der Literatur und des Schreibens.

Das Zurücktreten der ästhetischen und sachlich-inhaltlichen Elemente im Prosagedicht „zugunsten der formalen Seite der Sprache"[138] spielt ebenso in der „Betrachtung" eine zentrale und entscheidende Rolle. Die Erkenntnisse, die allein aus der Sprache und dem Strukturalismus hervorgehen, können dabei über den Bereich der Eigen-Ästhetik hinausgehen und außerästhetische, real-gesellschaftliche Tendenzen thematisieren.

Zusammenfassend lässt sich sagen: Die „Betrachtung" erweist sich in vielerlei Hinsicht als dem Prosagedicht nahestehend und zugehörig. Erstens aufgrund ihrer formalen Merkmale und Gestaltungsprinzipien (relative Kürze, dichte Struktur, Evokation, Wiederholung, Abwandlung

---

133 Fülleborn, Ulrich: Deutsche Prosagedichte des 20. Jahrhunderts, S. 39.
134 Ebenda, S. 39.
135 Ebenda, S. 40.
136 Ebenda, S. 40.
137 Ebenda, S. 40.
138 Ebenda, S. 41.

etc.), zweitens hinsichtlich ihrer spezifischen, transzendental-reflektorischen Struktur und Ausrichtung unter Beibehaltung (abgeschwächter) ästhetischer Komponenten, und drittens im Hinblick auf die Tendenz, sich sowohl ästhetisch als auch sprachlich selbst zu reflektieren.

Darüber hinaus verleiht „jene Dialektik von ästhetisch autonomen und heteronomen Faktoren"[139] der lyrischen Prosa den in der „Betrachtung" thematisierten Polaritäten zusätzlichen Nachdruck.

Insgesamt gesehen geht die „Betrachtung" jedoch auch weit über die gattungsspezifischen Vorgaben und Strukturen der Prosadichtung hinaus und erzeugt einen sehr eigenen, innovativen Gehalt. Die surrealistische Kraft der Bilderwelt, das Ineinandergreifen von Realis und Irrealis und die evokative Kraft der verwendeten Sprachtransformation in polyvalente Dimensionen machen aus der „Betrachtung" mehr als eine lyrische Prosa im herkömmlichen Sinne. Sie stellt weitaus mehr dar als „das freie Experimentieren mit ... Gattungs-, Form- und Sprachpartikeln"[140] und ein „rigoroses Zerschlagen der herkömmlichen Formen"[141], wie dies etwa beim dadaistischen Prosagedicht am radikalsten zu beobachten ist. Es ist vielmehr die Faszination einer innovativen, impulsgebenden Vermittlung einer nicht mehr isolierbar-eingrenzenden Intentionsrichtung und einer vielseitigen und offenen Struktur und Sprache, die die „Betrachtung" zu einer von den üblichen Formen weit außenstehenden „Einzelart" entheben.

3.2. Die expressionistischen Züge der „Betrachtung"

Obwohl Kafka nicht im eigentlichen Sinne zu den Expressionisten gerechnet werden kann, zeigen sich dennoch in der „Betrachtung" deutlich expressionistische Züge, wie ein Vergleich mit zehn zentralen Merkmalen der expressionistischen Prosa nach Bernd Scheffer zeigt.

In allen zehn Punkten lässt sich eine mehr oder minder eindeutige Entsprechung erkennen, wenn auch jeweils gewisse subtilere Merkmale fehlen. Die Grundstruktur der „Betrachtung" ist mit allen zehn kennzeichnenden Elementen der expressionistischen Literatur kompatibel, während jedoch die detailgenaue Umsetzung jeweils fehlt.

---

139 Fülleborn, Ulrich: Deutsche Prosagedichte des 20. Jahrhunderts, S. 43.
140 Ebenda, S. 29.
141 Ebenda, S. 29.

Das veränderte Bewusstsein

Die expressionistischen Autoren sind nicht gesellschaftlich-politisch motiviert, zeigen keine idyllische Natur- und Lebenswelt auf als Gegenpol zur entfremdeten Gesellschaft, sondern versuchen durch die Einkehr ins Innere die realen Gegebenheiten hinzunehmen. „Das private ... Bewußtsein wird nun ... Zentrum dessen, was die Außenwelt so stabil macht."[142]

Die Doktrin „das Sein bestimmt das Bewusstsein" wird umgekehrt in den programmatischen Grundsatz „Alle äußere Befreiung ist nur Sinnbild der inneren"[143].

Die enge Verknüpfung zwischen Innen- und Außenwelt, die Spiegelung des inneren Zustandes im äußeren Umfeld zeigt sich in der „Betrachtung" in vielfacher Hinsicht. Sehr deutlich kommt dies beispielsweise in dem Stück „Der Nachhauseweg" zum Ausdruck. Hier wird die innere „Überzeugungskraft" gar visualisiert und auf die Natur übertragen, indem sie „in der Luft nach dem Gewitter" für das „man" sichtbar wird („Ich sehe die Überzeugungskraft in der Luft nach dem Gewitter").

Aber auch im ersten Stück „Kinder auf der Landstraße" wird ein innerer Zustand in die äußere Kulisse transformiert, „als die Luft schon kühler wehte" und nicht das epische Ich, sondern „zitternde Sterne" das Frösteln zum Ausdruck bringen.

Ebenso ist die „Abweisung" kein (allein) äußerer Tatbestand, sondern ein primär inneres Problem.

Andererseits fehlt bei Kafka die von den Expressionisten dabei vorgenommene Trivialisierung und Banalisierung, die die expressionistischen Texte oft „belanglos"[144] und „harmlos"[145] erscheinen lassen.

„Mit neuen literarischen Mitteln entfernen, trennen sich die Autoren von den für sie aussichtslosen Problemen und Problemlösungen der bürgerlichen Gesellschaft; sie schreiben sich weg von dem, was sich ihrer Erfahrung nach einem literarischen Eingriff ohnehin entzieht"[146], wobei keine philosophisch konstituierte Gegenwelt zur gesellschaftlichen Entfremdung geschaffen, sondern nur noch das Alltäglich-Profane thematisiert wird.

Die Abwendung von jeglichem übergeordneten Horizont und die absolut nihilistische Prägung kommen dabei deutlich zum Ausdruck,

---

142 Scheffer, Bernd: Expressionistische Prosa, S. 299.
143 Ebenda, S. 299.
144 Ebenda, S. 299.
145 Ebenda, S. 299.
146 Ebenda, S. 298.

beispielsweise bei Walter Serner in der „Letzten Lockerung", wenn es heißt:
„Über dieses Chaos von Dreck und Rätsel einen erlösenden Himmel stülpen! Den Menschenmist ordnend durchduften! Ich danke (...)."[147]

Auch Albert Ehrenstein zeigt in „Tubutsch" diese völlige Abkehr von einer durch eine höhere Macht fundierte Weltordnung, indem das Leben nur noch pragmatisiert als „Kellnerin" erscheint: „Das Leben. Was für ein großes Wort! Ich stelle mir das Leben als eine Kellnerin vor, die mich fragt, was ich zu den Würstchen dazu wolle, Senf, Krenn oder Gurken."[148]

Bei Hugo Ball („Das Carousselpferd Johann") wird ebenfalls die geistige Überwelt negiert und das menschliche Dasein trivialisiert, denn hier ist „'Das Ding an sich` ... heute ein Schuhputzmittel"[149].

Die in der expressionistischen Literatur zum Ausdruck gebrachte vollkommene Lösung von jeglicher geistig-philosophischer Fundierung, die nicht kritisiert wird, sondern als solche bereits angenommen und verinnerlicht wurde, ist in der „Betrachtung" noch nicht vonstatten gegangen. Hier wird die metaphysische Heimatlosigkeit und Leere zum eigentlichen Problem und das „Zwischen-Stadium" zwischen traditioneller Religiösität und philosophischer Seinssuche auf der einen Seite und die Hinwendung zur einer subjektiven, individual-fundierten Konstituierung andererseits als innere Zerrissenheit literarisch transformiert.

Das veränderte Lebensgefühl und die Entdeckung anderer Lebensansichten

Die intensive Erfahrung des eigenen Bewusstseins im Expressionismus führt zu einer Entdeckung neuer Lebensansichten und Perspektiven, wie dies etwa bei Heinrich Mann in dem Buch „Der Vater" (1917) zum Ausdruck kommt: „Färber machte die Entdeckung, daß es andere Ansichten vom Leben gab als die ihm gewohnten. Es war eine Wiederentdeckung; er fühlte sich auf einmal befreit von einem ungeahnten Gewicht und befähigt, alles hinter sich zu lassen."[150]

Schon im Titel „Betrachtung" kommen die Perspektivensuche und der Wunsch nach einer Offenlegung und Entdeckung neuer Lebensansichten zum Ausdruck. Die in fast jedem Stück verwendeten Wörter aus dem Wortfeld des Sehens und Schauens und die Betonung der Augen und des Augenumfeldes (Augenbrauen, Schläfen etc.) verstärken zusätzlich

---

147 Scheffer, Bernd: Expressionistische Prosa, S. 299.
148 Ebenda, S. 298.
149 Ebenda, S. 300.
150 Ebenda, S. 300.

die Bedeutung der Wahrnehmung und Anschauung. Durch eine „Innen-Schau", aber auch durch die intensive Betrachtung und Beobachtung des Äußeren soll das Bewusstsein erfahren und erweitert, der eigene Lebensweg gefunden werden.
Besonders deutlich zeigt sich dies etwa im Stück „Der Kaufmann". Die „Sorgen, die mich innen an Stirne und Schläfen schmerzen, aber ohne mir Zufriedenheit in Aussicht zu stellen" verweisen einerseits auf die Problematik der Perspektivenlosigkeit (Schmerzen im Augenbereich, an den „Schläfen"; keine Zufriedenheit in „Aussicht"), und andererseits auf die damit verbundene instabile, nicht zufriedenstellende Bewusstseinslage (Sorgen, die an der „Stirn" schmerzen als Ausdruck der Überforderung der Ratio, der mangelnden Bewusstseinsöffnung und -stabilität).

Anders wie bei vielen namhaften Autoren des Expressionismus, wie beispielsweise bei Ferdinand Hardekopf, Walter Rheiner, Georg Trakl und Gottfried Benn, sah sich Kafka jedoch nicht gezwungen, dieses veränderte Lebensgefühl auch selbst zu leben. Bei sehr vielen Autoren des Expressionismus galt „eine Existenz am Rande der Gesellschaft"[151] als unvermeidliche Voraussetzung für ein „vorgetriebenes literarisches Sprechen"[152].

Kafka hingegen litt zeit seines Lebens unter der zu schwachen gesellschaftlichen Einbindung, hatte weder „Haschisch geraucht, Morphium gespritzt oder Kokain geschnupft"[153], sondern entsprach als Beamter in dieser Hinsicht keineswegs dem klassischen Bild eines expressionistischen Autors.

Die Betonung der Emotion und Phantasie

Die expressionistische Literatur sucht dieses veränderte Bewusstsein sprachlich zu tragen, lässt den Emotionen und Fantasien freien Lauf und ermöglicht die Konstruktion anderer Daseinswelten, während sie die vorhandene Wirklichkeit kritisiert. Ein Erkenntnisgewinn ergibt sich einerseits durch die Vielfalt der Perspektiven, andererseits auch auf der Grundlage der befreiten und geistig ausgelebten Emotionen, anhand der „Affekt-Interpretationen"[154].

Die Innenwelt wird zum zentralen Ausgangspunkt, während die entfremdete Außenwelt teilweise durch „explosionsartige Aufhebungen"[155] literarisch verarbeitet wird, wie etwa bei Alfred Wolfenstein in „Über allen Zaubern":

---

151 Scheffer, Bernd: Expressionistische Prosa, S. 300.
152 Ebenda, S. 300.
153 Ebenda, S. 300.
154 Ebenda, S. 301.
155 Ebenda, S. 301.

„Schaufenster schnellten auf den Damm, mit allen Vorräten zerbarst das Warenhaus, daß die Luft erfüllt wurde von glitzernden Geschenken, Kalendern, Pantoffeln, Attrappen, Heringen, Bäumen ..."[156].

Auch in der „Betrachtung" wird immer wieder die Fantasie zum tragenden Schwer- und Ausgangspunkt des Geschehens und die Emotionen werden als innere Wahrheit auch im Außen erlebt. So verwandelt sich beispielsweise der von der Fantasie getragene „Wunsch, Indianer zu werden" sehr schnell vom Desiderium zum längst vollzogenen Faktum, indem das „man" sich anfangs noch wünscht „Wenn man doch ein Indianer wäre" und dann fließend in das bereits abgeschlossene Geschehen überwechselt („bis man die Sporen ließ ... die Zügel wegwarf ...").

Die in der expressionistischen Literatur sehr oft dargestellte entfremdete Außenwelt und die plötzlichen Aufhebungen und materiellen Destruktionen zeigen sich auch hier, indem das Pferd, „schon ohne Pferdehals und Pferdekopf", völlig zum affektiven Objekt der Fantasie transzendiert wird.

Während die expressionistische Literatur jedoch weit über das Subjektive hinausging und „mehr als nur persönliche Wunschphantasien"[157] darstellte, bleibt bei Kafka dagegen die fantasiegetragene Welt ausschließlich individualisiert.

Und während die expressionistischen Texte klar und eindeutig ihre jeweilige Position und Stellung zum Ausdruck bringen, daher auch „kaum noch erklärt zu werden"[158] brauchen, sind es bei Kafka gerade die Undeutbarkeit und sinntragende Schwebe, die den Texten ihren sehr eigenen Charakter verleihen.

Die Interpretationsprobleme

Die Prosa zwischen 1910 und 1925 erlaubt keine eindeutige, eindimensionale Sinnzuweisung mehr, eine Interpretation „mit den gängigen Interpretationsansätzen" ist nicht mehr greifbar, sondern „letztendlich ... nur im wiederholten Lesen" noch erfahrbar.

Kafkas Werk und respektive die „Betrachtung" wird von vielen Kafka-Forschern als letztlich undeutbar und nicht interpretierbar eingestuft. Die auf den ersten Blick logisch angelegte Struktur, das scheinbar traditionelle Erzählmuster, die Detailgenauigkeit und Konsequenz der Textführung, die einer offensichtlichen Intention zu folgen scheint, werden immer wieder durchbrochen und erweisen sich schließlich als undurchdringbare Paradoxie. „Sinnerwartungen werden erzeugt, aber nicht erfüllt. Bedeutungen werden als selbstverständlich artikuliert, aber sie

---

156 Scheffer, Bernd: Expressionistische Prosa, S. 301.
157 Ebenda, S. 301.
158 Ebenda, S. 301.

verstehen sich nicht von selbst"[159], was eine „allgemeine Widersprüchlichkeit ..., Rätselhaftigkeit und semantische Offenheit"[160] erzeugt, und „jeder Versuch, hier eindeutige Verhältnisse herzustellen, führt in einen Zirkel"[161].

Dieser Wechsel zwischen scheinbarer Logik und in Aussicht gestellter Verstehbarkeit einerseits und der Aufhebung jeglicher Deutbarkeit durch die Durchdringung unauflösbarer parabolisch-grotesker Elemente andererseits, erzeugt beim Rezipienten eine Irritation, die jedoch nicht ins Leere, sondern vielmehr in einen Kreislauf bzw. einen „hermetischen Zirkel"[162] des Verstehens führt. Im höchsten Maße dialektisch angelegt, drängt die Sinnstruktur der „Betrachtung" „auf einen geheimen Fluchtpunkt hin, der jedoch gerade im Drängen sich immer weiter entfernt"[163], aber dadurch auch immer wieder zu einem erneuten Lesen und anderen Interpretationsversuchen animiert.

In der expressionistischen Literatur stellte sich das Problem der fehlenden Interpretationsgrundlage jedoch nicht nur aufgrund der poetisch transformierten Emotion und Fantasie, hier führte der gescheiterte Interpretationsversuch oft direkt „in den poetischen Nonsens oder gar in den nicht mehr nur simulierten Drogenrausch bzw. in die nicht nur herbeigespielten Vorhöfe des Wahnsinns"[164].

Bei Kafka hingegen entziehen sich die Texte nur scheinbar einer Logik und Interpretation. Zwar sind auch hier gängige Interpretationsansätze nicht verwendbar, doch führt die vielschichtige Struktur niemals ins völlige Nichts, sondern allenfalls zu einer (noch) nicht fassbaren Erkenntnis und damit zu neuen Möglichkeiten einer Sinnkonzeption.

Die Destruktion und Parodie

Die expressionistischen Autoren wollen keinen Beitrag zur konstruktiven gesellschaftlichen Veränderung leisten, im Gegenteil, sie destruieren und parodieren sie.

Auch in diesem Punkt lassen sich in der „Betrachtung" gewisse Entsprechungen finden.

So lässt sich - analog zur expressionistischen Prosa - eine intendierte gesellschaftsrevolutionierende Funktion in der „Betrachtung" selbst bei größter Bemühung nicht erkennen. Andererseits lassen sich jedoch –

---

159 Kurz, Gerhard: Lichtblicke in eine unendliche Verwirrung. Zu Kafkas „Betrachtung", S. 59.
160 Jayne, Richard: Erkenntnis und Transzendenz, S. 80.
161 Kobs, Jörgen: Kafka, S. 9.
162 Ebenda, S. 18.
163 Ebenda, S. 18.
164 Scheffer, Bernd: Expressionistische Prosa, S. 302.

ebenfalls in Einklang mit der Literatur des Expressionismus – sehr wohl gesellschaftlich-destruktive, parodierende Elemente erkennen, wenn beispielsweise im Stück „Der Ausflug ins Gebirge" das gesellschaftliche Umfeld als „lauter niemand" bezeichnet wird, gleichzeitig aber darauf hingewiesen wird, „daß mir niemand hilft – sonst wäre lauter niemand hübsch", der andere also instrumentalisiert, generalisiert und entwertet wird, weil er keinen Nutzen zu bringen vermag.

Aber auch im Text „Die Abweisung" zeigen sich die für den Expressionismus typischen Destruktionen und parodistischen Übertreibungen, wenn völlig überzogene, von vornherein unerfüllbare gesellschaftliche Ansprüche und Erwartungen zur menschlichen Entfremdung führen.

Bei Kafka fehlt jedoch die in der expressionistischen Literatur in diesem Zusammenhang sehr oft verwendete Gewaltdimension, wie sie etwa bei Serner zu finden ist, wenn seine „literarischen Figuren ... zur vollkommen rücksichtslosen Gewaltanwendung"[165] auffordern, oder wenn bei Alfred Lichtenstein gesagt wird: „Denn wir schlagen euch alle ein wenig tot, Lieblinge (...). Das wird aber ein fröhliches Leichenfest werden."[166]

Die Geschichte und Geschichten

Die expressionistische Prosa wendet sich ab von den traditionellen Erzählformen und Kontinuitäten, „und an Stelle dessen tritt ein zumeist hypothetisches Erzählen – also keine gesicherte Aussage, sondern eine Erwägung; keine handelnden Helden ..., sondern bloße Sprechinstanzen"[167].

Die herkömmliche Weltanschauung verliert sich und „andere Ansichten von Wirklichkeit"[168] werden erwogen, wobei keine Lebensgeschichten mehr erzählt, sondern „demonstrativ zurückgelassen werden"[169].

Auch die Zeit wird in dieser Literatur zum literarischen „Spielball", denn hier ist „das Ende aller Kalender angebrochen"[170].

Hier entspricht die „Betrachtung" voll und ganz den dargestellten Vorgaben, denn sie beinhaltet weder eine bestimmte Erzählfolge und gesicherte Aussage, noch eine konkrete Handlung oder unipolare Perspektive. Stattdessen werden „Entschlüsse" nur erwogen, nicht vollzogen, das epische Geschehen wird größtenteils über einen inneren

---

165 Scheffer, Bernd: Expressionistische Prosa, S. 304.
166 Ebenda, S. 304.
167 Ebenda, S. 305.
168 Ebenda, S. 305.
169 Ebenda, S. 305.
170 Ebenda, S. 305.

Monolog vermittelt, die Ebene des Vertrauten wird immer wieder verlassen und neue Ansichten „erprobt" (von unten und oben, durch das Fenster, vom Pferd aus, im elektrischen Wagen, auf der Schaukel, im Fahrstuhl etc.).

Auch die Zeit verliert ihre Relevanz im eigentlichen Sinne und ist (meist unbestimmt als „Abend" zum Ausdruck gebracht) nur Sinnbild einer inneren Stimmung.

Anders als bei der expressionistischen Literatur, bei der es „nichts, was unverzüglich autobiographisch gelesen werden könnte" mehr gibt, ist die „Betrachtung" hingegen sehr stark autobiographisch gefärbt. Kafka selbst sprach gar hinsichtlich dieser Textsammlung von einem „Stück von mir"[171] und einem „ganz wahrheitsgemäßen Bild von mir"[172].

Die Themenwahl

Die Literatur im Expressionismus entdeckt nun „die Spielbarkeit ihres Sprachmaterials und gewinnt damit neue Themen für das literarische Sprechen"[173], wie dies beispielsweise bei Mynona („Beschreibung meiner Braut") zu sehen ist: „Ich kleidete mich in Sonnen, gürtete mir die Milchstraße um!"[174]

Die Autoren hatten nun die Möglichkeit zu erfinden, sich von der gegebenen Wirklichkeit und der einfachen Abbildung und Dokumentation des Realen zu befreien und so „neue Bewegungsräume des literarischen Sprechens"[175] zu finden.

Sehr deutlich zeigt sich dies immer wieder in der „Betrachtung". Die „Kinder auf der Landstraße" durchstoßen „den Abend mit dem Kopf" und sie „sangen viel rascher als der Zug fuhr". „Der Kaufmann" redet „mit den Zähnen", während „die Treppengeländer an den Milchglasscheiben hinuntergleiten wie stürzendes Wasser", und anderes mehr.

Wie bereits hinsichtlich des Ausdrucks des veränderten Bewusstseins (Punkt 1) erwähnt, werden in der expressionistischen Literatur jedoch auch Realitätsvorgänge und -erscheinungen als Thema aufgenommen, die bisher aufgrund ihrer Trivialität als poetisch nicht umsetzbar galten, etwa wenn bei Robert Walser in „Na also" ein Mundwasser zum Ausgangspunkt einer näheren Erörterung wird: „Odol sollte auf keinem modernen Waschtisch fehlen. Wer Odol nicht schätzt, schätzt sich selber nicht. Ohne Odol ist keine Zivilisation denkbar."[176]

---

171 Kafka, Franz: Briefe an Felice, S. 218.
172 Ebenda, S. 229.
173 Scheffer, Bernd: Expressionistische Prosa, S. 305.
174 Ebenda, S. 305.
175 Ebenda, S. 306.
176 Ebenda, S. 306.

Diese Aufnahme banal-alltäglicher Elemente fehlt, wie bereits erwähnt, in der „Betrachtung" gänzlich.

Die Selbstthematisierung und Selbstreflexion

Die Literatur, das Schreiben wird selbst zum Thema und Ausgangspunkt der Reflexion gemacht, die literarischen Mittel und Bedingungen werden „in den Erzählprozeß selbst einbezogen"[177], was die Literatur insgesamt theoretischer erscheinen lässt, jedoch dem Rezipienten auch neue Möglichkeiten der Spracherfahrung eröffnet.

In der „Betrachtung" wird das Schreiben und die Literatur immer wieder in der einen oder anderen Perspektive thematisiert und reflektiert. In der „Entlarvung eines Bauernfängers" wird beispielsweise der Schreibprozess zum Befreiungsakt von der inneren Belastung und Scham, wobei gleichzeitig das innere „Zerriebenwerden" zum Ausdruck gebracht wird:

„Ich zerrieb mir die Fingerspitzen an einander, um die Schande ungeschehen zu machen".

Im Text „Der plötzliche Spaziergang", wenn das epische ich „ins Wesenlose abschwenkt" und „schwarz vor Umrissenheit" wird, werden dadurch das Geschriebene, die schwarzen Buchstaben und die wesenlosen, weil in der Realität nicht existenten, literarischen Personen vermittelt, die dem „ich" über den gelungenen Schreibakt „zu seiner wahren Gestalt" verhelfen.

Auch die „Entschlüsse" lassen sich auf die Schreibhandlung und literarische Arbeit beziehen. A., B. und C. nicht als Personen, sondern als Alphabet verstanden, vermögen „das, was vom Leben als Gespenst noch übrig ist" auszudrücken, indem man es „mit eigener Hand niederdrücken", d.h. niederschreiben kann.

Ebenso sind im „Ausflug ins Gebirge" die dort angesprochenen „lauter niemand" wie gedruckte Buchstaben „durch winzige Schritte getrennt" und schwarz, da „alle in Frack sind".

Dementsprechend lassen sich auch die „Baumstämme im Schnee" im Stück „Die Bäume" als schwarze Buchstaben auf weißem Papier interpretieren, während man im letzten Stück „Unglücklichsein" an der „weißgetünchten Wand" die „Fingerspitzen rieb", somit auf einem weißen Blatt Papier mit der Hand sinnbildlich etwas niederschreibt.

Während in der expressionistischen Literatur jedoch die Selbstthematisierung und -reflexion der Literatur ansich bis hin zu einer Demonstration und Offenlage ihrer Widersprüche und Schwächen führt, somit sich gegen sich selbst richten und zur „Anti-Literatur"[178] werden

---

177 Scheffer, Bernd: Expressionistische Prosa, S. 307.
178 Ebenda, S. 307.

kann, ist es bei Kafka nur der Schreibende selbst, der als potentiell fehlbar erscheint.

Die Gleichzeitigkeit von Destruktion und Konstruktion

Die „Destruktion des Verbindlichen, des vermeintlich Gesicherten"[179] ermöglicht in der expressionistischen Literatur eine konsequente „Befreiung vom Denk- und Realitätszwang"[180] und lässt somit Raum für das Unbewusste, für eine Konstruktion einer anderen Realität.

Eine besondere Bedeutung kommt dabei auch der „Groteske" zu: Indem hier die Wirklichkeit verzerrt dargestellt wird, bietet sie dadurch „rückwirkend die Möglichkeit, Wirklichkeit wieder neu, anders und genauer zu erfahren"[181].

Am deutlichsten kommt dies im Text „Der Kaufmann" zum Ausdruck. Hier wird mit einem Lift die Geschäftswelt und Realität verlassen, der „Kaufmann" wechselt so in eine andere Dimension, die allein durch seine Fantasie und unterbewusste Gefühlswelt konstruiert und getragen wird. Hier ist ein Wechsel der Realitäten, ein Flug („Flieget weg; Euere Flügel, die ich niemals gesehen habe ...") von einem Ort zum anderen leicht möglich. Allein die Fantasie entscheidet, in welcher „Welt" man sich befinden möchte: Man macht sich auf „ins dörfliche Tal ... oder nach Paris", man beobachtet „Prozessionen", „geht über den Bach" oder „staunt über das Hurra der tausend Matrosen", man kann einen „unscheinbaren Mann" verfolgen oder „die schöne Dame" loben, oder aber die „auf ihren Pferden galoppierende Polizei" bestaunen.

Aber auch, wenn im Text „Unglücklichsein" das Alter Ego personifiziert als Gespenst erscheint, wird das Herkömmliche, die gewohnte Sphäre verlassen und eine neue Welt konstruiert, die durch die Befreiung von den realen Zwängen ein Übergreifen in eine andere, eine geistige Welt ermöglicht.

Die Groteske, in Kafkas späteren Werken sehr viel deutlicher ausgearbeitet, zeigt sich in der „Betrachtung" ansatzweise im Stück „Kinder auf der Landstraße", wenn es heißt: „Wir liefen enger beisammen, manche reichten einander die Hände, den Kopf konnte man nicht genug hoch haben, weil es abwärts ging." Das hier dargestellte Emporhalten des Kopfes, weil man die Straße nach unten läuft, wirkt einerseits übertrieben, absonderlich, absurd und komisch, andererseits drückt es aber auch dieses „Lachen, welches einem im Halse stecken bleibt, den Umschlag

---

179 Scheffer, Bernd: Expressionistische Prosa, S. 308.
180 Ebenda, S. 308.
181 Ebenda, S. 308.

von Komik in Grauen"[182] aus, indem durch diesen Satz gleichzeitig auch eine Stimmung erzeugt wird, die überaus bedrohlich wirkt, da hiermit auch das zwar real nicht vorhandene, aber angedeutete „Wasser bis zum Halse" evoziert wird.

Des Weiteren zeigt sich das Groteske in der „Betrachtung" auch bei der Darstellung des Singens, welches hier neben einer positiven Stimmung auch immer eine Auswegslosigkeit emblematisch übermittelt. Denn über das Singen werden (wie beim Lachen) „Widersprüche ... affektiv aufgefangen, ohne intellektuell aufgelöst werden zu müssen"[183]. Diese immanente Widersprüchlichkeit beim Singen zeigt sich beispielsweise im Stück „Kinder auf der Landstraße", wenn diese „mit ihren Stimmen in ein Gedränge kommen, in dem ihnen wohl war", sie sich aber gleichzeitig auch „wie mit einem Angelhaken gefangen" fühlten.

Bei Kafka tritt jedoch das destruktive Moment insgesamt weniger in den Vordergrund als bei den „klassischen" expressionistischen Autoren. Während es etwa bei Raoul Hausmann heißt: „Wir wollen Unwert und Unsinn!"[184], erscheint bei Kafka die Konstruktion einer neuen, fantasiefundierten Welt stets nur als Gegenpol und Entlastung einer nicht mehr (er-)tragbaren Realität. Nur weil die gegenwärtige Welt „keine Zufriedenheit in Aussicht" mehr stellen kann, verlässt der „Kaufmann" die vertraute Dimension.

Die Ich-Konstruktion und Ich-Auflösung

„Der Sinn, der Halt, den Politik und Gesellschaft, Religion, Kultur und Wissenschaft im 19. Jahrhundert noch geben konnten, beginnt zu Anfang des 20. Jahrhunderts fortschreitend abzubröckeln"[185], dies führte bei den meisten Autoren zur Wende ins eigene Innere und zum Versuch, „das verlorene Zentrum im eigenen Ich zu suchen"[186]. Doch der Versuch, durch die Entdeckung des Ichs der politischen und gesellschaftlichen Entfremdung entgegenzuwirken, führte letztendlich zu einer „Poetik des Ich-Zerfalls, des multiplen Ichs"[187].

In keinem anderen Punkt zeigt sich die Übereinstimmung und Entsprechung der „Betrachtung" mit den Grundzügen der expressionistischen Literatur so deutlich wie hier. Sowohl die verlorene Basis der ontologischen Konstituierung als auch die Rückkehr ins eigene Ich und

---

182 Nünning, Ansgar (Hrsg.): Metzler Lexikon Literatur- und Kulturtheorie, S. 233.
183 Kremer, Detlef: Kafka. Die Erotik des Schreibens, S. 168.
184 Scheffer, Bernd: Expressionistische Prosa, S. 308.
185 Ebenda, S. 309.
186 Ebenda, S. 310.
187 Ebenda, S. 310.

die damit verbundene Überforderung des Individuums bis zum Zerfall des Selbst und zur letztendlichen Spaltung in ein gesellschaftliches und innenwendiges Ich, kann in der „Betrachtung" in mannigfaltiger Weise festgestellt werden. Die „Betrachtung" als Weg verstanden, endet im letzten Stück in einem „Unglücklichsein", einer Ich-Spaltung (in ein soziales Ich und ein „Gespenst") und einer beginnenden Ich-Aufgabe („ich ... legte mich lieber schlafen").

Die gescheiterte Ich-Beziehung und die damit einhergehende Selbstauflösung führt bei Kafka jedoch nie zu der „Forderung 'Man muß das Ich in der Literatur zerstören'"[188] oder zur „Verdammung des 'Ich-Prinzips im Schaffen'"[189], wie etwa bei Kurt Schwitters oder Hugo Ball. Die eigene, individuelle Suche des Ichs wird bei Kafka stattdessen konsequent und unvermindert fortgeführt, doch dabei nie kritisiert oder in Frage gestellt.

Alles in allem gesehen kommt die „Betrachtung" der expressionistischen Prosa sehr nahe, beinhaltet sie doch fast alle zentralen Elemente dieser literarischen Strömung, wenn auch nicht in detailgenauer Entsprechung. Dies mag angesichts der frühen Entstehungszeit der „Betrachtung" verwundern, zählt die Literatur von 1910 bis 1925 doch erst im klassischen Sinne zum Expressionismus. Es lässt sich jedoch in zweierlei Hinsicht erklären: Zum einen ist sie bereits Ausdruck und Spiegel der grundlegenden gesellschaftlichen Entwicklungen und Veränderungen, die in den Expressionismus führten und dort ihr Ausdrucksforum fanden, zum anderen aber ist sie, wie auch im Hinblick auf die lyrische Prosa bereits festgestellt, eine Innovation mit eigenen charakteristischen Zügen, die impulsgebend wirkte, ohne dass sie jedoch „auf einen stilgeschichtlichen Ismus festzulegen"[190] wäre.

Die „Betrachtung" trägt somit deutlich erkennbare expressionistische Züge, ist andererseits jedoch schon weit „über den Expressionismus hinausgegangen"[191] bzw. hat „bereits diesseits des Expressionismus begonnen"[192].

---

188 Scheffer, Bernd: Expressionistische Prosa, S. 310.
189 Ebenda, S. 310.
190 Fülleborn, Ulrich: Deutsche Prosagedichte des 20. Jahrhunderts, S. 25.
191 Ebenda, S. 25.
192 Ebenda, S. 25.

3.3. Stilmittel und Erzähltechnik

Die in Martin Walsers Dissertation „Beschreibung einer Form. Versuch über Franz Kafka" herausgearbeiteten Stilmittel und Erzähltechniken der drei großen Romane („Der Prozeß", „Das Schloß", „Amerika") können nicht nur als typisch für die Schreibweise Kafkas gelten, sondern sind bereits in vielfacher Weise in seinem Frühwerk „Betrachtung" angelegt und offensichtlich. Dies zeigt ein Vergleich zwischen der von Martin Walser dargestellten „Art, wie der Dichter sein Erzählen einrichtet"[193] in den Romanen und den erzähltechnischen Elementen der „Betrachtung". Die diesbezüglichen Übereinstimmungen sollen im Folgenden in zehn Punkten untersucht und im Einzelnen erörtert werden.

Der erzählerlose, selbsttätige Verlauf

Kafka verzichtet sowohl in den drei Romanen als auch in der „Betrachtung" auf einen Erzähler als episches Ausdruckselement. Dies mag auf den ersten Blick erstaunen, wird aber verstehbar, wenn man seine Funktion näher betrachtet: „Der erscheinende Erzähler gibt sich ganz deutlich als das Medium zu erkennen, durch das uns die Welt mitgeteilt wird."[194] Fehlt dieses Medium jedoch, bleibt die Weltdeutung offen und dem Leser selbst überlassen. Die Unmittelbarkeit des Geschehens bindet den Rezipienten als Betrachter mit ein, denn „was durch K. erzählt wird, ist erzählte Welt, ist selbst Vorgang und ungebrochenes Ereignis"[195]. Nicht anders verhält es sich in der „Betrachtung"; die durch das neutrale „man" oder anonyme „ich" vermittelte Anschauung „gehört zum Vorgang, zur eigentlichen Materie des Werkes"[196], denn „seine Meinung ist nicht die eines interpretierenden Erzählers"[197].

Fehlt der Erzähler, so ist das ihn stellvertretende Medium „die 'wichtigste' Person des Werkes, also geschieht alles ohne Brechung, in sich selbst, von sich selbst her, und alle Deutung bleibt uns überlassen"[198]. Gleichzeitig bleibt der Leser jedoch bei seiner Deutungssuche völlig auf sich allein gestellt, denn nichts innerhalb des Werkes kann dazu herangezogen werden, „um uns verbindliche Auskunft zu geben"[199]. Es gibt nichts, „...keine Person im Werk, keinen Vorgang, der für

---

193   Walser, Martin: Leseerfahrungen, Liebeserklärungen, S. 18.
194   Ebenda, S. 19.
195   Ebenda, S. 41.
196   Ebenda, S. 41.
197   Ebenda, S. 41.
198   Ebenda, S. 42.
199   Ebenda, S. 42.

sich allein als direkte Auskunftsquelle über das Werk"[200] dienen könnte. Der Leser bleibt dem Geschehen hilflos ausgeliefert wie der jeweilige Held selbst.

Die geometrisch-physikalische Perspektive

Wenn Martin Walser auf die Bedeutsamkeit der „geometrisch-physikalischen Perspektive"[201] hinweist, so spricht er hiermit die „durchgehende Beschränkung des Sehens von einem Ort aus"[202] an, die ebenso in der „Betrachtung" zu finden ist. Sowohl in den Romanen als auch im Frühwerk ist die „gesehene Welt nicht 'breit`, sie hat andere Qualitäten"[203]. Die Perspektive ist eng und jeweils nur auf eine begrenzte Räumlichkeit beschränkt (unten, oben, Zimmer, Gasse etc.), jedoch intensiv und detailgenau. Die Betrachtung ist punktuell und subjektiv, aber ausschließlich äußerlich, „denn es wird durch den Helden erzählt, dieser sieht alles 'nur` von außen"[204] und jede Veränderung ist per se eine äußere.

Ein sinntragendes, zentrales Element dieser Perspektive ist der Hell-Dunkel-Kontrast, der sowohl in den Romanen als auch in der „Betrachtung" von besonderer Bedeutung ist. So nimmt in Kafkas Werken (sowohl in den Romanen als auch in der „Betrachtung") die Dunkelheit immer mehr zu und „die Entfernung der Helden von ihren Zielen wird größer"[205].

Während in fast allen Einzelstücken der „Betrachtung" eine Abend- bzw. Nachtstimmung vorherrscht und es immer später am Abend und somit dunkler wird, wird die Dunkelheit im letzten Stück, „Unglücklichsein", schließlich absolut.

So befinden sich die „Kinder auf der Landstraße" noch in einer durchaus erhellten Welt, wenn sie „bei Kerzenschein" ihr „Nachtmahl" einnehmen oder in einem „Eisenbahnzug" fahren, dessen „Coupées alle beleuchtet" sind. Im nächsten Stück, „Entlarvung eines Bauernfängers", ist es dagegen bereits „gegen 10 Uhr abends" und „das Dunkel" reicht „bis zu den Sternen". Auch beim Stück „Der plötzliche Spaziergang" verlässt man den „beleuchteten Tisch", und während schon „das Treppenhaus dunkel" ist, begibt man sich auf die dunkle Gasse und wird dort selbst „ganz ... schwarz vor Umrissenheit" und Teil der Finsternis. Im Text „Zerstreutes Hinausschaun" ist „das Licht der freilich schon

---

200 Walser, Martin: Leseerfahrungen, Liebeserklärungen, S. 42.
201 Ebenda, S. 21.
202 Ebenda, S. 21.
203 Ebenda, S. 21.
204 Ebenda, S. 70.
205 Ebenda, S. 23.

sinkenden Sonne" nicht konstant hell, sondern zwielichtig und vergänglich und „Der Nachhauseweg" führt durch „dunkle Gassen". Auch „Die Vorüberlaufenden" gehen „in der Nacht durch eine Gasse spazieren", die nur durch den „Vollmond" partiell erleuchtet wird. Die „Herrenreiter" erleben einen „trüb gewordenen Himmel" bis schließlich im letzten Stück der „Betrachtung", „Unglücklichsein", das erzählende „ich" bereits so sehr selbst Teil der Dunkelheit geworden ist, dass es schon allein beim „Anblick der beleuchteten Gasse erschreckt". Das „Gespenst" wird selbst „von der Dämmerung des Zimmers gleich geblendet" und will davor gar sein Gesicht mit den Händen schützen, um ein völliges Dunkel zu erreichen, es „beruhigte sich aber unversehens", als der „Dunst der Straßenbeleuchtung endlich unter dem Dunkel liegen blieb". Auffällig ist in diesem Zusammenhang auch die Verwendung des Wortes „unversehens", was nochmals die gewollte Nicht-Sichtbarkeit unterstreicht.

Das verlorene Licht und die zunehmende Dunkelheit wird in den Romanen als auch in der „Betrachtung" zum verlorenen Zielpunkt vor Augen; die Zusammenhänge sind nicht mehr erkennbar, denn die Welt ist nur noch punktuell sichtbar und – ohne Erzähler – wird der Leser „in diese Finsternis ... mit ... hineingestellt"[206]. In dieser Dunkelheit, in der sich der Leser mit dem Helden oder epischen „ich" befindet, ist er nun vollkommen auf die Deutung des Nicht-Sichtbaren angewiesen und „je mehr das physikalisch faßbare Sehen vom Standpunkt des Helden aus reduziert wird, desto mehr werden die fragmentarischen Reste der Erscheinungen in ihrer zwielichtigen Befindlichkeit zum Anstoß von Überlegungen"[207]. Durch die Reduktion des Sichtbaren wird somit der Rezipient zur Reflexion des Nicht-Sichtbaren geführt und veranlasst.

Die Erzeugung einer Welt des Nicht-Wissens und der Instabilität

„Der Konjunktiv, die indirekte Rede, ein vielfacher Gebrauch von Adverbien der Vermutung, des Nicht-Wissens"[208] sind Mittel zur Erzeugung eines „Gleichgewichtes zwischen Möglichsein und Unmöglichsein"[209] und vermitteln dem Leser eine Welt der Instabilität und der permanenten Schwebe in den Romanen.

In der „Betrachtung" wird dies noch verstärkt durch eine perpetuierende Erwägung und Unentschlossenheit. Der vielfache Gebrauch von „Wenn man ..." am Satzanfang in „Der plötzliche Spaziergang", die Überlegung „Es muß" in „Entschlüsse", die Aussage „Ich weiß nicht"

---

206 Walser, Martin: Leseerfahrungen, Liebeserklärungen, S. 23.
207 Ebenda, S. 24.
208 Ebenda, S. 29.
209 Ebenda, S. 30.

und die konditionale Feststellung „Wenn niemand kommt, dann kommt niemand" im „Ausflug ins Gebirge", die angenommene Vermutung „Es scheint so arg ..." im Stück „Das Unglück des Junggesellen" und der unbestimmte Anfang des Stückes „Der Kaufmann" über den Satzanfang „Es ist möglich ...", sowie auch der einleitende Fragesatz des Stückes „Zerstreutes Hinausschaun" („Was werden wir ... tun ... ?"), die „Verdienste", die auf dem „Nachhauseweg" nur „erscheinen" und bald einem Nachdenken weichen, der erneute zweifache Gebrauch des satzeinleitenden konditionalen Gefüges „Wenn man ..." im Text „Die Vorüberlaufenden", die im Stück „Der Fahrgast" direkt festgestellte Aussage „Ich ... bin vollständig unsicher", die ausschließlich in der Phantasie stattfindende, fiktive Kommunikation in dem Text „Die Abweisung", die jeglicher realer Grundlage entbehrt, die ausgesprochene Vermutung im Text „Das Gassenfenster" („wer verlassen lebt und sich hie und da irgendwo anschließen möchte ..., der wird es ohne ein Gassenfenster nicht lange treiben"), die Formulierung des „Wunsches, Indianer zu werden" und die Darstellung „Der Bäume", die nur „scheinbar" glatt aufliegen, dies alles evoziert einen inneren Zustand des permanenten Schwankens und vermittelt eine Sphäre der Unbestimmtheit, Unfassbarkeit und fortwährenden Suche.

Die Funktionalisierung von Zeit, Raum und Figuren

Das Fehlen eines Erzählers hat noch weitere Konsequenzen, denn „ ... fehlt der Erzähler, ... fehlt der zeitlich fixierbare Punkt, von dem aus erzählt wird"[210]. Die raum-zeitliche Distanzierung „zwischen dem, was gerade geschieht und dem, der gerade erzählt"[211] ist somit nicht mehr gegeben. Raum und Zeit werden zum reinen Ausdrucksmedium, das „der jeweiligen Funktion unterworfen ist"[212]. So wird in der „Betrachtung" beispielsweise die Gasse zum Weg, das Zimmer zum Ort der zwischenmenschlichen Isolation, aber auch der geistigen Heimat, und die Nacht zum Symbol der Zielentfernung und des Nicht-Erkennens.

Ein weiteres Merkmal der Kafkaschen Dichtung ist nach Martin Walser die Funktionalität der Figuren. „Die Menschen, auf die der Held ... trifft, ... sind ... nicht 'wahr' im psychologischen Sinne, sie sind nicht 'wirklich' im empirischen, nicht 'menschlich' im anthropologischen und nicht 'natürlich' im biologischen Sinne. Sie sind lediglich notwendig innerhalb ihrer Welt."[213] Doch nicht nur in den Romanen, auch in der „Betrachtung" findet sich diese absolute Funktionalität und Charakterlo-

---

210 Walser, Martin: Leseerfahrungen, Liebeserklärungen, S. 45-46.
211 Ebenda, S. 48.
212 Ebenda, S. 133.
213 Ebenda, S. 50.

sigkeit der Figuren, die ausschließlich „Platzhalter" in einer organisierten Welt sind. So sind alle Figuren in der „Betrachtung" namenlos; sie erscheinen als Aufzählungsobjekte im Sinne eines „A", „B" oder „C" („Entschlüsse") oder sind hinsichtlich ihrer Stellung und Funktion benannt: "Kinder auf der Landstraße", „Bauernfänger", „Junggeselle", „Kaufmann", „Vorüberlaufende", „Fahrgast", „Herrenreiter" oder „Gespenst". Auffällig ist hierbei die häufige Nennung derselben bereits im Titel des jeweiligen Stückes, was ihre Bedeutsamkeit trotz ihrer Anonymität und Schemenhaftigkeit hervorhebt.

Sie erscheinen ferner als „Männer und Frauen", „Herr", „Mädchen" oder „fremde Leute", sind namen-, charakter-, gesichts- und scheinbar seelenlos. Erfolgt dennoch eine nähere, detaillierte Beschreibung der Figur, wie etwa im Stück „Der Fahrgast", so wird trotz der genauen, differenzierten Beschreibung („Ihr Gesicht ist braun, die Nase, an den Seiten schwach gepreßt, schließt rund und breit ab. Sie hat viel braunes Haar und verwehte Härchen an der rechten Schläfe. Ihr Ohr liegt eng an") lediglich ein schemenhaftes Bild erzeugt, das keinerlei Anhaltspunkte für das Wesen oder die Charakterzüge bietet, denn sie haben „als Figuren in der geschaffenen Welt für uns keine Eigenschaften mehr"[214] und sind nur „durch die zugewiesene Stelle genügend scharf profiliert"[215].

Als Begleiter sind sie „daraufhin angelegt, den jeweiligen Helden, dem sie beigegeben sind, von sich selbst, von seinem Ziel abzubringen"[216], dies zeigt sich sowohl in den Romanen als auch in Bezug auf den „Bauernfänger" in der „Betrachtung".

„Bezeichnend für die Funktionalität der Begleiter ist, daß die Kafkaschen Helden diese Begleiter nicht selbst wählen können. K. im *Schloß* bezeichnet seine Gehilfen als 'vom Schloß hergeblasene Jungens'; er muß sich ausdrücklich darüber belehren lassen, daß sie ihm nicht 'zugelaufen' sind, sondern 'zugeteilt'".[217] Ebenso verhält es sich mit dem „Bauernfänger" in der „Betrachtung", der als ein „von früher her nur flüchtig bekannter Mann" sich dem epischen „ich" „unversehens wieder angeschlossen" und es „zwei Stunden lang in den Gassen herumgezogen hatte", und zwar gegen den ausdrücklichen Willen des „ichs", das nach mehreren unbestimmten Versuchen, ihn los zu werden, schließlich „in die Hände zum Zeichen der unbedingten Notwendigkeit des Abschieds" klatschte und sich nach oben sehnte, wo es „so gerne gewesen wäre".

Alles Individuelle der Figuren wird jedoch sowohl in den Romanen als auch in der „Betrachtung" oft so weit ausgespart, dass sie nur noch

---

214 Walser, Martin: Leseerfahrungen, Liebeserklärungen, S. 55.
215 Ebenda, S. 55.
216 Ebenda, S. 56.
217 Ebenda, S. 58.

generalisiert als Gruppen erscheinen. Die „Singularisierung der Massen"[218] führt in der „Betrachtung" zu einer Welt von „lauter niemand" und besteht aus „Vorüberlaufenden" ohne erkennbare Individualität.

Die Verdinglichung des Lebendigen und die Belebung des Leblosen

„Die Grenze zwischen Lebendigem und Leblosem verschiebt Kafka ... in einem völlig gegennatürlichen Sinn" in den Romanen. Diese „Verdinglichung aller Wahrnehmungen, aller Empfindungen, aller Äußerungen"[219] sowie die gleichzeitige Mechanisierung des Lebendigen und die Belebung des Materiellen und Leblosen zeigt sich auch schon ansatzweise in der „Betrachtung": Denn hier geraten die „Stimmen in ein Gedränge" (Kinder auf der Landstraße) und man ist „wie mit einem Angelhaken gefangen", wenn „man seine Stimme unter andere mischt". Auch der Abend kann „mit dem Kopf" durchstoßen werden.

Das Grammophon kann in dem Stück „Entlarvung eines Bauernfängers" „gegen die geschlossenen Fenster" singen, das unerträglich gewordene Leben wird zu „Kleidern", die „nicht mehr tragbar" sind und das kollektive „wir" wird zu „Baumstämmen im Schnee", die geistige Welt der Fantasie zum nächtlichen „Gespenst". Im Stück „Entschlüsse" macht man „Kopf und Hals beweglich" und bringt „Feuer in die Augen".

Alles wird somit zum Objekt der Betrachtung stilisiert und der Leser kann „unaufhörlich gewissermaßen ohne Augenschließen"[220] an der epischen Welt partizipieren.

Die fortwährende Aufhebung

In den Romanen ruft nach Walser „jede Feststellung ... notwendig ihr Gegenteil, ihre Aufhebung auf den Plan"[221]. Dies zeigt sich auch sehr deutlich in der „Betrachtung": Der „Entschluss", der „leicht sein muß" wird nur erwogen, nicht gefällt, stattdessen entschließt man sich „alles hinzunehmen". Im Stück „Der Ausflug ins Gebirge" wird die Feststellung „niemand aber will mir helfen" sofort relativiert bzw. negiert durch den Satz „Aber so ist es doch nicht". Der „Ruhm" der „Herrenreiter" wird durch „Neid" wertlos. Der Wunsch im Text „Die Abweisung", „sei so gut, kommt mit mir", wird nach kurzer Überlegung ins Gegenteil gekehrt, denn dann will man viel „lieber ... allein nach Hause gehen". Die „Kleider" mit „vielfachen ... Rüschen und Behängen"

---

218 Walser, Martin: Leseerfahrungen, Liebeserklärungen, S. 74.
219 Ebenda, S. 76.
220 Ebenda, S. 77.
221 Ebenda, S. 86.

bekommen „Staub" und „Falten" und sind „nicht mehr gerade zu glätten", und auf dem „Nachhauseweg" „überwältigen" zunächst die „Verdienste" bis man schließlich „die Ungerechtigkeit der Vorsehung", die „so begünstigt", nur noch „tadeln" muss und die anfängliche „Überzeugungskraft" einer unbestimmten Nachdenklichkeit weicht.

Die von Martin Walser herausgestellte „Aufhebung des Tuns, das Nicht-zu-Ende-führen-können zielgebundener Aktivität, das Zurückwerfen dieser Aktivität an ihren Ausgangspunkt"[222] lassen sich in der einen oder anderen Form auch in der „Betrachtung" erkennen, wenn beispielsweise immer wieder von Neuem „das Ganze ... stocken" und sich alles „im Kreise zurückdrehen" muss (Entschlüsse). Die „Aufbereitung hoffnungsvoller Tatsachen"[223] mündet letztlich immer in eine „konsequente Einschränkung bis zur Aufhebung"[224].

Die perpetuierende Existenzbehauptung als Variation der gleichen Leerform

Doch trotz der „immerwährenden Aufhebung"[225] wird sowohl in den Romanen als auch in der „Betrachtung" die Existenz „weiter behauptet"[226], wobei es sich hierbei allerdings nicht um eine prozessuale Ich-Findung und -Entwicklung handelt, sondern lediglich eine „unendliche Wiederholbarkeit der Leerform"[227] dargestellt wird. Diese immer wieder erneut versuchte, vergebliche Behauptung der eigenen Existenz, die man doch „gar nicht verteidigen" (Der Fahrgast) kann, geht so weit, bis der jeweilige Held „nicht mehr die Kraft, nicht mehr den Willen"[228] hat, „sich weiter zu behaupten"[229] und schließlich das „ich" „lieber hinaufgeht" und „sich schlafen legt" (Unglücklichsein).

Mit der „Wange an der Klinke des Fensters" (Zerstreutes Hinausschaun) gelehnt, „an der Fensterbrüstung" (Das Gassenfenster) stehend, befindet sich das „ich" an der Grenze zwischen „Innen" und „Außen", die jedoch beide gleichermaßen bei ihm Unbehagen erzeugen. Denn ist es im „Innen", lässt es sich gerne nach unten mitreißen, „der menschlichen Eintracht zu" (Das Gassenfenster). Ist es jedoch im „Außen", sehnt es sich danach, „hinaufzukommen" (Entlarvung eines Bauernfängers).

---

222   Walser, Martin: Leseerfahrungen, Liebeserklärungen, S. 95.
223   Ebenda, S. 98.
224   Ebenda, S. 98.
225   Ebenda, S. 109.
226   Ebenda, S. 109.
227   Ebenda, S. 110.
228   Ebenda, S. 109.
229   Ebenda, S. 109.

Das immer wieder erprobte Dasein, einmal im „Innen", einmal im „Außen", scheitert stets von Neuem, da sich das „ich" weder hier noch dort aus dem Dunkel zu befreien vermag, sondern sich lieber in „dieser Finsternis" befindet, trotz des Ratschlages, dass es „viel besser wäre, wenn Sie Licht machen ließen" (Unglücklichsein).

Der „Nachhauseweg", die „Wanderung des Helden zu sich selbst"[230] misslingt somit, denn „diese geschaffene Welt existiert nicht in der Entwicklung"[231], sondern nur in der Wiederholbarkeit ihrer Teile"[232] und ist damit per se erfolglos, weil nicht teleologisch konzipiert.

Der Kreislauf ohne Zielpunkt

Dieses unaufhörliche Schwanken zwischen „Innen" und „Außen", Ich und Welt, ohne erkennbaren Fortschritt, „dieses Kreisen um immer den gleichen Punkt, verhindert bei Kafka das Aufkommen jeder ´stofflichen Neugier`"[233]. Indem sich das epische „ich" in der „Betrachtung" nach jedem Schritt nach vorne nur immer wieder „im Kreise zurückdrehen" (Entschlüsse) muss, wird der Blick des Lesers von der Verfolgung eines fokussierten Zieles zurückgelenkt auf den Ausgangspunkt, und der Rezipient fällt wie das epische „ich" auf sich selbst zurück, wird zum erneuten Deutungsversuch der gleichen Stelle veranlasst.

Die Kontraste

Viele Elemente in den Kafkaschen Werken „werden in übertreibend kontrastierender Weise gegeneinander ausgespielt"[234]. In den Romanen sind dies nach Martin Walser „die Adjektive ´klein` und ´groß`, und ´niedrig` und ´hoch`"[235]; in der „Betrachtung" sind es die Gegensätze zwischen innen und außen, unten und oben, hell und dunkel bzw. schwarz und weiß, Kindliches und Mann, Dorf und Stadt u.a. Dieses sprachliche Spiel mit den Kontrasten erzeugt beim Rezipienten eine Stimmung der inneren und äußeren Spannung, es unterstreicht die Dialektik der existentiellen Behauptung, verdeutlicht die Schwebe zwischen zwei Punkten, veranschaulicht den fehlenden Fokus des Seins und führt dem Leser die Unbestimmtheit der Welt vor Augen.

---

230 Walser, Martin: Leseerfahrungen, Liebeserklärungen, S. 124.
231 Ebenda, S. 124.
232 Ebenda, S. 124.
233 Ebenda, S. 128.
234 Ebenda, S. 132.
235 Ebenda, S. 132.

Die transzendentale Obdachlosigkeit

Der von Martin Walser in seiner Dissertation in Anlehnung an Georg Lukács verwendete Begriff der „transzendentalen Obdachlosigkeit"[236] bezeichnet einen bzw. den zentralen thematischen Schwerpunkt in der „Betrachtung". Die verlorene „Seinstotalität"[237] kommt hier, wie auch in den Romanen, sehr deutlich und vordergründig zum Ausdruck. Das durch die Metaphysik fundierte, stabile Seinsbewusstsein und die damit einhergehende „Metasubjektivität ... ist ... durch die 'Produktivität des Geistes`, durch die Entdeckung des Ichs in Frage gestellt"[238] und „die Frage, in der nach dem Sein des Seienden gefragt wird, ist eine andere geworden"[239].

Im Homerschen Epos war „die Ordnung der Welt ... ein Kontinuum, in dem alles seinen Platz"[240] hatte, das Seinsverständnis war dadurch klar festgelegt und die Seinssicherheit gegeben. Bei Kafka ist diese „'extensive Totalität` dieses Kontinuums der Homerschen Welt"[241] jedoch obsolet geworden. Die Sinnsuche wird nun zur individuellen Frage und der Seins-Kampf „wird nicht mehr in einem Heer von Helden, ... nicht mehr mit blitzenden Waffen bestanden, sondern im 'Inneren` eines jeden 'Einzelnen`"[242] ausgefochten. Jeder muss nun für sich selbst (wie der „Fahrgast" in der „Betrachtung") „verteidigen", dass er „auf dieser Plattform" steht, wobei es in der Moderne an äußeren Orientierungsmöglichkeiten mehr und mehr fehlt (vgl. hierzu Teil II / Kap. 2.2.).

Die Existenz ist nun „nicht mehr im Handeln, sondern im bloßen Dasein bedroht"[243], die Totalität der Außenwelt ist gebrochen und das „Sein des Seienden"[244] ist nicht mehr von außen fundiert. Das Innere wird zum Spiegel des Äußeren und sowohl die Helden in den Romanen als auch das epische „ich" in der „Betrachtung" können die Kette der perpetuierenden Suche und des Scheiterns nur von innen heraus durchbrechen. Doch das „ich" und der jeweilige Held der Romane fällt nur in die eigene Leere im „Inneren" zurück, ist heillos überfordert und in ständiger Schwebe, weil der Mittelpunkt zwischen „Innen" und „Außen" nur

---

236   Walser, Martin: Leseerfahrungen, Liebeserklärungen, S. 117.
237   Ebenda, S. 118.
238   Ebenda, S. 118.
239   Ebenda, S. 121.
240   Ebenda, S. 121.
241   Ebenda, S. 121.
242   Ebenda, S. 122.
243   Ebenda, S. 122.
244   Ebenda, S. 121.

ein Fenster, ein Medium der Betrachtung, ist, und nur „das Licht auf dem zurückweichenden Fratzengesicht ist wahr, sonst nichts"[245].

Insgesamt gesehen lassen sich alle von Martin Walser für die drei Romane herausgearbeiteten Stilmomente auch in der „Betrachtung" – ansatzweise oder bereits in ihrer charakteristischen Entsprechung – finden, sofern sie von der epischen Großform auf die Kurzprosa übertragbar sind. Auf einen Vergleich aller anderen Merkmale, die romanspezifisch und auf größere Handlungszusammenhänge angelegt sind, wurde daher an dieser Stelle verzichtet (etwa auf die Bedeutung der „Feinde", die „Unumkehrbarkeit der Handlung", „Die Gegenwelt und ihre Vertreter" etc.).

Die „Betrachtung" als Frühwerk erweist sich somit als Grundstein einer sehr spezifischen und innovativen Erzählform und geht weit über ein einfaches frühes „Experimentieren" mit den verschiedenen Formen und Stilen hinaus, auch wenn aufgrund der heterogenen Struktur dieser Prosasammlung auf den ersten Blick der Anschein einer Erprobung der verschiedenen Möglichkeiten des Erzählens (narrativ-chronologische Entfaltung der Handlung; imaginärer szenischer Dialog; innerer Monolog; Formulierung eines Wunsches, Vergleiches oder einer Überlegung etc.) erweckt wird.

---

245 Kafka, Franz: Hochzeitsvorbereitungen auf dem Lande, S. 69.

II. Gesamtanalyse und Interpretation des „Sehens", „Schwebens" und „Schreibens"

1. ERSTE GESAMTANALYSE

Obwohl Kafka, wie bereits erwähnt, „eine vielleicht im Geheimen komische Aufeinanderfolge"[246] befürchtete, lässt sich dennoch eine sorgfältige Anordnung und Auswahl der einzelnen Texte der „Betrachtung" erkennen.

So ist zum einen eine lose Verknüpfung der 18 Einzelstücke über eine „Gruppen-Bildung" ersichtlich, wobei immer mehrere Stücke eine über ein bestimmtes Motiv verbundene Gruppe bilden und einzelne Texte auch zu mehr als einer Gruppe zugeordnet werden können: Der erste Text der „Betrachtung", „Kinder auf der Landstraße", ist über das Motiv des Kindes mit dem letzten Stück, „Unglücklichsein", verbunden. Beide Stücke bilden (auch in optischer Hinsicht als längste Stücke dieser Prosasammlung) den thematischen Rahmen. Die Texte „Entlarvung eines Bauernfängers", „Der Nachhauseweg" und „Der plötzliche Spaziergang" sind dagegen über das Motiv der Gasse und des Schwankens zwischen „Innen" und „Außen" verknüpft, während die Texte „Das Unglück des Junggesellen" und „Die Abweisung" beide gleichsam die zwischenmenschliche Fremde und die gestörte (erotische) Paarbeziehung thematisieren. Das Stück „Zum Nachdenken für Herrenreiter" verbindet sich mit dem Text „Wunsch, Indianer zu werden" über das Motiv des Pferdes, das schon am Ende des Stückes „Das Gassenfenster" einleitend akzentuiert wird („so reißen ihn doch unten die Pferde mit"), während die Texte „Das Gassenfenster" und „Zerstreutes Hinausschaun" sich über das Motiv des Fensters aufeinander beziehen.

Die Stücke „Der Ausflug ins Gebirge", „Die Vorüberlaufenden" und „Der Fahrgast" verknüpft der Faden des solipsistischen Gefangenseins des Individuums in einer Welt der zwischenmenschlichen Kälte und Isolation.

Die Texte „Entschlüsse" und „Der Nachhauseweg" verbindet dagegen das Motiv der versuchten und gescheiterten Selbstfindung und die Hinwendung zum eigenen Ich, während die „Kleider" und „Die Bäume" aufgrund ihres vorherrschenden Gleichnischarakters eine eigene Gruppe bilden.

Das Stück „Der Kaufmann" hingegen beinhaltet alle genannten zentralen Motive und nimmt so gesehen eine Sonderstellung ein: So leitet es

---

246 Kafka, Franz: Briefe 1902-1924, S. 102.

zum einen das Motiv des Fensters ein und verweist somit auf das zentrale Element des nachfolgenden Stückes „Zerstreutes Hinausschaun" („Doch genießet die Aussicht des Fensters"); es beinhaltet aber auch das Motiv des Pferdes („Die ... auf ihren Pferden galoppierende Polizei bändigt die Tiere"), thematisiert den Übergang von „Innen" nach „Außen" (über den Eintritt ins Haus und den Ein- und Ausstieg in den Lift) und die zwischenmenschliche Isolation („Es ist möglich, daß einige Leute Mitleid mit mir haben, aber ich spüre nichts davon"). Es spricht ebenso das Motiv des Kindes an („mir entgegenkommenden Kindern fahre ich über das Haar) und thematisiert das „Zimmer" als Ort der Wende zum Ich, aber auch der absolut gewordenen Isolation („wo sie ... an einigen Glastüren vorbei in ihr eigenes Zimmer kommen, sind sie allein").

Es verweist ferner thematisch auf viele Einzelstücke, indem es die darin enthaltenen (und meist auch vorherrschenden) Merkmale und Begriffe aufnimmt: „Bäume" („Die Bäume), „ins dörfliche Tal" („Ausflug ins Gebirge", „Kinder auf der Landstraße), „linke Gasse" („Das Gassenfenster", „Der Nachhauseweg", „Die Vorüberlaufenden"), „das Unglück, das sie treffen könnte" („Das Unglück des Junggesellen", „Unglücklichsein"), „Stirne und Schläfen" („Entschlüsse" – Augenbrauen als Mittelpunkt zwischen Stirn und Schläfen, „Der Fahrgast"- „an der rechten Schläfe"), „am Abend" („Kinder auf der Landstraße", „Entlarvung eines Bauernfängers", „Der plötzliche Spaziergang", „Das Unglück des Junggesellen", „Zerstreutes Hinausschaun" – über „das Licht der freilich schon sinkenden Sonne", „Kleider", „Unglücklichsein").

Neben der gruppenweisen Verknüpfung über bestimmte Motive ist daneben auch eine bestimmte Handlungs-, Zeit- und Ortsfolge in der „Betrachtung" erkennbar: Diese führt vom kindlichen Dasein auf dem Lande zum Erwachsensein in der städtischen Welt, vom Tagesgeschehen zur Abendstimmung und beginnenden Nacht.

Darüber hinaus bleiben jedoch „Ort und Zeit ... unbestimmt und deutungsbedürftig"[247], was die „Vielschichtigkeit, Vieldeutigkeit und Hintergründigkeit"[248] dieses Frühwerkes unterstreicht.

Doch „die Texte stehen nicht nur in einem thematischen Zusammenhang, sie sind vielmehr durch kleine und kleinste Verbindungsglieder einer an den anderen geknüpft. Noch unterhalb der Ebene der Motive wird der Zusammenhang auch von Wörtern hergestellt"[249], wie bereits das in dieser Hinsicht zentrale Stück „Der Kaufmann" zeigte. Aber auch in allen anderen Texten werden bestimmte Wörter und Begriffe immer

---

247 Bak, Huan-Dok: Jüdisch-kabbalistische .... In: Kraus/Winkler (Hrsg.): Das Phänomen Franz Kafka, S. 43.
248 Ebenda, S. 43.
249 Binder, Hartmut: Kafka-Handbuch in zwei Bänden, Band 2, S. 210.

wieder aufgenommen und sorgen damit für eine Rück- oder Anbindung an die anderen Texte der Sammlung. So werden beispielsweise die folgenden Wörter in den einzelnen Stücken immer wieder aufgegriffen und damit als zentrale Elemente betont: Augen, Stirn, Schläfen, Mund, Zähne, Kopf, Hals, Gesicht, Falten, Gelenke, Spiegel, Kerze, Brücke, Bach, Himmel, Kind, Mann, Frau, Pferde, Reiter, Galopp, Baum, schweigen/stumm, schlafen/müde, Bett, Tisch, Tür, Haus, Zimmer, Fenster, Treppe, Gasse, Abend, Nachtmahl, Unglück, Luft/Wind, Licht, Schatten, Dunkel/Finsternis, Körper/Gestalt, Kleider.

Auch verweisen die in den Stücken wiederholt verwendeten Wörter oft auf eine zentrale Bedeutung des zurückliegenden oder vorangegangenen Stückes, in dem sie das dort thematisierte Wortelement noch einmal rückblickend oder auch vorausweisend aufnehmen: So stellt beispielsweise der Text „Die Abweisung" die „plissierten Falten" des „Taffetkleides" heraus und sorgt dadurch für eine thematische Rückbindung an die „Falten" der „Kleider" des zurückliegenden Stückes, während schon der Text „Der Fahrgast" die „Rockfalten" betonte und somit auf das Stück „Kleider" vorauswies.

„Das Unglück des Junggesellen" verleitete dazu „fremde Kinder anstaunen zu müssen", während im nächsten Stück, „Der Kaufmann", dieser den ihm „entgegenkommenden Kindern ... über das Haar" fuhr sowie im nachfolgenden Stück „Zerstreutes Hinausschaun" noch einmal betont wird, dass „das Gesicht des Kindes ganz hell ist", somit die Bedeutung des Kindes über eine Dreierfolge akzentuiert wird.

Aber auch die Signifikanz des „Fensters" im Text „Zerstreutes Hinausschaun" wird rückweisend im darauf folgenden Text „Der Nachhauseweg" noch einmal vermittelt, indem hier im letzten Satz betonend gesagt wird: „Es hilft mir nicht viel, daß ich das Fenster gänzlich öffne ...", während schon das Stück „Der Kaufmann" einleitend aufforderte: „Doch genießet die Aussicht des Fensters...".

Neben den Verknüpfungen über einzelne Begriffe finden sich – analog zum Titel der Stückesammlung – in fast allen Einzeltexten Wörter aus dem Wortfeld des Sehens (außer in den beiden Texten „Der plötzliche Spaziergang" und „Der Ausflug ins Gebirge").

Ebenso lassen sich in allen Einzelstücken bestimmte auffällige und immer wiederkehrende Polaritäten erkennen, wie etwa unten und oben, innen und außen, Stadt und Land, Licht und Schatten, hell und dunkel, Kinder und Erwachsene, fallen und steigen.

Diese Verknüpfungen über kleinste, kleinere und größere Elemente, Motive, Handlungsfolgen und thematische Zusammenhänge folgen zwar nicht stringent einem linearen Prinzip, lassen jedoch die „Betrachtung" im Gesamten „sehr architektonisch"[250] wirken.

---

250 Binder, Hartmut: Kafka-Handbuch in zwei Bänden, Band 2, S. 210.

Wie Gerhard Kurz bereits feststellte, „ordnete Kafka alle seine Erzählsammlungen"[251], auch die „Betrachtung", „als zyklischen oder, schwächer formuliert, immanenten Zusammenhang ... an"[252]. Dieses „zyklische Strukturprinzip"[253] lässt einerseits zwar einen gewissen Spielraum für eine offen anzulegende Konzeption, die den einzelnen Text als autonomen Teil bestehen lässt, andererseits jedoch auch ermöglicht, über ein Anlegen der „richtigen Reihenfolge"[254] aus den Einzeltexten ein Gesamtwerk zu konzipieren.

Kafka folgt hier einer zu seiner Zeit durchaus gängigen Methodik, denn der zyklisch konzipierte Aufbau einer Erzählsammlung war „eine literarische Ordnungsform, die in der Lyrik und Prosa der Jahrhundertwende und des Expressionismus nicht selten verwendet wurde"[255]. Prosazyklen finden sich beispielsweise auch bei Gottfried Benn, Rainer Maria Rilke, Stefan George, Richard Dehmel, Peter Altenberg, Carl Einstein, Georg Heym u.a.

Dass die „Betrachtung" nicht nur als Sammlung in sich geschlossener und autonomer Einzeltexte, sondern auch als Gesamtkonzeption gedacht und dahingehend bewusst angelegt war, zeigt auch schon der im Titel verwendete Singular, der „die einzelnen Texte als Teile eines Betrachtungsaktes"[256] symbolisch verbindet.

Als Gesamtkonzeption verstanden lässt die „Betrachtung" vor allem zwei zentrale Themen in den Vordergrund treten: Die existentielle Situation des Menschen (oder wie es Klaus Mann in Bezug auf Kafka bezeichnete: „the problem of our spiritual existence"[257]) und die Bedeutung des Schreibens und der Literatur. Eine dementsprechende Interpretationsgrundlage findet sich auch im Textmaterial der „Beschreibung eines Kampfes", aus welchem die „Betrachtung" teilweise entstammt. Hier heißt es hinsichtlich der Lebensfrage:

„Ich saß einmal vor vielen Jahren, gewiß traurig genug, auf der Lehne des Laurenziberges. Ich prüfte die Wünsche, die ich für das Leben hatte. Als wichtigster oder als reizvollster ergab sich der Wunsch, eine Ansicht des Lebens zu gewinnen (und – das war allerdings notwendig verbunden – schriftlich die anderen von ihr überzeugen zu können), in der das Leben zwar sein natürliches schweres Fallen und Steigen bewahre, aber

---

251   Kurz, Gerhard: Lichtblicke in eine unendliche Verwirrung, S. 53.
252   Ebenda, S. 53.
253   Ebenda, S. 53.
254   Kafka, Franz: Briefe 1902-1924, S. 245.
255   Kurz, Gerhard: Lichtblicke in eine unendliche Verwirrung, S. 53.
256   Ebenda, S. 54.
257   Born, Jürgen: Kafka im Exil ... . In: Kraus/Winkler (Hrsg.): Das Phänomen Franz Kafka, S. 102.

gleichzeitig mit nicht minderer Deutlichkeit als ein Nichts, als ein Traum, als ein Schweben erkannt werde ...Etwa als Wunsch, einen Tisch mit peinlich ordentlicher Handwerksmäßigkeit zusammenzuhämmern und dabei gleichzeitig nichts zu tun, und zwar nicht so, daß man sagen könnte: „Ihm ist das Hämmern ein Nichts", sondern „Ihm ist das Hämmern ein wirkliches Hämmern und gleichzeitig auch ein Nichts", wodurch ja das Hämmern noch kühner, noch entschlossener, noch wirklicher und, wenn du willst, noch irrsinniger geworden wäre."[258]

Kafka suchte somit eine Existenz, die gleichsam Schweben und Halt ist: ein schwebendes, ästhetisches, den irdischen Zwängen enthobenes Sein und gleichzeitig doch ein festes, „seinen Schwerpunkt unbewusst in sich selbst tragendes Leben"[259], ein hämmernder Pulsschlag, der ein „wirkliches", wahrhaftes Leben verspricht, aber daneben auch ein „Traum", ein „Nichts", ein Leichtes ist.

„Es handelt sich also darum, gleichzeitig als Existierender im Leben und – vielleicht als Künstler – darüber zu stehen."[260] Gleichzeitig zeigt sich darin auch der Wunsch, „aus der Spannung zwischen den Gegensätzen etwas zu gewinnen, nämlich aus dem Leben im Geistigen, dem Nichts, die Kraft zu noch kühnerem, wirklichem Hämmern, d.h. zu intensiverem Leben"[261] zu bekommen. Es wird somit gerade aus dieser Spannung der scheinbar sich widersprechenden, paradoxen Wünsche „die Quelle einer geheimen Kraft"[262] ersehnt.

Ferner wird hier deutlich (worauf auch Joachim Unseld aufmerksam machte), dass Kafka keineswegs eine generelle Abneigung hinsichtlich der Publikation seiner Werke hegte, wie dies oft in der Forschung behauptet wurde, denn der oben zitierte Wunsch macht klar: „Mit dem Schreiben als Mittel will Kafka 'die anderen` erreichen und eine 'Ansicht des Lebens` gewinnen, eine, die irgendwo zwischen Traum und Wirklichkeit liegt, mit dem Ziel, diese im Erwachsenwerden naturgemäß auseinanderstrebenden Welten in einem Kompromiß friedlich miteinander zu verbinden. Schriftlich will er 'die anderen überzeugen`, überzeugen vom Gelingen seines hier formulierten Paradoxes der Aufhebung des Gegensatzes von Traum und Wirklichkeit. 'Schriftlich überzeugen` bedeutete aber auch die Notwendigkeit, zu veröffentlichen."[263]

---

258   Kafka, Franz: Beschreibung eines Kampfes, S. 217-218.
259   Stach, Reiner: Kafka. Die Jahre der Entscheidungen, S. 404.
260   Henel, Ingeborg C.: Kafka als Denker. In: David, Claude: Franz Kafka. Themen und Probleme, S. 58.
261   Ebenda, S. 58.
262   Ebenda, S. 58.
263   Unseld, Joachim: Franz Kafka .... In: Kraus/Winkler: Das Phänomen Franz Kafka, S. 159.

In der „Betrachtung" ist die traumhafte Komponente noch sehr stark vordergründig und überlastig, denn in (fast) allen Einzelstücken (bis auf „Die Bäume") zeigt sich dieses „natürliche Fallen und Steigen" (oft symbolisiert als „Treppe") und / oder das „Schweben", „der Traum", das „Nichts" (dargestellt als Schaukeln, Liftfahrt oder Fahrt mit dem Zug, der „Elektrischen", dem Wagen, als Ritt oder als Stehen auf einem schaukelnden Fußboden bzw. als Gang auf Wellen). Und selbst in dem Stück „Die Bäume", das einzige, worin dieses Element auf den ersten Blick zu fehlen scheint, wird die Schwebelage, das Entwurzeltsein und Bodenlose dennoch evoziert, denn die Baumstämme sind nur scheinbar mit dem Boden verbunden und können „mit kleinem Stoß" weggeschoben, somit leicht ins Wanken und Schwanken gebracht werden. In einer ebensolchen Situation befindet sich der Mensch, der, vom Sein her bestimmt, weder mit der Erde verwurzelt noch in einer wahrhaften Ortslosigkeit enthoben ist, denn „das Sein des Menschen ist Zwischensein, Sein in der Schwebe"[264], und der sich daher nach einem „natürlichen schweren Fallen und Steigen" sehnt. Es ist diese „Festigkeit, mit der die Menschen das Leben zu tragen wissen"[265], die die existentielle Lage des Menschen fundieren soll; gleichzeitig will er aber auch das Leben „als ein Nichts, als ein Traum, als ein Schweben" erleben, sich von irdischen Zwängen befreien, bis das Geistige alles Physische okkupiert („ohne Pferdehals und Pferdekopf").

Aber auch die Problematik „schriftlich die anderen davon überzeugen zu können", die Literatur, das Schreiben steht als fokussiertes Element in fast allen Texten der „Betrachtung" im Vordergrund und bildet einen zweiten inhaltlichen Schwerpunkt (vgl. hierzu Teil II, Kapitel 3).

Die „Betrachtung" als Gesamtwerk gesehen, kann somit zunächst als eine Darstellung der optativen „Ansicht des Lebens" im oben ausgeführten Sinne interpretiert werden.

Wie vielschichtig und multidimensional dies in der „Betrachtung" zum Ausdruck kommt, wird in den Kapiteln 2 und 3 näher erläutert.

1.1. Sinn und Funktion des Fensters und der Blicke

Das Motiv des Fensters, das in der „Betrachtung" in acht Einzelstücken („Kinder auf der Landstraße", „Entlarvung eines Bauernfängers", „Der Kaufmann", „Zerstreutes Hinausschaun", „Der Nachhauseweg", „Der Fahrgast", „Das Gassenfenster" und „Unglücklichsein") in den Vordergrund tritt, lässt, im jeweiligen Kontext verankert, eine polymotivationale Funktion erkennen. Weiteren Aufschluss für mögliche

---

264 Bezzel, Christoph: Natur bei Kafka, S. 40.
265 Kafka, Franz: Briefe 1902-1924, S. 29.

Interpretationstendenzen gibt hier der lebensgeschichtliche und literarische Hintergrund dieses Motivs:

Zunächst einmal erscheint „der Blick aus dem Fenster zum Zweck der Sammlung oder inneren Befreiung, der schon bei Kleist vorgebildet ist"[266] auch im literarischen Werk Kafkas als dahingehend interpretierbares funktionales Erzählelement.

Wie sehr sich dabei jeweils „Stimmungslage und Raum entsprechen"[267] zeigt u.a. eine Stelle im Roman „Das Schloss", als Barnabas Vater hofft und glaubt, man werde ihn als Instruktor für die neu zu organisierende Schlossfeuerwehr berufen:

„ ... man hatte von der Notwendigkeit einer Neuorganisation der Schloßfeuerwehr gesprochen, dazu waren Instruktoren aus dem Dorf nötig, es kamen zwar einige dafür in Betracht, aber der Vater hatte doch Hoffnung, daß die Wahl auf ihn fallen werde. Davon sprach er nun und wie es so seine liebe Art war, sich bei Tisch recht auszubreiten, saß er da, mit den Armen den halben Tisch umfassend, und wie er aus dem offenen Fenster zum Himmel aufsah, war sein Gesicht so jung und hoffnungsfroh ..."[268].

Die eigene innere Öffnung („hoffnungsfroh", d.h. in einer Stimmung der Erwartung und der Offenheit für das Kommende) wird hier in das Räumliche, in die Kulisse, transformiert („aus dem offenen Fenster"). Das Aufsehen nach oben „zum Himmel" verdeutlicht dabei zum einen den Blick in die ferne Zukunft (über die Weite des Himmels), zum anderen aber auch die damit verbundene positive Erwartung („aufsehen").

Die intentionalen Blicke der Kafkaschen Figuren sind dabei über „die Art der Blickrichtung genau auf die räumlichen Positionen der Figuren abgestimmt, die dadurch selbst wieder deutlicher hervortreten"[269]. In dieser Szene vermittelt der Blick somit zum einen die Abhängigkeit des Sehenden von einer höheren Instanz, d.h. seine niedrigere räumliche und gesellschaftliche Position, zum anderen aber auch seine Selbstsicherheit und die vorgenommene Aussicht in die Zukunft, denn im Gegensatz zum Senken der Augen, das bei Kafka „Verlegenheit, Schrecken, Scham und die dadurch in einer Figur ausgelösten Reflexionen"[270] ausdrückt, stehen die nach oben gerichteten Blicke „für den gleichsam visionären Blick in die Weite, der Ruhe und Selbstsicherheit veranschaulicht"[271].

---

266 Binder, Hartmut: Kafka in neuer Sicht, S. 143.
267 Ebenda, S. 560.
268 Kafka, Franz: Das Schloß, S. 317.
269 Binder, Hartmut: Kafka in neuer Sicht, S. 175.
270 Ebenda, S. 176.
271 Ebenda, S. 176.

Besonders in der „Verwandlung" ist erkennbar, wie sehr bei Kafka der Blick aus dem Fenster zum Zeichen der erhofften inneren Befreiung wird und die dabei wahrgenommene Aussicht aus dem Fenster die Zukunftsperspektive symbolisiert.

In einer Situation des verlorenen Überblicks der eigenen Lage wird der Blick aus dem Fenster zum Hoffnungsträger einer „ruhigen, Erkenntnis ermöglichenden Überschau"[272]. In einer „aussichtslosen" Lage wird hier eine „Durchsicht" im doppelten Sinne am Fenster gesucht:

„Gleichzeitig aber vergaß er nicht, sich zwischendurch daran zu erinnern, daß viel besser als verzweifelte Entschlüsse ruhige und ruhigste Überlegung sei. In solchen Augenblicken richtete er die Augen möglichst scharf auf das Fenster, aber leider war aus dem Anblick des Morgennebels, der sogar die andere Seite der engen Straßen verhüllte, wenig Zuversicht und Munterkeit zu holen."[273]

Von besonderer Bedeutung ist dabei auch die Fixierung des Fensters („richtete er die Augen möglichst scharf auf das Fenster"), die zum einen die Wichtigkeit des Fensters noch einmal hervorhebt, denn bei Kafka „ist es selbstverständlich, daß Gegenstände erhöhter Bedeutung fixiert werden"[274], andererseits jedoch drückt „ein solcherart fixierter Blick ... aus, daß die schweifenden Gedanken sich nur ordnen, wenn sich die Augen an einen äußeren Festpunkt halten können ... "[275].

Doch ein Überblick der eigenen Lage und der Zukunft kann nicht gewonnen werden, denn hier ist der Blick ins Weite verschleiert, nicht scharf (durch den „Morgennebel"), die innere Perspektivenlosigkeit spiegelt sich dabei im Außen wider („der sogar die andere Seite der engen Straße verhüllte").

Trotzdem wird immer wieder erneut diese Möglichkeit der inneren Befreiung und Sammlung gesucht und versucht, jedoch mit gleichermaßen geringem Erfolg. Das Sehvermögen wird immer schlechter, der Blick nach draußen und in die Zukunft „undeutlicher", bis schließlich das Naheliegende („das gegenüberliegende Krankenhaus") nicht mehr erkennbar ist, das Äußere und das Innere entfremdend und „undurchschaubar" erscheinen:

„ ... er scheute nicht die große Mühe, einen Sessel zum Fenster zu schieben, dann die Fensterbrüstung hinaufzukriechen und, in den Sessel gestemmt, sich ans Fenster zu lehnen, offenbar nur in irgendeiner Erinnerung an das Befreiende, das früher für ihn darin gelegen war, aus dem Fenster zu schauen. Denn tatsächlich sah er von Tag zu Tag die auch nur ein wenig entfernten Dinge immer undeutlicher; das gegenüberliegende

---

272 Binder, Hartmut: Kafka in neuer Sicht, S. 132.
273 Kafka, Franz: Die Erzählungen, S. 101-102.
274 Binder, Hartmut: Kafka in neuer Sicht, S. 176.
275 Ebenda, S. 178.

Krankenhaus, ... bekam er überhaupt nicht mehr zu Gesicht, und wenn er nicht genau gewußt hätte, daß er in der stillen, aber völlig städtischen Charlottenstraße wohnte, hätte er glauben können, von seinem Fenster aus in eine Einöde zu schauen, in welcher der graue Himmel und die graue Erde ununterscheidbar sich vereinigten."[276]

Auch bei Gregor Samsas Mutter und Schwester wird das (offene) Fenster zum Symbol der inneren Befreiung, jedoch ist es hier jeweils mit einer anderen Motivation gekoppelt und lässt eine andere initiale Intention erkennen:

Bei der Mutter ist das Hinausbeugen aus dem offenen Fenster zunächst einmal Ausdruck ihrer inneren Verzweiflung und Schande, denn das Gesicht wird dabei schamhaft in den Händen verborgen:

„Drüben hatte die Mutter trotz des kühlen Wetters ein Fenster aufgerissen, und hinausgelehnt drückte sie ihr Gesicht weit außerhalb des Fensters in ihre Hände."[277]

Das Hinauslehnen aus dem Fenster symbolisiert gleichzeitig aber auch den Wunsch nach Befreiung aus der derzeitigen Lage (aus der Enge des Zimmers) und ihre Verzweiflung über ihr Schicksal und das ihres Sohnes (Hinauslehnen als Ansatz zum Sprung).

Gregor Samsas Schwester hingegen öffnet das Fenster primär, um vor der ihr unerträglich erscheinenden Anwesenheit ihres Bruder zu entfliehen, doch auch für sie ist das Öffnen des Fensters ein Zeichen der inneren Befreiung:

„Kaum war sie eingetreten, lief sie, ... geradewegs zum Fenster und riß es, als ersticke sie fast, mit hastigen Händen auf, blieb auch, selbst wenn es noch so kalt war, ein Weilchen beim Fenster und atmete tief. ... Mit diesem Laufen und Lärmen erschreckte sie Gregor täglich zweimal; die ganze Zeit über zitterte er unter dem Kanapee und wußte doch sehr gut, daß sie ihn gewiß gerne damit verschont hätte, wenn es ihr nur möglich gewesen wäre, sich in einem Zimmer, in dem sich Gregor befand, bei geschlossenem Fenster aufzuhalten."[278]

Auch „In dem Fragment *Fahrt zur Mutter* heißt es: ´Er trat zum Fenster, um seine Gedanken ein wenig zu sammeln`"[279].

Allgemein lässt sich sagen, dass die Erzählfiguren meist dann zum Fenster gehen, „wenn sie innerlich erregt sind und, der Sammlung bedürftig, sich über eine undurchsichtige Sache Klarheit verschaffen wollen"[280], so auch in der „Betrachtung":

---

276 Kafka, Franz: Die Erzählungen, S. 126-127.
277 Ebenda, S. 115.
278 Ebenda, S. 127.
279 Ebenda, S. 561.
280 Ebenda, S. 560.

Das „Zerstreute Hinausschaun", währenddessen man unentschlossen mit der „Wange an die Klinke des Fensters" gelehnt ist, drückt diesen Wunsch nach innerer Sammlung und die innere Perspektivensuche, die ins Außen transformiert wird, aus. Denn man weiß nicht, was man „in diesen Frühlingstagen ..., die jetzt rasch kommen" tun soll, blickt zerstreut hinaus durchs Fenster, sucht inneren und äußeren Halt durch das Anlehnen der Wange an die Klinke.

Auch „Der Nachhauseweg" beinhaltet ein ähnliches Fenster-Motiv: Hier wird man während des Eintritts ins Zimmer „ein wenig nachdenklich", doch „es hilft ... nicht viel, daß ... das Fenster gänzlich geöffnet" wird; das „Überführen" der eigenen inneren Problematik ins Außen führt somit nicht zur erhofften inneren Sammlung und Entspannung.

Auch „Das Gassenfenster" wird zum Ersatz für „einen beliebigen Arm", an dem man „sich halten könnte", zum Symbol für eine Orientierung im Außen. Wenn man hier „an seine Fensterbrüstung tritt" und „die Augen auf und ab zwischen Publikum und Himmel" wandern lässt, kommt dadurch die innere Orientierungslosigkeit und der verlorene „Überblick" zum Ausdruck, denn „der ziellos umherirrende Blick, bei dem die Augen nicht auf ein Objekt fixiert sind, war für Kafka ein Ausdruck innerer Verwirrung"[281], das „Zerstreute Hinausschaun" wird hier fortgeführt, denn noch immer ist es so, dass man eigentlich „gar nichts sucht", der Fixpunkt, das Ziel vor Augen somit fehlt, man schwankt nur zwischen unten und oben, Scham und Selbstsicherheit, befindet sich noch immer in einem geistigen und emotionalen „Schwebezustand", der über diese „verwirrte Miene der Desorientiertheit"[282] der hinauf- und hinabgehenden Blicke zum Ausdruck gebracht wird.

Im Stück „Unglücklichsein" wird dagegen das Fenster zum Symbol der nun kurzfristig erreichten inneren Ruhe und Sammlung, denn hier beruhigt man sich „unversehens mit dem Blick zum Fenster".

„Aufgrund der Tatsache, daß sich Kafka durch freie Aussicht ins Weite getragen fühlte"[283], ist es nicht verwunderlich, dass bei Kafka der Blick aus dem Fenster in die Ferne auch literarisch umgesetzt zum tragenden Element in entscheidenden Szenen wurde.

Aber auch im alltäglichen Verhalten Kafkas zeigte sich seine Affinität zum Fenster als Tor zur äußeren Welt, denn „Kafka selbst war es, der zum Leidwesen seiner Familie unentwegt die Fenster aufriss, um die verbrauchte Luft hinaus- und den städtischen Braunkohlenruß hereinzulassen"[284], und in entscheidenden oder schwierigen Situationen seines

---

281 Binder, Hartmut: Kafka in neuer Sicht, S. 173.
282 Ebenda, S. 167.
283 Ebenda, S. 560.
284 Stach, Reiner: Kafka. Die Jahre der Entscheidungen, S. 26

Lebens war für ihn der Gang zum Fenster stets der erste Schritt in Richtung eines Ausweges:

So heißt es in einem Erzählfragment aus dem Jahre 1910: „Überkommt mich Lust zu Vorwürfen, schaue ich aus dem Fenster"[285].

Auch eine Tagebuchaufzeichnung untermauert die Tendenz Kafkas, sich in schwierigen Situationen ans Fenster zu begeben:

„Am 14. Dezember 1911 beispielsweise notierte er sich im Tagebuch: 'Mein Vater machte mir mittags Vorwürfe, weil ich mich nicht um die Fabrik kümmere. Ich erklärte, ich hätte mich beteiligt, weil ich Gewinn erwartete, mitarbeiten könne ich aber nicht, solange ich im Bureau sei. Der Vater zankte weiter, ich stand am Fenster und schwieg.'"[286]

Wie sehr er diese Haltung auch auf andere übertrug, zeigt ein Brief an Felice, den er ihr am 1. April 1913 schrieb:

„Daß ich nie im Stande sein werde, Deinen Blick zu lenken, und daß er für mich wirklich verloren sein wird, wenn Du aus dem Fenster schaust ... ."[287]

Ferner schrieb er ihr am 2. April 1913:

„Ich wusch mir heute draußen im dunklen Gang die Hände, da überkam mich irgendwie der Gedanke an Dich so stark, daß ich zum Fenster trete mußte, um wenigstens in dem grauen Himmel Trost zu suchen."[288]

Auch in der Nacht des ersten Blutsturzes suchte Kafka instinktiv am offenen Fenster eine Möglichkeit der Befreiung und Erleichterung:

„Vor etwa 3 Jahren begann es bei mir mitten in der Nacht mit einem Blutsturz. Ich stand auf, angeregt wie man durch alles neue ist (statt liegen zu bleiben, wie ich es später als Vorschrift erfuhr), natürlich auch etwas erschreckt, gieng zum Fenster, lehnte mich hinaus ... ."[289]

Als literarisches Vorbild könnte Kafka Dostojewski, aber auch vor allem Kleist gedient haben, dessen Buch „Michael Kohlhaas" als sein Lieblingswerk galt, und das er „bis Anfang 1913 wohl schon zehnmal, darunter öffentlich, gelesen hatte"[290]. Denn auch hier begibt man sich in schwierigen Situationen zunächst ans Fenster, um eine innere Sammlung und ruhige Überschau der Lage zu gewinnen:

---

285 Binder, Hartmut: Kafka in neuer Sicht, S. 560.
286 Ebenda, S. 560.
287 Kafka, Franz: Briefe an Felice, S. 352.
288 Ebenda, S. 353.
289 Kafka, Franz: Briefe an Milena, S. 20.
290 Binder, Hartmut: Kafka in neuer Sicht, S. 562.

„So tritt dort der Kurfürst von Sachsen erregt und verlegen ans Fenster, als Christiern von Meißen darstellt, daß der Kämmerer des Herrschers selbst parteiisch in die Angelegenheiten des Pferdehändlers verwickelt ist. Und als der Freiherr von Wenk, ein Bekannter des Kämmerers, der ihn beauftragt hatte, Kohlhaas zur Identifizierung seiner Pferde holen zu lassen, vom Großkanzler über die Rechtslage belehrt wird, wendet er sich, über das ganze Gesicht rot, gleichfalls zum Fenster, um seines Unmuts und seiner Befangenheit Herr zu werden."[291]

Neben der Aussicht aus dem Fenster, kommt auch den Blicken und den Augen bei Kafka eine besondere lebensgeschichtliche und literarische Bedeutung zu, denn „sein Blick reicht tief, nach außen wie nach innen"[292], ist Ausdruck der Lebenskraft, der inneren und äußeren Orientierung und Erkenntnis und wurde vielfach von Kafka literarisch transformiert.

Besonders in den Briefen an Milena lässt sich die vom Autor offenbar auch im privatsprachlichen Bereich bevorzugte Verwendung von Wörtern, Phrasemen, Motiven und Metaphern der Augen und Blicke, des Schauens und des Fensters erkennen; hier zeigt sich auch die facettenreiche und starke Symbolkraft dieses Motivs.

So heißt es beispielsweise in einem Brief über den Grund des Schreibens:

„ ... dieses weiße Papier, das kein Ende nehmen will, brennt einem die Augen aus und darum schreibt man."[293]

Auch seine (Lebens-) Müdigkeit beschreibt Kafka mit einem symbolischen Bild aus dem Bereich des Sehens und Schauens:

„ ... 38 Jahre alt und so müde ... fürchtest Dich nur einen Schritt zu tun auf dieser von Fuß-Fallen strotzenden Erde, ... bist nicht müde, sondern fürchtest Dich nur vor der ungeheueren Müdigkeit, ... die sich etwa als blödsinniges Hinstieren denken läßt ... "[294].

Welche Ausdrucks- und Lebenskraft Kafka den Augen beimaß, zeigt hingegen eine Briefstelle, in der es heißt: „Ihre Augen strahlen das Leid der Welt nieder."[295]

Dass dabei auch das Sehen zur Selbsterkenntnis führen kann, Innen- und Außenperspektive konformierend, bringt folgender Satz zum Ausdruck: „Man müßte Milena Ihr Gesicht zwischen beide Hände nehmen und

---

291 Binder, Hartmut: Kafka in neuer Sicht, S. 562.
292 Stach, Reiner: Kafka. Die Jahre der Entscheidungen, S. 27.
293 Kafka, Franz: Briefe an Milena, S. 47.
294 Ebenda, S. 50.
295 Ebenda, S. 55

Ihnen fest in die Augen sehn damit Sie in den Augen des andern sich selbst erkennen."[296]

Ferner heißt es in einem Brief vom 14. Juni 1920:
„Hätte die Post meine Augen, sie könnte fast nur Deine Adressen lesen und keine sonst."[297]

Die Augen erscheinen hier als eine von der inneren Psyche eingeschränkte Perspektive.

Das Sehen als Lebensperspektive und Erkenntnis bringt dagegen eine Briefstelle vom 15. Juni 1920 zum Ausdruck:
„Es fällt mir dabei ein, was ich einmal bei jemandem etwa so gelesen habe: 'Meine Geliebte ist eine Feuersäule, die über die Erde zieht. Jetzt hält sie mich umschlossen. Aber nicht die Umschlossenen führt sie, sondern die Sehenden.'"[298]

Den Blick als Ausdruck einer psychischen Kraft oder inneren Stimmung beschreiben folgende Zeilen:
„ ... hast erst Du den wirklichen, helfenden Blick dafür. Was ich fürchte und mit aufgerissenen Augen fürchte ..."[299].

Blindheit als Symbol des Nichterkennens im übertragenen Sinne vermitteln folgende Stellen:
„Ich in meiner Blindheit denke, das käme von Dir, während es in Wirklichkeit nur der letzte Angriff der Gegenkräfte ist."[300]
„Als Kind wenn ich etwas sehr Schlechtes angestellt hatte, nichts Schlechtes oder nichts allzu Schlechtes im öffentlichen, aber etwas sehr Schlechtes in meinem privaten Sinn (daß es keine öffentliche Schlechtigkeit war, war nicht mein Verdienst, sondern Blindheit oder Schlafen der Welt)"[301].

Ebenso kann der Blick das äußere und innere Erkennen eines anderen bezeichnen:
„ ... ehe ich Dich kannte und in Deine Augen gesehen hatte."[302]
„Warum bin ich nicht z.B. der glückliche Schrank in Deinem Zimmer, der Dich voll anschaut ... „[303].

---

296 Kafka, Franz: Briefe an Milena, S. 58.
297 Ebenda, S. 81.
298 Ebenda, S. 81.
299 Ebenda, S. 89.
300 Ebenda, S. 103.
301 Ebenda, S. 287.
302 Ebenda, S. 118.
303 Ebenda, S. 131.

Aber auch das offene Fenster als Symbol der neuen Perspektivengewinnung verwendet Kafka in einem Brief an Milena:

„Dann habe ich von meinem Sessel aus durch das offene Fenster in den Regen hinausgeschaut, verschiedene Möglichkeiten fielen mir ein ...,"[304].

Ferner vermitteln jene Briefstellen die starke Symbol- und Audruckskraft, die Kafka den Augen beimaß:

„ ... und weiß nicht wie das Glück umfassen mit Worten Augen Händen ..."[305]

„ ... übertrieben herrlich bedankt durch die Tränen aus Deinen Augen."[306]

Vom Schließen der Augen als Einkehr ins Innere zeugt jener Satz:

„Und schaut man mit geschlossenen Augen in jene Tiefen und versinkt fast in Dir."[307]

Das Sehen als Überblick der eigenen Lage vermittelt dagegen eine Briefstelle vom 16. Juli 1920:

„ .... ich kann ja dieses Ungeheuere nicht einmal überblicken, es schwemmt mich fort."[308]

Die Augen als Spiegel der Seele sowie das Fenstermotiv werden von Kafka auch in einem Brief vom 17. Juli 1920 bildlich verwendet:

„Ich habe ja gewußt, was in dem Brief stehen wird, ... es stand in Deinen Augen – was würde nicht erkannt auf ihrem klaren Grunde? ... das habe ich ja gewußt, so wie einer der den ganzen Tag in irgendeiner Schlaf-Traum-Angst-Versunkenheit hinter geschlossenen Läden verbracht hat, abend das Fenster öffnet und natürlich gar nicht erstaunt ist und es gewußt hat, daß jetzt Dunkel ist ..."[309].

Das Nicht-Sehen als Zeichen der verlorenen Lebenskraft und –stärke, des Herabsinkens in ein psychisches Tief, in eine Perspektivlosigkeit vermittelt dagegen jene Briefstelle:

„Aber das ist noch nicht der Höhepunkt des Erstaunlichen. Der besteht darin, daß Du, wenn Du zu mir gehen wolltest, wenn Du also ... die ganze Welt aufgeben wolltest, um zu mir herunterzukommen so tief, daß man von Dir aus gesehn nicht nur wenig, sondern überhaupt nichts mehr sieht, Du zu diesem Zweck ... nicht hinuntersteigen, sondern in

---

304 Kafka, Franz: Briefe an Milena, S. 118.
305 Ebenda, S. 122.
306 Ebenda, S. 123.
307 Ebenda, S. 128.
308 Ebenda, S. 134.
309 Ebenda, S. 135.

übermenschlicher Art hoch über Dich, über Dich hinausgreifen müßtest, so stark, daß Du vielleicht dabei zerreißen, stürzen, verschwinden müßtest (und ich dann allerdings mit Dir)."[310]

Einen Blick aus dem Fenster ins Weite, der alle Sinne gefangen hält, beschreibt Kafka in einem Brief vom 19. Juli 1920:
„Wenn ich nicht etwa Dir schreibe, liege ich in meinem Lehnstuhl und schaue aus dem Fenster. Man sieht viel genug, denn das gegenüberliegende Haus ist einstöckig. Ich will nicht sagen daß mir beim Hinausschauen besonders trübselig wäre, nein gar nicht, nur losreißen kann ich mich nicht davon."[311]

Wie sehr dabei die Aussicht aus dem Fenster zur zukunftsträchtigen Aussicht im übertragenen Sinne wird, zeigt ein Vermerk auf derselben Briefseite:
„ ... zeigt mir, daß doch auch dort Zukunfts-Leben ist, Pläne, Möglichkeiten, Aussichten, auch Deine Aussichten."[312]

Das Sehen als Bezugspunkt zum anderen Menschen drücken dagegen diese Briefzeilen aus:
„ ... Du wirst mir an den Augen vorübergehuscht sein ..."[313].
„ .... Du gehst mir vor den Augen im Wiener Meer unter ..."[314].
„Ich lebte von Deinem Blick ..."[315].

Die Aufnahme der äußeren Welt ins Innere über das Medium der Augen wird in jenem Satz vermittelt:
„ ... laß mir das Glück! Und auch das Ganze ist so schön! Ich weiß nicht wie es geschieht, ich lese es doch nur mit den Augen, wie hat es gleich auch mein Blut erfahren und trägt es schon heiß in sich?"[316]

Das Sehen als Kontakt und Zugang zum anderen, das Fenster als Ort der seelisch-geistigen Befreiungsmöglichkeit und der Himmel als Darstellung der Zukunftsperspektive bringt der folgende Absatz eines Briefes zum Ausdruck:
„Und diese unüberwindbare Entfernung mit Deinem Leiden zusammen wirken so, wie wenn ich in Deinem Zimmer wäre und Du könntest mich kaum erkennen und wanderte hilflos zwischen Bett und Fenster hin und her und hätte zu niemandem Vertrauen zu keinem Arzt, zu keiner Heilbehandlung und wüßte gar nichts und würde diesen

---

310 Kafka, Franz: Briefe an Milena, S. 137.
311 Ebenda, S. 142.
312 Ebenda, S. 143.
313 Ebenda, S. 158.
314 Ebenda, S. 159.
315 Ebenda, S. 282.
316 Ebenda, S. 186.

trüben Himmel ansehn, der sich mir irgendwie nach allen Späßen früherer Jahre zum erstenmal in seiner wahren Trostlosigkeit zeigte, hilflos wie ich."[317]

Dass das Sehen bei Kafka mehr ist als ein rein visueller Akt, zeigen auch folgende Briefzeilen:

„Und diese eigentlich seit einem Monat unbeschäftigten Augen (nun ja, Briefe lesen, aus dem Fensterschauen) werden Dich sehn."[318]

„ ... meine böse Feindin ..., immerfort verfolgte sie mich mit ihren nichts verstehenden Augen."[319]

„ ... Kopf warm, Augen ausgebrannt, quälende Schläfen, auch Husten."[320]

Die Sehschärfe als Ausdruck einer geistigen Erkenntnis vermittelt jener Absatz:

„Später änderte sich allmählich diese Auffassung der Umwelt. Erstens fing ich zu glauben an, daß die andern sehr gut alles merken, ... und daß nur ich bisher keinen genügend scharfen Blick dafür gehabt hätte ..."[321].

Wie sehr die zentrale Bedeutung der Blicke, des Sehens und Erkennens in Kafkas Leben schließlich für ihn auch zum Fluch und Verhängnis wurde, zeigt eine Stelle in Milenas „Nachruf auf Franz Kafka":

„Er kannte die Menschen, wie sie nur ein Mensch von großer nervöser Sensibilität kennen kann, einer, der einsam ist und fast prophetisch den andern an einem einzigen Aufblitzen der Augen erkennt. Er kannte die Welt auf ungewöhnliche und tiefe Art ... Er schrieb die bedeutendsten Bücher der jungen deutschen Literatur ... Sie sind voll trockenen Hohns und sensibler Sicht eines Menschen, der die Welt so klar erblickt hatte, daß er es nicht ertragen konnte und sterben mußte ..."[322].

Kafkas visuelles Erleben, sein „gieriges Aufnehmen lebendiger Details"[323], das sich mit einem bloßen Eindruck nicht begnügt, sondern stets das mit fixierenden Blicken mögliche Antizipieren sucht, strahlte auch auf ihn selbst immer wieder wie durch den Fokus einer Kamera zurück, wurde durch das bewusste Erleben der Zeichenhaftigkeit jeder gesehenen Szene und Geste zur Belastung und Qual. Dabei war sich Kafka „dieser filternden und synthetisierenden Wahrnehmungsweise völlig

---

317   Kafka, Franz: Briefe an Milena, S. 201.
318   Ebenda, S. 197.
319   Ebenda, S. 211.
320   Ebenda, S. 218.
321   Ebenda, S. 287-288.
322   Ebenda, S. 393-394.
323   Stach, Reiner: Kafka. Die Jahre der Entscheidungen, S. 100.

bewusst"[324], was beispielsweise Kafkas Aufzeichnungen über eine Ungarnreise belegen: Hier beschreibt er bis ins Detail eine sehr private Szene, die sich zwischen einem älteren Ehepaar zugetragen hat, welches er nicht nur beobachtete, sondern geradezu fixierte, ja jede Geste der beiden in ihrer Signifikanz analysierte und später schriftlich reproduzierte.

Es ist dieses Auge, das keine Bilder, sondern die Zeichenhaftigkeit der Gesten und Szenen wahrnimmt, das emotionslos fixiert, doch so auch über das Bewusstsein der Beteiligten hinausschaut und damit auch den Weg zu einer Literatur ebnet, die durch ihre Dichte an Bedeutung eindringlicher nicht sein kann.

Denn was so sehr (Hauptbestand-) Teil seines alltäglichen Lebens war (auch Brod beschrieb das fast ausschließlich visuelle Erleben Kafkas, selbst bei einer musikalischen Darbietung: „Ich schleppte ihn öfters zu Konzerten, gab es aber bald auf, da seine Eindrücke bei ihnen rein visueller Art waren"[325], er in seinem Tagebuch anschließend die Sänger und das Publikum sehr genau beschrieb, doch kein Wort über die Musik verlor), findet sich notgedrungen auch immer wieder in seinen literarischen Texten und wird dort auf eine andere Ebene transformiert.

Auch Hartmut Binder beschäftigte sich in seinem Buch „Kafka in neuer Sicht: Mimik, Gestik und Personengefüge als Darstellungsformen des Autobiographischen" u.a. mit der Bedeutung der Augen, des Sehens und mit der „Intentionaliät der Blicke"[326] der Kafkaschen Figuren.

Die Frage, warum die „Augen ..., auch in übertragener Bedeutung, in Kafkas Texten eine so wichtige Rolle spielen"[327], beantwortet Binder mit Hilfe des autobiografischen Verweises auf seine Vorstellung, wonach „sich die psychische Innenwelt in Gesicht und Gebärde manifestiere"[328]. Auch die „Bedeutung, die Kafka fremden Blicken beimaß"[329] ist für Binder ein Zeichen dafür, „daß er auch Zweckbewegungen der Augen, die nicht im engeren Sinne als Mienen oder Ausdrucksbewegungen zu bezeichnen sind, stark beachtete und ihnen als Gestaltungselement in seinen Texten eine wichtige Rolle beimaß"[330].

Denn so „wie Kafka psychische Zustände durchweg als Ausdrucksbewegungen des Körpers darstellt, die in festen Relationen der Innen-

---

324 Stach, Reiner: Kafka. Die Jahre der Entscheidungen, S. 602.
325 Brod, Max: Franz Kafka, S. 121.
326 Binder, Hartmut: Kafka in neuer Sicht, S. 168.
327 Ebenda, S. 130.
328 Ebenda, S. 130.
329 Ebenda, S. 163.
330 Ebenda, S. 163.

welt zugeordnet sind"[331], verdeutlichten für ihn auch die Augen und das Sehen die jeweilige innere physische Lage und Verfassung der betreffenden (literarischen oder reellen) Person.

Die Blicke, für Kafka somit kein ausschließlicher Vorgang der optischen Wahrnehmung, sondern stets auch „zweckmäßiger Willensausdruck"[332], spielten für ihn auch im zwischenmenschlichen Bereich eine zentrale Rolle, denn „wenn sich für ihn Seelisches äußert, dann vorzugsweise in den Augen, die offensichtlich einen Menschen deutlicher zeigen als etwa seine wissenschaftliche Produktion und weniger zur Lüge fähig sind als seine Gesprächsäußerungen"[333].

Literarisch umgesetzt zeigt sich dieser Umstand beispielsweise in einer Szene des Romans „Das Schloss", als K., nachdem er von der Untreue Friedas erfahren hatte, zunächst „ziellos umherblickte"[334], dann „weit in der Ferne an einer Wendung des Ganges Frieda"[335] erkannte, die jedoch so „tat, als erkenne sie ihn nicht"[336], denn sie „blickte nur starr auf ihn"[337], und ihr schließlich nur „einige belanglose Fragen"[338] stellte, dabei jedoch „prüfend in ihren Augen suchte"[339].

Wie sehr die Sehkraft und die Augen zum Sinnbild der Erkenntnis, der Lebenskraft und -stärke werden, und „als Bekräftigung für die Wahrheit des Beobachteten dienen"[340], zeigt eine Stelle im „Gruftwächter", wenn es heißt:

„Wer blinzelt, sieht nur Komplikationen. Wer die Augen offen hält, sieht in der ersten Stunde wie nach hundert Jahren das ewig Klare."[341]

Das hier angesprochene Blinzeln ist für Kafka ein „Schwanken zwischen offenen und geschlossenen Augen, also zwischen Festigkeit und Schwäche"[342], ist Ausdruck einer inneren „Unentschiedenheit"[343].

Und „wenn Kafka, ´ohne mit den Augen zu zwinkern`, dem Ostjuden den Vorrang vor andern Daseinsformen einräumt, so heißt das, dies bedenkenlos und ohne von Zweifeln geplagt zu sein zu entscheiden"[344].

---

331 Binder, Hartmut: Kafka in neuer Sicht, S. 133.
332 Ebenda, S. 134.
333 Ebenda, S. 131.
334 Kafka, Franz: Das Schloss, S. 385.
335 Ebenda, S. 385.
336 Ebenda, S. 385.
337 Ebenda, S. 385.
338 Ebenda, S. 385.
339 Ebenda, S. 385.
340 Binder, Hartmut: Kafka in neuer Sicht, S. 131.
341 Kafka, Franz: Beschreibung eines Kampfes, S. 232.
342 Binder, Hartmut: Kafka in neuer Sicht, S. 133.
343 Ebenda, S. 133.
344 Ebenda, S. 133.

Das Augenzwinkern und Blinzeln erscheint somit in der Kafkaschen Literatur nicht im ursprünglichen Sinne als Sympathiebezeugung einer Figur oder als rein mechanischer Akt hervorgerufen durch äußere Einflüsse (etwa durch grelles Licht oder Ähnliches), sondern vielmehr als Sinnbild eines „Hin und Her seiner Gedanken, die einen Ausweg aus der verfahrenen Situation suchen"[345].

Das völlige Schließen der Augen hingegen verweist bei Kafka auf eine Perspektivenverschiebung von außen nach innen: Durch den mechanischen Akt des Augenschließens wird ein inneres Verschließen vor der Welt, die Ablehnung der Außenbetrachtung signalisiert; anstelle einer visuellen Weltpartizipation wird eine „bewußte Konzentration auf oder Ergebung in eine innere Wahrnehmung"[346] gesucht.

Wie sehr dabei das Schließen der Augen auch ein Verschließen vor der „Aggressivität der Dingwelt"[347] intendiert, die eine „Entfremdung des Schaffens vom Alltagsleben"[348] verdeutlicht, zeigt Kafkas Bemerkung in einem Gespräch mit Janouch:

„Wenn Kafka Janouch auf dessen Absicht, nachts schöpferisch tätig zu sein, mit den Worten antwortet: 'in einigen Jahren werden Sie vor der eigenen Leere die Augen schließen, Sie werden die Kraft des Blickes verlieren, und die Umwelt wird Sie überschwemmen', so wird hier ... "[349] die verlorene Möglichkeit der Innenperspektive und eine Überflutung von äußeren visuellen Reizen thematisiert.

Die Augen als Instrument der äußeren Betrachtung und als Spiegel der „inneren Verfassung des Schauenden"[350], die gleichsam von außen beobachtet werden können und das Innere des Trägers dem Außen mitteilen, gehen insofern konform mit „Kafkas perspektivtechnischen Besonderheiten"[351], als sie die Übereinstimmung von innerer Stimmung und äußerem Raum zum Ausdruck bringen, somit also „innere Gegebenheiten ... über die von außen beobachteten Personen mitgeteilt werden"[352].

Denn es ist, nach Binder, die mit den Augen erlebte Situation, das Gesehene, das visuell Erfasste und Erlebte, das Kafka als Spiegel der inneren Verfassung dient, und so nimmt seiner Meinung nach bei Kafka das Sehen - als visueller Akt der Aufnahme des Äußeren in das innere Bewusstsein - „gegenüber den anderen Sinneswahrnehmungen eine

---

345 Binder, Hartmut: Kafka in neuer Sicht, S. 133.
346 Ebenda, S. 133.
347 Ebenda, S. 132.
348 Ebenda, S. 132.
349 Ebenda, S. 132.
350 Ebenda, S. 140.
351 Ebenda, S. 188.
352 Ebenda, S. 188.

Sonderstellung"[353] ein. So verwundert es nicht, dass Kafka, zusätzlich sensibilisiert für alles Visuelle durch den Umgang mit dem blinden Freund Oskar Baum, die Augen und das Sehen betreffende Floskeln und Phraseme schätzte und vielfach literarisch gebrauchte, wobei er diese jedoch nicht – wie sonst üblich - als bloße sprachliche Formeln verwendet hat, sondern auch und im Besonderen ihren ursprünglichen Bildgehalt und Sinnumfang bewahrte.

Das Auge und die Blicke spielten sowohl privat und als auch in seinem literarischen Schaffen stets eine zentrale Rolle, denn er liebte „weite Ausblicke, die er seit 1907 in der elterlichen Wohnung Niklasstraße 36 schätzen gelernt hatte"[354], für ihn war „das menschliche Auge... bevorzugter Beobachtungsgegenstand"[355], so dass es nicht verwundert, dass er literarisch „öfters seelische Gegebenheiten nur dem Auge zuordnet"[356].

Für Kafka war das Auge Instrument der „Eigenbeobachtung, Fremdbeobachtung, Metapher"[357], der Blick das wichtigste (reale und literarische) psychische Ausdruckselement.

Der besondere Stellenwert der Augen und der Blicke lässt sich (wie oben dargestellt) dabei vor allem mit Hilfe seines lebensgeschichtlichen Hintergrundes erklären, und wie Hartmut Binder bemerkte, liegt es „gewiß auch in seiner ungünstigen Lebensentwicklung, seiner Angst vor der Umwelt, die ihn andere Menschen schon von Kindheit an überscharf und fixatorisch beobachten ließen. So spricht er einmal von seinem 'Mikroskop-Auge`, das ihm die Übersicht unmöglich mache, und glaubt, daß sein 'ängstliches und besonders nahe gebrachtes Auge` Dinge wahrnehme, die sonst verborgen bleiben"[358].

Doch Binder sieht in dieser Tendenz zur vordergründig visuell ausgerichteten Wahrnehmung und Interpretation seines sozialen Umfeldes auch die Gefahr einer tief greifenden Problematik, da mit Kafkas Fähigkeit, sich selbst mit den Augen anderer wahrnehmen zu können, gleichzeitig auch sein ohnehin gebrochenes Identitätsempfinden weiter nachhaltig gestört werden konnte, dann nämlich, wenn „solche fremden Blicke ... ungünstig auf ihn zurückwirkten"[359], die selbst vorgenommene visuelle Fremdwahrnehmung somit selbstintendiert ins Negative rückgekoppelt wurde.

---

353   Binder, Hartmut: Kafka in neuer Sicht, S. 141.
354   Ebenda, S. 143.
355   Ebenda, S. 187.
356   Ebenda, S. 187.
357   Ebenda, S. 188.
358   Ebenda, S. 136.
359   Ebenda, S. 136.

Für Kafka war daher „der Betrachtende ... in gewißem Sinne der Mitleidende"[360], und sehr leicht, so Kafkas Bedenken und Ängste, „zerreißt einem dieses Miterleben die geschlossene Homogenität des eigenen Bewußtseinsraums"[361], was Kafkas Einsamkeitssuche und sozialen Rückzug verstärkte und erklärt.

So ist zu verstehen, dass aufgrund der „Bedeutung, die Kafka fremden Blicken beimaß ..., er auch Zweckbewegungen der Augen, die nicht im engeren Sinne als Mienen oder Ausdrucksbewegungen zu bezeichnen sind, stark beachtete und ihnen als Gestaltungselement in seinen Texten eine wichtige Rolle beimaß."[362]

Doch die Mienen und Ausdrucksbewegungen der Augen, die Kafka neben den ausdrucksstarken Gesten vielfach und im Besonderen auch bei den Schauspielern des jiddischen Theaters interessiert beobachtet hatte, waren nicht nur ein zentrales Gestaltung- und Ausdruckselement in seinen literarischen Texten, sondern waren auch, selbst verinnerlicht, Teil seines eigenen Lebens: Denn Kafka selbst bevorzugte für seine Person auch im privaten Bereich eine spärlich-reduzierte, wohl platzierte und offenbar bewusst gesteuerte Gestik und galt daher „bei Personen, die ihn nicht sehr gut kannten, als manierierter oder fremdartiger, undurchschaubarer Charakter"[363].

Auch Janouch bemerkte die auffallend ausdrucksstarke Mimik und Gestik Kafkas, die seine Gesprächsäußerungen stets begleiteten, und äußerte sich hierzu wie folgt:

„Wo er das Wort durch eine Bewegung der Gesichtsmuskeln ersetzen kann, tut er es ... Franz Kafka liebt Gesten, und darum geht er mit ihnen sparsam um. Seine Geste ist keine das Gespräch begleitende Verdoppelung des Wortes, sondern Wort einer gleichsam selbständigen Bewegungssprache selbst, ein Verständigungsmittel, also keineswegs passiver Reflex, sondern zweckmäßiger Willensausdruck."[364]

Diese Art der äußeren Mitteilung hat Kafka, wie bereits erwähnt, wohl vor allem dem jiddischen Theater entlehnt. Besonders beim Erleben und Beobachten einer jiddischen Schauspielgruppe, die im Winter 1911/12 in Prag gastierte, wurde Kafka bewusst, „dass es hier nicht auf sprachliche oder formale Finessen ankam, sondern auf die Überzeugungskraft der Geste"[365], was ihn tief beeindruckte. Der sprachlichen Dürftigkeit wurde hier eine „besondere Ausdruckskraft im mimisch-gestischen Bereich"[366]

---

360 Binder, Hartmut: Kafka in neuer Sicht, S. 136.
361 Ebenda, S. 136.
362 Ebenda, S. 163.
363 Ebenda, S. 135.
364 Ebenda, S. 134.
365 Stach, Reiner: Kafka. Die Jahre der Entscheidungen, S. 49.
366 Binder, Hartmut: Kafka in neuer Sicht, S. 137.

entgegengesetzt, die allgemein „den Ostjuden ... nachgesagt wird"[367] und eine besondere Anziehungskraft auf Kafka ausübte.

Kafka versuchte die Faszination dieses Theaters zu entschlüsseln und merkte dabei, dass es vor allem diese besonders ausdrucksstarke Mimik und Gestik waren, „die ihn mitrissen, eine ostjüdische, expressive, mit dem ganzen Körper arbeitende Zeichensprache, die er förmlich inventarisierte und die er aufs genaueste verglich mit den Alltagsgesichtern, die er nach der Vorstellung an seinem Tisch sah"[368] und schließlich selbst in seinen Alltag zu integrieren und in seine literarischen Schriften zu transformieren versuchte.

So kam es auch, dass „einige Gesten und Figuren, die als besonders 'kafkaesk' gelten, der jiddischen Bühne und dem Hinterzimmer des Café Savoy entstammen"[369], Spiegel von Szenen jener jiddischen Schauspielgruppe waren.

Sinn und Funktion der Augen und der Blicke im literarischen Kontext waren bei Kafka dagegen offenbar „nach eigener Aussage in vielen Handlungsmomenten und darstellungstechnischen Gegebenheiten"[370] an Dickens' „David Copperfield" orientiert, denn „es läßt sich zeigen, daß Kafka Mimik und Gestik in einer Weise verwendet, die bis in stoffliche Einzelheiten hinein ... sehr an das englische Vorbild erinnert"[371], beispielsweise werden sowohl bei Kafka als auch „bei Dickens Gesprächsäußerungen mit damit gleichzeitigen Ausdrucksbewegungen verknüpft"[372] und in den literarischen Texten beider Autoren „verraten die Augen dem aufmerksamen Beobachter viel von der inneren Verfassung des Schauenden"[373].

Die wichtigsten Bedeutungen der Ausdrucksbewegungen des Auges und der Blicke lassen sich wie folgt zusammenfassen:

Während die äußere Blickzuwendung bei Kafka meist auch ein Zeichen der inneren, psychischen Zuwendung ist und als Ausdruck einer gesteigerten Beziehungsintensität zu verstehen ist, symbolisiert dagegen der von Personen abgewendete, zur Seite gehende Blick eine Form der inneren Entfremdung.

Wie bereits erwähnt, stellt des Weiteren nach Binders Auffassung das Senken der Augen bei Kafka neben Scham und Verlegenheit auch Schrecken und Angst dar „und die dadurch in einer Figur ausgelösten Refle-

---

367   Binder, Hartmut: Kafka in neuer Sicht, S. 137.
368   Stach, Reiner: Kafka. Die Jahre der Entscheidungen, S. 50.
369   Ebenda, S. 64.
370   Binder, Hartmut: Kafka in neuer Sicht, S. 139.
371   Ebenda, S. 139.
372   Ebenda, S. 140.
373   Ebenda, S. 140.

xionen"[374], wohingegen das Emporrichten der Augen sehr viel differenzierter zu interpretieren ist: Hier kann es sich sowohl um einen visionären Blick in die Weite handeln, der von innerer Ruhe und Kontemplation getragen wird, als auch um die bildhafte Darstellung eines kompromisslosen, störende Größen bewusst missachtendes Agierens. Ebenso bedeuten solche Blicke auch, „wie die jeweiligen Kontexte und interpretierenden Elemente ausweisen, Zerstreutheit, Abwesenheit der Aufmerksamkeit, Verlorenheit und Willensschwäche"[375].

Daneben ist das Heben des Kopfes zum „Verfolgen des Vogelfluges, das unbekümmerte Freiheit und Gehobenheit meint"[376], streng zu unterscheiden von dem „klagenden Aufschauen zum Himmel"[377], während das Heben des Kopfes nach einem nachdenklichen Senken desselben „die mit der Lösung des Problems freiwerdende Sicherheit und seelische Kraft"[378] zum Ausdruck bringt, aber auch „Selbstsicherheit, Tatbereitschaft und ... interessierte Bezogenheit auf die Umwelt"[379] aufgrund der dabei vorgenommenen Straffung des Halses und Aufrechthaltung des Körpers versinnbildlichen kann.

Der „Blick als Bewegung von unten nach oben über den Partner hin und weiter zum Himmel, worin eine geringe Ausrichtung auf die Umwelt und die Unwilligkeit, sich weiter mit dem Beobachtungsobjekt zu beschäftigen, zum Ausdruck kommt"[380], vermittelt Ruhelosigkeit, innere Anspannung und Verwirrung, während das unbewegliche Starren auf einen bestimmten Punkt darauf hindeutet, „daß jemand vollständig von einem Gedanken gefesselt ist, der ihn übermannt oder niederschlägt ... Diese bestimmte Art des Nachdenkens und des Gelähmt-in-sich-Versunkenseins meint die Augenhaltung häufig "[381]. Das Schweifenlassen oder Konzentrieren der Blicke wird somit kongruent mit der geistigen Haltung verwendet (gedankliche Konzentration oder Abschweifung und Verwirrung).

Daneben spielt bei Kafka auch „der umherschweifende, die Umgebung prüfende Blick eine Rolle ... der auch zum Überblick werden kann"[382], der jedoch nicht zu verwechseln ist mit dem auf- und abgehen-

---

374   Binder, Hartmut: Kafka in neuer Sicht, S. 176.
375   Ebenda, S. 176.
376   Ebenda, S. 178.
377   Ebenda, S. 185.
378   Ebenda, S. 179.
379   Ebenda, S. 179-180.
380   Ebenda, S. 186.
381   Ebenda, S. 178.
382   Ebenda, S. 177.

den Blick, der eine „verwirrte Miene der Desorientiertheit"[383] darstellt und ein seelisch-geistiges „Aufgescheucht-Sein" zum Ausdruck bringt.
Der Blick des Tierauges dagegen vermittelt „ein Bild seelischer Gespanntheit und animalischer Stärke"[384].
Übertragen auf die „Betrachtung" ergibt sich nun folgende Leseweise der betreffenden Stellen:
Im ersten Stück, „Kinder auf der Landstraße", wird der folgende Blick geschildert:
„Dann flogen Vögel wie sprühend auf, ich folgte ihnen mit den Blicken, sah, wie sie in einem Atemzug stiegen, bis ich nicht mehr glaubte, daß sie stiegen, sondern daß ich falle, und mich fest an den Seilen haltend aus Schwäche ein wenig zu schaukeln anfing."
Das hier dargestellte Verfolgen des Vogelfluges mit den Blicken, das nach Hartmut Binder, „unbekümmerte Freiheit und Gehobenheit meint"[385], steht für eine gewollte Identifikation mit den Vögeln, für ein jugendliches Freiheitsbedürfnis, für ein ungehindertes Schweifen der Blicke und Gedanken. Der Blick zum fernen Horizont des Himmels trägt das Bewusstsein gleichsam in die Weite, kann aber auch als „visionärer Blick in die Weite"[386], als eine Vorausschau in die Zukunft interpretiert werden.
Der Umstand, dass die Vögel „wie sprühend" auffliegen und der Blick fest auf diese Tiere gerichtet ist und bleibt („folgte ihnen mit Blicken"), vermittelt zudem eine Art „gespannte Wachsamkeit"[387] und ein mit den Vögeln geteilter innerer Schrecken, der plötzlich das zuvor ruhige Leben („sah ich ... durch die schwach bewegten Lücken") aus dem Gleichgewicht bringt („mich fest an den Seilen haltend"). Die Szene wird somit temporeicher, zeugt von einer inneren Unruhe und einer beginnenden Haltlosigkeit (denn ein äußerer Halt wird an den Seilen gesucht).
Dieses innere „Aufgescheuchtsein", das über einen Blick zum Himmel transformiert wird, zeigt sich noch deutlicher im Stück „Das Gassenfenster", denn hier wandern „die Augen auf und ab zwischen Publikum und Himmel". Dieses Hin- und Hergehen der Blicke ist – ohne Fixpunkt, an dem sich die Augen festhalten - Zeichen eines verlorenen Zieles vor Augen, der Desorientiertheit, Verlorenheit, Rat- und Haltlosigkeit. Der Blick zum Himmel wird hier zum „klagenden Aufschauen zum Himmel"[388], das in der Ferne nach einem Ausweg (Hoffnungsschimmer am Horizont) zu suchen scheint.

---

383 Binder, Hartmut: Kafka in neuer Sicht, S. 167.
384 Ebenda, S. 183.
385 Ebenda, S. 178.
386 Ebenda, S. 176.
387 Ebenda, S. 166.
388 Ebenda, S. 185.

Der „Blick als Bewegung von unten nach oben ... zum Himmel, worin eine geringe Ausrichtung auf die Umwelt und die Unwilligkeit, sich weiter mit dem Beobachtungsobjekt zu beschäftigen, zum Ausdruck kommt"[389], meint ferner ein Schwanken zwischen der menschlichen Gemeinschaft („Publikum"), gegen die ein innerer Widerstand besteht und die nicht lange ertragen wird (zurückgeneigter Kopf, schneller Blickwechsel), und individueller, geistiger Freiheit („Himmel"). Etwas das stärker scheint („Pferde"), reißt ihn jedoch trotz der Unentschlossenheit letztlich mit in das „Gefolge ... und damit endlich der menschlichen Eintracht zu".

Ferner heißt es im ersten Stück:

„Fragte mich einer vom Fenster aus, so sah ich ihn an, als schaue ich ins Gebirge oder in die bloße Luft ...".

Bei Kafka meint das „dezidierte Wegsehen von jemandem"[390] meist Verachtung oder zeugt von der „Unerträglichkeit des Anblicks"[391] (etwa im Stück „Entlarvung eines Bauernfängers", wenn es heißt: „ ... wo ich so gerne gewesen wäre, und nicht hier unten vor dem Tor zu stehn und an den Ohren meines Gegenübers vorüberzuschauen."). In dieser Szene jedoch wird durch die anwesende Person hindurchgesehen als existiere sie nicht, als sei sie „bloße Luft"; mit der Kraft der Fantasie wird die nicht gewollte Anwesenheit des Gegenübers eliminiert, Geringschätzung und Verachtung damit zum Ausdruck gebracht.

Eine innere Festigkeit ist dabei jedoch noch vorhanden, denn der Blick wird nicht abgewendet, wandert nicht unbestimmt hin und her, sondern man sieht „ihn an", wenn auch nur scheinbar.

Im Text „Entlarvung eines Bauernfängers" finden sich zusätzlich zu der oben beschriebenen Stelle weitere szenische Bilder und Motive aus dem Bereich der Augen und der Blicke. Neben der Herausstellung der Kraft der Blicke, „die noch immer, wenn auch nur aus der Ferne, überzeugten" und der bedrohlich wirkenden, fremden Blicke der „Bauernfänger", die „zumindest mit einem Auge spionieren", ist es hier vor allem der nach innen gewendete Blick, das Augenschließen, das selbststärkend wirkt und näher beschrieben wird:

„Und mein Begleiter fügte sich in seinem und – nach einem Lächeln – auch in meinem Namen, streckte die Mauer entlang den rechten Arm aufwärts und lehnte sein Gesicht, die Augen schließend, an ihn."

Das hier dargestellte Schließen der Augen verweist nach dem klassischen, bereits beschriebenen Bild „auf die herkömmliche, durch die Mystik verbreitete Bedeutung des Augenschließens, das dann als bewußte Konzentration auf oder Ergebung in eine innere Wahrnehmung

---

389 Binder, Hartmut: Kafka in neuer Sicht, S. 186.
390 Ebenda, S. 174.
391 Ebenda, S. 174.

aufgefaßt werden muß, von deren Erfassung alle andern, störenden Eindrücke fernzuhalten sind"[392]. Wie sehr dabei beim Bauernfänger die innere Wahrnehmung Zufriedenheit auslöst, ein Zustand, der vom epischen Ich immer wieder gesucht, doch nie erreicht wird, zeigt der folgende Absatz:

„Mein Mann aber lehnte hier noch wie früher, hielt sich noch immer für einen Bauernfänger, und die Zufriedenheit mit seinem Schicksal rötete ihm die freie Wange."

Die Besinnung auf das Innere und die Abschottung von den äußeren Einflüssen erzeugt neue Lebenskraft und innere Stärke (gerötete Wange).

Das Stück „Entschlüsse" dagegen vermittelt über das Bild der Augen ein ganz anderes Bedeutungsfeld. Hier heißt es: „Ich reiße mich vom Sessel los, umlaufe den Tisch, mache Kopf und Hals beweglich, bringe Feuer in die Augen, spanne die Muskeln um sie herum."

Das hier vermittelte Bild der Feuer-Augen, die bei Kafka oft in Form von Tieraugen erscheinen („so spricht er etwa im Zusammenhang seiner Zürauer Mäuseerlebnisse einmal von „Feueraugen", um die Katze in Jagdsituation zu kennzeichnen"[393]), ist „nur eine andere Ausdrucksweise für ... Funkeln und Glänzen"[394] und war „dem Dichter ein Bild seelischer Gespanntheit und animalischer Stärke"[395], worauf auch der Textzusammenhang verweist: Hier werden die Muskeln „gespannt", die Kräfte und Energien mobilisiert (vom Sessel losreißen, laufen, beweglich machen), bis schließlich alles in eine bleischwere Resignation mündet:

„Deshalb bleibt doch der beste Rat, alles hinzunehmen, als schwere Masse sich verhalten und fühle man sich selbst fortgeblasen, keinen unnötigen Schritt sich ablocken lassen, den anderen mit Tierblick anschaun, keine Reue fühlen, kurz, das, was vom Leben als Gespenst noch übrig ist, mit eigener Hand niederdrücken ...".

Auch hier wird die oftmals ambivalente Verwendung des gleichen Bildes deutlich: Die Augen erscheinen einmal als Ausdruck der inneren Kraft und Stärke (als Feuer-Augen), dann wiederum als Zeichen der Selbstaufgabe und der emotionalen Verflachung.

„Das Unglück des Junggesellen" hingegen zeigt sich u.a. darin, „fremde Kinder anstaunen zu müssen". Dieses „Anstaunen", das verwunderte Anstarren also, das ein längeres Verweilen des Blickes auf einem bestimmten Beobachtungsobjekt (fremde Kinder) beinhaltet, drückt aus, „daß der Beobachtende von seinem Gegenüber innerlich affiziert ist"[396].

---

392   Binder, Hartmut: Kafka in neuer Sicht, S. 133.
393   Ebenda, S. 183.
394   Ebenda, S. 183.
395   Ebenda, S. 183.
396   Ebenda, S. 166.

So wie bei Kafka „Gegenstände erhöhter Bedeutung fixiert werden"[397], können „auch auf diese Weise ... Intentionen der Figuren sichtbar gemacht werden"[398], die für den Schauenden von besonderer Wichtigkeit sind, ihn nicht nur visuell, sondern auch psychisch und geistig gefangen halten und fesseln: In diesem Fall wäre es das Bewusstwerden des Umstandes, als Junggeselle niemals eigene Kinder besitzen zu können. Das unbewegliche Starren auf einen bestimmten Gegenstand oder eine Person kann jedoch auch Ausdruck einer noch stärkeren emotionalen Gefühlsbindung sein, es kann ein nachdenkliches, gelähmtes Versunkensein zum Ausdruck bringen und darauf hindeuten, „daß jemand vollständig von einem Gedanken gefesselt ist, der ihn übermannt oder niederschlägt"[399].

Im Stück „Der Kaufmann" kommt unter anderem über das Bild des nicht mehr deutlich Sichtbaren die „für den Dichter typische Denksituation, die er mit dem Begriff des nebelhaften Bewußtseins umschreibt"[400] zum Ausdruck: Denn hier haben „fremde Leute" das Geld des Kaufmanns, deren „Verhältnisse" ihm „nicht deutlich sein können", somit undurchschaubar erscheinen. Auch die „Milchglasscheiben" verhindern eine klare Sicht, und die Fenster sind verhängt mit „Draperien", versperren die freie Aussicht.

Die beiden nächsten Stücke, „Zerstreutes Hinausschaun" und „Der Nachhauseweg", lassen über das Motiv des Fensters, durch das man nach unten sieht, einen gewissen „Überblick" erhoffen, da über die „erhöhte Beobachtungsposition ..., die einen weiten Gesichtskreis ermöglicht"[401] neue Perspektiven möglich sind. Doch letztlich „hilft es nicht viel, daß das Fenster gänzlich" geöffnet wurde, die Nachdenklichkeit und Ratlosigkeit bleiben bestehen.

Im Einzeltext „Die Vorüberlaufenden" ist man schließlich „froh" niemanden bzw. „auch den zweiten nicht mehr zu sehn". So wie in anderen Texten, vornehmlich in den Romanen, „die Blickzuwendung ... Ausdruck gesteigerter Beziehungsintensität"[402] ist, ist hier die Blickabwendung bzw. das gewollte Nicht-mehr-sehen-können ein Zeichen der Entfremdung und der äußeren und inneren Distanz.

„Der Fahrgast" dagegen erlebt gewollt und bewusst eine Visualität in ihrer höchsten Intensität, denn seine Blicke zerlegen geradezu chirur-

---

397 Binder, Hartmut: Kafka in neuer Sicht, S. 176.
398 Ebenda, S. 177.
399 Ebenda, S. 178.
400 Ebenda, S. 143.
401 Ebenda, S. 142.
402 Ebenda, S. 164.

gisch, kalt und scheinbar innerlich distanziert das fixierte Objekt (das „Mädchen"). Dabei ist „sein Blick nicht emotionslos genau, er ist *verzweifelt* genau"[403]. Das fixierende Betrachten ist hier der verzweifelte „Versuch, das Sehen ... zu solcher Intensität zu steigern, dass es in *Erleben* umschlägt"[404], doch das rein visuelle, fantasiegetragene Abtasten („als ob ich sie betastet hätte") bleibt leer und erzwungen, kann den wahrhaften Kontakt nicht ersetzen.

Ferner ist hier auffällig, dass die genaue Betrachtung selbst kleiner Körperdetails (Nasenflügel, Härchen an der Schläfe, Ohrmuschel) keineswegs die physiognomische und psychische Charakteristik des Mädchens näher erkennen lassen, was zusätzlich die Entfremdung und zwischenmenschliche Distanz unterstreicht und selbst die Ekphrasis absurd wirken lässt.

Neben den Augen ist in den literarischen Texten Kafkas ein weiteres Gesichtsorgan von besonderer Bedeutung: der Mund. Dabei kann man „sagen, daß der Mund die inneren Vorgänge auf gröbere Art widerspiegelt, sozusagen die Grundbefindlichkeiten artikuliert, während das Auge den Ablauf im einzelnen darstellt"[405]. Ein Beispiel hierzu findet sich ebenfalls im Einzeltext „Der Fahrgast". Hier heißt es:

„Ich fragte mich damals: Wieso kommt es, daß sie nicht über sich verwundert ist, daß sie den Mund geschlossen hält und nichts dergleichen sagt?"

Das Geschlossenhalten des Mundes (hier stellvertretend für das Schließen der Augen) vermittelt Entfremdung, Abgrenzung und Abschottung nach außen, Ablehnung eines jeglichen Kontaktes, denn oft verwendet Kafka „den ablehnenden Mund, um die Art der Beziehung vorzustellen"[406], um eine Beziehung oder Beziehungslosigkeit nachdrücklicher auszudrücken, als dies über die Blicke der Figuren möglich wäre.

Das epische Ich sucht zunächst über einen dezidierten Blickkontakt eine Aufnahme der Beziehung, die Annäherung erfolgt dabei rein visuell („Sie erscheint mir so deutlich, als ob ich sie betastet hätte", „doch sehe ich, da ich nahe stehe ..."). Das „Mädchen" verweigert jedoch in aller Konsequenz die Aufnahme des Kontaktes, da „sie den Mund geschlossen hält", somit das Sprechen, ein primärer Akt der menschlichen Beziehung, nachhaltig verweigert.

Eine ähnlich konsequent ablehnende Haltung wird über den geschlossenen Mund im Stück „Nachdenken für Herrenreiter" vermittelt, wenn „die Besiegten den Mund geschlossen haben".

---

403   Stach, Reiner: Kafka. Die Jahre der Entscheidungen, S. 102.
404   Ebenda, S. 102.
405   Binder, Hartmut: Kafka in neuer Sicht, S. 186.
406   Ebenda, S. 186.

Augen und Mund werden somit, wie gezeigt, oft in ähnlicher Sinnfunktion beschrieben, „weil Auge und Mund als auffällig bewegliche Gesichtsteile, die sich etwa öffnen und schließen können, in der Regel sich zusammen verändern und auch die hervorstechendsten Merkmale des Gesichtseindrucks bilden"[407].

Im Einzelstück „Die Abweisung" erscheinen die Augen als Spiegelbild des Charakters, denn hier ist folgende idealtypische Beschreibung zu finden:

„Du bist kein Herzog mit fliegendem Namen, kein breiter Amerikaner mit indianischem Wuchs, mit waagrecht ruhenden Augen ...".

Die hier angesprochenen „waagrecht ruhenden Augen" stehen stellvertretend für einen geradlinigen, ehrlichen („waagrechten"), psychisch stabilen, selbstsicheren (in sich „ruhenden") Charakter. Gewünscht wird ein Mann mit einem ruhigen Überblick, mit einem waagrechten, nicht verschobenen Weltbild, der stets ein kompromissloses, konsequentes Handeln erwarten lässt und ein Gefühl der Sicherheit vermittelt, da mit einem gerade nach vorne gehenden Blick „die Orientierung im Raum am leichtesten möglich ist"[408] und somit ein (selbst-) sicheres Handeln begünstigt wird.

So wie sich bei Kafkas Figuren häufig die „jeweilige Wesensart ... in ihren Augen spiegelt"[409], wird hier über eine Beschreibung der Augen die gewünschte Charakter- und Wesenseigenschaft konturiert.

Im letzten Stück, „Unglücklichsein", verspricht wiederum der „Blick zum Fenster" Erleichterung, innere Fluchtmöglichkeit und eine „ruhige ...Überschau"[410], denn das Gespenst „beruhigte sich ... unversehens mit dem Blick zum Fenster".

Das epische Ich ist zunächst unsicher hinsichtlich der Gespenstererscheinung, weiß nicht, ob es einen Kontakt zum Gespenst aufnehmen möchte, denn es sah nur „ein wenig hin". Kafka, der bei seinen Figuren oft über „die Art der Blickzuwendung deren Beziehung zu beschreiben"[411] versuchte, drückt hier die innere Verunsicherung des Erzählenden aus, denn in vielen Fällen steht bei Kafka „der flüchtige Blick für ein ... vorsichtiges ... Betrachten"[412].

Die anfänglich ängstlich-unsichere Haltung wird noch einmal unterstrichen über die Beschreibung des Augenumfeldes („im Gesicht zitterten mir die Augenwimpern"), was die Tatsache, „daß sich die psychische

---

407   Binder, Hartmut: Kafka in neuer Sicht, S. 129.
408   Ebenda, S. 180.
409   Ebenda, S. 166.
410   Ebenda, S. 132.
411   Ebenda, S. 164.
412   Ebenda, S. 166.

Innenwelt in Gesicht und Gebärde"[413] bei den Kafkaschen Figuren stets ablesen lässt, untermauert. Zudem gibt es bei Kafka sehr häufig „unter den vielen, auf Form und Wirkung des Auges selbst zielenden Aussagen"[414], solche, „die sich auf die Umgebung der Augen beziehen"[415] und gleichsam die innere Verfassung widerspiegeln.

Auffallend ist, dass in keinem Einzeltext der „Betrachtung" der Blick erwidert wird, auch wird der direkte Blick in die Augen des Gegenübers stets ausgespart oder vermieden. So schaut man den anderen an, als schaue man „ins Gebirge oder in die bloße Luft" (Kinder auf der Landstraße) oder man sieht nur „ein wenig hin" (Unglücklichsein) oder man schaut „an den Ohren des Gegenübers vorüber" (Entlarvung eines Bauernfängers). Selbst wenn man den Kopf des anderen bis in kleinste Detail betrachtet und mit den Augen fixiert, sogar „den ganzen Rücken der rechten Ohrmuschel und den Schatten an der Wurzel" (Der Fahrgast) wie mit einer Lupe betrachtet, umgeht man andererseits damit auch eine Situation, in der man Auge-in-Auge mit dem Gegenüber in Kontakt tritt. Es ist nur ein verstohlenes Schauen von der Seite, das keine Antwort oder Reaktion verlangt oder fordert. Der Blick bleibt damit starr, kalt, emotionslos und mechanisch sezierend.

Durch den fehlenden Blick in die Augen wird einerseits das Zeichenhafte präzisiert und fokussiert, andererseits jedoch auch die emotionale und soziale Entfremdung untermauert, das psychische Fremdsein des anderen wird offenbar, was das Bild des Gegenübers und somit auch die Begegnung mit diesem abstraktifiziert und „technisiert".

Insgesamt lässt sich sagen, dass sich schon in der „Betrachtung" sowohl die zentrale Bedeutung und Aussagekraft als auch die später vor allem in den Romanen verwendeten Sinn- und Funktionszusammenhänge der Augen, der Blicke und des Fensters erkennen lassen.

Ferner unterstreicht diese Tatsache auch die autobiographische Ebene der „Betrachtung", da Kafka nachweislich sowohl in seinen Tagebuchaufzeichnungen als auch in seinen Briefen und Gesprächen die Blicke und „Augen als comparata"[416], als Sinnbild, Ausdruck oder Anhaltspunkt einer seelischen Verfassung gebrauchte. Gleiches gilt für das Fenster, das bei Kafka weitaus mehr als ein stilistisches Mittel war, sondern seinen Ursprung im alltäglichen Geschehen hatte, wie die oben aufgeführten Beispiele zeigen.

---

413 Binder, Hartmut: Kafka in neuer Sicht, S. 130.
414 Ebenda, S. 181.
415 Ebenda, S. 181.
416 Ebenda, S. 140.

1.2. Etymologische Aspekte und Analyse des „Sehens"

Der Titel „Betrachtung", wie bereits erwähnt, als Singular offensichtlich auf ein Ganzes verweisend, erscheint gleichzeitig auch generell und unbestimmt und lässt Raum für ein ambiges Verstehen. Auch von seinem etymologischen Ursprung her gesehen ergibt sich ein breites Spektrum der möglichen Interpretationen:
„Die Präfixbildung *mhd.* betrahten, *ahd.* bitrahtōn bedeutete wie das einfache Verb trachten zunächst 'bedenken, erwägen, streben'. Erst in *frühnhd.* Zeit entwickelte sich über 'nachdenklich ansehen' die heute übliche Bedeutung 'ansehen, beschauen'"[417].

Das dazugehörige Verb „trachten", im Sinne von „an etwas denken, über etwas nachdenken; auf etwas achten; erwägen; nach etwas streben; bedenken, aussinnen"[418], ist aus lat. tractare („herumzerren; behandeln, sich mit etwas beschäftigen, bearbeiten, untersuchen, erwägen usw."[419]) entlehnt und dem im heutigen Sprachgebrauch verwandten „traktieren" nahe stehend. Dies wiederum kann in vierfacher Weise verstanden werden: Erstens im Sinne von „behandeln"[420], zweitens als „literarisch darstellen, gestalten"[421], drittens in der Verwendung von „plagen, quälen, mißhandeln"[422] und viertens im Sinne von „jmdn. ... überfüttern, jmdm. etwas in sehr reichlicher Menge anbieten"[423].

Die „Betrachtung" ist somit in etymologischer Hinsicht zunächst als Anschauung und Reflexion, Erwägung, Streben, Nachdenken, (schriftlich-literarische) Bearbeitung, aber auch als Plage und Leid zu verstehen, da aufgrund einer „Überfütterung", d.h. einer Vielzahl der möglichen Perspektiven in der Moderne, die Suche nach der eigenen Weltanschauung zur Qual wird.

Der Verlust der religiös-metaphysisch fundierten Weltsicht in der Moderne und das damit einhergehende „Verschwinden der historischen Teleologie"[424] führte den Menschen zur Erkenntnis der „durchgreifend wirksamen konstitutiven Reflexivität"[425], ließ ihn jedoch auch aufgrund der Vielfalt der Perspektiven und Reflexionstendenzen in einer Sphäre der existentiellen „Schwebe" leben. Die Freiheit der Reflexivität und der eigenverantwortlichen existentiellen Konstituierung wurde somit ohne

---

417 Drosdowski, Günther (Hrsg.): Duden „Etymologie", S. 78.
418 Ebenda, S. 749.
419 Ebenda, S. 749-750.
420 Drosdowski, Günther (Hrsg.): Duden „Fremdwörterbuch", S. 787.
421 Ebenda, S. 787.
422 Ebenda, S. 787.
423 Ebenda, S. 787.
424 Giddens, Anthony: Konsequenzen der Moderne, S. 71-72.
425 Ebenda, S. 72.

zentralen Fokus zur „Qual" und „Reise" ohne sinnbestimmende Orientierung. So glich „das Leben in der modernen Welt eher einer Fahrt an Bord eines rasenden Dschagannath-Wagens ... als einer Reise mit einem behutsam gesteuerten und sachkundig gelenkten Auto"[426]. Denn „unter Modernitätsbedingungen ist kein Wissen mehr dasselbe wie das Wissen im 'alten' Sinne, wonach 'wissen' das gleiche bedeutet wie 'gewiß sein'"[427], und der Mensch befindet sich daher nun in einem Zustand der fortwährenden Suche, Neuorientierung, Betrachtung und Erwägung, bis schließlich diese „Überfütterung" der Reflexionen und möglichen Perspektiven zur Orientierungslosigkeit und „Qual" erwächst und unweigerlich in eine Resignation und internale Aufgabe mündet.

Isoliert und im Gesamten betrachtet verweisen die einzelnen Texte der „Betrachtung", die analog zum Titel (fast) alle (außer das Stück „Ausflug ins Gebirge") Wörter des Wortfeldes des Schauens und Betrachtens enthalten, auf einen ähnlichen Sinn und Inhalt, denn hier werden sowohl die nachdenklichen Anschauungen der verschiedenen Perspektiven, Reflexionsgrundlagen und Konzepte, die Erwägungen und versuchten „Entschlüsse" literarisch verarbeitet, als auch die „Qualen" einer geistigen „Überfütterung" und die daraus resultierende Überforderung des freien Subjekts sowie die allgemeine Seins-Orientierungslosigkeit und -schwebe thematisiert.

Im ersten Stück, „Kinder auf der Landstraße", kommt zunächst der gebrochene Weltbezug des Menschen, die nur mittelbare Deutungsmöglichkeit des Äußeren zum Ausdruck, die einzig eine Teilperspektive erlaubt. Hier sieht man die Welt „durch die schwach bewegten Lücken im Laub" als Teilansicht und gebrochenes Bild. Auch die Wahrnehmung des anderen ist eingeschränkt durch einen „stark durchbrochenen Vorhang", den man zur Seite schieben muss, um einen zwischenmenschlichen Kontakt zu ermöglichen: „Die stark durchbrochenen Vorhänge bauschten sich im warmen Wind, und manchmal hielt sie einer, der draußen vorüberging, mit seinen Händen fest, wenn er mich besser sehen und mit mir reden wollte."

Hier nimmt das erste Stück bereits die inhaltliche Gesamtkonzeption teilweise vorweg, denn ähnlich wie die bruchstückhafte Weltsicht der Kinder durch „schwach bewegte Lücken im Laub" und durch den „stark durchbrochenen Vorhang" vermittelt die Textsammlung der „Betrachtung" dem Leser eine ebensolche mosaikartige, durchbrochene „Ansicht".

Im zweiten Text, „Entlarvung eines Bauernfängers", wird dagegen die Sicht der Welt, des Äußeren immer weiter eingeschränkt, bis das epische

---

426 Giddens, Anthony: Konsequenzen der Moderne, S. 73.
427 Ebenda, S. 56.

„ich" nur noch „an den Ohren seines Gegenübers vorüberzuschauen" vermag. Es hört nur noch „die Schritte unsichtbarer Spaziergänger, deren Wege zu erraten man nicht Lust hatte", aber kann – und will - sie offenbar nicht mehr erkennen. Auch das „Lächeln" des Bauernfängers sah das „ich" „nicht mehr ganz zu Ende, denn Scham drehte es plötzlich herum". Die Perspektive wechselt somit immer mehr in eine Innensicht, während das äußere Erscheinungsbild an Bedeutung verliert.

Das innere Erkennen des eigenen Selbst wird zum Zentrum der Reflexionen, man gibt sich ganz der Kraft der Innenperspektive hin, denn die Bauernfänger „sahen einen mit Blicken an, die noch immer, wenn auch aus der Ferne, überzeugten!".

Das Sehen vermittelt hier die Wende vom Äußeren zum Inneren, die Abkehr von der Welt und die Hinwendung zum eigenen Selbst, das erkannt und „entlarvt" werden soll. Die innere Betrachtung soll den Weg zum eigenen Ich ebnen, die „Schande" und „Scham" (die „Bauernfänger") sollen erkannt und entkräftet werden, denn diese „suchten uns abzuhalten von dort, wohin wir strebten".

Im nächsten Stück, „Der plötzliche Spaziergang", wird diese angestrebte Selbsterkenntnis gesteigert und erwächst zur inneren Kraft. Denn hier erkennt „man mit größerer als der gewöhnlichen Bedeutung ..., daß man ja mehr Kraft als Bedürfnis hat" und so kann man „sich zu seiner wahren Gestalt erheben".

Das Erkennen in der „größeren als der gewöhnlichen Bedeutung" verdeutlicht nochmals das Sehen, das weit über die sinnliche Wahrnehmungskraft hinausgeht und dabei als ein Erkennen des Selbst (der „wahren Gestalt") zu einer inneren Kraft verhilft. „Der plötzliche Spaziergang" wird somit zum Weg dorthin, „wohin wir strebten" (vgl. „Der Bauernfänger").

Der folgende Text, „Entschlüsse", „entlarvt" dagegen diesen Weg als Irrweg, denn anstelle zum angestrebten Ziel, führt dieser nur in einen „Kreislauf". Zwar bemüht man sich um ein Erkennen („bringe Feuer in die Augen, spanne die Muskeln um sie herum"), doch „mit jedem Fehler, der nicht ausbleiben kann" muss „das Ganze, das Leichte und das Schwere" wieder „stocken", bis sich schließlich alles wieder „im Kreise zurückdrehen" muss. Die Fixierung auf die eigene Person, die Innen-Schau, bot somit keine ausreichende Grundlage für eine Fundierung des Ichs und eine Rechtfertigung der eigenen Existenz („das Leichte und das Schwere", die Physis und Psyche), denn die Gedanken kreisen nur immer um die eigene Leere, bis man sich selbst schließlich wie „fortgeblasen" fühlte und den anderen nur noch „mit Tierblick", d.h. ohne Ich-Erkennung und existentielle Sinnkonzeption, „anschauen" konnte. Man wird zur „schweren Masse", existiert nur noch in der Physis, muss dann aber auch „keine Reue" mehr „fühlen".

Der Mensch als potenziell fehlbares Wesen (im Gegensatz zum unfehlbaren Gott) vermag nicht aus sich selbst heraus eine Weltanschauung und geistige Existenzgrundlage zu schaffen, sondern muss von vornherein scheitern an „jedem Fehler, der nicht ausbleiben kann".
Das Sehen erscheint hier als Spiegelung des eigenen Selbst im Nichts.

„Der Ausflug ins Gebirge" beinhaltet dagegen kein Wort aus dem Wortfeld des Sehens, Schauens oder Betrachtens. Dies scheint hier auch offenbar nicht nötig zu sein, denn es „versteht sich, dass alle in Frack sind". Das Betrachten, Schauen, Nachdenken und Erwägen wird hier ersetzt durch die schriftliche Bearbeitung, die literarische Darstellung: Alle sind „im Frack" und damit schwarz wie gedruckte Buchstaben; wie diese sind sie auch „durch winzige Schritte getrennt". Durch die Niederschrift scheint nun alles „verstehbar" und deutbar geworden zu sein, wobei durch das elliptische „es" („Versteht sich", nicht *es* versteht sich") eine allgemeine Generalisierung und Unbestimmtheit vermittelt wird, der Bezug also pauschal und universal erscheint.

Die Aussparung des „Sehens" symbolisiert hier ein Erreichen der Eindeutigkeit und des Verstehens, das allein durch ein visuelles Erkennen scheinbar nicht möglich, sondern nur durch eine schriftliche Umsetzung (und das dadurch erreichte innere Erleben) erlangbar wird.

Das Stück „Der Kaufmann" betont dagegen die „Sorgen, die ... innen an Stirne und Schläfe schmerzen, aber ohne ... Zufriedenheit in Aussicht zu stellen". Die Selbstsuche durch die Beobachtung des Inneren wird zur Qual und Belastung („Sorgen, die ... innen an Stirne und Schläfe schmerzen") und vespricht keinerlei Erfolg („ohne Zufriedenheit in Aussicht zu stellen"). Eine zufriedenstellende existentielle Fundierung aus dem inneren Selbst erscheint somit zunächst (im Realen) nicht möglich. Erst durch das Verlassen der Realität und den Eintritt in eine andere Sphäre, in eine ausschließlich fantasiebestimmte Welt, kann man „in den schmalen Spiegel" schauen, sich teilweise selbst erkennen. Hier kann sowohl die sinnlich-erfahrbare äußere Welt visuell vermittelt („Doch genießet die Aussicht des Fensters") als auch das Innere gelebt und partiell erkannt werden (im „schmalen Spiegel").

Der „unscheinbare Mann" kann nun „verfolgt", „in einen Torweg gestoßen" und „beraubt" werden, die Wahrheitssuche kanalisiert und intensiviert werden.

Die anfängliche „Aussichtslosigkeit" wurde durch das fantasiebestimmte innere Erleben zu einer (zwar eingeengten, aber doch erreichten) Perspektive („schmaler Spiegel", „Torweg").

Im Text „Zerstreutes Hinausschaun" wird das Sehen, der Blick aus dem Fenster, zum Demonstrationsmedium der zunehmend sich verlierenden weltlichen und existentiellen Orientierung in der Moderne, denn man „sieht ... das Licht der freilich schon sinkenden Sonne auf dem Gesicht

105

des kindlichen Mädchens, das so geht und sich umschaut". Der Untergang der religiös-fundierten Seinskonzeption („sinkende Sonne") lässt das Mädchen nach neuen Möglichkeiten suchen, seine Existenz zu begründen („umschauen").

„Zugleich sieht man den Schatten des Mannes" auf seinem Gesicht, „der hinter ihm rascher kommt", welches jedoch wieder „ganz hell" wird, nachdem er „vorübergegangen" ist.

Der „Mann", stellvertretend für Gott, wirft seinen letzten Schatten auf die Existenz der nachfolgenden Generation („kindliches Mädchen"), die sich jedoch längst nach neuen Orientierungsmöglichkeiten und Perspektiven umsieht, und nach einer neuen geistigen „Erhellung" und Sinnkonsistenz sucht.

„Der Nachhauseweg" beginnt mit der Aufforderung „Man sehe die Überzeugungskraft der Luft nach dem Gewitter". Doch das Sehen und Erkennen erweist sich nur als trügerischer Schein, denn die „Verdienste erscheinen" nur, sind nicht reell.

Das „Gewitter" als Zeichen des revolutionären Umbruchs und Neubeginns verdeutlicht dabei die religiös-philosophischen Veränderungen zu Beginn der Moderne, die dem Individuum eine Neuorientierung und freie, subjektiv gestaltbare (nicht religiös-tradierte) Überzeugung („Überzeugungskraft") ermöglicht. Doch die neue geistige Freiheit überfordert („überwältigt") den Einzelnen. Er bleibt gefangen in einer geistigen Orientierungslosigkeit und Leere, denn er wird „nachdenklich", ohne dass er „etwas Nachdenkliches gefunden hätte". Es setzt sich somit geistig mit neuen existenz-philosophischen Wegen auseinander (wird „nachdenklich"), verliert sich jedoch im Nichts („ohne daß ich ... etwas Nachdenkenswertes gefunden hätte").

Im Stück „Die Vorüberlaufenden" wird dagegen das Sehen zum Symbol der sozialen Bindung und Verantwortlichkeit, gegen das man sich verwahrt.

Zwar ist „ein Mann von weitem schon sichtbar, denn die Gasse ... steigt an und es ist Vollmond", doch wehrt man sich innerlich gegen das Erkennen des anderen, und obwohl er „uns entgegenläuft, so werden wir ihn nicht anpacken, selbst wenn er schwach und zerlumpt ist, selbst wenn jemand hinter ihm läuft und schreit, sondern wir werden ihn weiter laufen lassen". Jegliche zwischenmenschliche Nähe und jede soziale Verpflichtung wird negiert, denn man will „auch den zweiten nicht mehr sehn".

„Der Fahrgast" thematisiert die nur mittelbar erfahrbare Wahrheit, die selbst in klarster Deutlichkeit nicht mehr als „Schein" sein kann, sowie die hieraus bedingte Bewusstseins-Grenze zwischen ego und alter.

Denn in diesem Stück „erscheint" dem epischen „ich" ein Mädchen „so deutlich", als ob es sie „betastet hätte". Trotz der physischen Nähe

(„da ich nahe stehe") bleibt der andere nicht mehr als ein subjektiv erfahrener Schein („erscheint mir"). Das Mädchen erscheint „deutlich", so als ob man sie „betastet hätte", d. h. der andere kann nicht unmittelbar erfahren, sondern nur sensuell (sehen, tasten) „gedeutet" werden, die Bewusstseinsschranke bleibt, das Erleben und Erkennen des „Wahren" erweist sich als unmöglich, denn nur der Schein, die subjektive Deutung ist wahr, sonst nichts. Der dabei wahrgenommene „Schatten an der Wurzel" verdeutlicht dabei den weiterhin im Dunkeln liegenden Ursprung der Existenz.

In dem Text „Kleider" symbolisiert das Sehen das Erkennen der eigenen Vergänglichkeit:
„Oft wenn ich Kleider mit vielfachen Falten, Rüschen und Behängen sehe, die über schönen Körper schön sich legen, dann denke ich, daß sie nicht lange so erhalten bleiben, sondern Falten bekommen, nicht mehr gerade zu glätten, Staub bekommen, der ... nicht mehr zu entfernen ist ..."

Die „Kleider" und „Körper", die hier in Augenschein genommen werden, werden schließlich als „abgenützt, gedunsen, verstaubt, von allen schon gesehn und kaum mehr tragbar" empfunden, und das eigene Selbst als bloße Hülle („Kleider") erkannt, die ihren Sinn und Nutzen (Schönheit) verliert.

Im Stück „Die Abweisung" wird dagegen das Nicht-Erkennen zum Symbol der nicht möglichen Übereinstimmung von innerer Erwartung und tatsächlicher Gegebenheit, was zu einer Abwertung des sozialen Gegenübers und einer letztendlich dadurch nicht stattfindenden Kontaktaufnahme führt:
„ ... ich sehe nicht die in ihre Kleider gepreßten Herren Deines Gefolges, die Segenssprüche für Dich murmelnd in genauem Halbkreis hinter Dir gehen ...".
Das Bild der Fantasie und inneren Vorstellung erweist sich aufgrund einer verzerrten, übertriebenen Erwartung als inkongruent mit dem der Realität. „Innen" und „Außen" bleiben dialektische Größen.

Der Text „Zum Nachdenken für Herrenreiter" thematisiert u.a. den Versuch „das Unglück zu überblicken, das sie getroffen hat, und das Unrecht, das ihnen irgendwie zugefügt wird". Es ist das „Unglück", die eigene Existenz nicht rechtfertigen zu können, das „Unrecht" der eigenen Geburt, das nicht exkulpiert werden kann und das zumindest „überblickt" werden soll.
Das Sehen, das Überblicken, verdeutlicht dabei die geistige Vergegenwärtigung der eigenen existentiellen Situation und den Versuch der psychischen Annahme.

Im Stück „Das Gassenfenster" wandern „die Augen auf und ab zwischen Publikum und Himmel", der Blick schwankt zwischen Annahme des Lebens in der Gemeinschaft und Tod. „Als müder Mann" (des Lebens offenbar müde) tritt man „an seine Fensterbrüstung", steht zwischen zwei Welten. Und obwohl er „gar nichts sucht, ... so reißen ihn doch unten die Pferde mit in ihr Gefolge von Wagen und Lärm und damit endlich der menschlichen Eintracht zu".

„Das Gassenfenster" wird hier zum Medium der Vermittlung zwischen „Innen" und „Außen", Einsamkeit und sozialer Integration („Wer verlassen lebt und sich doch hie und da irgendwo anschließen möchte, ... der wird es ohne Gassenfenster nicht lange treiben"). Und obwohl „die Augen auf und ab zwischen Publikum und Himmel" unentschlossen wandern, lässt man sich doch letztlich „mitreißen" in die „menschliche Eintracht". Das Sehen symbolisiert hier somit ein Abwägen der Möglichkeiten (zwischen „Publikum" und „Himmel", Gemeinschaft und Tod), aber auch die Verbindung zwischen innerer und äußerer Welt (Fenster).

Der „Wunsch, Indianer zu werden" steht sinnbildlich für die gewünschte Befreiung aus der irdischen Bindung, das Kaum-mehr-sehen-können symbolisiert hier die fast erreichte Loslösung von den gesellschaftlichen und weltlichen Zwängen. Wenn man hier schließlich „kaum das Land vor sich als glattgemähte Heide sah", befindet man sich bereits im Prozess sowohl der geistigen und physischen Auflösung und Enthebung („schon ohne Pferdehals und Pferdekopf") als auch der beginnenden gesellschaftlichen Befreiung (von der „glattgemähten Heide") und somit in einer Sphäre einer ausschließlich von der Fantasie getragenen Existenz.

Das Stück „Die Bäume" enttarnt die Welt als optisches Trugbild, als Schein, hinter dem wieder nur Scheinhaftes zu finden ist. Die Aufforderung des letzten Satzes „Aber sieh, sogar das ist nur scheinbar" vermittelt die trügerische und scheinhafte „Wahrheit" der visuellen Weltdeutung, die dem Menschen in der Moderne als einzig verbleibender Bezugs- und Anhaltspunkt dient. Die Aufforderung „Aber sieh" steht dabei sinnbildlich für die verlorene religiös-philosophische Orientierungs- und Sichtweise und die nun einzig über die Sehkraft vermittelte Möglichkeit der Ausdeutung und Bestimmung der äußeren Welt. Nach dem Verlust der metaphysisch-fundierten Transzendenzmöglichkeit wird die nun nur visuell erfasste Realität zur „scheinbaren" Wahrheit.

Im letzten Text, „Unglücklichsein", wird das Sehen zum Symbol des Lebens schlechthin. Das Leben ist „unerträglich geworden" und das erzählende „ich" wird schon „durch den Anblick der beleuchteten Gasse erschreckt". Es wagt nicht mehr den Schritt ins Licht, ins Leben, sondern sah nur noch „ein wenig hin", während ihm dabei „im Gesicht ... die

Augenwimpern" schon „zitterten". Der Rückzug vom Leben, vom Bereich des „Sichtbaren", des Scheins, wird durch diese Verweigerung des Sehens eingeleitet, bis man schließlich „lieber hinauf ging" und sich zur ewigen Ruhe „schlafen legte".

Das in den einzelnen Texten dargestellte Sehen, Schauen, Betrachten, Bedenken, Abwägen und Untersuchen der verschiedenen Möglichkeiten einer neuen Seins-Konstituierung vermittelt im Gesamten eine allgemeine Seins-Unsicherheit und Leere. Die neu gewonnene Freiheit der reflexiv fundierbaren Seins-Orientierung wird schließlich zur „Qual" und mündet in eine resignative innere Kapitulation.

2. ZUR BEDEUTUNG DES „SCHWEBENS"

Das „Schweben" in der „Betrachtung" erscheint in multidimensionaler Hinsicht. Zum einen als Ausdruck der kindlichen Existenz in einer Sphäre des orts- und zeitungebundenen Daseins, einer sinn- und zweckfreien Existenz. Im ersten Text der „Betrachtung", „Kinder auf der Landstraße", wird dies über das Schaukeln einführend dargestellt, worauf sich die folgenden Texte rückweisend beziehen. Eine erneute Befreiung des Individuums von den weltlichen und sozialen Bezügen wird gesucht, jedoch kaum mehr erreicht. Stattdessen wird das „Schweben" in den folgenden Texten immer mehr zum Sinnbild einer allgemeinen Halt- und Beziehungslosigkeit, zum Ausdruck einer ontologischen und metaphysischen Leere, zu einem Schwanken zwischen „Innen" und „Außen", zum ewigen „Hin und Her" eines letztlich entschlusslosen Lebenskonzeptes, das eine Rückwendung zum kindlichen Dasein ersehnt, zur physisch-geistigen Entlastung und Befreiung des Irdischen strebt, aber auch die gesellschaftliche Anbindung erhofft und somit nicht nur immer wieder auf den ersten Text verweist, sondern auch den ewigen Kreislauf des Undurchdringbaren betont, in dem sich der Einzelne auf seiner Suche nach dem eigenen Selbst befindet.

Ein weiterer Aspekt des Schwebens umfasst die metaphysische Ästhetik, die über die Kunst erfahrbare subjektiv-geistige Befreiung und Entlastung von den Forderungen des Willens im Sinne Schopenhauers und Nietzsches Philosophie. Kafkas „Betrachtung" soll hier dahingehend untersucht werden, inwiefern sie mit einer Kunstästhetik kongruent ist, die die Kunst als Gegenpol zur Welterfahrung, die vom Willen bestimmt ist, auffasst, und die Wahrnehmung der Kunst als ein Zusammenspiel zwischen der Einbildungskraft und des Verstandes versteht, die nicht welthaft und ontologisch fundiert werden muss und daher belebend und entlastend wirkt.

2.1. Etymologie und erste Analyse des „Schwebens"

„Schweben" im Sinne von „sich hin und her bewegen" (ein „*westgerm.* Verb, *mhd.* sweben, *ahd.* sweben")[428] beruht auf der idg. Wurzel von „schweifen": „*suěi - biegen, drehen, schwingen"[429]. Im Nhd. nahm „schweifen" die Bedeutung von „umherstreifen, besonders vom Blick und den Gedanken"[430] an. Hier ergibt sich eine ähnliche Bedeutungsakzentuierung im Vergleich zur etymologischen Herkunft des „Betrachtens": Beide Wörter stellen zunächst das Sehen und Reflektieren in den Vordergrund und akzentuieren eine unbestimmte Suche („umherstreifen" im Sinne einer ziel- und planlosen Bewegung; „betrachten" als das Untersuchen und Erwägen eines angestrebten, aber noch nicht genau bestimmten Ziels).

In den einzelnen Texten der „Betrachtung" wird das Schweben in unterschiedlicher Art und Weise dargestellt und vermittelt dementsprechend eine jeweils andere Komponente eines „haltlosen", unsicheren Daseins oder eines ästhetischen Zustandes der geistigen Enthebung.

Im ersten Stück der „Betrachtung", „Kinder auf der Landstraße", wird das Schweben zunächst, wie bereits erwähnt, in Form des Schaukelns dem Rezipienten vermittelt („Ich saß auf unserer kleinen Schaukel ..."). Auffallend ist hierbei, dass das erzählende „ich" sich zuerst nur auf der Schaukel befindet und offenbar ganz ruhig sitzend die Welt betrachtet. Diese wird dabei selbst zum Auslöser des Schwebens und Wankens, denn „es flogen Vögel wie sprühend auf", das „ich" „folgte ihnen mit den Blicken" bis es „nicht mehr glaubte, daß sie stiegen", sondern es selbst „falle", und erst daraufhin, sich „an den Seilen haltend, aus Schwäche ein wenig zu schaukeln anfing". Die Welt geriet somit schon vor dem Schaukeln bereits ins Wanken und das „ich" ins Schweben und in ein haltloses Sein. Das Schaukeln wird diesem Zustand entgegengesetzt und geschieht „aus Schwäche". Im übertragenen Sinne kann dieses Schaukeln in zweierlei Hinsicht interpretiert werden: Zum einen in religiöser Hinsicht als schaukelnde jüdische Gebetshaltung, zum anderen aber auch als Ausdruck eines vom Hospitalismus geprägten, einsamen Kindes.

Einige Absätze später wird das Schweben als Zustand des Fallens dargestellt und hat dabei einen eindeutig gesellschaftlichen Bezug:

„Gerade ihr werdet uns hinunterwerfen? ... Wir machten den Angriff, wurden vor die Brust gestoßen und legten uns in das Gras des Straßengrabens, fallend und freiwillig."

---

428   Drosdowski, Günther (Hrsg.): Duden „Etymologie", S. 657.
429   Ebenda, S. 658.
430   Ebenda, S. 658.

Hier wird das Fallen vom „ich" zunächst initiierend provoziert („Wir machten den Angriff"), dann jedoch von außen verursacht („wurden vor die Brust gestoßen"), aber andererseits auch „freiwillig" ausgeführt. Das Fallen, der Zustand des haltlosen Schwebens, wird hier somit zum interaktiven „Spiel", zum gesellschaftlichen Miteinander, in das man sich „freiwillig" einbindet. Später, vier Absätze weiter, wird das Schweben zum gemeinsamen „Sprung" und befreiend bzw. gesteigert positiv erlebt:

„Wir liefen enger beisammen, manche reichten einander die Hände ... Einer schrie einen indianischen Kriegsruf heraus, wir bekamen in die Beine einen Galopp wie niemals, bei den Sprüngen hob uns in den Hüften der Wind."

Hier wird das Springen und Schweben über der Erde zum Akt der Befreiung aus dem irdischen Dasein. Der „indianische Kriegsruf" verdeutlicht dabei das geistige Abheben aus der Realität hinein in eine Welt der Fantasie und der Träume. Die dabei hervorgehobene, positiv erlebte Gemeinschaftlichkeit ist in dieser Form in der „Betrachtung" einmalig, in allen anderen Texten wird das Gesellschaftliche entweder vergeblich ersehnt oder zur per se problematisierten Interaktion. Nur im kindlichen Erleben und während des Spiels mit den anderen kann dieses Losgelöstsein (zeitweise) erlangt werden. Zwar ist auch hier schon ein dialektisches Balancieren zwischen Anziehung und Abstoßung, Nähe und Isolation spürbar, doch wird auch immer wieder eine Gemeinsamkeit erlebt, die geistig befreiend wirkt und als Wohltat erlebt wird:

„Wir sangen viel rascher als der Zug fuhr, wir schaukelten die Arme, weil die Stimme nicht genügte, wir kamen mit unseren Stimmen in ein Gedränge, in dem uns wohl war."

Das Schweben, das Losgelöstsein von der Bodenhaftung, wurde somit im ersten Stück zunächst als Haltlosigkeit empfunden, später jedoch, im Rahmen eines gemeinsamen Erlebens, als Befreiung aus den irdischen Zwängen der Realität erlebt.

Im zweiten Stück, „Entlarvung eines Bauernfängers", wird dagegen das Schweben zum Ausdruck einer unbestimmten Angst und eines inneren Schwankens:

„ ... wie sie in Straßenkreuzungen, wenn wir ängstlich werden, auf einmal vor uns schweben auf der Kante unseres Trottoirs!"

An den „Schnittstellen" zwischen mehreren Möglichkeiten („in Straßenkreuzungen"), „wenn wir ängstlich werden", „schweben" die Bauernfänger, als Ausdruck der eigenen inneren Schande und Scham, „auf der Kante unseres Trottoirs", befinden sich somit im „Randbezirk" zwischen „unten" und „oben", Verdrängung und Vergegenwärtigung der eigenen Lage. „Sie setzten sich nicht, ... fielen ... nicht hin", sondern „schweben", sind ohne feste Grundlage und Position. Ihre „alten Späße" werden deshalb „erst nach so langem Beisammensein erkannt".

Das Schweben wird hier somit zum Sinnbild einer inneren Unsicherheit und Angst, eines Schwankens zwischen verschiedenen Möglichkeiten und Wegen sowie einer erstrebten, aber erschwerten Erkenntnissuche und Bestimmung des Selbst.

Im Stück „Der plötzliche Spaziergang" wird die im „Bauernfänger" gesuchte „Entschlussfähigkeit" durch einen Entschluss des Aufbruchs wider alle Vernunft nun „in sich gesammelt gefühlt". Man „erkennt" nun, „daß ... die schnellste Veränderung leicht zu bewirken und zu ertragen" ist und kann „so die langen Gassen" entlanglaufen. Als letzte Konsequenz dieses Zustandes ist man „gänzlich aus seiner Familie ausgetreten, die ins Wesenlose abschwenkt", alles Nahestehende (Familie) ist somit aus seiner Gegenständlichkeit entbunden (wesenlos), bis man sich schließlich selbst „zu seiner wahren Gestalt erhebt".

Hier wird das Schweben zum „Abschwenken ins Wesenlose" und zur „Erhebung zur wahren Gestalt". Es verdeutlicht einen Zustand der inneren Zentrierung, des Erkennens der „wahren Gestalt", aber auch der „Enthebung" aus der äußeren Dinglichkeit und Konturierung.

Der folgende Text „Entschlüsse" nimmt diesen Zustand der situativ und temporär empfundenen Enthebung und des Erkennens sprachlich und thematisch wieder auf, kehrt ihn jedoch ins Gegenteil. Bereits einleitend wird durch den ersten Satz die abschließend positive Grundstimmung des letzten Stückes stark eingeschränkt, wenn es heißt „Aus einem elenden Zustand sich zu erheben ...". Hier wird die „Enthebung" nicht mehr nur als Folge einer „Entschlussfähigkeit", sondern vielmehr als letzte Befreiungsmöglichkeit „aus einem elenden Zustand" erstrebt. Doch die „gesammelte Entschlussfähigkeit" des „Plötzlichen Spaziergangs" scheint hier, wie das Selbst, mit einem Mal wie „fortgeblasen". Stattdessen befindet sich das epische „ich" in einem Zustand der Entschlusslosigkeit, des Stockens („wird ... das Ganze ... stocken") und des Zurückkreisens zum Ausgangspunkt („ich werde mich im Kreise zurückdrehen müssen"), weit entfernt von einem konkreten Entschluss und einer Orientierung in eine bestimmte Richtung. Das Schweben erscheint somit hier zunächst als „schweifen" und „drehen" und verdeutlicht: Man „schwebt in höchster Gefahr, noch den letzten Rest an Alltagsfestigkeit in endlosen Spiralen der Selbstreflexion einzubüßen"[431].

Im nächsten Absatz wird das Schweben dann noch gesteigert zu einem Zustand, in dem man „sich selbst fortgeblasen" fühlt, offenbar die sichere Bodenhaftung vermisst und daher sich „als schwere Masse ... verhalten" will. Das Leben wird zum schein- und flatterhaften „Gespenst", das man aus der Schwebelage zum Boden „mit eigener Hand niederdrücken" möchte.

---

431 Kremer, Detlef: Kafka. Die Erotik des Schreibens, S. 39.

„Eine charakteristische Bewegung eines solchen Zustandes ist das Hinfahren des kleinen Fingers über die Augenbrauen" als ein äußeres Zeichen dafür, dass man seinem Leben, das „sich in ein schwankendes Provisorium verwandelte"[432], und „der Welt den Rücken zu kehren, sich förmlich hinter der eigenen Stirn zu verschanzen"[433] gedenkt.

„Der Ausflug ins Gebirge" thematisiert dagegen die in der Erwachsenenwelt nun nicht mehr erreichte Schwebelage im Sinne einer Befreiung von den irdischen Zwängen und den Gesetzen der Realität. Während die „Kinder auf der Landstraße" noch diese Los- und Erlösung aus dem realen Leben mühelos erreichten, denn sie hob bei ihren „Sprüngen ... in den Hüften der Wind", geht man während des „Ausflugs ins Gebirge" nur noch „so lala" und „der Wind fährt durch die Lücken, die wir und unsere Gliedmaßen offen lassen", ohne jedoch die Körper vom Boden zu heben.

Auch „Das Unglück des Junggesellen" zeigt sich darin, dass man „später selbst dastehen wird, mit einem Körper und einem wirklichen Kopf", somit den Zustand der Enthebung, der äußeren (Auf-) Lösung und Befreiung aus der gegenständlichen Welt, den Zustand des Schwebens nicht mehr erreicht, trotz des Verzichtes auf Ehe und Familie.

„Der Kaufmann" dagegen vermag durch den Eintritt in den „Lift" den Boden der Tatsachen zu verlassen, schwebt in eine andere Welt, die, ausschließlich fantasiebestimmt, das Erreichen eines ästhetischen Zustandes des Schwebens und Fliegens mit unsichtbaren Flügeln („Flieget weg; euere Flügel, die ich niemals gesehen habe, mögen euch ... tragen") verspricht.

Er geht „wie auf Wellen", hat sich seiner irdischen Schwere vorübergehend entledigt und ist schwebend-frei.

Das „Zerstreute Hinausschaun" ist Sinnbild eines „Zwischen-Seins" zwischen zwei Welten (dem „Innen" und „Außen"), eines inneren Schwankens und unentschlossenen Schauens. „Man ... lehnt die Wange an die Klinke des Fensters", befindet sich somit in einem Grenzbezirk zwischen „Innen" und „Außen". Das „Lehnen" vermittelt dabei eine Unentschlossenheit und Starre, die eine konkrete Entscheidung nach einer Richtung hin ausschließt. Eine Tendenz zum Äußeren ist jedoch erkennbar, welches allerdings nur rein visuell erlebt wird. Verstärkt wird dieser Zustand noch durch eine allgemeine Unentschlossenheit und Unsicherheit in Bezug auf das eigene Tun, die durch den Satz : „Was werden wir in diesen Frühlingstagen tun, die jetzt rasch kommen?" zum Ausdruck kommen.

---

432   Stach, Reiner: Kafka. Die Jahre der Entscheidungen, S. 543.
433   Ebenda, S. 543.

„Der Nachhauseweg" vermittelt dagegen zunächst eine innere Festigkeit und Bodenhaftung, die „überwältigt". Hier „marschiert" man mit festen Schritten auf der „Gasse", begeht unbeirrt den Weg seines Lebens, fühlt sich dabei eins mit der äußeren Welt, denn das eigene Tempo „ist das Tempo dieser Gassenseite, dieser Gasse, dieses Viertels".

Doch mit dem Eintritt in das eigene „Zimmer" wird das „ich" plötzlich „ein wenig nachdenklich", ohne dass es auf dem Weg in höhere Sphären, „während des Treppensteigens", „etwas Nachdenkliches gefunden hätte".

Die geistige Befreiung, das Erreichen eines ästhetischen Schwebezustandes, konnte somit durch ein außenbestimmtes Sein nicht erreicht werden, denn dem „ich" half es „nicht viel", dass das Fenster „gänzlich geöffnet" war und „in einem Garten die Musik noch spielte".

Im folgenden Stück wird das Schweben im Sinne von „schweifen" und eines orientierungslosen „Umherstreifens" vermittelt, denn die „Vorüberlaufenden" erweisen sich als „Nachtwandler" ohne konkretes Ziel, alles bleibt in der Schwebe, was den / die anderen betrifft: Zwar sehen wir den, der „uns entgegenläuft", denn „die Gasse vor uns steigt an und es ist Vollmond", doch wissen wir nichts über die „Vorüberlaufenden", denn „es ist Nacht" und nichts scheint sicher: „ .. vielleicht haben diese zwei die Hetze zu ihrer Unterhaltung veranstaltet, vielleicht verfolgen beide einen dritten, vielleicht wird der erste unschuldig verfolgt, vielleicht will der zweite morden ... vielleicht wissen die zwei nichts von einander ... vielleicht hat der erste Waffen". Jede Aussage beginnt mit einem einschränkenden, nur potentiellen „vielleicht" und vermittelt dadurch eine Stimmung der sozialen Unsicherheit und zwischenmenschlichen Schwebe, die dazu führt, dass man „auch den zweiten nicht mehr sehn" will.

Im Stück „Der Fahrgast" wird das Schweben zum Sinnbild einer allgemeinen Seinsunsicherheit und fehlenden Rechtfertigungsmöglichkeit der eigenen Existenz. Die Fahrt mit dem „elektrischen Wagen" hat somit nichts mit dem ästhetischen Zustand und einer Befreiung aus den realen Zwängen gemein, wie sie in Zusammenhang mit der Liftfahrt des „Kaufmanns" geschildert wurde, sondern drückt vielmehr eine existentielle Haltlosigkeit und mangelnde Seinsfundierung aus, denn das „ich" steht „auf der Plattform des elektrischen Wagens", ist „vollständig unsicher", kann „nicht beiläufig ... angeben, welche Ansprüche" es „in irgendeiner Richtung mit Recht vorbringen könnte" und „kann es gar nicht verteidigen", „auf dieser Plattform" zu stehen. Das Stehen „auf der Plattform des elektrischen Wagens" wird zum Ausdruck der nicht (mehr) begründbaren eigenen Existenz und des ontologischen Schwankens.

Und selbst der schärfste Blick, die Wahrnehmung gar kleinster Details (wie das Erblicken des „Rückens der rechten Ohrmuschel und des Schattens an der Wurzel" des daneben stehenden Mädchens) kann dann nicht mehr eine feste Fundierung im Realen sichern, „wenn dieses körperlose 'Ich' keinerlei Boden unter den Füßen hat, nicht weiß, warum und wozu es lebt, also eigentlich als Chimäre durch die Welt spaziert"[434]; auch das Zählen der „verwehten Härchen an der rechten Schläfe" kann keine Wahrhaftigkeit ersetzen, ist nur Präzision, die ins Leere mündet.

Die „Kleider" steigern diesen Zustand der ontologischen Leere zu einer „so traurigen und lächerlichen" Existenz, die nur durch den äußeren Schein sich bestimmend, bald „kaum mehr tragbar" wird.

Das Stück „Die Abweisung" hingegen thematisiert eine Schwebe, die ein Fortkommen und die Leichtigkeit des Seins vermittelt, denn hier heißt es: „Du vergißt, dich trägt kein Automobil in langen Stößen schaukelnd durch die Gasse". Die Fahrt mit dem „Automobil" drückt eine fremdbestimmte Bewegung aus, die jedoch das eigene Sein „trägt", mobil macht, den Weg „durch die Gasse", das Leben, erleichtert, „in langen Stößen schaukelnd" Antrieb vermittelt, dem Insassen zum gezielten und schnelleren Fortkommen verhilft. Doch diese Möglichkeit der existentiellen Stütze ist nicht existent, sondern nur Teil einer Fantasie (Du vergißt, dich trägt *kein* Automobil ..."). Die ontologische Suche und Fundierung ist in der Moderne („Automobil" als Indiz der Moderne) nur unmittelbar subjektiv gestaltbar und nicht über ein äußeres, objektives Medium mehr zu erreichen, und so will man „lieber jeder allein nach Hause gehn", für sich jeweils selbst den eigenen Weg finden.

Der Text „Zum Nachdenken für Herrenreiter" vermittelt die ontologische Leere; das Schweben wird zum Ritt durch einen „engen Spalier", durch „jene Ebene, die bald vor uns leer war bis auf einige überrundete Reiter, die klein gegen den Rand des Horizonts anritten".

Die „leere Ebene", das nicht (mehr) existente ontologische Fundament, sorgt dafür, dass „überrundete Reiter", die in der Moderne zurückblieben, „klein gegen den Rand des Horizonts anritten", nach einer neuen Möglichkeit der metaphysischen Grenzüberschreitung suchten, jedoch „klein" und nichtig ihre Existenz nicht behaupten können.

Man will „den Gewinn ... beheben", sich aus der rein irdischen Existenz lösen, doch hat man auf das falsche „Pferd gesetzt", und so dreht man sich um und schaut „lieber die Tribüne entlang", sucht nach neuen Möglichkeiten der irdisch-weltlichen Enthebung.

Das Schweben wird hier zum Ritt durch das Leben hin zum „Horizont", der irdischen Grenze, bis man sich schließlich wieder „drehen" (vgl. „schweifen") muss und neue Wege sucht.

---

434 Stach, Reiner: Kafka. Die Jahre der Entscheidungen, S. 103.

Das Stück „Das Gassenfenster" nimmt das Motiv der Pferde noch einmal auf, die hier jedoch einen anderen Stellenwert besitzen, denn sie werden Ausdruck einer Rückführung ins bodenständige Leben aus einem absolut haltlosen Sein.

„Wer ... einen beliebigen Arm sehen will, an dem er sich halten könnte", sich nach einer neuen Erkenntnis („sehen will") sehnt, um seinen Zustand des inneren Schwankens und Schwebens zu beenden („sich halten" zu können), lässt sich hier nicht von einem Pferd vom Boden der Tatsachen enthoben tragen, sondern vielmehr „reißen ihn ... unten die Pferde mit" wieder zurück ins reale Leben, „in ihr Gefolge von Wagen und Lärm und damit endlich der menschlichen Eintracht zu".

Der „Wunsch, Indianer zu werden" symbolisiert ein ästhetisches Schweben in seiner extremsten Form. Hier wird nicht nur eine Enthebung von der Erde auf dem Rücken eines rennenden Pferdes erstrebt, hier will man „schief in der Luft" hängen, den „zitternden Boden" spüren, Sporen und Zügel wegwerfen, „das Land als glattgemähte Heide" nicht mehr sehen, bis man sich schließlich in einem erhöhten Zustand der geistigen Entrückung und Enthebung befindet, der nun das Pferd als Medium überflüssig werden lässt („schon ohne Pferdehals und Pferdekopf").

Das Stück „Die Bäume" thematisiert die religiös-existentielle Entwurzelung und das Bodenlose der nicht mehr metaphysisch fundierten menschlichen Existenz. Die damit einhergehende ontologische Schwebe wird dabei über das Bild der „Baumstämme im Schnee" evoziert. Diese liegen „scheinbar glatt auf" und könnten somit offenbar leicht und nur „mit kleinem Anstoß" weggeschoben, ins Wanken und Schwanken gebracht werden. Doch „sie sind fest mit dem Boden verbunden", aber auch das ist „nur scheinbar".

In einer Welt der visuellen Täuschung, der ungesicherten Wahrheiten und des bloßen Scheins, wird das Sein zur ontologischen Schwebe und haltlosen Existenz.

Die „Ununterscheidbarkeit von Sein und Schein"[435] führt schließlich zu einem „Verlust des Selbstverständlichen"[436] und damit zur grundlegenden Widersprüchlichkeit des Lebens an sich.

Und wenn keine Wahrheit mehr grundlegend gesichert, sondern nur noch ephemer ist, ist damit auch der innere Halt des Menschen verloren. Denn ohne einen übergeordneten weltlichen Rahmen, der eindeutig bestimmbar ist und bleibt, verliert sich auch der Mensch in einem wurzellosen Sein, ist einem abgestorbenen, gefällten „Baum" ähnlich.

---

435 Kremer, Detlef: Kafka. Die Erotik des Schreibens, S. 39.
436 Ebenda, S. 39.

Im letzten Text, „Unglücklichsein", wird dieser haltlose Zustand erhöht zur todessehnsüchtigen Erhebung der Pferde, die dabei „wie wildgewordene Pferde in der Schlacht, die Gurgeln preisgeben" erscheinen.

Selbst das Gespenst steigert noch freiwillig die schon vorherrschende Haltlosigkeit und Schwebe, indem es „auf einem ... unmerklich schaukelnden Fußbodenbalken" noch zusätzlich „auf den Fußspitzen" steht, somit seine unsichere Lage noch selbst verstärkt.

Trotzdem kann es keine wahre Enthebung erlangen. Die „Kinder auf der Landstraße" hatte noch bei ihren „Sprüngen" der „Wind in den Hüften gehoben", während dem „Gespenst", nicht springend, sondern nur zum Sprung bereit „auf Zehenspitzen" stehend, der „Luftzug von draußen um die Gelenke der Füße streicht", aber „auch den Hals, auch die Schläfen entlang", die Organe des Sprechens und Denkens von außen berührt. Die Enthebung und Befreiung der „Kinder auf der Landstraße" aus den weltlichen Bezügen durch einen „Sprung" wird hier im letzten Stück geradezu karikiert: Das Kind ist nunmehr nur noch ein „Gespenst", der „Sprung" wird nur noch angedeutet durch das Stehen auf „Zehenspitzen" und der „Wind", der die Kinder „in den Hüften hob" verflacht hier zum „Luftzug", der „um die Gelenke der Füße streicht". Und während die „Kinder auf der Landstraße", sich vollkommen in der Welt der Fantasie befindend, laut „einen indianischen Kriegsruf herausschrieen", wird hier nur noch der „Hals" und „die Schläfen" des (zunächst stummen) kindlichen Gespenstes berührt.

Das „Schweben" wird somit in sehr differenter Art und Weise in der „Betrachtung" dargestellt und vermittelt, zum einen als Schaukeln und (noch) halt- und orientierungsloses Sein in der Kindheit, als kindlicher „Sprung" in eine fantasiegetragene Welt, als Ausdruck eines sinn- und zweckungebundenen Daseins, als Fahrt mit dem „Lift" in eine Sphäre der Träume, als Befreiung des Individuums von den weltlichen und sozialen Bezügen, von der Dingwelt des äußeren Seins. Zum anderen aber auch als ontologische Schwebe, als existentielle Unsicherheit und metaphysische Leere, als Schwanken zwischen „Innen" und „Außen", als Wunsch nach Entlastung und Befreiung, als gesuchte und versuchte Rückwendung zum kindlichen ungebundenen Dasein und zweck- und sinnfreien Leben, die jedoch in der städtischen Erwachsenenwelt scheitert und misslingt.

2.2. Das „Schweben" als Ausdruck der ontologischen Unsicherheit und metaphysischen Leere

Der „Wandel des Welt- und Selbstverständnisses"[437] in der Moderne führte zu neuen Problemen der Ich-Findung und –Konstituierung, zu einem Spannungsfeld zwischen Welt und Ich, zur Seins-Unsicherheit und Weltangst sowie zu einem Verlust der ontologischen Fraglosigkeit und Bestimmung, denn durch den Verlust der traditionellen Metaphysik war nun der „ichhafte Mensch ... genötigt, sein Selbst- und Weltverhältnis durch sich selbst zu konstituieren, wobei Selbstverhalten und Weltverhalten sich gegenseitig bedingen"[438], der Zugang zur Welt jedoch ohne „einsichtige Verbindlichkeit"[439] fragmentiert und gebrochen war. Dies heißt, dass der Mensch nun zwar einerseits gezwungen ist, „seinerseits die Sicherung der Welt und seiner selbst übernehmen und auf dem Weg der Erkenntnis verifizieren"[440] zu müssen, andererseits jedoch keine äußeren Konzeptionsgrundlagen mehr findet, da seine Welt von Diskontinuität und ephemeren Erscheinungen geprägt ist und „es keine spontane Seinstotalität mehr gibt"[441].

Es ist, wie Georg Lukács es bezeichnete, die Zeit der „transzendentalen Obdachlosigkeit"[442] gekommen, in der der Mensch jeder gesicherten, übergeordneten Seinskonzeption enthoben ist und seine Seele sich im Zustand einer „transzendentalen Heimatlosigkeit"[443] befindet, im freien Raum ohne verbindende totalitäre Seins-Ordnung schwebt.

Auch Kafka war in dieser schwebenden Selbst- und Sinnsuche gefangen, spürte die durch die sich im Wandel befindende Zeit geprägte Bodenlosigkeit des Seins, denn er äußerte gegenüber Max Brod: „Nichts fehlt mir, außer ich selbst".[444] Und wie kein anderer „hat er die tiefgreifende Wandlung in den Grundlagen der Kultur- und Zivilisationsgeschichte, die im ausgehenden 19. Jahrhundert offenkundig wurde, sehr früh geahnt und erkannt, er hat – als Künstler, aber auch als Denker – in die letzten Abgründe hineingeblickt und dort etwas entdeckt, was ihn beunruhigte und erschreckte: Die Grundlosigkeit und Brüchigkeit des Seienden, die Verletzlichkeit des menschlichen Daseins"[445].

---

437 Schulz, Walter, Metaphysik des Schwebens, S. 12.
438 Ebenda, S. 15.
439 Ebenda, S. 253.
440 Ebenda, S. 253.
441 Lukács, Georg: Die Theorie des Romans, S. 12.
442 Ebenda, S. 32.
443 Ebenda, S. 52
444 Brod, Max: Franz Kafka, S. 80.
445 Sedelnik. Wladimir: Franz Kafkas Aphorismen .... In: Kraus/Winkler (Hrsg.): Das Phänomen ..., S. 60-61.

Wie sehr sich dieser Verlust der existentiellen Festigkeit, Sicherheit, der ontologischen und real-alltäglichen Orientierung im Laufe der Moderne gesteigert hat und zur Zeit der Entstehung der „Betrachtung" einen Höhepunkt fand, zeigt sich in einem kurzen Abriss der Historie der Moderne:

„Das Wort ‚modern` ist zuerst im späten 5. Jahrhundert verwendet worden, um die soeben offiziell gewordene christliche Gegenwart von der heidnisch-römischen Vergangenheit abzugrenzen. Mit wechselnden Inhalten drückt ‚Modernität` immer wieder das Bewußtsein einer Epoche aus, die sich zur Vergangenheit der Antike in Beziehung setzt, um sich selbst als Resultat eines Übergangs vom Alten zum Neuen zu begreifen. ... Erst mit den Perfektionsidealen der französischen Aufklärung, mit der durch die moderne Wissenschaft inspirierten Vorstellung vom unendlichen Fortschritt der Erkenntnis und eines Fortschreitens zum gesellschaftlich und moralisch Besseren, löst sich allmählich der Blick aus dem Bann, den die klassischen Werke der antiken Welt auf den Geist der *jeweils* Modernen ausgeübt hatten. Schließlich sucht sich die Moderne, indem sie dem Klassischen das Romantische entgegensetzt, ihre eigene Vergangenheit in einem idealisierten Mittelalter. Im Laufe des 19. Jahrhunderts entläßt *diese* Romantik aus sich jenes radikalisierte Bewußtsein von Modernität, das sich aus allen historischen Bezügen löst und nur noch die abstrakte Entgegensetzung zur Tradition, zur Geschichte insgesamt zurückbehält."[446]

Die ursprüngliche Verwendung des Wortes „modern" bezog sich somit zunächst auf die Erschaffung eines epochalen Novums, auf die Absetzung vom Römisch-Heidnischen, einer historisch „veralterten" Epoche, zu welcher jedoch weiterhin ein Rückbezug bestand. Erst mit dem Beginn der Aufklärung zerbrach diese Rückwendung zu einem alten Maßstab, der Fortschrittsglaube entwickelte sich, welcher durch einen radikalen epochalen Bruch gekennzeichnet war. Der mit der Aufklärung einhergehende Perspektivenwechsel, der Blick, der nun ausschließlich nach vorne, in die Zukunft gerichtet war, negierte jeglichen historischen Bezug und führte zu einem vollständigen Bruch zwischen den traditionellen Strömungen und den modernen Tendenzen. Die Absetzung von der Tradition war dabei eine primär abstrakte; als modern galt nun die Aktualität, der Zeitgeist, das spontan sich Erneuernde, wobei sich jedoch „das Moderne einen geheimen Bezug zum Klassischen"[447] bewahrte. Als klassisch im Sinne einer zeitlichen Überdauerung orientierte sich dieses modern Klassische jedoch nicht mehr an „der Autorität einer vergangenen Epoche"[448], sondern einzig an der

---

446   Habermas, Jürgen: Die Moderne – Ein unvollendetes Projekt, S. 33-34.
447   Ebenda, S. 34.
448   Ebenda, S. 34.

"Authentizität einer vergangenen Aktualität"[449], was zu einem völlig neuen Sinn- und Werteverständnis des Klassischen führte, denn es ist nun „die Moderne selbst, die sich ihre Klassizität schafft"[450]. Es war somit eine Entwicklung des Konkreten (mit einem immanenten Rückbezug zur Historie) hin zum dynamisch-ephemeren Abstrakten (mit einer Lösung von allen traditionellen Bindungen), die stark vom subjektiven Willen und einer individuellen Kraft abhängig war, da sich, nach Adorno, „ohne die subjektive Gesinnung, die vom Neuen angereizt wird, auch keine objektive Moderne ... kristallisiert"[451]. Diese radikalisierte, von allen Fesseln der Vergangenheit sich lösende, avantgardistische Moderne, die alle Bezüge zur traditionellen Fundierung oder Orientierung aufgibt, ist jedoch nicht nur „eine Orientierung nach vorne"[452], eine „Vorhut, ... die als Kundschafter in unbekanntes Gebiet vorstößt"[453], dieser „Kult des Neuen"[454] ist auch eine „Antizipation einer unbestimmten, kontingenten Zukunft"[455], eine „Verherrlichung einer Aktualität, die immer von neuem subjektiv gesetzte Vergangenheiten gebiert"[456] und sich im Geheimen nach einer „unbefleckten, innehaltenden Gegenwart"[457] sehnt. Denn obwohl „diese Gesinnung der ästhetischen Moderne"[458] eine „Aufwertung des Transitorischen, des Flüchtigen, des Ephemeren"[459] zelebriert, ist dennoch eine „Sehnsucht nach der wahren Präsenz"[460] unverkennbar. So gesehen war diese Strömung zwar eine Befreiung von den Fesseln des Tradierten und Historischen, andererseits war aber auch schon in den Anfängen erkennbar, dass diese Lösung vom Vergangenen eine Lücke und Orientierungslosigkeit hinterließ, die den modernen Menschen 'haltlos' machte. Diese neue Form der Modernität war somit eine „abstrakte Opposition zur Geschichte, welche ... die Struktur eines gegliederten, Kontinuität verbürgenden Überlieferungsgeschehens einbüßt"[461], die sich letztlich aber auch gegen sich selbst richtet, da sie ihre eigenen Aporien nur aus sich selbst allein gebiert und

---

449 Habermas, Jürgen: Die Moderne – Ein unvollendetes Projekt, S. 34.
450 Ebenda, S. 34.
451 Adorno, T. W.: Ästhetische Theorie, S. 45.
452 Habermas, Jürgen: Die Moderne – Ein unvollendetes Projekt, S. 35.
453 Ebenda, S. 35.
454 Ebenda, S. 35.
455 Ebenda, S. 35.
456 Ebenda, S. 35.
457 Ebenda, S. 35.
458 Ebenda, S. 36.
459 Ebenda, S. 35.
460 Ebenda, S. 35.
461 Ebenda, S. 35.

sich im Problemfeld der Instabilität und Diskontinuität verliert. Denn schnell wurde die „antitraditionalistische Energie ... zum verschlingenden Wirbel ..., dessen Zeitlosigkeit ... zur Katastrophe des die zeitliche Kontinuität zerbrechenden Augenblicks"[462]. Denn wenn nichts mehr Bestand hat, weder der Bezug zur Vergangenheit noch eine gesicherte Aussicht in die Zukunft vorhanden ist, erhält weder die menschliche Existenz noch die Welt eine verbindliche Struktur, was beide gleichsam paralysiert. Daneben griffen die gesellschaftlichen Modernisierungstendenzen „unter dem Druck der Imperative von Wirtschaftswachstum und staatlichen Organisationsleistungen immer weiter ... in die kommunikative Binnenstruktur geschichtlicher Lebenswelten"[463] ein, tangierten die tradierten „Formen des humanen Zusammenlebens"[464] und der sozialen Integration in einer derartigen Weise, dass die gesellschaftliche Modernisierung und die Rationalisierung der Lebenswelten zu einem Feld des Zweifels, der Unsicherheit und des mangelnden sozialen und subjektiv-ontologischen Vertrauens erwuchsen. Die gesellschaftliche und weltliche Einbindung des Individuums, die nun auf „einer kommunikativen Rationalität"[465] basierte, führte schließlich zu einer Vereinzelung des Menschen und zu einer verstärkten Besinnung auf die eigene Subjektivität. Der „Zweifel und die Verzweiflung am Projekt der Moderne"[466] wurden spürbar, die auch in die Sphäre der Kultur und Literatur ihre Schatten warfen und hier zum zentralen Thema avancierten und auch und im Besonderen bei Kafka eine Grundlage im literarischen Schaffensprozess bildeten. Denn „sein Werk hat ja in der Hauptsache durch ein Thema Weltgeltung erlangt: ... die Vereinzelung des Subjekts in einer gefühllosen Welt"[467]. Die hier dargestellte „Selbsterfahrung in einer labyrinthischen Moderne"[468], die schließlich zur Entstehung des Adjektives „kafkaesk" führte, verbunden mit einer allgemeinen „Grunderfahrung der Fremdheit"[469] in einer für den Einzelnen nicht mehr durchschaubaren Welt ist nichts anderes als ein literarisches „Spiegelbild einer Welt, die aus den Fugen geraten ist"[470] und den Menschen seiner inneren und äußeren Seinssicherheit beraubt.

---

462 Habermas, Jürgen: Die Moderne – Ein unvollendetes Projekt, S. 36.
463 Ebenda, S. 40.
464 Ebenda, S. 40.
465 Ebenda, S. 40.
466 Ebenda, S. 40.
467 Killy, Walther (Hrsg.): Deutsche Autoren vom Mittelalter bis zur Gegenwart, Band 3, S. 198.
468 Ebenda, S. 198.
469 Ebenda, S. 198.
470 Lukács, Georg: Die Theorie des Romans, S. 11.

Das Problem der gebrochenen Konventionen, der nicht mehr eindeutig bestimmbaren Welt- und Selbstdeutung, entwickelte sich zunehmend weiter über die „Ausdifferenzierung der Wertsphären Wissenschaft, Moral und Kunst"[471], erwuchs im Prozess der Zerschlagung einer übergeordneten horizontalen Schablone, und erlangte schließlich seinen Höhepunkt zu Beginn des 20. Jahrhunderts. Die Entwicklung der modernen, technisierten Gesellschaft war geprägt von einer kontinuierlichen Zunahme formaler Rationalität. Während in vormodernen Zeiten noch „überall die magischen und religiösen Mächte und die am Glauben an sie verankerten ethischen Pflichtvorstellungen"[472] sowohl das soziale Gefüge als auch das ontologische Bewusstsein des Individuums prägten, führte „die Entwicklung einer wirtschaftlich rationalen Lebensführung"[473] nicht nur zu einer zunehmenden Intellektualisierung und „Entzauberung der Welt"[474] (im Sinne einer besseren Kenntnis und Berechenbarkeit der Lebensbedingungen durch den Ausschluss der „geheimnisvollen unberechenbaren Mächte"[475] der Metaphysik), sondern auch zu einer ontologischen Orientierungslosigkeit aufgrund der nicht mehr eingeschränkten Potentialitäten, sowie zu einer „Entbettung der sozialen Systeme"[476], d.h. zu einer nicht mehr übergreifenden Strukturierung und einer „reflexiven Ordnung und Unordnung gesellschaftlicher Beziehungen im Hinblick auf ständig hinzukommende Erkenntnisse"[477]. Emile Durkheim und G. H. Mead sahen insofern „die rationalisierten Lebenswelten geprägt durch einen reflexiv gewordenen Umgang mit Traditionen, die ihre Naturwüchsigkeit eingebüßt haben"[478] und die „kommunikatives Handeln in erweiterten Optionsspielräumen von eng umschriebenen Kontexten entbinden"[479]. Dies führte ihrer Meinung nach schließlich zu einer Herausbildung von „Sozialisationsmustern, die auf eine Ausbildung abstrakter Ich-Identitäten angelegt sind"[480] und keine stabile Ich-Fundierung mehr erlaubten. Die einheitlichen religiösmetaphysischen Weltbilder sind nun gebrochen, zerfallen nach Max Weber (dem Bruder von Kafkas Promotor Alfred Weber) in die drei Bereiche 'Erkenntnis`, 'Gerechtigkeit` und 'Geschmack`, d.h. in die Wertsphären der Wissenschaft, Moral und Kunst, die nur noch formal

---

471 Habermas, Jürgen: Die Moderne – Ein unvollendetes Projekt, S. 41.
472 Weber, Max: Gesammelte Aufsätze zur Religionssoziologie I, S. 12.
473 Ebenda, S. 12.
474 Weber, Max: Gesammelte Aufsätze zur Wissenschaftslehre, S. 594.
475 Ebenda, S. 594.
476 Giddens, Anthony: Konsequenzen der Moderne, S. 28.
477 Ebenda, S. 28.
478 Habermas, Jürgen: Der philosophische Diskurs der Moderne, S. 10.
479 Ebenda, S. 10.
480 Ebenda, S. 10.

miteinander verbunden sind und keine einheitliche Perspektive mehr erlauben, da sie von jeglichem gemeinsamen Traditionsfluss entbunden und jeweils autonom und untereinander differenziert sind. Andererseits konnte sich so aber auch, durch die Abgrenzung der Kunst gegenüber den anderen Wertsphären und den weltlichen Lebensbezügen, ein (im Sinne Kants) „Eigensinn des Ästhetischen"[481] entwickeln, eine „sich selbst erfahrende Subjektivität"[482] und ein „Ausscheren aus den Zeit- und Raumstrukturen des Alltags"[483] wurde möglich über eine rein ästhetische Metaphysik. Denn nun war die Kunst von allen unmittelbaren Funktionalitäten entbunden, konnte sich eigenständig entwickeln und konstituieren, ohne wert- und sinnbestimmende Vorgaben. So gesehen war der Bruch mit den Traditionen und Konventionen auch ein Bruch mit „der Zwecktätigkeit"[484] der Kunst und eine Entwicklung hin zum „ästhetizistischen Selbstverständnis der Künstler"[485] und eröffnete so neue Optionen der ästhetischen Erfahrung.

Insgesamt jedoch entstand eine Welt der nicht mehr gefestigten Beziehungen und Strukturen; das Gefühl des Weltvertrauens ging verloren, denn der Mensch trat aus der gesicherten „Sphäre des einzig wesentlichen, des metaphysischen Seins"[486]. Eine Möglichkeit der klaren existentiellen Bestimmung des Menschen war nicht mehr per se gegeben in einer nicht mehr einzig durch Gott geprägten Welt, und mit „dem Fehlen des transzendentalen Zugeordnetseins für die menschlichen Bestrebungen"[487] verlor der Mensch seine weltliche Orientierung im Außen und seinen inneren ontologischen Halt. Denn der Einzelne, das Subjekt „ist nicht fraglos in die Welt eingefügt"[488], sondern ist gezwungen, „sein Welt- und Selbstverständnis ständig zu sichern und neu zu konstituieren"[489]. Der Mensch sieht sich somit in der Notwendigkeit, sich vom eigenen Selbst und der Welt ein Bild zu machen, um so zur Seinsgewissheit und ontologischen Sicherheit zu gelangen, wobei er sich am Äußeren, an den sich vollziehenden Lebensbezügen zwangsläufig orientiert. In der Vormoderne vollzog sich diese Orientierung anhand von religiösen, metaphysischen Werten und Perspektiven. Als es in der Moderne jedoch zur allmählichen Auflösung der religiösen Strukturen kam, die traditionelle Metaphysik immer mehr in den Hintergrund trat, kam es

---

481 Habermas, Jürgen: Die Moderne – Ein unvollendetes Projekt, S. 45.
482 Ebenda, S. 45.
483 Ebenda, S. 45.
484 Ebenda, S. 45.
485 Ebenda, S. 45.
486 Lukács, Georg: Die Theorie des Romans, S. 76.
487 Ebenda, S. 83.
488 Habermas, Jürgen: Die Moderne - Ein unvollendetes Projekt, S. 12.
489 Ebenda, S. 12.

dadurch nicht nur zum Verlust einer an Gott orientierten „Atmosphäre des Gesichertseins"[490], sondern gleichzeitig auch zu einem Wandel bezüglich des Selbst- und Wertverständnisses des Menschen. Die Welt, das Äußere ermöglichte nun nicht mehr eine einheitliche, verlässliche Orientierung, der Weltbezug des Menschen wurde fragmentiert. Weltbezügliche und ontologische Festigkeit und Fraglosigkeit gingen somit verloren, an ihre Stelle trat Weltunsicherheit und ontologische Leere, denn der Mensch befand sich nun in der „Not, in der Welt zurechtkommen zu müssen, ohne in ihr eindeutig eingeordnet zu sein"[491]. Durch den Verlust einer fraglos erscheinenden Überwelt als zentraler Bezugspunkt wurde nun die Selbstwahrnehmung einerseits und die individuelle Betrachtung und Überprüfung des Äußeren andererseits zum Ausgangspunkt der ontologischen Suche: „An die Stelle einer Art der Gewissheit (nämlich des göttlichen Gesetzes) trat eine andere Art, nämlich die Gewissheit unserer Sinne und der empirischen Beobachtung."[492] Eine neue Grundlage zur Konstituierung einer ontologischen Festigkeit und Sicherheit und zum Aufbau eines allgemeinen Weltvertrauens musste nun jedoch erst noch neu erschaffen werden: Die „über das Vertrauen in bestimmte andere Menschen hinausgehende Sicherheit der Lebensführung wurde in einfachen Sozialordnungen ... durch religiös fundierte Annahmen über wahres Sein, Natur und Übernatur, durch Mythos, Sprache und Naturrecht erreicht. Das heißt, rechte Ordnung wurde als normativ gegeben und vertraut vorausgesetzt"[493]. Doch das religiöse Interpretationsmodell war „in der Neuzeit angesichts der Folgen einer zunehmenden Komplexität der Gesellschaft und ihres Wissens nicht mehr zu halten"[494] und „in dem Maße, als der andere Mensch nicht nur als Gegenstand in der Welt, sondern als alter ego ins Bewusstsein tritt, als Freiheit, die Dinge anders zu sehen und sich anders zu verhalten, wird die traditionelle Selbstverständlichkeit der Welt erschüttert, wird ihre Komplexität in einer ganz neuen Dimension sichtbar"[495]. Die soziale Umwelt garantierte nun nicht mehr die Maßgeblichkeit einer gemeinsam geteilten Weltansicht und der Mensch war angesichts der unüberschaubar gewordenen Komplexität der Welt überfordert. Hinzu kam die Instabilität einer ständig neu zu definierenden Weltsicht, die als rein subjektive Betrachtung und als per se scheinhafte Festlegung über die Sinne keinen ausreichend festen Rahmen bot. Der Einzelne und die moderne Gesellschaft standen somit nun „am Beginn ihrer Selbstwahr-

---

490 Lukács, Georg: Die Theorie des Romans, S. 75.
491 Schulz, Walter: Metaphysik des Schwebens, S. 418.
492 Giddens, Anthony: Konsequenzen der Moderne, S. 9.
493 Luhmann, Niklas: Vertrauen, S. 50-51.
494 Luhmann, Niklas: Beobachtungen der Moderne, S. 131.
495 Luhmann, Niklas: Vertrauen, S. 19.

nehmung"[496], die alten Strukturen waren jedoch aufgelöst, neue noch nicht geschaffen, und man befand sich „in einer Schwebelage zwischen nicht mehr und noch nicht"[497].

Franz Kafka umschrieb diesen Zustand in den acht Oktavheften wie folgt: „Ich bin nicht von der allerdings schon schwer sinkenden Hand des Christentums ins Leben geführt worden wie Kierkegaard und habe nicht den letzten Zipfel des davonfliegenden jüdischen Gebetmantels noch gefangen wie die Zionisten. Ich bin Ende oder Anfang."[498]

Auch betonte Kafka in einem Brief an Felice Bauer die „heillose Unordnung"[499] in der „Betrachtung", und brachte mit dem Wort „heillos", als offenbar sorgfältig gewählter Ausdruck, den eigenen „verschämten Atheismus"[500] zum Ausdruck.

Auch in der „Betrachtung" selbst lassen sich dementsprechend einige religiös anklingende Stellen finden, die eine Interpretation in diese Richtung untermauern:

So deuten im ersten Stück, wie bereits dargestellt wurde, die Worte „Gott sei Dank", „Du kommst halt immer zu spät" und „Keine Gnaden" auf ebendiese in der Moderne verlorene religiöse Seinsfundierung hin: Gott kann nicht mehr für die eigene Existenz gedankt und verantwortlich gemacht werden; durch die späte Geburt erlangt der Mensch in der modernen Welt keine göttlichen Gnaden mehr, sondern ist vielmehr ausschließlich auf sich allein gestellt. Er ist nur noch ein „Gottsucher in heilloser Gottesferne"[501].

Im Stück „Entlarvung eines Bauernfängers" lässt dagegen, wie ebenfalls bereits an anderer Stelle erwähnt wurde, die elliptische Aussparung eines Redeteils die fehlende religiöse Untermauerung der menschlichen Existenz anklingen: Hier heißt es „Und mein Begleiter fügte sich in seinem und ... auch in meinem Namen" und verleitet zu einer inneren Ergänzung des Lesers durch die Worte „aber nicht in Gottes Namen".

Der Text „Der Kaufmann" hingegen lässt mit der Betonung des Ortes „Paris" (die allein schon durch die Tatsache ins Auge springt, dass sich ansonsten keine genau definierte örtliche Bestimmung in dieser Textsammlung finden lässt) über eine lautliche Verwandtschaft zum Wort „Paradies" eine religiöse Tendenz vermuten, während der nächste Satz diese Stimmung über das Wort „Prozessionen" noch einmal aufnimmt und festigt.

---

496 Luhmann, Niklas: Beobachtungen der Moderne, S. 133.
497 Ebenda, S. 133.
498 Kafka, Franz: Hochzeitsvorbereitungen auf dem Lande, S. 89.
499 Kafka, Franz: Briefe an Felice, S. 218.
500 Jayne, Richard: Erkenntnis und Transzendenz, S. 103.
501 Reffet, Michel: Die Rezeption Kafkas ... . In: Kraus/Winkler (Hrsg.): Das Phänomen ..., S. 109.

Die während des „Zerstreuten Hinausschauns" wahrgenommene „freilich schon sinkende Sonne" vermittelt im übertragenen Sinne den Untergang eines sinnspendenden, erhellenden Horizontes, und die auf dem „Nachhauseweg" betonte Verantwortlichkeit „für alle Schläge gegen die Türen, auf die Platten der Tische, für alle Trinksprüche, für die Liebespaare in ihren Betten ..." hebt die aus der religiösen Ummantelung sich lösende Eigenverantwortlichkeit des Menschen hervor.

„Der Fahrgast" ist auf der Suche nach seiner „Stellung in dieser Welt", kann aber ohne göttlich fundierte Grundlage „auch nicht beiläufig ... angeben, welche Ansprüche" er „in irgendeiner Richtung mit Recht vorbringen könnte", kann seine Existenz aus sich selbst heraus „gar nicht verteidigen".

„Die Abweisung" betont dagegen das Fehlen der „Herren ..., die Segenssprüche ... murmelnd, in genauem Halbkreis" hinter den Menschen stehen und damit den fehlenden höherweltlichen „Background" des Menschen, ohne den der Mensch keinen „Segen" mehr erhält und sich statt in einem „Halbkreis" in einem ewigen Kreislauf befindet.

„Die Herrenreiter" sehen den „trüb gewordenen Himmel", der keine Verheißung mehr verspricht, und der „müde Mann" blickt aus dem „Gassenfenster" orientierungslos und verloren „auf und ab zwischen Publikum und Himmel", Profanität und Religion, ohne eindeutigen Schwerpunkt.

Das Gleichnis der „Bäume" dagegen vermittelt die allgemeine existentiell-ontologische Bodenlosigkeit und Schwebe, denn „das 'denn wir sind wie` weist auf den hinter ihm stehenden Gedanken hin: Wir sind wie Baumstämme und nicht wie Bäume, denn wir sind nicht mehr in einem Lebensboden verwurzelt, wir haben uns nur auf ihm eingerichtet, aber immerhin so fest, daß wir nicht mehr leicht von ihm fortzubewegen sind; allerdings mag diese Festigkeit eine Selbsttäuschung sein. Der Gedanke ist vollkommen in das Bild eingegangen ... Es ist der Gedanke von dem modernen wurzellosen Menschen, der – wie der Zweifel am eigenen Ich – Kafka sein Leben lang gequält hat"[502].

Auch das kindliche Gespenst im „Unglücklichsein" schaut auf das „Kreuz" des Fensters, vor dem „der hochgetriebene Dunst der Straßenbeleuchtung endlich über dem Dunkel liegen blieb", was eine Vernebelung („Dunst") der traditionell religiösen Sichtweise („Fensterkreuz") bis hin zur völligen Aufgabe und Negierung („Dunkel") vermittelt und somit ebenso auf den neo-nihilistischen Charakter der Moderne verweist.

Hinzu kam eine innere Zerrissenheit zwischen „Innen" und „Außen", Ich und Welt, denn die „Tendenzen, sich primär an der Welt oder am Ich

---

502 Henel, Ingeborg C.: Kafka als Denker. In: Claude, David (Hrsg.): Franz Kafka. Themen und Probleme, S. 49.

zu orientieren", die als Grundlage des Weltvertrauens dienen, gerieten in der Moderne in eine dialektische Spannung. Durch den Verlust einer metaphysisch fundierten, fraglos erscheinenden Hinter- und Überwelt vollzog sich in der Moderne ein „Wandel von der Weltorientierung zur Ichorientierung hin"[503], die jedoch nicht mehr mit einer „feststellenden Ontologie"[504] verwoben war und daher wieder den Rückbezug zur Welt suchte, die die eigene Stellung in der Welt strukturieren sollte.

Die dabei vorherrschende Zurückweisung des Tradierten und die Bildung einer reflexiven Subjektivität als bestimmende Faktoren führten zu einer „Aufhebung des Weltvertrauens zugunsten der Weltungesichertheit"[505], denn das Subjekt, das in sich selbst keinen ausreichenden Halt mehr fand, somit wieder zurück zur Welt tendierte, die ebenfalls keinen Anhaltspunkt zur Orientierung mehr bot, verlor sich schließlich in einem Zustand des Schwebens, in einem permanenten „Hin und Her zwischen Welt und Ich"[506], befand sich im ewigen Kampf gegen den „Verlust der Festigkeit im Sinn von Fraglosigkeit und Positivität"[507], wobei auch die Erfahrung der eigenen Subjektivität immer mehr zum eigentlichen Problem erwuchs:

Denn in einer Welt, die durch eine „metaphysische Negativität"[508] geprägt ist, die im Sinne Nietzsches „aus den Fugen geraten ist"[509], befindet sich der Mensch nun nicht mehr in einem „Ordnungsgefüge, das ontologisch festgelegt ist"[510], sondern ist primär auf sich selbst, seine eigene Subjektivität zurückgeworfen. Da diese Subjektivität jedoch „weder ihren Bezug zur Welt noch den Bezug zu sich selbst *eindeutig* sichern kann"[511], denn „es gibt weder im Weltbezug noch im Selbstbezug eindeutig normative Anleitungen"[512], muss der Mensch nun neue Wege finden, eine „Seinsgeborgenheit"[513] zu erreichen.

Im Hinblick auf die eigene Subjektivität, die nun zur Selbst- und Sinnsuche ohne weltliche Orientierung dienen sollte, war der Mensch jedoch überfordert, fand im eigenen Ich keinen ausreichenden Halt und orientierte sich wiederum am Außen, an der Welt, die aber auch keine Sicherheit mehr bot, und „schwebte" somit schließlich zwischen Ich und Welt,

---

503 Schulz, Walter: Metaphysik des Schwebens, S. 12.
504 Ebenda, S. 13.
505 Ebenda, S. 13.
506 Ebenda, S. 13.
507 Ebenda, S. 13.
508 Ebenda, S. 13.
509 Ebenda, S. 415.
510 Ebenda, S. 415.
511 Ebenda, S. 418.
512 Ebenda, S. 419.
513 Ebenda, S. 416.

„Innen" und „Außen", Anschauung und Reflexion, ohne zentralen Schwerpunkt und zielgerichtete Dimension.

Es begann eine Zeit des sowohl innerlich und als auch äußerlich ungefestigten Daseins, „wo der Mensch einsam wird und nur in seiner nirgends beheimateten Seele den Sinn und die Substanz zu finden vermag"[514] und „wo die Welt ... ihrer immanenten Sinnlosigkeit preisgegeben wird"[515].

Die Welt und das menschliche Sein waren nun also geprägt von „Negativiät und Subjektivität"[516], zwei zentrale Faktoren, die die ungesicherte Basis des Daseins bestimmten.

Auch innerhalb der Philosophie wurde diese Problematik zum neuen Themenschwerpunkt erhoben.

Hegel war dabei einer der Ersten, die sich dem Problemfeld der verlorenen orientierenden Maßstäbe annahmen und „den Prozeß der Ablösung der Moderne von den außerhalb ihrer liegenden Normsuggestionen der Vergangenheit zum philosophischen Problem"[517] fokussierten. Die Moderne, die die Vorbildfunktion anderer Epochen negierte, musste nun „ihre Normativität aus sich selber schöpfen"[518] und war dabei ausschließlich auf sich selbst verwiesen. Das Problem dieses „Selbstverständnisses" wurde schnell zum Grundproblem seiner Philosophie überhaupt, denn „die Beunruhigung darüber, daß sich eine vorbildlose Moderne aus den von ihr selbst hervorgebrachten Entzweiungen heraus stabilisieren muß, begreift Hegel als den 'Quell des Bedürfnisses der Philosophie'"[519].

Als das „Prinzip der neuen Zeit"[520] ernannte Hegel die Subjektivität, die für ihn gleichsam „die Überlegenheit der modernen Welt und deren Krisenhaftigkeit"[521] widerspiegelte, denn „diese erfährt sich als die Welt des Fortschritts und des entfremdeten Geistes in einem"[522].

Diese „Struktur der Selbstbeziehung ..., die er Subjektivität nennt"[523] kennzeichnet die moderne Zeit und vermittelt sowohl Selbstreflexion als auch geistige Freiheit:

„Es ist das Große unserer Zeit, daß die Freiheit, das Eigentum des Geistes, daß er in sich bei sich ist, anerkannt ist."[524]

---

514 Lukács, Georg: Die Theorie des Romans, S. 89.
515 Ebenda, S. 89-90.
516 Schulz, Walter: Metaphysik des Schwebens, S. 13.
517 Habermas, Jürgen: Der philosophische Diskurs der Moderne, S. 26.
518 Ebenda, S. 16.
519 Ebenda, S. 26.
520 Ebenda, S. 27.
521 Ebenda, S. 27.
522 Ebenda, S. 27.
523 Ebenda, S. 27.

Als Grundlage dieser Entwicklung sah Hegel die Reformation, die Aufklärung und die Französische Revolution. Für ihn ist „mit Luther ... der religiöse Glaube reflexiv geworden, hat sich die göttliche Welt ... zu etwas durch uns Gesetztes gewandelt"[525].

Doch Hegel erkannte auch die Schattenseiten der Selbstbeziehung des sich erkennenden Subjekts: Ohne allgemein übergeordnete Norm und Grundlage wird die Wirklichkeit für den Menschen zum bloßen Schein seines Ichs, da sie nun „eine Gestalt annimmt, die ganz in seiner Macht steht"[526]; und das Subjekt kann sich dabei, indem es sich ausschließlich auf sich selbst bezieht, nur rein spekulativ und als Spiegelbild begreifen, denn indem es „sich auf sich als Objekt zurückbeugt"[527] kann es niemals eine wahre Seins-Sicherheit und feste Kontur erlangen.

Hinzu kam die doppelte Problematik der jüdischen Identitätssuche zur Zeit Kafkas.

Im 19. Jahrhundert kam es zu einer zweifachen Emanzipation der Juden, sowohl von der jüdischen als auch von der alten europäischen Tradition. Die sich dabei vollziehende Assimilation der Ostjuden war allerdings eine gezwungene, einseitige, ohne wirklichen Austausch:

„Mit der Aufhebung vieler gegen die Juden gerichteter Gesetze und mit dem erwachenden tschechischen Nationalismus begann in der zweiten Hälfte des neunzehnten Jahrhunderts der Exodus der Juden aus der Provinz in die großen Städte"[528], doch glückte die gesellschaftliche und kulturelle Einbindung keineswegs problemlos. Eine wahre Assimilation in die christlich geprägte Mehrheitsgesellschaft Prags war für die weiterhin nur als Rasse definierten Juden in den meisten Fällen unmöglich.

Die eigene Identitätssuche wurde somit zum problematischen Akt der Existenzfundierungssuche in einer Sphäre der geistigen und lokalen Heimatlosigkeit, zur entwurzelten, haltlosen Schwebe (Näheres hierzu in Kapitel 2.3).

Doch auch allgemein wurde die existentielle Suche und Orientierung zum Balanceakt zwischen zwei Elementen, die per se unvereinbar schienen, und welcher sich daher zu einem inneren Schwanken und Schweben, zu einer „Seekrankheit auf festem Lande"[529] entwickelte. Das eigene Sein entlarvte sich dabei als ontologische Leere, „als ungewisse Folie vor dem Nichts"[530] und weder die „Betrachtung" der äußeren Welt

---

524 Habermas, Jürgen: Der philosophische Diskurs der Moderne, S. 27.
525 Ebenda, S. 27-28.
526 Ebenda, S. 29.
527 Ebenda, S. 29.
528 Wagenbach, Klaus: Franz Kafka. Bilder aus seinem Leben, S. 11-12.
529 Kafka, Franz: Beschreibung eines Kampfes, S. 32.
530 Binder, Hartmut: Kafka-Handbuch, Band 2, S. 697.

noch die des eigenen Inneren versprach eine sichere Fundierung und einen ausreichenden Halt.

Denn „wenn der Weltbezug gebrochen und die Zeit aus den Fugen geraten ist ... wenn große Deutungssysteme – metaphysische, religiöse, politische – zusammengebrochen sind ... kann der `wahre Weg` wahrlich weder in die Höhe noch in die Tiefe führen, sondern ins Nirgendwo, zum großen Nichts"[531] und muss den Menschen in seiner ontologischen Suche somit ins Stolpern, mehr noch, ins haltlose Schweben führen.

In der „Betrachtung" wird dieses Lebensgefühl des inneren Schwankens wie folgt vermittelt:

Im Stück „Kinder auf der Landstraße" geschieht dies über folgenden Absatz:

„Dann flogen Vögel wie sprühend auf, ich folgte ihnen mit den Blicken, sah, wie sie in einem Atemzug stiegen, bis ich nicht mehr glaubte, daß sie stiegen, sondern daß ich falle, und fest mich an den Seilen haltend aus Schwäche ein wenig zu schaukeln anfing. Bald schaukelte ich stärker, als die Luft schon kühler wehte und statt der fliegenden Vögel zitternde Sterne erschienen."

Das hier geschilderte haltlose Sein entsteht über eine Beobachtung, eine rein visuelle Wahrnehmung der äußeren Welt. Man folgt den Vögeln „mit den Blicken", „sah" wie sie stiegen und verliert sich dabei in einer Perspektive, die die Realität aus den Fugen geraten lässt. Denn nun weiß man nicht mehr, ob man selbst fällt oder die Vögel in den Himmel steigen, man fühlt sich haltlos, kann die erlebte Wirklichkeit im Inneren nicht mehr klar zuordnen und bestimmen, hält sich daher an Seilen fest und beginnt „aus Schwäche ein wenig zu schaukeln", versucht in einer Gegenbewegung dem schwebenden Zustand zu begegnen.

Der Blick führte dabei zunächst nach oben, denn er verfolgte Vögel, die „wie sprühend" aufflogen, aus Angst ihre Bodenhaftung aufgaben und orientierungslos in alle Richtungen (nämlich „sprühend") flogen. Dies geschieht „in einem Atemzug", somit schnell, aber auch im übertragenen Sinne „das Leben annehmend" und das Äußere (Luft) in sich aufnehmend.

Wodurch dieses Erschrecken der Vögel zustande kam, das sie dazu trieb, „aufzufliegen", bleibt dabei allerdings im Dunkeln, eine Situation der generalisierten Angst und der Bedrohung wird dadurch erzeugt. Man sah zu, wie die Vögel „in einem Atemzug stiegen". Das Wort „steigen" als eine Bewegung nach oben, lässt auf eine Richtungsangabe warten, die jedoch hier nicht erfolgt. Das Wort „Himmel" wird offenbar bewusst nicht verwendet. Einen näheren Hinweis gibt dabei der folgende Satzteil: „bis ich nicht mehr glaubte". Die elliptische Aussparung der

---

531 Sedelnik, Wladimir: Franz Kafkas Aphorismen .... In: Kraus/Winkler (Hrsg.): Das Phänomen ..., S. 60.

Richtungsangabe „zum Himmel" kann somit zweierlei bedeuten: Zum einen der verlorene Glauben („bis ich nicht mehr glaubte"), daher gibt es auch keinen „Himmel" mehr, zum anderen aber auch die allgemeine ontologische Orientierungslosigkeit durch die verlorene religiöse „Richtungsweisung". Die zu diesem haltlosen Sein entgegengesetzte Bewegung des Schaukelns kann dabei auch in religiöser Hinsicht als jüdische Gebetshaltung interpretiert werden, wobei die Formulierung „*ein wenig* ... schaukeln" die nicht mehr gefestigte religiöse Überzeugung widerspiegelt.

Erst als „die Luft kühler wehte" und „zitternde Sterne" anstellte der „fliegenden Vögel" erschienen sind, schaukelte man „stärker".

Die Projizierung der inneren Stimmung auf Phänomene der Natur, die im Übrigen sehr oft in Kafkas Werken zu finden ist (da die Elemente der „zeichenhaft-epischen Welt Kafkas"[532] stets „in einem autonomen Verweisungszusammenhang stehen"[533] und somit „Außenwirklichkeit und Innenwirklichkeit ... immer wieder schlagartig ineinander übergehen"[534]), stellt sich hier in sehr deutlicher Weise dar: Das innere Frösteln „als die Luft kühler wehte" erzeugt am Himmel (hier wiederum nicht explizit genannt) „zitternde Sterne", daher schaukelt man „stärker", eine zunächst widersinnige Reaktion. Wird jedoch die Kühle als innere Leere und das Zittern als Ausdruck des inneren Schwankens verstanden, kann sie als Transformation der ontologischen Leere und Schwebe in die Bewegung des Schaukelns betrachtet werden. Der partiell subjektiv kontrollierbare Wechsel zwischen Hebung und Senkung beim Schaukeln soll hier (wenn auch nur als labiles Gleichgewicht) ein Gefühl der Vorhersehbarkeit und damit einer teilweisen Sicherheit vermitteln. Die dabei gleichzeitig auch vermittelte Stimmung einer „elegischen Einlinigkeit"[535] erinnert wiederum an die jüdische Gebetshaltung an der Klagemauer, hat somit einen religiösen Rückbezug.

Auch die „Bauernfänger" schweben scheinbar haltlos „auf der Kante unseres Trottoirs" und befinden sich suchend nach dem richtigen Weg „in den Straßenkreuzungen".

Der „Kaufmann" dagegen verlässt die unerträgliche äußere Welt der Realität und flüchtet in das innere Dasein der Fantasie, doch auch aus diesem muss er bald schon wieder „aussteigen", denn es wird ihm gewahr, dass auch hier „die leeren Gassen ... unglücklich machen", kein Halt mehr zu finden ist in der Leere des inneren Selbst.

Der „Fahrgast" befindet sich auf einer „unsicheren", schwebenden „Plattform": „Ich- und Weltverlust gibt sich hier als extreme Subjektivie-

---

532 Bezzel, Christoph: Natur bei Kafka, S. 3.
533 Ebenda, S. 3
534 Ebenda, S. 13.
535 Ebenda, S. 8.

rung zu erkennen, die so weitreichend ist, daß sie Gefahr läuft, den Bogen zu überspannen und nicht einmal mehr den 'Punkt` verteidigen zu können, 'auf dem man ist`."[536]

Auch das epische „Ich" am „Gassenfenster" sucht „einen beliebigen Arm ..., an dem es sich halten könnte".

Und das „kleine Gespenst" im letzten Stück „blieb auf den Fußspitzen stehen, auf einem unmerklich schaukelnden Fußbodenbalken" als äußeres Zeichen seiner ontologischen „Hinfälligkeit", und ist „im Zweifel über seine Existenz".

Ferner zeigt sich allgemein in der „Betrachtung": „Das solipsistische Individuum entwirft sich in immer neuen Möglichkeiten und nimmt sich ebensooft wieder zurück. Im Schwebezustand der Möglichkeiten"[537] verliert es sich selbst und jeglichen Bezugspunkt zu einer Welt, die metaphysisch haltlos geworden ist.

Insgesamt lässt sich jedoch sagen, dass das Schwanken, Wanken und Schweben in der „Betrachtung" niemals in eine totalitäre Leere oder ins völlig ausweglos Negative mündet, auch nicht von einer absoluten Halt- und Bodenlosigkeit geprägt ist, sondern ein Schweben mit einem stets potentiellen Halt vor Augen ist (die Seile der Schaukel, der Boden des Trottoirs, der mögliche Ausstieg aus dem Aufzug, die Fensterbrüstung des Gassenfensters, die Möglichkeit, das Gespenst „aufzufüttern" verdeutlichen dies). Und selbst in der größten Unsicherheit spürt man noch „ein fernes Sicheres, durch das allein diese Unsicherheit möglich gemacht und gehalten wird"[538]. Zwar „bleibt alles in Schwebe"[539], doch niemals vollkommen leer. Und obwohl „obenauf Zerrissenheit, Verzweiflung in dem liegt, was erzählt wird"[540], vermittelt andererseits „die Gelassenheit und Ausführlichkeit, mit der es erzählt wird, der ins Detail, also ins reale Leben und in die naturtreue Darstellung verliebte 'Akribismus`"[541] dem Rezipienten einen gewissen inneren Halt, und damit auch eine ferne Ahnung des „Unzerstörbaren"[542] im Menschen, ein schwaches, aber hoffnungsvolles Gefühl, dass in all der ontologischen und existentiellen Leere „auf geheimnisvolle Art der Mensch dennoch mit dem transzendenten Reich Gottes verbunden ist"[543]. Zwischen den Zeilen erkennt man somit keine totalitäre, alles umspannende

---

536 Kremer, Detlef: Kafka. Die Erotik des Schreibens, S. 40.
537 Ebenda, S. 43.
538 Brod, Max: Franz Kafka, S. 187.
539 Ebenda, S. 187.
540 Ebenda, S. 188.
541 Ebenda, S. 188.
542 Kafka, Franz: Hochzeitsvorbereitungen auf dem Lande, S. 35.
543 Brod, Max: Franz Kafka, S. 186.

Leere, sondern man spürt „das Absolute als ein Unsagbares"[544], das für den Menschen jedoch nicht (mehr) greifbar erscheint.

Hier zeigt sich deutlich, dass Kafka nicht mit resignativem Pessimismus die metaphysische und ontologische Leere der Moderne inkorporierte, sondern vielmehr „sich gegen die 'Negativität' der Welt geschützt haben wollte und nie aufhörte, nach einem glaubwürdigen Weltbezug zu suchen. Im 'nachmetaphysischen Zeitalter' glaubte er noch an die Möglichkeiten der Metaphysik als der letzten Zuflucht für ein denkendes Wesen, er wollte glauben, sie sei dazu berufen, die menschliche Existenz sogar in einer Zeit der zunehmenden Unübersichtlichkeit auf dem verlorenen ontologischen Posten zu bewahren."[545]

Kafka spürte: In einer Welt ohne einheitliche, gesicherte Basis, in der „die Pluralität der Wahrheit"[546] vorherrscht und in der „das enorm gewordene Wissen über die Welt und ihre physischen Sachbezüge den Menschen aus der Geborgenheit des Seelisch-Leiblichen vertreibt, ihn in das Unbehagen der metaphysischen Verlassenheit und Obdachlosigkeit versetzt"[547], wenn „wir kein Zentrum mehr haben, keine Achse, kein Etwas, das das zerbrechende raumzeitliche Kontinuum irgendwie zusammenhalten könnte"[548] und wir nur noch im weltlichen und inneren Nichts schweben, muss der Mensch nach einem neuen, einem letzten Haltepunkt und Zufluchtsort der verbleibenden authentischen Werte suchen, die Aufhebung der konfligierenden Kräfte in all der scheinbaren Sinnlosigkeit zumindest erstreben.

2.3. Versuchte Assimilation und existentielle „Schwebe" der Prager Juden

Das polydimensionale, von vielen Forschern gar als undeutbar geltende Werk Kafkas ist selbst für eine biographisch ausgerichtete Interpretation schlecht greifbar, da das unspektakuläre, ruhige und gesellschaftsarme Leben Kafkas wenig zu einer biographischen Literaturanalyse beiträgt.

Einzig die epochal-gesellschaftlichen Ereignisse, die historisch-politischen Gegebenheiten seiner Zeit, die sowohl den einzelnen Menschen als auch den Autor in seinem literarischen Schaffensprozess prägten, lassen Raum für eine über den literarischen Text hinausgehende Deutung.

---

544 Brod, Max: Franz Kafka, S. 187.
545 Sedelnik, Wladimir: Franz Kafkas Aphorismen ... .In: Kraus/Winkler (Hrsg.): Das Phänomen ..., S. 61.
546 Ebenda, S. 70.
547 Ebenda, S. 63.
548 Ebenda, S. 64-65.

Kafka, Sohn eines jüdischen Kaufmanns, ist dabei vor allem im Kontext „einer Epoche stürmischer ökonomischer, sozialer und sprachlicher Umbrüche"[549] zu sehen, die eine stabile gesellschaftliche und individuelle Entwicklung, erschwert „durch Sprachbarrieren und politische Antagonismen, den politischen Schwemmsand von Kriegen, Revolutionen und Vertreibungen"[550], unmöglich machte.

Besonders jedoch das jüdische Erbe wurde in den letzten Jahrzehnten der k. k. –Doppelmonarchie und in den ersten Jahren der jungen tschechoslowakischen Republik schnell zum Problemfeld der psychisch-geistigen Entwicklung, denn „in der Gesellschaft des späten Habsburgerreiches war ... das Jude-Sein ein objektiver Zustand, der dem Individuum von den anderen sozialen Gruppen zudiktiert wurde, und bedurfte deshalb überhaupt keiner Willensmeinung der Person, ja setzte sich wenn nötig über die anderslautende Selbstdefinition des Individuums hinweg"[551].

Auch Politzer betonte, „daß Kafka den Mangel an psychologischem Gleichgewicht seiner jüdischen Abstammung und Umgebung zur Last legte ... daß er in hervorragender Weise der antisemitischen Stimmung des alten Österreich und der jungen Tschechoslowakei erlag und die vergifteten Pfeile, die eine in voller Auflösung begriffene Toleranz gerade noch von ihm abschirmte, nun seinerseits mit beiden Händen ergriff und sich ins Herz preßte"[552].

Diese schwierige, fast unmögliche individuelle Identitätsfindung und –bildung der Prager Juden zur Zeit Kafkas und die damit meist einhergehende, von außen gewollte und provozierte Entwicklung einer kontinuierlichen Selbstentwertung lässt sich auch bei Kafka eindeutig in zahlreichen privaten Aufzeichnungen und literarischen Texten erkennen.

So bezeichnete und beschrieb er beispielsweise in einem Brief vom 9. August 1920 seine eigenen Sehnsüchte als die des „ewigen Juden":

„Und so wie es damals war, blieb es immer. Mein Körper, oft jahrelang still, wurde dann wieder geschüttelt bis zum Nicht-ertragen-können von dieser Sehnsucht nach einer kleinen, nach einer ganz bestimmten Abscheulichkeit, nach etwas leicht Widerlichem, Peinlichem, Schmutzigen, noch in dem Besten, was es hier für mich gab war etwas davon, irgendein kleiner schlechter Geruch, etwas Schwefel, etwas Hölle. Dieser Trieb hatte etwas vom ewigen Juden, sinnlos gezogen sinnlos wandernd durch eine sinnlos schmutzige Welt."[553]

---

549   Stölzl, Christoph: Kafkas böses Böhmen, S. 10-11.
550   Ebenda, S. 11.
551   Ebenda, S. 14.
552   Ebenda, S. 15.
553   Kafka, Franz: Briefe an Milena, S. 212.

Ferner berichtete er im November 1920 in einem Brief an Milena von seiner Erfahrung mit dem Judenhass in Prag:
„Die ganzen Nachmittage bin ich jetzt auf den Gassen und bade im Judenhaß ... Ist es nicht das Selbstverständliche, daß man von dort weggeht, wo man so gehaßt wird (Zionismus oder Volksgefühl ist dafür gar nicht nötig)? Das Heldentum, das darin besteht doch zu bleiben, ist jenes der Schaben, die auch nicht aus dem Badezimmer auszurotten sind.

Gerade habe ich aus dem Fenster geschaut: berittene Polizei, zum Bajonettangriff bereite Gendarmerie, schreiende auseinanderlaufende Menge und hier oben im Fenster die widerliche Schande, immerfort unter Schutz zu leben."[554]

Der Grundstein der Sozialgeschichte des Prager Juden Franz Kafka wurde jedoch schon vor seiner Geburt gelegt, „weil das soziale Erdbeben, das Kafkas Generation unter den Füßen zittern spürte, von einer Welle sozialer und politischer Eruptionen herrührte, die eine Generation früher ausgelöst worden war"[555] und bereits seinen Vater erfasst hatte.

Hermann Kafka, 1852 geboren, als „die Emanzipation der Juden Böhmens ... gerade drei Jahre alt war"[556] und „ein Jahr später ... vom reaktionären Trend in der österreichischen Innenpolitik weggewischt werden"[557] sollte, war einer jener „gut siebzigtausend Juden Böhmens, die außer in Prag (ca. zehntausend) vor allem in den „Judengassen", den zwangsweisen Ghettos im tschechischsprachigen Landesinnern Böhmens lebten"[558], und die Mitglieder einer „bis 1848 ... gegenüber dem Rest der Bevölkerung durch Ausnahmegesetze, Besitz- und Heiratsverbote, Berufs- und Ansiedlungsbeschränkungen, schließlich durch eine erpresserisch hohe Sondersteuer und eine Vielzahl von Schikanen im bürgerlichen Leben zurückgesetzte, letztlich nur geduldeten Minderheit gewesen"[559] waren.

Die Gründe für diese rigide Vorgehensweise des österreichischen Staates lagen auf der Hand, denn die Juden Böhmens in der Mitte des vorletzten Jahrhunderts hatten eine ihren gesellschaftlich prozentualen Anteil von lediglich 1,8 % weit überschreitende Macht und wirtschaftliche Bedeutung inne, die von vielen Seiten als Bedrohung aufgefasst wurde:

Denn „der Großhandel Böhmens mit Industrie- und Agrarprodukten war fast ein jüdisches Monopol, erst recht aber der Detailhandel auf dem

---

554 Kafka, Franz: Briefe an Milena, S. 302.
555 Stölzl, Christoph: Kafkas böses Böhmen, S. 17-18.
556 Ebenda, S. 20.
557 Ebenda, S. 20.
558 Ebenda, S. 20.
559 Ebenda, S. 20.

flachen Land, ausgeübt von einer Unzahl von Hausierern, der Mehrzahl der böhmischen Juden des 19. Jahrhunderts. Žid, Jude, ist in dieser Zeit vielerorts ein Synonym für den Kaufmann überhaupt"[560], wenn auch diese enge Verknüpfung von Judentum und kapitalistischer Macht nicht von ungefähr kam und zum Großteil von den Ausnahmegesetzen herrührte, „vermittels welcher Juden das ´ehrbare Handwerk` der Städte verschlossen war, ebenso wie die Landwirtschaft auf eigenem Grund und Boden"[561] und sie daher „auf den fast einzigen Berufszweig des Handels angewiesen"[562] waren.

Dennoch war diese (an der Gesamtbevölkerung gemessen) nur kleine Gruppe mit einem überdurchschnittlich großen wirtschaftlichen Einfluss keineswegs materiell avanciert. „Vielmehr war das Gros der jüdischen Gesellschaft in den Judengassen zweifellos arm, bitter arm wie die elterliche Familie Hermann Kafkas in Wossek, die zu acht in einer winzigen Kate leben mußte."[563] Allerdings war diese Art der Armut „nicht zu vergleichen mit dem Elend der Häusler, der Heimweber, der heruntergekommenen Handwerker Böhmens, aus denen dann das neue industrielle Proletariat herauswachsen sollte"[564]. Vielmehr legte das böhmische Judentum trotz seines eingeschränkten finanziellen Potenzials den Grundstein für den nach 1848 eruptiv sich entwickelnden jüdischen Wirtschaftsaufschwung.

Das wirtschaftliche Gefälle war dabei jedoch nicht Anlass einer sozialen Spannung, denn „diese merkwürdige jüdische Gesellschaft des Ghettos auf dem Lande kannte wohl arm und reich, aber keinen Klassenkonflikt"[565], vielmehr war der Reichtum des anderen nur Antrieb für einen eigenen wirtschaftlichen Aufstieg.

Sollte es im eigenen Leben nicht gelingen, wünschte man sich dies für seine Nachkommen. „Noch in der Geste Hermann Kafkas, die den Sohn Franz in der Synagoge auf *die Söhne des Millionärs Fuchs* aufmerksam macht, liegt diese Haltung."[566]

Auch „lag hier eine gewisse Gleichartigkeit des Denkens und Fühlens vor"[567], da alle Bewohner des jüdischen Ghettos einzig im Handel ihren Beruf fanden.

---

560 Stölzl, Christoph: Kafkas böses Böhmen, S. 21.
561 Ebenda, S. 21.
562 Ebenda, S. 21.
563 Ebenda, S. 22.
564 Ebenda, S. 22.
565 Ebenda, S. 23.
566 Ebenda, S. 23.
567 Ebenda, S. 23.

Ferner traf die sprachsoziologische Ausnahmesituation die Juden in Böhmen stärker als die übrige böhmische Gesellschaft. Denn der „Zustand der unentschiedenen Zweisprachigkeit"[568] war bei den jüdischen Händlern Teil des beruflichen Alltags. So war „die Mehrheit der böhmischen Juden ... des Deutschen *und* des Tschechischen mächtig, wie es angesichts der Händlerfunktion nicht anders zu denken ist, auch wenn die Kenntnis der beiden Landessprachen sicherlich oft fragmentarisch ... blieb"[569].

Eine besondere Bedeutung spielte dabei jedoch das Deutsche:

„Die jüdische Aufklärung Mendelssohns wie der Josefinismus, dem die Juden am Ende des 18. Jahrhunderts die erste Stufe der Emanzipation verdankten, waren im Gewande der deutschen Sprache gekommen; für den jüdischen Großhandel wie für die jüdische Intelligenz war die deutsche Sprache als lingua franca der Monarchie notwendige Voraussetzung des Überlebens."[570]

Auch galt das Deutsche als Bildungssprache und unablässiges Mittel eines sozialen Aufstiegs. Und da der Bildungsanspruch der böhmischen Juden gemessen an ihren finanziell sehr dürftigen Mitteln stets einen überdurchschnittlich hohen Stellenwert besaß, war „die Literatur der deutschen Klassik ... bis in das kleinste Dorfghetto Böhmens verbreitet; mochten die jüdischen Hausierer auch unter der Woche tschechisch sprechen mit ihrer Kundschaft, so blieb doch das Deutsche die Feiertagssprache, das Medium, vermittels welchem die höheren Gegenstände des Menschlichen ausgedrückt wurden"[571] und „die Lektüre Goethes und Schillers gab das Gefühl, einer heimlichen Elite anzugehören"[572].

Die deutsche Sprache unterrichteten auch viele ländliche Schulen in Böhmen, so „auch die jüdische Schule in Wossek, die Hermann Kafka besuchte"[573].

Insgesamt jedoch blieben die böhmischen Juden auch linguistisch gesehen schon allein aus überlebenstechnischen Gründen in einer permanenten Schwebe.

Erst nach 1848 kam „jener Prozeß der Entmischung und Integralisierung der nationalen Identität, der die Menschen Böhmens ... von Jahrzehnt zu Jahrzehnt heftiger zwang, sich als eindeutige, integral verstandene „Deutsche" oder „Tschechen" zu deklarieren"[574] in Gang.

---

568 Stölzl, Christoph: Kafkas böses Böhmen, S. 25.
569 Ebenda, S. 25.
570 Ebenda, S. 23-24.
571 Ebenda, S. 23.
572 Ebenda, S. 23.
573 Ebenda, S. 25.
574 Ebenda, S. 25.

„Politisch geleitet von einer Hocharistokratie, die nirgendwo in Europa gleich mächtig und materiell bedeutend war"[575] auf der einen Seite, war diese Gesellschaft noch orientiert am Vaterland Böhmen, „aber im Kleinbürgertum der böhmischen Städte begann es demokratisch und sozialrevolutionär zu gären, und als ideologischer Kristallisationskern formierte sich der Kanon eines tschechischen Nationalgefühls, das nun von Zweisprachigkeit und gleicher Heimat nichts mehr wissen mochte, unter Berufung auf den böhmischen Staat des Mittelalters fort von Wien wollte und die deutschsprachigen Böhmen zu *deutschen Fremdlingen* zu verschreien begann"[576].

Kein idealer Zeitpunkt und denkbar schlechte Voraussetzungen für eine Assimilation der Ostjuden, die zu dieser Zeit begann, zumal „Sprache und Habitus, die wichtigsten Bausteine des kulturell-sozialen Musters einer Gesellschaft, ... andere in den jüdischen Ghettos als in den christlichen Städten"[577] waren, und so sehr sich auch die jüdische Minorität, vor allem die materiell prosperierende Oberschicht, den Verhaltensmustern der nicht-jüdischen Gesellschaft zu assimilieren versuchte, blieb dennoch die Diskrepanz zwischen wirtschaftlicher und gesellschaftlicher Partizipation weiter bestehen.

Die Assimilation der Ostjuden war somit kein schneller, sondern ein immer wieder stagnierender und labiler Vorgang, und „was blieb von diesem Eingliederungsprozeß eines gewachsenen Sozialkörpers in fremde kulturelle Koordinaten, das war ein über Generationen noch labiles Verhältnis zu dem neuen Gehäuse, ein Mißtrauen in die eigene Zuständlichkeit"[578] und so „hatte, als die Wellen des radikalen Bildungsantisemitismus am Ende des Jahrhunderts hochbrandeten, das breite jüdische Bürgertum noch keine stabile Identität erreicht"[579].

„Der Kaufmann", als Allegorie einer noch nicht geglückten Assimilation verstanden, formuliert diesen Zustand wie folgt:

„ ... muß ich ... in einer Jahreszeit die Moden der folgenden berechnen, nicht wie sie unter Leuten meines Kreises herrschen werden, sondern bei unzugänglichen Bevölkerungen auf dem Lande.

Mein Geld haben fremde Leute; ihre Verhältnisse können mir nicht deutlich sein; das Unglück, das sie treffen könnte, ahne ich nicht, wie könnte ich es abwehren!"

Die gesellschaftliche Dissimilation zeigt sich hier in der „Unzugänglichkeit" von Bevölkerungen, die nicht zu den Leuten des eigenen „Kreises" gehören, und deren Verhältnisse und Unglücke noch nicht einmal

---

575   Stölzl, Christoph: Kafkas böses Böhmen, S. 25.
576   Ebenda, S. 25-26.
577   Ebenda, S. 26.
578   Ebenda, S. 27.
579   Ebenda, S. 27.

"erahnt" werden können, so groß scheint die gesellschaftliche Diskrepanz zu sein.

Sogar das Geld des „Kaufmanns" haben „fremde Leute", was als Anspielung auf die unverhältnismäßig hohen Steuern der jüdischen Kaufleute gelesen werden kann.

Als Hintergrund dieser Szene diente hier ganz offensichtlich eine autobiographisch gefärbte Kulisse: Der väterliche Galanteriewarenladen, der Waren führte, „die an Wiederverkäufer in Dörfern und Landstädten geliefert wurden"[580], pflegte somit auch Kontakte zu „unzugänglichen Bevölkerungen auf dem Lande", „deren Moden der 'Kaufmann` vorausberechnen muß"[581]. Was sich umso schwieriger gestaltet, desto gesellschaftlich differenter, unangepasster man ist. Hier tritt auch die typisch jüdische Tragik der gezwungenen und misslungenen Adaption zu Tage, dieses „besondere Gefühl des Juden, der sich in einer fremden Umgebung einwurzeln möchte, der aus allen Kräften seiner Seele danach strebt, den Fremden sich anzunähern, gänzlich ihresgleichen zu werden, - und dem diese Verschmelzung doch nicht gelingt"[582]. So bleiben die „Bevölkerungen unzugänglich" und „ihre Verhältnisse" können niemals „deutlich sein", denn es sind und bleiben „fremde Leute".

Die ohnehin schon problematische und nur ansatzweise und sehr langsam sich vollziehende Assimilation der Juden wurde noch zusätzlich erschwert durch den nun radikal beginnenden politischen Zerfall der Gesellschaft.

1844 versuchten zwar Vertreter der jüdischen Intelligenz Prags bei den Ideologen der neuen tschechischen Nationalbewegung einen Entwurf durchzusetzen, nach welchem die soziale Integration der Juden, verbunden mit einem Heimatrecht, gesichert und dadurch ein bürgerlicher Mittelstand geschaffen werden sollte, doch „im gleichen Jahr noch zerrann der Traum in Nichts, als die in ganz Europa spektakulären antisemitischen Arbeiterunruhen in Prag signalisierten, daß gerade der Faktor der Judenfeindschaft, das Gefühl der Überlegenheit gegenüber einer ökonomisch dominanten, gesellschaftlich aber unterlegenen Minderheit den Zündstoff an sozialrevolutionärem Antikapitalismus und Antiindustrialismus, den die große Wirtschaftskrise der vierziger Jahre anhäufte, zur Explosion bringen konnte"[583].

An eine Assimilation und Adaption der Juden durch den tschechischen Nationalismus war in einer solchen Situation nicht mehr zu denken.

---

580 Brod, Max: Franz Kafka, S. 12-13.
581 Ebenda, S. 12.
582 Ebenda, S. 197.
583 Stölzl, Christoph: Kafkas böses Böhmen, S. 28.

Schon in den letzten Jahren vor der 1848er Revolution machte sich eine Stimmung breit, die für die Juden Prags wenig Hoffnung ließ, „und der Verlauf der Revolution erhärtete dann alle üblen Befürchtungen der Juden: die siegreiche tschechisch-demokratische Bewegung klammerte das Problem der jüdischen Emanzipation aus, ängstlich bedacht, die radikalisierten städtischen Unterschichten Prags nicht zu verärgern"[584], die sich gegen Juden und Deutsche verbündeten.

Die antisemitische Stimmung breitete sich mehr und mehr aus, „großangelegte Flugblattkampagnen forderten die radikale ökonomische Verdrängung des jüdischen Handels"[585], wobei jedes Mittel recht schien (Tötung oder Vertreibung aus dem Lande).

Schon „im Sommer 1848 kam es unter dem Motto 'Auf nach Amerika' zu einer Auswanderungswelle begüterter Juden nach Übersee"[586], und „erst nach dem Zusammenbruch der Revolution, als 1849 ein reaktionärer junger Kaiser Franz Joseph den Thron bestieg ..., gewährte die oktroyierte 1849er Reichsverfassung die volle Emanzipation"[587], denn „das 'Neuösterreich' wollte den ökonomischen Vorsprung der westeuropäischen Staaten aufholen und bedurfte der Mobilität der Juden"[588].

Wenn auch aus einer rein zweckrational motivierten Entscheidung entstanden, prägte dieses „politische Moment ... den Horizont der böhmischen Juden für viele Generationen, hier wurde der Grund gelegt für die trotz aller Rückschläge und politischen Veränderungen geradezu versteinerte Kaiser- und Reichstreue der Juden"[589], die mitunter seltsam anmuten mag, jedoch im politischen Konfliktkreis von Antisemitismus und Assimilationsversuch, wirtschaftlicher Antizipation und gesellschaftlichem Ausschluß, in welchem sich auch Hermann Kafka befand, verständlich erscheint.

Die Kindheitsjahre von Kafkas Vater waren geprägt vom beginnenden Wirtschaftswunder der Juden Böhmens.

Der prosperierende österreichische Hochkapitalismus gewährte auch den böhmischen Juden die Möglichkeit zu einem wirtschaftlichen Aufstieg, „auch den allerärmsten, zu denen Hermann Kafka gehörte"[590].

Zunächst aufgewachsen in bitterster Armut, blieb im Zuge der Emanzipation wohl auch seiner Familie ein wirtschaftlicher Aufstieg nicht verwehrt. Zwar ist wenig bekannt aus seinen ersten Jahren, doch wird wohl „sein Weg ... dem Schema unzähliger anderer jüdischer Aufstiegs-

---

584   Stölzl, Christoph: Kafkas böses Böhmen, S. 29.
585   Ebenda, S. 30.
586   Ebenda, S. 31.
587   Ebenda, S. 31.
588   Ebenda, S. 31.
589   Ebenda, S. 31.
590   Ebenda, S. 32.

biographien geglichen haben, die vom ´Dorfgehen` (Hausieren) über die ´Gemischte Warenhandlung` auf dem Land zu wohlanständiger kommerzieller und industrieller Tätigkeit in der Großstadt"[591] geführt haben.
Ausschlaggebend hierfür war die Emanzipation, die den Juden Böhmens sowohl geographische als auch ökonomische und soziale Mobilität sicherte, ihnen u.a. das Recht zur Familiengründung und zur freien Ansiedlung im Reiche gewährte.
Doch wenn auch der ökonomische Aufstieg der Juden sich weiter entfaltete, war die sozialpolitische Situation längst nicht entspannt. Vielmehr brachte jede wirtschaftliche Zwischenkrise erneut den Antisemitismus in unverminderter Härte zum Vorschein, was folgende Ereignisse dokumentieren:
„In Südböhmen 1859 judenfeindliche Ausschreitungen der Arbeiterschaft; 1860 versucht der Mob in der Nähe von Prag eine jüdische Geschäftsfrau zu steinigen; 1864: Drohbriefe, das Volk werde *die Juden und Wucherer zusammenschlagen ... es wird bald anders in Prag aussehen*; 1861 dreitägige judenfeindliche ´Excesse` in Strakonitz, zehn Kilometer von Wossek; der jüdische Textilfabrikant und deutsche Landtagsabgeordnete Fürth wird bedroht. August 1861: tagelange antisemitische Straßentumulte in Prag, die erst durch den Einsatz regulären Militärs niedergeschlagen werden; eintausenddreihundertzwölf zerschlagene Fensterscheiben – in gebildeten tschechischen Kreisen kann man ´vertraulich` die Äußerung vernehmen, es schade ´diese Lektion` den Juden gar nicht! ... 1865/66, auf dem Höhepunkt einer österreichischen Wirtschaftskrise mit Massenarbeitslosigkeit ... entfesselte die jungtschechische Presse einen Pressefeldzug gegen *die Universalfeinde der Menschheit – die Juden* ... Daraufhin entzündete sich im Frühjahr und Sommer 1866 ein antisemitischer Flächenbrand in ganz Böhmen, ausgelöst von judenfeindlichen Arbeiterdemonstrationen ... Überall war es der am meisten ausgebeutete und verelendete Bodensatz der Arbeiterschaft, der mit dumpfen pseudorevolutionären Begründungen auf die jüdische Bevölkerung losging ... Erst der Krieg vom Sommer 1866 beendete die Massenbewegung"[592], jedoch schon 1870 forderten erneut Plakate in Südböhmen die Bevölkerung dazu auf, die Juden zu erhängen, zu erwürgen, zu ersäufen oder zu erschießen.
Die vor allem in den unteren Arbeiterkreisen stark verbreitete antisemitische Haltung erklärt auch die ablehnend-feindliche Position der Juden gegenüber Angestellten, Arbeitern und Lohnabhängigen, die nicht nur in Bezug auf Hermann Kafka überliefert ist (für den seine Angestellten „bezahlte Feinde"[593] waren), sondern auch auf viele andere

---

591 Stölzl, Christoph: Kafkas böses Böhmen, S. 33.
592 Ebenda, S. 38-39.
593 Kafka, Franz: Hochzeitsvorbereitungen auf dem Lande, S. 136.

jüdische Familien zutraf. Denn „die Unterschichten, das war der schwankende Boden, die Bedrohung der Existenz schlechthin"[594].

Doch der sozial-politische Hintergrund, der Hermann Kafka umfasste, war weitaus komplizierter, denn neben den antisemitischen Parolen und offenen Demonstrationen des Judenhasses gab es andererseits auch „in den Zeiten der Wahlkämpfe ... versöhnliche Stimmen aus dem tschechischen Lager ... Insbesondere das konservative Alttschechentum appellierte an die 'böhmischen` Instinkte der Juden auf dem flachen Land, mahnte zur Versöhnung mit der tschechischen Politik, pries die ungarischen Juden, die sich magyarisiert hatten und nicht schlecht damit gefahren waren."[595]

Insgesamt gesehen waren die böhmischen Juden jedoch nichts weiter als ein politischer Spielball, denn „die Konjunkturen der Wahlkämpfe bestimmten das politische Klima um die böhmischen Juden; taktische Judenfeindschaft hier, taktisches Werben um jüdische Wahlhilfe dort blieben gleichsam Bälle, mit denen nach den Bedürfnissen der aktuellen Tagespolitik jongliert wurde"[596] und zwischendrin ein Volk, das sich im Existenzkampf des alltäglichen Lebens in einem fortwährenden Zustand der Unsicherheit und Schwebe befand.

Dies alles verstärkte sich in den siebziger und achtziger Jahren, nachdem der Wiener Börsenkrach von 1873 in den siebziger Jahren eine große Wirtschaftskrise ausgelöst hatte und noch bis in die neunziger Jahre als „Große Depression" zu spüren war. Als Folge verlor der österreichische Liberalismus 1879 seine parlamentarische Führung. „Für die mit dem Liberalismus so eng verbundenen Juden"[597] brachte dies eine weitere Niederlage und eine Ausweitung der judenfeindlichen Tendenzen, da sich nun „die Diskussion über die 'jüdische Frage` auch innerhalb des deutschen bürgerlichen Lagers entzündete"[598].

„Mit dem Eingang der achtziger Jahre, in denen auch Franz Kafkas Leben beginnt"[599], weitete sich diese Situation der Angst und Unsicherheit in politisch-wirtschaftlicher und für die Juden auch in rein existentieller Hinsicht weiter aus. Es kam zur Schließung der lokalen Märkte und zur Aufhebung der freien Konkurrenz, ebenso zu einer Ausweitung der sozialrevolutionären Potenziale.

Kafkas Geburtsjahr, 1883, war dabei besonders geprägt von wirtschaftlichen Problemen, sozialpolitischen Ausschreitungen und allgemein gesellschaftlich negativen Tendenzen:

---

594 Stölzl, Christoph: Kafkas böses Böhmen, S. 40.
595 Ebenda, S. 41.
596 Ebenda, S. 42.
597 Ebenda, S. 42.
598 Ebenda, S. 43.
599 Ebenda, S. 43.

Man befand sich auf dem Höhepunkt der Wirtschaftskrise, das Massenelend verbreitete sich, die bürgerliche (vor allem deutsch-jüdische) Gesellschaft war aufgeschreckt angesichts der anarchistischen und sozialrevolutionären Strömungen.

Hinzu kam die Kenntnis einer sich auch im angrenzenden Ausland verbreitenden antisemitischen Welle: Die judenfeindliche Einstellung und Hetze in Deutschland, von Katheder und Kanzel gleichsam proklamiert, grausame antijüdische Pogrome in Südrussland, die Bildung einer antisemitischen Partei in Ungarn.

Allerorts versuchte das Kleinbürgertum aus der Rolle des wirtschaftlichen Opfers zu treten und missbrauchte dabei den Antisemitismus als Katalysator der aufständischen Bewegung, die Forderungen nach der Rücknahme der Emanzipation mehrten sich.

In Böhmen, wo sich die Juden noch 1882 in relativer Sicherheit wiegen konnten, kam es im Februar 1883 zu einer Geheimkonferenz zwischen den führenden Größen der ungarischen Antisemiten und der jungtschechischen Partei, bei welcher man sich gegen „das alle Völker bedrohende moderne Judentum"[600] verbündete.

Ferner sorgte der Verleger Skrejsovsky, ein ehemaliger Führer der Jungtschechen, seit Anfang 1883 für eine massenweise Verbreitung antisemitischer Trivialliteratur sowohl in tschechischer als auch in deutscher Sprache.

Aber auch der erste so genannte „Antisemitenkongress" im benachbarten Sachsen (Chemnitz), der sich als internationale Veranstaltung verstand, stieß im Sommer 1883 eine antisemitische Welle an, die flächenbrandartig ganz Böhmen erfasste.

Immer mehr wuchs unter den Juden die Angst, im gesellschaftlichen Abseits zu stehen, dies zeigte sich u.a. auch in der „offiziellen" Sprache der böhmischen Juden:

Unter dem Druck des „nationalen Bekenntnisses"[601], das seit 1880 die neue, staatlich initiierte Statistik über die Umgangssprache der Böhmen forderte, bekannten sich (zwangsweise) immer mehr böhmische Juden zur tschechischen Umgangssprache. 1900 waren dies mehr als 50 %, obwohl im gleichen Jahr nahezu 90 % aller jüdischen Kinder deutschsprachige Schulen besuchten. Diese starke Verbreitung des rein adaptiven tschechischen Bekenntnisses zeigte sich auch im Hause Kafka: Obwohl sich Hermann Kafka (wohl nur unter dem allgemeinen sozialen Druck) als „Tscheche" deklarierte, wählte er für seinen Sohn den deutschen Bildungsweg und schickte ihn 1889 in „die Prager deutsche Knabenvolksschule am Fleischmarkt"[602].

---

600   Stölzl, Christoph: Kafkas böses Böhmen, S. 47.
601   Ebenda, S. 50.
602   Ebenda, S. 51.

Auch Max Brod erkannte eine gewisse Tendenz zum Tschechischen bei Kafkas Vater, während er bei Franz eine ausgeprägte deutsche Bildungs- und Kulturverbundenheit feststellen konnte, die ganz offensichtlich von seinen Eltern bewusst forciert worden war:

„Franzens Vater scheint allerdings in einer gewissen, nicht eben ausgeprägten Weise mit den tschechischen Kampfparteien im alten Österreich sympathisiert zu haben, wobei die Erinnerung an seinen tschechischen Heimatort mitgewirkt haben mag. Franz aber besuchte nur deutsche Schulen, wurde deutsch erzogen, hat erst später aus eigenem Antrieb eine genaue Kenntnis der tschechischen Sprache, tiefes Verständnis für tschechische Kultur erworben; selbstverständlich ohne Vernachlässigung seiner deutschen Kulturverbundenheit."[603]

Aus dieser Erziehungstendenz seines Vaters sprach „die Vorsicht eines Geschäftsmannes, der an seine Kunden denkt und zugleich an die Zukunft seines Sohnes, der, falls er es als Jude in Österreich überhaupt zu etwas bringen sollte, dies nur dann konnte, wenn er die eigentliche 'Staatssprache` der österreichischen Monarchie beherrschte"[604], und zeigt gleichzeitig die ungemein schwierige Situation der Prager Juden in dieser Zeit, die „als blinder Passagier im Nationalitätenhader durchzukommen"[605] versuchten, wie es Theodor Herzl ausdrückte.

Nicht unerwähnt bleiben sollte dabei die Tatsache, dass Sprache und ökonomischer Status zumeist eine untrennbare Einheit bildeten. Vereinfacht lässt sich sagen: Je geringer der gesellschaftlich-ökonomische Status der tschechischen Juden war, „desto eher neigten sie zur Deklarierung der tschechischen Umgangssprache"[606], und „je mehr sie wirtschaftlich arrivierten, desto mehr konnten sie sich vom sozialen Druck der Umwelt emanzipieren und wieder für die deutsche Umgangssprache votieren"[607]. War eine offizielle Zuwendung zur deutschen Sprache aus ökonomischen Gründen nicht möglich, so verfolgte man zumeist das Ziel, zumindest eine Rückwendung in der nächsten Generation zu erreichen und entschied sich so für eine deutschsprachige Schule für den eigenen Nachwuchs. Auf diesem lastete dann die Projektion des eigenen Wunsches nach einem sprachlichen, wirtschaftlichen und gesellschaftlichen Aufstieg, ein Erbe von nicht geringer Schwere, dem sich auch Franz Kafka sicherlich nicht zu entziehen vermochte.

Gleichzeitig war man jedoch gezwungen, sich nach allen Seiten hin zu orientieren und so „sprach und schrieb Kafka sein Leben lang fast

---

603 Brod, Max: Franz Kafka, S. 7.
604 Wagenbach, Klaus: Franz Kafka. Bilder aus seinem Leben, S. 12.
605 Ebenda, S. 63.
606 Stölzl, Christoph: Kafkas böses Böhmen, S. 51.
607 Ebenda, S. 51.

fehlerlos tschechisch"⁶⁰⁸. Dass dieser Balanceakt nicht immer erfolgreich vonstatten ging, zeigt das Schicksal von Oskar Baum, einem engen Freund Kafkas, der während einer der vielen „tätlichen Auseinandersetzungen zwischen den Schülern der beiden 'Nationalitäten'"⁶⁰⁹, die längst zum schulischen Alltag in Prag gehörten, sein Augenlicht verloren hatte.

Doch auch in anderer Hinsicht zeigte sich, von welch gezwungenem und unfreiwilligem Charakter die jüdische Assimilation geprägt war: Als 1891 die Jungtschechen einen erdrutschartigen Wahlsieg erringen konnten, „begann eine Masseneintrittswelle von Juden"⁶¹⁰ in die „Mitte der achtziger Jahre konstituierte ... parteiähnliche Organisation der Tschechojuden, die sich dem einzigen Ziel verschrieb, 'ihre' Juden als loyale Tschechen der 'wahren' Nation gegenüber auszuweisen"⁶¹¹. Diese Eintrittsschwemme der Juden war jedoch keineswegs in einer politischen Überzeugung begründet, sondern vielmehr nur von einem „verzweifelten Wunsch nach sozialer und nationaler Rückversicherung beim neuen politischen Herrn des Landes"⁶¹² motiviert. Eine Hoffnung, die sich letztendlich jedoch nicht erfüllte, denn obwohl man sich in ideologischer Hinsicht parteipolitisch gegen den deutschen Chauvinismus verwahrte und den damit verbundenen Antisemitismus als „Krankheit" verstand, die „auf das im Kern reine, tolerante, progressive tschechische Volk übergegangen sei"⁶¹³, kam doch „die Integration der Juden in die jungtschechische Parteipolitik ... kaum voran"⁶¹⁴, da „vor allem ... der rechte Flügel der jungtschechischen Partei von notorischen Antisemiten besetzt"⁶¹⁵ war.

Einzig das Großbürgertum des deutschen Prags mit seiner altliberalen gesellschaftlich-politischen Struktur versuchte konsequent die antisemitischen Tendenzen im Volke zu unterdrücken, trotzdem war diese Politik von den achtziger Jahren bis zum Beginn des Ersten Weltkrieges wenig erfolgreich und letztlich nicht mehr als „eine Kette peinlicher Kapitulationen gegenüber dem Antisemitismus"⁶¹⁶.

Diese Politik, die mit einer mehr als fragwürdigen Trennung zwischen „guten" und „schlechten" (einfluss- und geldorientierten) Juden das Nützlichkeitspotential der jüdischen Gesellschaftsgruppe herauszustellen versuchte, scheiterte, obwohl die jüdische Bevölkerung einen fast

---

608 Wagenbach, Klaus: Franz Kafka. Bilder aus seinem Leben, S. 12.
609 Ebenda, S. 12.
610 Stölzl, Christoph: Kafkas böses Böhmen, S. 52.
611 Ebenda, S. 52.
612 Ebenda, S. 52.
613 Ebenda, S. 52.
614 Ebenda, S. 53.
615 Ebenda, S. 53.
616 Ebenda, S. 56.

unmenschlich anmutenden Assimilationswillen und eine sich selbst vergessende Leidensfähigkeit entwickelte: Denn „die jüdische Klientel des Liberalismus nahm alles hin, praktizierte ein schier unverständliches Talent zur Selbstverleugnung, Selbsttäuschung, zum ´falschen Bewußtsein`"[617]. So waren die deutschen Juden Prags neben denen der Sudetenländer nicht nur „die Hauptgeldgeber der deutschen Institutionen"[618], sondern nahmen auch für ihr Selbstverständnis schwer wiegende Einschnitte in Kauf: „den Haß auf die ärmeren Juden, die sich unter dem Druck der Umwelt tschechisieren mußten und damit die anderen deutschbewußten Juden diskreditierten und in ihrem Deutschtum unglaubwürdig machten; die immer geschlossener werdende jüdische Gesellschaft in den deutschböhmischen Städten, die sich ... Paradechristen holte, um sich deutsch fühlen zu können; die vielen *deutschpolitischen* Vereine, die rein jüdisch waren, wo aber das Wort Jude nicht fallen durfte"[619].

Nicht zu vergessen ist dabei auch die anhaltend starke Binnenwanderung zu dieser Zeit im Zuge der fortschreitenden Industrialisierung und als Folge der Wirtschaftskrise. 1890 hatte bereits über die Hälfte der böhmischen Bevölkerung ihren Heimatort verlassen. Die wachsende Mobilität war geprägt von Unsicherheit, Angst, sozialer und politischer Anspannung und von nicht unerheblichen Adaptions- und Assimilationsproblemen. Überall, wo Deutsche und Tschechen zusammentrafen, entstand ein soziales Spannungsfeld; feindlich gesonnen stand man sich gegenüber, „sich gegenseitig den Raub der Muttersprache vorwerfend, wo es nur anging"[620]. Am stärksten betroffen war dabei die Gruppe der böhmischen Juden: Als Mitglieder der mobilsten Gesellschaftsgruppe, die zudem nach dem Verlassen des tschechischen Sprachgebietes und der Zuwanderung in die deutsch-böhmischen Gebiete „ihr vorgebliches Tschechentum gar nicht erst auspackten"[621], waren sie schnell als Überläufer, die, je nach eigenem Vorteil, mal auf diese mal auf jene Seite ihr Fähnchen hängen, verschrieen und verachtet. Bald „projizierte die nichtjüdische Gesellschaft alle ihre Schuldgefühle auf die Juden, die man permanent der nationalen Doppelzüngigkeit, der Lüge, des Verrats bezichtigte"[622]. Der Anpassungswille wurde somit zum Makel, was blieb, war „der verschärfte Zwang zur Maskierung ohne Ende"[623], um nicht

---

617 Stölzl, Christoph: Kafkas böses Böhmen, S. 56.
618 Ebenda, S. 57.
619 Ebenda, S. 57.
620 Ebenda, S. 57.
621 Ebenda, S. 57.
622 Ebenda, S. 59.
623 Ebenda, S. 59.

gesellschaftlich im völligen Abseits zu stehen, was zu einem weiteren Identitätsverlust führte.

So kam es in den achtziger und neunziger Jahren des vorletzten Jahrhunderts in Prag nicht nur zu einer nach außen hin demonstrierten antisemitischen Haltung mit unzähligen Gassenbrutalitäten (mit Geschrei und Misshandlungen von Juden), Wirtshaushetzereien und -schlägereien, der Verbreitung von Drohzetteln und Plakaten, Sprengstoffanschlägen, Fenstereinwürfen und dem Beschmieren von Häuserwänden mit antijüdischen Parolen, auch die Selbstachtung in den eigenen Reihen schwand immer mehr, bis sich schließlich gar im Inneren des Judentums selbst ein Antisemitismus und eine nicht mehr aufzuhaltende Selbstverachtung manifestierte. Von einer deutschradikalen Wahlversammlung im Jahre 1897 wurde beispielsweise stolz berichtet: *„Selbst von den anwesenden fünf Juden wurden die treffenden Darlegungen des Wesens und Bestrebens des Antisemitismus für richtig anerkannt und nicht angefochten!"*[624]

Gegen Ende der neunziger Jahre spitzte sich die innerpolitische Krise Österreichs immer mehr zu, was auch für die böhmischen Juden nicht ohne Wirkung blieb:

Als im Herbst 1897 die Regierung Badeni in Österreich aufgrund des erbitterten Widerstandes der deutschnationalen Kräfte stürzte, die mit den Jungtschechen, die seit 1891 im Wiener Parlament saßen, hatte regieren wollen, entbrannte eine Welle nationaler, antijüdischer Ausschreitungen, die auch ganz Böhmen erfasste und schließlich Anfang Dezember in Prag im so genannten „Dezembersturm" gipfelte.

Die jungtschechischen Politiker, die tatenlos das Wüten des Terrors verfolgten, sahen schadenfroh zu, wie unzählige jüdische Existenzen vernichtet und Tausende Fensterscheiben eingeworfen wurden, u.a. auch einige der Familie Max Brods. Herrmann Kafkas Geschäft blieb dagegen von jeglicher Plünderung verschont, doch die Angst blieb sicherlich auch hier als ständig präsentes Gespenst bestehen. Vor diesem Hintergrund liest sich das Stück „Der Kaufmann" wie ein Mahnmal des antisemitischen Terrors und eine Beschreibung des stillen Abwartens auf allen Seiten:

„Verfolgt nur den unscheinbaren Mann, und wenn ihr ihn in einen Torweg gestoßen habt, beraubt ihn und seht ihm dann, jeder die Hände in den Taschen, nach, wie er traurig seines Weges in die linke Gasse geht.

Die verstreut auf ihren Pferden galoppierende Polizei bändigt die Tiere und drängt euch zurück. Lasset sie, die leeren Gassen werden sie unglücklich machen, ich weiß es. Schon reiten sie, ich bitte, paarweise weg, langsam um die Straßenecken, fliegend über die Plätze."

---

[624] Stölzl, Christoph: Kafkas böses Böhmen, S. 59.

Der „unscheinbare Mann", der sich assimilierende, sich unauffällig verhaltende Jude wird hier vom antisemitischen Mob „verfolgt" und seiner Identität und seines Existenzrechtes „beraubt". „Jeder" sieht dabei nur unbeteiligt zu, ohne selbst einzugreifen („die Hände in den Taschen"). Aber auch die vollständige Vertreibung („die leeren Gassen") wird „sie unglücklich machen", da das eigentliche Problem ein anderes ist (die Weltwirtschaftskrise und das soziale Elend) und der Antisemitismus nur als Puffer diente.

Immer mehr wurde die Boykottierung des jüdischen Handels zur existentiellen Bedrohung der jüdischen Kaufleute. Seit 1900 flohen Jahr für Jahr Tausende jüdische Händler vom Land in die Städte Prag und Wien, doch auch hier wurde der tägliche Überlebenskampf immer härter. Zwar waren nicht alle jüdischen Geschäftsleute mit einem Schlage aller Kundschaft beraubt und existentiell völlig ruiniert, doch war die ökonomische Lage unklar und labil, ihre wirtschaftliche Existenz blieb damit in einer stetigen „Schwebe", was ebenfalls im Stück „Der Kaufmann" zum Ausdruck kommt:

„Es ist möglich, daß einige Leute Mitleid mit mir haben, aber ich spüre nichts davon. Mein kleines Geschäft erfüllt mich mit Sorgen, die mich innen an Stirne und Schläfen schmerzen, aber ohne mir Zufriedenheit in Aussicht zu stellen ... Für Stunden im voraus muß ich Bestimmungen treffen, ... vor befürchteten Fehlern warnen und in einer Jahreszeit die Moden der folgenden berechnen, nicht wie sie unter Leuten meines Kreises herrschen werden, sondern bei unzugänglichen Bevölkerungen auf dem Lande.

Mein Geld haben fremde Leute; ihre Verhältnisse können mir nicht deutlich sein; das Unglück, das sie treffen könnte, ahne ich nicht; wie könnte ich es abwehren! ...

.... ich ... kann nur nach Hause gehn, denn ich habe Gesicht und Hände schmutzig und verschwitzt, das Kleid fleckig und staubig, die Geschäftsmütze auf dem Kopfe und von Kistennägeln zerkratzte Stiefel. Ich gehe dann wie auf Wellen ...".

Die hier dargestellte Situation der schwankenden, nicht stabilen Existenzgrundlage („Ich gehe dann wie auf Wellen ..."), die von den „unzugänglichen Bevölkerungen auf dem Lande" abhängig ist, erfüllt das epische Ich „mit Sorgen". Trotz intensiver Assimilationsversuche und Anpassungsbemühungen („im voraus ... Bestimmungen treffen", „vor befürchteten Fehlern warnen", „in einer Jahreszeit die Moden der folgenden berechnen, nicht wie sie unter Leuten meines Kreises herrschen werden"), bleibt doch das gesellschaftliche Umfeld letztlich „unzugänglich" und unberechenbar. Denn obwohl von den anderen Kreisen abhängig („Mein Geld haben fremde Leute"), bleiben diese doch fremd („ihre Verhältnisse können mir nicht deutlich sein"), ihr „Unglück" (für das die Juden verantwortlich gemacht werden sollen) unverständlich

(„Das Unglück, das sie treffen könnte, ahne ich nicht; wie könnte ich es abwehren!").

Und doch, trotz aller Integrationsbemühungen, wird die Schuld bei dem eigenen Naturell, dem „schmutzigen" kaufmännisch-jüdischen Erbe („schmutzig ... die Geschäftsmütze auf dem Kopf") gesucht: Denn das „ich" kann sich nur immer wieder auf die eigene Herkunft besinnen („ich ... kann nur nach Hause gehen") und dabei den eigenen (vermeintlichen) Unwert erkennen („Gesicht und Hände schmutzig und verschwitzt, das Kleid fleckig und staubig ... von Kistennägeln zerkratzte Stiefel").

Was hier geschildert wird, ist so gesehen nichts anderes als die von Kafka in einem Brief an Milena beschriebene (und oben bereits zitierte) Darstellung des „ewigen Juden":

„Mein Körper wurde dann wieder geschüttelt ... von dieser Sehnsucht nach etwas ... Schmutzigen ... Dieser Trieb hatte etwas vom ewigen Juden, sinnlos gezogen sinnlos wandernd durch eine sinnlos schmutzige Welt."[625]

Lediglich die Sozialdemokraten hatten auf politischer Ebene „mit wenig Erfolg versucht, ihre Organisation zur Eindämmung des Terrors einzusetzen"[626] und sich so der allgemein sich immer mehr ausbreitenden antijüdischen Einstellung zu widersetzen. So entstand ein höchst seltsam anmutendes Phänomen: die Prager Juden, d.h. eine eindeutig bürgerliche Mittelschicht, näherten sich vielfach dem Sozialismus, wenn auch nur im Rahmen eines politischen Minimalkonsenses, frei nach der Maxime: *„die Feinde meiner Feinde sind meine Freunde!"* [627].

Auch Franz Kafka trug als 17-jähriger Gymnasiast die rote Nelke als Zeichen des Bekenntnisses zum Sozialismus. Wie er trieb viele jüdische Bürgersöhne „mehr als wahlpolitische Taktik"[628] dazu, vielmehr handelten sie „aus einem diffusen Motivbündel heraus, das man als Gemeinschaftssehnsucht, Sicherheitssehnsucht bezeichnen könnte"[629]. Doch verfolgte Kafka nicht, wie viele jüdische Sozialisten seiner Altersgruppe, diesen Weg in aller Konsequenz, d.h. mit einem demonstrativen Austritt aus der jüdischen Religionsgemeinde und mit einem Engagement im Rahmen einer organisierten Parteiarbeit.

Schon im Wahlkampf 1897 hatten „sich die Prager Juden ohne Rücksicht auf das nationale Selbstverständnis auf eine taktische Wahlentscheidung für die Sozialdemokratie zu einigen"[630] versucht, weil sich

---

625   Kafka, Franz: Briefe an Milena, S. 212.
626   Stölzl, Christoph: Kafkas böses Böhmen, S. 63.
627   Ebenda, S. 61.
628   Ebenda, S. 64.
629   Ebenda, S. 64.
630   Ebenda, S. 61.

diese „als letzte ... Kraft uneingeschränkt ... zu den Maximen liberaler Rechtsstaatlichkeit bekannte"[631] - ein Zeichen nicht nur für eine politische Heimatlosigkeit und Irrung, sondern auch für den Beginn einer „Ausgliederung aus dem bürgerlichen Nationalismus"[632], die einmal mehr diese Gruppe ins gesellschaftliche Abseits stellte und ein stabiles Identitätsbewusstsein unmöglich machte. Ein Preis, der sich letztlich nicht bezahlt machte, da „der Zulauf der Juden zur Sozialdemokratie für diese nicht unproblematisch"[633] war. „Denn die völkische und christlichsoziale Propaganda in Böhmen ruhte nicht, die gefährliche politische Konkurrenz wieder und wieder als *Judenpartei* zu denunzieren"[634], es war von einer „jüdischen Betörung der Christen"[635] die Rede, durch die „das Massenelend stetig drückender geworden"[636] sei, und die Parteiführung sah sich immer mehr in einem Zwiespalt zwischen der Verfolgung ihres politischen Zieles der Rechtsstaatlichkeit und der Distanzierung von einer Einstufung als „Judenschutztruppe"[637].

Wie pragmatisch und gezwungen, nicht wahrhaft ideologisch gefärbt die politische Einstellung der tschechischen Juden war, zeigt die Tatsache, dass im „ersten Jahrzehnt des 20. Jahrhunderts ... der Kaiserkult der Juden, welcher seit dem März des Jahres 1849 florierte, als der 18jährige Franz Josef die erste Emanzipation der Juden oktroyiert hatte (war nicht auch Kafka mit einem Habsburger-Vornamen ins Leben geschickt worden?), seine höchste Blüte"[638] erreichte, nachdem die Jungtschechen durch die radikaleren nationalsozialen Kräfte politisch abgelöst wurden und den Charakter einer Volkspartei annahmen und gleichzeitig die Machtlosigkeit der Sozialisten in der jüdischen Frage offensichtlich wurde.

Zwar blieb „die konsequente Abstinenz der tschechischen Sozialdemokratie vor jeder Ausnutzung der antisemitischen Konjunktur"[639] weiterhin bestehen, auch nachdem die Nationalsozialisten immer mehr an politischer Macht gewannen, doch „viel politische Macht besaß die Sozialdemokratie noch immer nicht"[640].

Auch das „Kaiserwort" reichte nicht weit in den politischen Alltag. Der Kaiser, fern ab stehend vom eigentlichen Geschehen, hatte wenig

---

631 Stölzl, Christoph: Kafkas böses Böhmen, S. 61.
632 Ebenda, S. 61.
633 Ebenda, S. 66.
634 Ebenda, S. 66.
635 Ebenda, S. 66.
636 Ebenda, S. 66.
637 Ebenda, S. 66.
638 Ebenda, S. 83.
639 Ebenda, S. 85.
640 Ebenda, S. 86.

praktischen Einfluss, ebenso der böhmische Statthalter, der unparteiische Gerechtigkeit verkörperte. Bei den darunter stehenden Vertretern der Justiz und Verwaltung, dem gesamten niedrigen Beamtentum, war dagegen meist eine antiliberale und chauvinistische Haltung zu erkennen, und „viele Unterfiliationen führten den ´Arierparagraphen` in ihren Statuten; der Staat konnte sie nicht daran hindern"[641].

Als Alternative dazu blieb nur ein politisches „Überwintern", ein Rückzug in den unpolitischen Bereich der Literatur, ein ruhiges Abwarten und ein Hoffen auf bessere Zeiten, wie es in der „Betrachtung" im Stück „Entschlüsse" beschrieben wird:

„Deshalb bleibt doch der beste Rat, alles hinzunehmen, als schwere Masse sich verhalten, und fühle man sich selbst fortgeblasen, keinen unnötigen Schritt sich ablocken lassen, den anderen mit Tierblick anschaun, keine Reue fühlen, kurz, das, was vom Leben als Gespenst noch übrig ist, mit eigener Hand niederdrücken, das heißt, die letzte grabmäßige Ruhe noch vermehren und nichts außer ihr mehr bestehen lassen."

Auch wenn das eigene Selbst wie „fortgeblasen" erscheint, man sich identitätslos wie ein „Tier" fühlen mag, man gezwungen ist, ein Leben als gesellschaftliches „Gespenst", ohne Zugehörigkeit und eigene Kontur, zu führen, man nichts als „schwere Masse" ist, bleibt doch „der beste Rat, alles hinzunehmen", denn „von 1907 bis 1914 war ... die unübersichtliche politische Landschaft ... voller Möglichkeiten, und niemand vermochte zu sagen, welche sich am Ende siegreich etablieren würde", ein Abwarten und Beobachten war deshalb ratsam, ein vorsichtiges Abtasten ohne eindeutige Stellungnahme, wie es Kafka offensichtlich in diesen Jahren betrieb: „Er liest die „Zeit", ein Wiener Forum, um das sich die wenigen Antichauvinisten von Deutschen und Tschechen scharen ... Er besucht politische Veranstaltungen, hört den neuen Vorsitzenden der Jungtschechen ... sprechen, den tschechischen Sozialdemokraten Soukup ... befreundet sich mit dem tschechischen Anarchisten Michal Mares, besucht anarchistische Veranstaltungen, gastiert in tschechischen Gewerkschaftskreisen, hört sich Reden von ... Realisten an ..."[642].

Einen nachhaltigen Eindruck hinterließ bei Kafka aber offenbar nur „die Beschäftigung mit dem böhmischen Zionismus, der (im kleinen Kreis) in den Jahren der bürgerlichen Verfinsterung aufgeblüht war"[643], denn „in Kafkas Freundeskreis fanden sich einige der stärksten Kräfte der neuen Bewegung, der Schulfreund Hugo Bergmann, die Cousins Weltsch, Siegmund Kaznelson, schließlich Max Brod"[644] und Kafka wurde zum treuesten und eifrigsten Leser der seit 1907 in Prag erschei-

---

641 Stölzl, Christoph: Kafkas böses Böhmen, S. 84.
642 Ebenda, S. 87.
643 Ebenda, S. 87.
644 Ebenda, S. 87.

nenden zionistischen „Selbstwehr", die für einen konsequenten Rückzug der assimilierten Juden aus Deutschtum und Tschechentum plädierte, diese auf eine neutrale Position als „dritte böhmische Nationalität" verwies und staatliche Anerkennung für diese Gruppe forderte.

Der Ausbruch des Ersten Weltkrieges brachte neue Probleme: Während die bewusst deutschen Juden ein österreichischer Patriotismus ergriff und viele Zionisten den Krieg „jenseits politischer Überlegungen als existentielle Chance zur Überwindung der jüdischen Angst, als persönliche Bewährungsprobe bejahten"[645] und zu den tapfersten Soldaten der österreichisch-ungarischen Armee zählten, sank das gesellschaftliche Klima zwischen Tschechen und Juden auf einen absoluten Nullpunkt: Denn „schon der russophile Rausch der Tschechen im Sommer 1914 mit seiner Hoffnung, alsbald vom großen slawischen Bruder befreit zu werden, zeitigte eine wachsende Entfremdung auch der endgültig tschechisch assimilierten Juden"[646], da alle Juden einen russischen Sieg nicht grundlos fürchteten, galt das Zarenreich doch als Land der jüdischen Ausnahmegesetze und Ghettos, in welchem der Pogrom als fester Bestandteil der Innenpolitik existierte.

Als schließlich im November 1916 der Kaiser starb, trauerten nicht nur die Väter des bürgerlichen Judentums um den letzten Sicherheitsgaranten, auch die jung-nationalen Juden der „Selbstwehr"-Gruppe beklagten den Tod des *„Leidensfürsten und gütigen Herrschers, der das jüdische Volk stets mit huldvollem Wohlwollen bedachte"*[647], wie in der „Selbstwehr" am 24.11.1916 zu lesen war.

Als dann im Oktober 1918 die letzten habsburgischen Embleme aus den Straßen Prags entfernt wurden, fühlte man sich vollkommen schutzlos und schon bald „setzte bei den Tschechen eine wachsende antisemitische Springflut ein"[648] und von allen Seiten wurden „die Juden als Blitzableiter der sozialen Wut über Hunger, Kriegselend, Kriegswucher und Schiebertum"[649] missbraucht. Doch erst am 16. November 1920 entlud sich die lang angestaute Hetze; schwerste antisemitische Ausschreitungen im Inneren Prags waren die Folge: Aufgebrachte Massen stürmten in blindem Hass das jüdische Rathaus, „verwüsteten das jüdische Archiv, zertrampelten die Thorarollen auf der Straße"[650], stießen wüste Beschimpfungen gegen die Juden aus und protestierten drei Tage in den Straßen Prags.

---

645 Stölzl, Christoph: Kafkas böses Böhmen, S. 93.
646 Ebenda, S. 92.
647 Ebenda, S. 95.
648 Ebenda, S. 97.
649 Ebenda, S. 95.
650 Ebenda, S. 99.

Doch „so kritisch die Situation noch Ende 1920 ausgesehen hatte, so rasch änderte sich in den zwanziger Jahren das Bild"[651]: Der während des Weltkrieges so sehr gefürchtete große Pogrom erreichte nicht, wie die meisten anderen der Monarchie nachfolgenden Staaten, die ČSR. Der Grund hierfür lag zum einen in dem nun einsetzenden wirtschaftlichen Aufschwung, zum anderen in der „Konsolidierung von Masaryks Macht im Lande"[652], einem politischen Außenseiter der Vorkriegsjahre, der als „persönlicher Befürworter eines offenen Nationaljudentums"[653] galt. Ein ausgesprochener Glücksfall für die tschechischen Juden, wenn auch die Machtlegitimität des neuen Staatsoberhauptes mehr labil als stabil war und von einem geglückten Assimilationsprozess nach wie vor keineswegs die Rede sein konnte.

Doch welchen Einfluss hatten die Umstände seiner Zeit, die missglückten Assimilationsversuche auf das Leben und Wirken Kafkas?

Zweifellos ging diese Epoche des Antisemitismus nicht spurlos an dem Juden Franz Kafka vorbei. „Und er litt am Körper, am Beruf, an Vater und Familie, am Milieu, an Prag, an der Zeit"[654], wobei die besonderen (wechselnden und unsicheren) Verhältnisse in Prag, der Hauptstadt des Königreichs Böhmen, einen sicherlich nicht unwesentlichen Einfluss hatten:

Prag, um die Jahrhundertwende neben Wien und Budapest die drittgrößte Stadt der Donaumonarchie, zählte mit den Vorstädten zusammen rund eine halbe Million Einwohner, die Innenstadt, die sich in fünf Bezirke (Kleinseite, Hradschin, Josefstadt, Altstadt, Neustadt) aufgliederte, etwa 140.000 Einwohner. Mehr als 90 % davon waren Tschechen, lediglich 34.000 Einwohner galten als „deutschsprachig", hiervon waren die Hälfte Juden. Die meisten „Deutschen" wohnten in der Altstadt und Josefstadt, was durchaus den damaligen Machtverhältnissen entsprach, denn „die starke Präsenz der Deutschen im Zentrum zeigte, daß sie noch immer den gesellschaftlichen Oberbau in Anspruch nahmen, nicht nur nach dem Kapitalbesitz, sondern auch nach der kulturellen Attitude"[655] (in Form von Theater, Tageszeitungen, Hochschulen und Vereinszentren).

Auf der anderen Seite hatten die Tschechen die politische Mehrheit im Landtag inne, auch waren seit 1891 alle Straßenschilder tschechisch.

Immer wieder kam es zu heftigen nationalen Auseinandersetzungen, bis schließlich 1893 Wien zwei Jahre lang den Ausnahmezustand ver-

---

651 Stölzl, Christoph: Kafkas böses Böhmen, S. 100.
652 Ebenda, S. 101.
653 Ebenda, S. 101.
654 Ebenda, S. 108.
655 Wagenbach, Klaus: Franz Kafka. Bilder aus seinem Leben, S. 63.

hängte, doch schon 1897 gipfelten die Unruhen im so genannten „Dezembersturm" (siehe oben), der von einem stark antisemitischen Charakter gefärbt war. Im Anschluss daran versuchte der jüdische Mittelstand als „Grenzgänger" zu überleben.

Auch politisch war es eine instabile Zeit des ständigen Wechsels und Kampfes: „Bis 1907 wurde fast nur noch per Notverordnung regiert"[656], wobei heftige politische Agitationen an der Tagesordnung waren. Vor allem drei Gruppen kämpften um ihre politische Macht: die Prager Sozialdemokraten unter der Führung Soukups, die republikanische Realistenpartei unter Masaryk und die kleinere Gruppe der so genannten „Anarchisten", alles nicht-nationale bzw. internationalistische Gruppierungen, die für das allgemeine Wahlrecht kämpften.

Aufgrund der unablässigen Querelen hob „1913 ... die Wiener Zentrale wegen der Arbeitsunfähigkeit des böhmischen Landtags die Landesautonomie auf"[657] und erst nach dem Ersten Weltkrieg, im Herbst 1918, wurde die tschechische Republik mit Prag als Hauptstadt gegründet.

Kafka hatte in seiner Prager Zeit kaum jemals den innersten Stadtbezirk verlassen, da sowohl die Volksschule als auch das Gymnasium, die Geschäfte des Vaters, die Universität, die jeweiligen Wohnungen und selbst das Büro kaum mehr als hundert Meter voneinander entfernt lagen. Die tief greifenden Veränderungen im Herzen Prags waren für ihn somit tagtäglich offensichtlich: Ganze Straßenzüge veränderten ihr Gesicht, nachdem die alten drei- und viergeschossigen Häuser neuen, pompösen Neubauten im Wiener Stil weichen mussten. Den größten Einschnitt brachte jedoch zweifellos die so genannte „Assanierung" mit sich: der fast vollständige Abriss des ehemaligen jüdischen Ghettos, der 1893 begann und sich über zwei Jahrzehnte lang hinzog. „Statt ´300 recht armseliger Häuser` entstanden ´81 Mietspaläste`, in denen sich seit 1907 auch die Wohnungen der Familie Kafka befanden."[658]

Ein äußerer Wandel, der die Juden in ihrem Innersten erschütterte, nahm er ihnen doch einen Teil ihrer früheren Identität. Auch Franz Kafka, der das frühere Ghetto in seiner Jugend nur als „ein Eldorado der Trödler, Huren, Säufer und kleinen Leute"[659] kannte, beklagte noch lange Zeit seinen Verlust:

Denn „fünfzehn Jahre später sagt Kafka zu Janouch: ´Unser Herz weiß noch nichts von der durchgeführten Assanation. Die ungesunde alte Judenstadt in uns ist viel wirklicher als die hygienische neue Stadt um uns.`"[660]

---

656   Wagenbach, Klaus: Franz Kafka. Bilder aus seinem Leben, S. 63.
657   Ebenda, S. 63
658   Ebenda, S. 63.
659   Ebenda, S. 63.
660   Ebenda, S. 63.

Die Auflösung des Ghettos, das, trotz all der negativen Komponenten (wie der ständigen Angst und Bedrohung von außen und der damit verbundenen demütigenden gesellschaftlichen Abwertung und Isolierung) für Kafka auch „meine Gefängniszelle – meine Festung"[661] gewesen war, stellte die Prager Juden vor neue Probleme:

„Die Juden, die sich vor der Assimilation kaum am Wertsystem der sie umgebenden christlichen Gesellschaft orientiert hatten, deren Prestigekoordinaten sich an das jüdische Gesetz und das jüdische Wissen geknüpft hatten"[662], mussten nun lernen, sich im für sie fremden „Außen" zu assimilieren, was nicht ohne Probleme vonstatten ging.

Die (Zwangs-) Gemeinschaft des Ghettos, die zuvor einzige geistige Heimat und soziale Verknüpfung gewesen war, wurde mit dem Abriss der Bauten gleichsam zerschlagen, eine neue, zwangsweise gesellschaftliche Konsolidierung war nun nötig geworden.

Zwar „wurde den Juden mit verfassungsrechtlichen Mitteln der Weg in die bürgerliche Gesellschaft geöffnet, aber dieser Akt wurde vom Staat und nicht von der Gesellschaft gesetzt"[663], dementsprechend schwer war die gesellschaftliche Akzeptanz und Aufnahme zu erreichen, die Assimilation zu realisieren.

Und wenn auch der einst enge und straff organisierte Gruppenzusammenhalt des Ghettos verloren ging, so standen doch bei den Prager Juden nach wie vor die innerjüdischen Beziehungen an erster Stelle und sie „spielten weiterhin eine größere Rolle als die Berührungen mit der nichtjüdischen Welt"[664].

Aber auch diese, rein jüdischen, Beziehungen wurden durch die antisemitischen Tendenzen von außen belastet.

Die antijüdischen Stereotypen und Parolen, denen die Prager Juden nach der Auflösung des Ghettos als schwache, von außen ständig bedrohte Gruppe weiterhin ausgesetzt waren, wurden nicht selten zum Speer der selbstquälerischen Eigenkritik und zur „Wurzel der radikalen Kritik der Juden an den anderen Juden"[665], was zu immer größerer Unsicherheit und ontologischer Instabilität führte, die Kafka wie folgt in einem Brief an Milena beschrieb:

„Die unsichere Stellung der Juden, unsicher in sich, unsicher unter den Menschen, würde es über alles begreiflich machen, daß sie nur das zu besitzen glauben dürfen, was sie in der Hand oder zwischen den Zähnen halten, daß ferner nur handgreiflicher Besitz ihnen Recht auf das Leben gibt und daß sie, was sie einmal verloren haben, niemals wieder erwer-

---

661 Kafka, Franz: Hochzeitsvorbereitungen auf dem Lande, S. 305.
662 Stölzl, Christoph: Kafkas böses Böhmen, S. 108.
663 Ebenda, S. 108.
664 Ebenda, S. 109.
665 Ebenda, S. 109.

ben werden, sondern daß es glückselig für immer von ihnen fortschwimmt. Von den unwahrscheinlichsten Seiten drohen den Juden Gefahren oder ... drohen ihnen Drohungen."[666]

Wie sehr die Bedrohung der geistigen und ontologischen Existenz der Prager Juden nicht nur durch eine Agitation von außen, sondern auch innerhalb der innerjüdischen Gesellschaft mehr und mehr fortschritt, zeigt eine Zeitungsmeldung aus dem Jahre 1910:

„Aus dem deutschen Judentum Westböhmens meldete die „Selbstwehr" 1910: *Und wenn man gar hört, wie sie untereinander sich über ihre Glaubensgenossen unterhalten, könnte man meinen, in bester antisemitischer Gesellschaft zu sein.*"[667]

Als eine nach mehreren Seiten hin fragmentierte, sinn- und individualitätsarme Daseins-Form des Fremd- und Selbsthasses beschreibt auch Christoph Stölzl die Situation der Prager Juden in jener Zeit:

„Und wenn das Individuum die ganze Summe der antisemitischen Aggression verinnerlichte, die politische, die ökonomische wie die auf die Verleumdung der Physis zielende, so blieb schließlich nichts mehr übrig von einer Existenzberechtigung in irgendeiner Kategorie des Menschlichen ..., so mochte sich das fragmentierte jüdische Individuum nur mehr als abstrakte Hohlform erleben, gänzlich sinnentleert oder Gefäß fremd-eigenen Hasses."[668]

Auch in der „Betrachtung" findet sich im Stück „Der Fahrgast" ein dahingehend interpretierbarer Verweis, wenn es heißt:

„Ich stehe auf der Plattform des elektrischen Wagens und bin vollständig unsicher in Rücksicht meiner Stellung in dieser Welt, in dieser Stadt, in meiner Familie. Auch nicht beiläufig könnte ich angeben, welche Ansprüche ich in irgendeiner Richtung mit Recht vorbringen könnte. Ich kann es gar nicht verteidigen, daß ich auf dieser Plattform stehe, mich an dieser Schlinge halte, von diesem Wagen mich tragen lasse, daß Leute dem Wagen ausweichen oder still gehn oder vor den Schaufenstern ruhn."

Hier lässt sich sehr deutlich die dreifache existenzielle und ontologische Unsicherheit und der innere Rechtfertigungszwang des Prager Juden erkennen:

Man ist „vollständig unsicher" hinsichtlich der „Stellung in dieser Welt", dies zeigt die allgemeine Bedrohung des individuellen jüdischen Seins und die Unmöglichkeit, die eigene Existenz als Jude (gesellschaftlich) ausreichend rechtfertigen zu können.

---

666 Kafka, Franz: Briefe an Milena, S. 40.
667 Stölzl, Christoph: Kafkas böses Böhmen, S. 111-112.
668 Ebenda, S. 113-114.

Ferner ist man unsicher über die „Stellung ... in dieser Stadt", denn die besondere Situation in Prag lässt den Aufbau einer gesicherten Existenz als Jude nicht zu.

Auch „in meiner Familie", in der innerjüdischen Gemeinschaft, ist keine existentielle Sicherheit mehr zu finden, denn die Auflösung des Ghettos und die Eigenkritik dieser Gruppe macht eine ontologische Fundierung unmöglich.

So kann man „auch nicht beiläufig angeben, welche Ansprüche" (der Wunsch zu leben und sich zu entfalten) man „in irgendeiner Richtung" (in gesellschaftlicher, religiöser oder wirtschaftlicher Hinsicht) „mit Recht vorbringen könnte", denn die Existenz scheint in dieser Situation nicht gerechtfertigt zu sein. „Auch nicht beiläufig", als gesellschaftliche Randfigur im Ghetto, ist dies mehr realisierbar.

Besonders die Tatsache, dass nach der Auflösung des Ghettos die jüdische Selbstverurteilung („Wie tragen doch die Leute ihren eigenen Feind, so ohnmächtig er ist, immer in sich"[669]) eine Solidarität und ein kollektives Tragen und Ertragen der schwierigen Situation im Keim erstickte, machte die Lage so aussichtslos und scheinbar unbekämpfbar.

Ein Gefühl der Einsamkeit und der zweifachen Isolation (von innen und außen) war die Folge, was u.a. im Stück „Der Ausflug ins Gebirge" zum Ausdruck kommt:

Hier wird beklagt, dass „niemand kommt" und „mir niemand hilft", doch dies ist scheinbar nicht möglich in einer „Gesellschaft von lauter niemand".

„Nur dem Talent zur exzessiven Verdrängung war es darum zuzuschreiben, daß nicht das gesamte Judentum seine Existenz in panischem Mißbehagen erlebte"[670] (oft in Form eines „Befreiungsversuches 'Literatur'"[671]), was jedoch nur temporär zu einer Erleichterung und scheinbaren Bewältigung der Situation führte, denn schon die einfache Frage Milenas „Jste žid?"[672] (Sind Sie Jude?) empfand Kafka als „Stoß vor die Brust"[673].

Diese Verdrängung mündete somit immer wieder in den Versuch der Selbstverleugnung, der Verwischung der eigenen Identität und familiären Vergangenheit, wie dies auch bei Kafka, beispielsweise in seinen Tagebuchaufzeichnungen, zu erkennen ist:

---

669   Kafka, Franz: Hochzeitsvorbereitungen auf dem Lande, S. 249.
670   Stölzl, Christoph: Kafkas böses Böhmen, S. 116.
671   Ebenda, S. 136.
672   Kafka, Franz: Briefe an Milena, S. 42.
673   Ebenda, S. 42.

„Was habe ich mit Juden gemeinsam? Ich habe kaum etwas mit mir gemeinsam und sollte mich ganz still, zufrieden damit, daß ich atmen kann, in einen Winkel stellen."[674]

Als einziges Ziel bleibt dann eine Art innere ´Minimalakzeptanz`, d.h. „sich ruhig ertragen, ohne voreilig zu sein, so leben, wie man muß, nicht sich hündisch umlaufen"[675].

Denn so sehr die Prager Juden der Generation Kafkas auch „weg vom Judentum"[676] wollten, so sehr klebten sie doch noch „mit den Hinterbeinchen ... am Judentum des Vaters und mit den Vorderbeinchen fanden sie keinen neuen Boden"[677].

Was blieb, war eine unsichere Existenz in der Schwebe, ein Wanken und Schwanken im Kreislauf des Seins.

Es musste nun „ein neuer, ein ganz anderer Weg der Verwurzelung ... gesucht werden"[678], den Kafka für sich selbst in der Kunst, im literarischen Schaffensprozess zu finden glaubte.

Dieses Medium nutzte er auch, um die jüdische Problematik literarisch zu transformieren, denn es war, wie Brod betonte, offensichtlich, „daß Kafka neben allgemeiner Menschheitstragik insbesondere das Leid seines unglücklichen Volkes, des heimatlosen, gespenstischen Judentums, der Masse ohne Gestalt, ohne Körper, schreibt wie kein anderer sonst. Schreibt, ohne dass das Wort ´Jude` in einem seiner Bücher vorkommt"[679], der aber dennoch in seiner Tragik stets indirekt präsent ist.

Hierin zeigt sich auch die zwar in den Hintergrund getretene, aber keineswegs obsolet gewordene identitätsbildende Funktion der Religion, die gleichzeitig gesucht und verflucht, doch nicht mehr in der Klarheit der früheren Generation erreicht wird.

Auch Kafka litt ganz offensichtlich daran, dass es ihm im Vornherein verwehrt blieb, ein gefestigtes religiöses (Identitäts-) Bewusstsein zu fundieren, da ihm ein elterliches (vor allem väterliches) Vorbild in dieser Hinsicht fehlte. Denn was beim Vater nur noch schwach und symbolhaft-schematisch vorhanden war, konnte beim Sohn nicht mehr als Grundstein dienen. Ein Aspekt, den Kafka auch in seinem „Brief an den Vater" besonders herausstellte:

„Ebensowenig Rettung vor Dir fand ich im Judentum. Hier wäre ja an sich Rettung denkbar gewesen ... Aber was war das für ein Judentum, das ich von Dir bekam! ... Als Kind machte ich mir, in Übereinstimmung mit Dir, Vorwürfe deshalb, weil ich nicht genügend in den Tempel ging

---

674 Brod, Max: Franz Kafka, S. 154.
675 Ebenda, S. 154.
676 Kafka, Franz: Briefe 1902-1924, S. 337.
677 Ebenda, S. 337.
678 Brod, Max: Franz Kafka, S. 201.
679 Ebenda, S. 140.

... Später, als junger Mensch, verstand ich nicht, wie Du mit dem Nichts von Judentum, über das Du verfügtest, mir Vorwürfe deshalb machen konntest, daß ich ... nicht ein ähnliches Nichts auszuführen mich anstrenge. Es war ja wirklich, soweit ich sehen konnte, ein Nichts, ein Spaß, nicht einmal ein Spaß. Du gingst an vier Tagen im Jahr in den Tempel, warst dort den Gleichgültigen zumindest näher als jenen, die es ernst nahmen, erledigtest geduldig die Gebete als Formalität ... Im Grund bestand der Dein Leben führende Glaube darin, daß Du an die unbedingte Richtigkeit der Meinungen einer bestimmten jüdischen Gesellschaftsklasse glaubtest und eigentlich also, da diese Meinungen zu Deinem Wesen gehörten, Dir selbst glaubtest. Auch darin lag noch genug Judentum, aber zum Weiter-überliefert-werden war es gegenüber dem Kind zu wenig, es vertropfte zur Gänze, während Du es weitergabst."[680]

Als einziger Trost blieb, dass „das Ganze ... ja keine vereinzelte Erscheinung"[681] war, sondern es sich „bei einem großen Teil dieser jüdischen Übergangsgeneration ähnlich verhielt"[682].

Zusammenfassend lässt sich sagen: Die von der Tradition und Religion weitgehend entwurzelte jüdische Existenzform, die Kafka erlebte, die zudem von einem „allgegenwärtigen Antisemitismus"[683] überschattet war und in keinerlei Hinsicht eine stabile Fundierung und Identitätsbildung erlaubte, prägte den „Typus des freischwebenden Westjuden"[684], mit dem sich auch Kafka ganz offensichtlich identifizierte und den er in die „Betrachtung" literarisch transmittiert hat.

2.4. Das „Schweben" als Schwanken zwischen „Innen" und „Außen"

Zu den zentralen, in allen Einzeltexten der „Betrachtung" immer wiederkehrenden Polaritäten zählt auch (und insbesondere) die Dialektik zwischen „Innen" und „Außen".

Das Schwanken zwischen innerer und äußerer Welt, das haltlose, „schwebende" Dasein, das keiner dieser zwei Sphären mehr klar zugeordnet ist, sondern sich zwischen ihnen zerreibt, wird in den Einzeltexten der „Betrachtung" wie folgt dargestellt:

Im Stück „Kinder auf der Landstraße" ist zunächst noch die Grenze zwischen „Innen" und „Außen" durchlässig, ein Austausch ist durch

---

680 Kafka, Franz: Hochzeitsvorbereitungen auf dem Lande, S. 144-146.
681 Ebenda, S. 146.
682 Ebenda, S. 146.
683 Stach, Reiner: Kafka. Die Jahre der Entscheidungen, S. 483.
684 Ebenda, S. 483.

Lücken möglich, denn hier wird die äußere Welt anfangs durch das „Gartengitter" und durch „schwach bewegte Lücken im Laub" wahrgenommen. Dem epischen Ich wird gewahr, dass im Außen noch eine andere Welt existiert:
„Vor dem Gitter hörte es nicht auf. Kinder im Laufschritt waren im Augenblick vorüber; Getreidewagen mit Männern und Frauen auf den Garben ...".

Auch etwas später, zur Zeit des „Nachtmahls" im Inneren des Hauses, ist ein Kontakt zwischen „Innen" und „Außen" noch möglich: Das Fenster, die Grenze zwischen innerem und äußerem Bereich, ist nicht geschlossen, ist nicht durch eine Fensterscheibe getrennt, denn die „Vorhänge" können sich „im warmen Wind bauschen". Zudem sind diese „stark durchbrochen" und lassen somit einen Austausch, wenn auch in eingeschränkter Weise, zu.

Das Äußere kann ins Innere noch mühelos eindringen, denn hier „sprang ... einer über die Fensterbrüstung" von draußen ins Innere des Hauses. Dieser Kontakt wird aber offensichtlich vom epischen Ich nicht gewünscht, da es „seufzend aufstand". Es lässt sich jedoch trotzdem mit ins Außen führen („Wir liefen vor das Haus").

Gleichzeitig wird eine spätere strikte Trennung zwischen „Innen" und „Außen" schon angedeutet und vorweggenommen, denn man beobachtet „hinter Gebüschen in der Ferne" einen „Eisenbahnzug", dessen „Glasfenster sicher herabgelassen" sind. Eine unaufhaltsame Entwicklung (fahrender Eisenbahnzug) wird somit antizipiert und dabei auf den zukünftigen Verlauf des Lebens (vgl. „Der Fahrgast") verwiesen.

Im nächsten Stück, „Entlarvung eines Bauernfängers", ist dagegen der Eintritt ins städtische Erwachsenenleben schon vollzogen und mit ihm eine problematische Sphärentrennung existent, denn hier befindet man sich im Außen, wurde „zwei Stunden lang in den Gassen herumgezogen", obwohl man sich doch ins Innere sehnt, „wo man so gerne gewesen wäre". Eine Überwindung der Grenze zwischen „Innen" und „Außen" ist somit nur noch über eine Bewältigung von Hindernissen (schwierige Verabschiedung des „flüchtig bekannten Mannes") möglich.

Die Bereiche des „Innen" und „Außen" sind nun unwiederbringlich in sich geschlossen und für eine Diffusion undurchlässig, denn der Wind „drückt sich immer wieder an die gegenüberliegende Straßenseite" ohne jedoch die Mauer zu durchdringen, ins Innere gelangen zu können. Aber auch das Innere kann die Barriere ins Äußere nicht mehr durchbrechen, denn seine Geräusche prallen am geschlossenen Fenster ab (dargestellt über „ein Grammophon, das gegen die geschlossenen Fenster irgendeines Zimmers sang").

Zwar fügt man sich in sein Schicksal, realisiert für sich die Unüberwindbarkeit dieser zwei divergenten Sphären, erkennt die „Mauer" an („Und mein Begleiter fügte sich in seinem und ... auch in meinem Namen, streckte die Mauer entlang den rechten Arm aufwärts"), doch die ontologische Unsicherheit, die Angst, eine Heimat und gesicherte Existenz weder hier noch da finden zu können, bleibt.

Die „Bauernfänger", die Personifikationen der inneren Zweifel und Ängste, „schweben" daher, „wenn wir ängstlich werden", bodenlos „auf der Kante unseres Trottoirs".

Auch Kafkas Tagebuchblätter von 1911 spiegeln diesen Zustand des inneren Wankens zwischen innerer und äußerer Sphäre wider, wobei sich die Tendenz klar zum Inneren hin wendet, denn hier sehnte er sich danach, sich „zu Hause einzusperren, wie es ihm am wenigsten Mühe machte und wie es am wenigsten Mut verlangt"[685]. Durchstößt er dagegen die Barriere nach außen, kommt er von seinem eigentlichen Weg und Lebensmittelpunkt ab: „Ging ich darüber hinaus, so kam ich nur auf lächerliche Auswege."[686]

Im Stück „Der plötzliche Spaziergang" dagegen sehnt sich das erzählende Ich, im Bereich des Inneren befindlich, in die äußere Welt, obwohl dies nicht rational begründbar und zu rechtfertigen ist, denn alles spricht für einen Verbleib im inneren Bereich („draußen ist unfreundliches Wetter", man hat „schon so lange bei Tisch stillgehalten", „das Treppenhaus ist schon dunkel und das Haustor gesperrt", so dass „das Weggehen allgemeines Erstaunen hervorrufen müßte"). Trotzdem wird die „Wohnungstür zugeschlagen", obwohl man „mehr oder weniger Ärger zu hinterlassen glaubt". Man entscheidet sich zugunsten des Äußeren, verliert damit jedoch gleichzeitig unwiederbringlich das Innere, denn die beiden Bereiche sind durch eine geschlossene Tür streng getrennt. Zwar „erhebt" sich das epische Ich im Außen „zu seiner wahren Gestalt", doch spürt es gleichzeitig auch, dass es „für diesen Abend gänzlich aus seiner Familie ausgetreten" ist, „die ins Wesenlose abschwenkt".

Eine Existenz in der einen Welt ist somit nur durch die Preisgabe und Aufhebung der anderen möglich.

Der Einzeltext „Entschlüsse" schildert den Versuch das Innere zu leben, dort seinen eigenen Mittelpunkt zu finden. Doch bald merkt man, dass das Innere, absolut und ohne Anbindung ans Außen, in sich allein keinen ausreichenden Halt finden kann, sondern sich nur immer wieder „im Kreise zurückdrehen" muss.

„Entschlüsse" zugunsten der inneren Welt können so nicht gefasst werden, eine Entscheidung für das Innere ist nicht möglich, da es allein aus sich heraus keine ausreichende Stabilität zu vermitteln vermag.

So fühlt man „sich selbst fortgeblasen", ohne inneren Halt, und erkennt, dass es besser ist, „alles hinzunehmen", seine inneren Ideale

---

685 Brod, Max: Franz Kafka, S. 17.
686 Ebenda, S. 17.

(„das, was vom Leben als Gespenst noch übrig ist") an das Äußere zu verraten zugunsten einer „grabmäßigen Ruhe".

Nachdem die Introversion gescheitert ist und nicht den gewünschten Zustand herbeiführen konnte, wendet man sich im Stück „Der Ausflug ins Gebirge" wiederum ans Außen, das jedoch nur aus „lauter niemand" besteht und von Entfremdung und zwischenmenschlicher Beziehungslosigkeit geprägt ist und daher ebenso enttäuschend wirkt.

Im nächsten Stück summiert sich das Unbefriedigende beider Welten zum „Unglück des Junggesellen": Die problematische Anbindung ans Außen, die nur schwerlich gelingen will, da man gezwungen ist, „unter schwerer Wahrung der Würde um Aufnahme zu bitten", auf der einen Seite, auf der anderen Seite eine maßlose Einsamkeit und die Qual „wochenlang das leere Zimmer ansehn" zu müssen, vermitteln insgesamt ein Gefühl der inneren und äußeren Leere und Fremde.

Im Text „Der Kaufmann" dagegen wird zunächst die soziale Entfremdung und die Überforderung des Ichs im Außen thematisiert („ ...fremde Leute; ihre Verhältnisse können mir nicht deutlich sein"), die zu einer erneuten Einkehr ins Innere zwingen. Das Innere wird nun in einer solchen Intensität gelebt, dass es zum einen dem Außen vollkommen enthoben ist (mit Hilfe der Fantasie, mit dem „Lift"), das Ich stärkt und beflügelt („Flieget weg"), andererseits aber auch das Gemeinsame, ein Zentrum der beiden Welten und der Metaphysik bzw. der drei großen Religionen („aus drei Straßen kommend") findet und dafür sorgt, dass sich die vorherigen Gegensätze wieder durchdringen („Doch genießet die Aussicht des Fensters, wenn die Prozessionen aus allen drei Straßen kommen, einander nicht ausweichen, durcheinander gehen und zwischen ihren Reihen den freien Platz wieder entstehen lassen"), so dass danach auch eine Anbindung an das Äußere wieder problemlos gelingt, die Rückkehr in die andere Welt „begrüßt" wird („Dann muß ich aussteigen, den Aufzug hinterlassen ... und das Mädchen öffnet die Tür, während ich grüße.").

Im Zustand der völligen Enthebung aus der äußeren Welt, wenn das Bewusstsein ausgeschaltet ist und der Geist nur in der Fantasie lebt, ist somit eine Rückbindung an das kindliche Dasein auf dem Lande möglich, in dem eine teilweise Durchdringung der zwei kontroversen Welten noch durch „schwach bewegte Lücken im Laub" und durch „stark durchbrochene Vorhänge" möglich war:

„ ... tretet zurück, wollt Ihr in den Schatten der Bäume, hinter den Draperien der Fenster, in das Laubengewölbe?"

Ein „Rücktritt" aus dem bewussten Erleben der äußeren Welt in die Welt der Fantasie, in die zweckfreie Daseinssphäre des Kindes, ist somit (zumindest zeitweise) möglich und führt dazu, dass die drei Bereiche („Innen", „Außen", Religion/Metaphysik) „einander nicht ausweichen, durcheinander gehen und zwischen ihren letzten Reihen den freien Platz wieder entstehen lassen", den der Mensch für seine Existenzfundierung benötigt.

Im Stück „Zerstreutes Hinausschaun" ist die Tendenz zum Äußeren offensichtlich, denn man „geht ... zum Fenster" und „sieht unten" das Treiben der äußeren Welt. Doch im Zustand des wachen Bewusstseins kann die Welt nie mehr als Anschauung sein, kann nur durch eine Glasscheibe betrachtet werden, denn die Bereiche des „Innen" und „Außen" sind undurchdringbar und sicher durch das Fenster getrennt. Der Mensch „lehnt" zwar „die Wange an die Klinke des Fensters", vermag jedoch die Grenze zwischen den Welten nicht zu durchdringen.

Der Text „Der Nachhauseweg" schildert zunächst ein euphorisches Erleben der äußeren Welt, eine scheinbare Kongruenz zwischen Innen und Außen („mein Tempo ist das Tempo dieser Gassenseite, dieser Gasse, dieses Viertels"), dem unmittelbar durch den Eintritt ins Innere („Nur als ich in mein Zimmer trete, bin ich ein wenig nachdenklich") ein Rückfall in die eigene Isolation, in die innere Leere folgt, begleitet von dem Bewusstsein, dass die unüberwindbaren Gegensätze des Innen und Außen keiner äußeren Schranke mehr bedürfen, sondern per se existent sind („Es hilft mir nicht viel, daß ich das Fenster gänzlich öffne und im Garten die Musik noch spielt") und dass das Äußere selbst bei geöffnetem Fenster nicht mehr ins Innere zu dringen vermag.

„Die Vorüberlaufenden" stehen nicht nur für eine Welt ohne immanente Bezüge, für ein beziehungs- und verantwortungsloses Dasein des Menschen in der äußeren Welt, sondern auch für eine resignierte Abkehr von derselben („ ... dürfen wir nicht müde sein ... ?").

Im Stück „Der Fahrgast" verdichten sich die enttäuschenden Erfahrungen im „Innen" und „Außen" zu einer allgemeinen existentiellen Unsicherheit und Schwebe. Hier wird das Leben als Fahrt mit dem „elektrischen Wagen" dargestellt, für das es keine Rechtfertigung mehr gibt, denn man „kann es gar nicht verteidigen", dass man auf der schwankenden „Plattform" des Wagens steht.

Der Text „Die Kleider" thematisiert dagegen den bloßen Schein des Äußeren („Kleider mit vielfachen Falten, Rüschen und Behängen"), der die Menschen als undurchschaubare, identitätslose Wesen mit „Maskenanzug erscheinen" lässt, ihre Existenz gleichzeitig „traurig und lächerlich" macht. Diese Menschen, die sich, dem Äußeren preisgegeben, nur „von ihrem Spiegel widerscheinen lassen", jedoch so nie ihren wahren Grund erfassen können, verlieren sich an eine sinnlose Existenz, die schon bald „abgenützt, gedunsen, verstaubt, von allen schon gesehn und kaum mehr tragbar" erscheint.

Beim Einzeltext „Die Abweisung" hingegen wird das Negative des eigenen Inneren ins Äußere übertragen und generalisiert, das verlorene innere Selbstwertgefühl als Nichtgenügsamkeit im Außen missverstanden und fehlinterpretiert. Dies verhindert eo ipso einen konkreten Bezug der zwei ohnehin divergierenden Welten und verdeutlicht zusätzlich ihre Inkongruenz. Wenn die jeweilige Isolation und Unvereinbarkeit auch allein auf der Ebene einer inneren (Fehl-) Deutung initiiert wird, so wird doch das Äußere davon tangiert und beeinflusst und lässt den Beginn einer Verbindung im Ansatz versiegen, was insgesamt auch die gleichzeitig existierende wechselseitige Abhängigkeit der zwei Welten hervorhebt.

Das nächste Stück, „Zum Nachdenken für Herrenreiter", nimmt diese Thematik und Problematik noch einmal auf und konkretisiert sie, indem hier die gegenseitige Beeinflussung und Interdependenz des Innen und Außen am Beispiel des Pferdewettrennens demonstriert wird:

Zum einen ist der innere Eigenwert abhängig von der Anerkennung im Außen, denn selbst „Ruhm" wird schnell zur „Reue" durch den „Neid der Gegner".

Eine stabile Ich-Konstituierung und der Aufbau eines Selbstwertgefühls ist somit nicht allein aufgrund einer inneren Fähigkeit und Eigenleistung („der beste Reiter eines Landes") möglich, sondern bedarf auch der Akzeptation im Außen.

Doch auch eine alleinige positive Außenbewertung ohne entsprechende innere Fundierung macht diese wertlos, denn „vielen Damen scheint der Sieger lächerlich", wenn „er sich aufbläht und doch nicht weiß, was anzufangen mit dem ewigen Händeschütteln, Salutieren, Sich-Niederbeugen und In-die-Ferne-Grüßen".

Die Welten des Innen und Außen sind somit zwar scheinbar unvereinbar (wie es die vorhergehenden Einzeltexte darlegten), doch auch andererseits noch immer interdependent und der jeweils anderen unterworfen bzw. in Bezug auf diese suggestibel, denn das Negative der einen strahlt auf die andere zurück, bis schließlich eine alles umfassende Trübnis beide umschließt, und es „endlich gar aus dem trüb gewordenen Himmel zu regnen anfängt".

Im Text „Das Gassenfenster" wird die Isolation im Innen als belastend empfunden, man fühlt sich „verlassen" und möchte sich „irgendwo anschließen", sucht den Bezug zur äußeren Welt, schreckt gleichzeitig aber auch davor zurück, denn man „hat ein wenig den Kopf zurückgeneigt".

Die „Fensterbrüstung" des „Gassenfensters" bleibt als einzige Alternative, denn so kann das Äußere über eine sichere Barriere zumindest als Anschauungsobjekt erlebt werden.

Trotzdem bleibt die Sehnsucht nach einer wahren Durchdringung der beiden Welten existent, denn der „müde Mann" hofft noch immer, dass „ihn doch unten die Pferde mitreißen" werden und eine Penetration der zwei Sphären gelingt.

Der „Wunsch, Indianer zu werden" steht für den Wunsch nach einer vollkommenen Loslösung vom inneren Bewusstsein („ohne Pferdekopf") und von der äußeren Gegenständlichkeit („keine Sporen", „keine Zügel"), für eine Flucht in eine irreale, optative Welt der Fantasie („Wenn man doch Indianer wäre ..."), bis man „kaum das Land vor sich als glattgemähte Heide" mehr sieht, sondern „schief in der Luft" in eine neue Sphäre entschwebt, die die Inkongruenz der zwei unvereinbar scheinenden Welten obsolet werden lässt.

Im darauf folgenden Stück „Die Bäume" wird die Verschmelzung von Innerem und Äußerem gedanklich fortgeführt („Denn wir sind wie Baumstämme im Schnee") und gleichzeitig aufgezeigt, wie substanzlos dadurch beide Welten werden: Inneres und Äußeres werden nun gleichsam scheinhaft und befinden sich in einer unauflösbaren Kette der Aufhebung jeglicher Erkenntnis und Einordnung.

Der letzte Einzeltext der „Betrachtung", „Unglücklichsein", schildert den völligen Rückzug ins Innere, in die „Tiefe des Zimmers", auf den „Grund des Spiegels". Das Äußere ist nun selbst rein visuell schon mit einem Schrecken verbunden („durch den Anblick der beleuchteten Gasse erschreckt"). Gleichzeitig wird sich das epische Ich jedoch auch der eigenen inneren Leere gewahr, es spürt, sein „Schrei" wird sinnlos, wenn ihm „nichts antwortet" und seine „Kraft" ist wertlos „ohne Gegengewicht".

Das Innere bedarf also der Anbindung ans Äußere, um sich als „Gespenst" der eigenen Ängste und Zweifel nicht zu dramatisieren.

Inneres und Äußeres werden insgesamt in den Einzeltexten als schwer aneinander adaptabel, adversativ, aber auch als jeweils nicht autark, sondern als interdependent gezeichnet, woraus sich die eigentliche Problematik ergibt.

Das ständig wechselnde Tendieren mal nach innen, mal nach außen in der „Betrachtung" ist dabei mehr als ein unentschlossenes Schwanken, denn „nicht ein unsteter Charakter ist es, nicht Mangel an Energie und Festigkeit"[687], was das Ich antreibt, „nein Kafka schwankt nicht, er ist *gespalten*, und das ist etwas gänzlich anderes. Denn Unentschlossenheit ist bloße Schwäche, Gespaltenheit aber hat ein Moment von Tragik"[688].

---

687 Stach, Reiner: Kafka. Die Jahre der Entscheidungen, S. 579.
688 Ebenda, S. 579.

Doch was treibt diese innere Spaltung zwischen „Innen" und „Außen" an? Für was steht diese Inkongruenz der zwei divergierenden Welten, was ist unter dem „Innen" und „Außen" im Einzelnen zu verstehen?

Auf der einen Seite steht die äußere, mit den Sinnen wahrnehmbare Welt, „die Sphäre der bloßen Vorstellungen"[689], das bewusste, entäußerte Sein. Sie wird durch das Bewusstsein erfahren und kann durch Anschauung vermittelt werden, doch „sie konstituiert sich nur als Reflex subjektiver Projektionen"[690], bleibt somit „scheinhaft" und im Bereich der individuellen Anschauung und Eigeninterpretation. Die äußere Welt ist im Sinne Schopenhauers eine Welt der „Vorstellung":

„'Die Welt ist meine Vorstellung' - dies ist eine Wahrheit, welche in Beziehung auf jedes lebende und erkennende Wesen gilt; wiewohl der Mensch allein sie in das reflektirte abstrakte Bewußtseyn bringen kann: und thut er dies wirklich; so ist die philosophische Besonnenheit bei ihm eingetreten. Es wird ihm dann deutlich und gewiß, daß er keine Sonne kennt und keine Erde; sondern immer nur ein Auge, das eine Sonne sieht, eine Hand, die eine Erde fühlt; daß die Welt, welche ihn umgiebt, nur als Vorstellung daist, d. h. durchweg nur in Beziehung auf ein Anderes, das Vorstellende, welches er selbst ist ... Keine Wahrheit ist also gewisser ... als diese, daß Alles, was für die Erkenntniß daist, also die ganze Welt, nur Objekt in Beziehung auf das Subjekt ist, Anschauung des Anschauenden, mit Einem Wort, Vorstellung."[691]

So gesehen ist die äußere Welt nur der Schein der menschlichen Betrachtung und für das betrachtende Subjekt niemals „wahr" im eigentlichen Sinne. Doch Kafka geht noch einen Schritt weiter, für ihn ist nicht nur das Betrachtete Schein, mit ihm werden auch die Betrachtenden selbst zum Objekt der reinen Betrachtung, zu „Baumstämmen im Schnee", die nur „scheinbar glatt aufliegen" und nur scheinbar „fest mit dem Boden verbunden" sind, somit nie wahrhaft erkannt werden können.

Ähnlich wie im „Höhlengleichnis" Platons (ein Philosoph, den Kafka nicht nur schätzte, sondern auch mit Brod gemeinsam übersetzte), in welchem die Menschen als Gefangene gefesselt in einer Höhle leben, den Kopf aufgrund ihrer Fesseln nicht wenden können und als einzige Lichtquelle ein Feuer besitzen, das hinter ihrem Rücken brennt und die Schatten der Gaukler, die hinter ihnen ihre Kunststücke vollführen, an die Höhlenwand projiziert, die somit niemals „von sich selbst und voneinander je etwas anderes gesehen haben als die Schatten, welche das Feuer auf die ihnen gegenüberstehende Wand der Höhle wirft"[692],

---

689 Kobs, Jörgen: Kafka, S. 346.
690 Ebenda, S. 347.
691 Schopenhauer, Arthur: Die Welt als Wille und Vorstellung, Band 1, S. 35.
692 Platon: Sämtliche Werke, Band 3, S. 224.

werden auch die Menschen bei Kafka zum bloßen Schein oder Schatten, deren wahres Wesen das Subjekt nicht zu erkennen vermag.

Auf der anderen Seite steht die geistige, innere Welt. Sie ist im Gegensatz dazu weder beobachtbar noch mitteilbar oder bewusst wahrnehmbar, sondern nur im Traum lebbar, denn „es gibt keine Beobachtung der inneren Welt, so wie es eine der äußeren gibt ... Die innere Welt lässt sich nur leben, nicht beschreiben."[693]

Nur „der Traum enthüllt die Wirklichkeit, hinter der die Vorstellung zurückbleibt"[694].

Denn erst „im Traum ist der Mensch ganz bei sich, er lebt die innere Welt, statt sie beobachten zu wollen; er ist nur mehr er selbst"[695].

Sobald er jedoch wieder bei Bewusstsein ist, verliert er sich wieder an das Äußere, denn nun „entäußert er sich fortwährend seiner selbst und verfällt dem Schein des nur Vorgestellten"[696].

Andererseits jedoch besteht auch „ein geheimer Zusammenhang zwischen der sinnlichen Welt der Außendinge und der inneren Welt des bewußtseinsunabhängigen Daseins"[697].

Denn in Wahrheit gibt es (nach Kafkas Auffassung) „nichts anderes als eine geistige Welt; was wir sinnliche Welt nennen, ist das Böse in der geistigen, und was wir böse nennen, ist nur eine Notwendigkeit eines Augenblicks unserer ewigen Entwicklung"[698].

Doch was ist dieses „Böse"?

Nach Kafka ist „das Böse ... eine Ausstrahlung des menschlichen Bewußtseins in bestimmten Übergangsstellungen. Nicht eigentlich die sinnliche Welt ist Schein, sondern ihr Böses, das allerdings für unsere Augen die sinnliche Welt bildet"[699].

Erst die „Ausstrahlung des menschlichen Bewusstseins" also macht die sinnliche Welt „scheinhaft", beraubt sie ihrer wahrhaften Wirklichkeit, denn „die Dinge der äußeren Welt besitzen immer schon ihre eigene, unveräußerliche Wirklichkeit. Erst unter dem Einfluß des Bewußtseins entarten sie zu bloßen Gegenständen"[700].

Die Dinge der Außenwelt sind somit nach Kafkas Auffassung nicht durch das Subjekt bedingt, sondern vielmehr selbständig existent, ja zerfallen erst durch das Bewusstseins des Subjekts zum bloßen Schein,

---

693 Kafka, Franz: Hochzeitsvorbereitungen auf dem Lande, S. 53.
694 Kobs, Jörgen: Kafka, S. 347.
695 Ebenda, S. 347.
696 Ebenda, S. 347.
697 Ebenda, S. 347.
698 Kafka, Franz: Hochzeitsvorbereitungen auf dem Lande, S. 34.
699 Ebenda, S. 37.
700 Kobs, Jörgen: Kafka, S. 348.

verlieren so ihr wahres Sein. Kafka geht in diesem Punkt somit nicht mit Schopenhauers Philosophie gänzlich konform, da Letzterer die Auffassung vertrat, dass „alles, was irgend zur Welt gehört und gehören kann, ... unausweichlich mit diesem Bedingtseyn durch das Subjekt behaftet"[701] ist.

Nach Kafka jedoch enthüllen die Dinge ihr wahres Sein erst unter dem Ausschluss des menschlichen Bewusstseins. Denn erst dann, wenn das Bewusstsein ausgeschaltet ist, im Traume etwa, „sind die Dinge ganz das, was sie sind"[702]. Dadurch entsteht eine deckungsgleiche Einheit zwischen innerer und äußerer Welt, denn nun sind „die geistige Welt des gelebten inneren Lebens und die Wirklichkeit der Außendinge ... miteinander identisch"[703].

Der Mensch ist nun nicht nur ganz bei sich selbst, sondern auch „recht eigentlich Ding an sich"[704].

Diese Einheit zerfällt erst dann, wenn die Subjekte im wachen Zustand „der Intentionalität ihres Bewußtseins folgend, in den 'Gegensatz' der Subjekt-Objekt-Spaltung geraten"[705], wenn aufgrund der „Ausstrahlung des menschlichen Bewusstseins" die innere Welt „zum Subjekt-Sein entartet"[706] und die Dinge der Außenwelt zu Objekten, zu „bloßen Gegenständen"[707] werden.

Trotzdem existiert selbst dann noch „jener geheime Fluchtpunkt"[708] des „Unzerstörbaren"[709], das die beiden divergierenden Bereiche des „Innen" und des „Außen" und die Subjekte untereinander mit einem unsichtbaren Faden verbindet:

„Das Unzerstörbare ist eines; jeder einzelne Mensch ist es und gleichzeitig ist es allen gemeinsam, daher die beispiellos untrennbare Verbindung der Menschen."[710]

Doch auch wenn „der Mensch selbst als Subjekt der Basis des 'Unzerstörbaren' verhaftet"[711] bleibt, so „doch nur in trüber, gebrochener Form, im Prinzip der Aufhebung"[712], denn das 'Unzerstörbare', das Gemeinsame der Subjekte, wird im Außen permanent preisgegeben und

---

701 Schopenhauer, Arthur: Die Welt als Wille und Vorstellung, Band 1, S. 35.
702 Kobs, Jörgen: Kafka, S. 348.
703 Ebenda, S. 348.
704 Ebenda, S. 348.
705 Ebenda, S. 346.
706 Ebenda, S. 348.
707 Ebenda, S. 348.
708 Ebenda, S. 346.
709 Kafka, Franz: Hochzeitsvorbereitungen auf dem Lande, S. 35.
710 Ebenda, S. 35-36.
711 Kobs, Jörgen: Kafka, S. 348.
712 Ebenda, S. 348.

zum Instrument der gegenseitigen Aufhebung, da im Äußeren alles unweigerlich ins Scheinhafte mündet und so ein „bloßes Zerrbild des 'Unzerstörbaren'"[713] entsteht.

Auch die gesellschaftliche und zwischenmenschliche Verbindung wird dadurch problematisiert, da „in der äußeren Welt der sozialen Beziehungen ... diese Verbindung zum Aneinander-Gebunden-Sein der Subjekte, zur unüberwindlichen Gefangenschaft"[714] entartet.

Ein Beispiel zu dieser Problematik findet sich in der „Betrachtung" im Stück „Kinder auf der Landstraße", wenn es heißt: „Wenn man seine Stimme unter andere mischt, ist man wie mit einem Angelhaken gefangen."

Zwar treten sich die beiden Bereiche und die Individuen untereinander „mit demselben Anspruch entgegen, doch weil sie so nur ins Äußere und Scheinhafte zielen, können sie sich niemals treffen"[715].

Doch die Sehnsucht nach dem Gemeinsamen, dem „geheimen Fluchtpunkt", nach dem „Unzerstörbaren" bleibt.

So gibt es nur „theoretisch ... eine vollkommene Glücksmöglichkeit: An das Unzerstörbare in sich glauben und nicht zu ihm streben"[716], denn „der Mensch kann nicht leben ohne ein dauerndes Vertrauen zu etwas Unzerstörbarem in sich, wobei sowohl das Unzerstörbare als auch das Vertrauen ihm dauernd verborgen bleiben können. Eine der Ausdrucksmöglichkeiten dieses Verborgenbleibens ist der Glaube an einen persönlichen Gott"[717].

In einer Welt, in der es keinen alles umspannenden, gemeinsam geteilten religiösen Rahmen, sondern nur noch einen „persönlichen Gott" gibt, wird das „Unzerstörbare", wie Max Brod es ausdrückte, zum „zwar nicht erreichten, aber bei aller Ungewissheit und Skepsis doch immer gegenwärtigen Endziel und Sinnpunkt"[718], das in seiner Unerreichbarkeit „repräsentativ wird für das Wahrheitssuchen in einer gottfernen Zeit"[719], aber auch gerade deshalb nie zur Erlösung, zur „vollkommenen Glücksmöglichkeit" werden kann.

Denn ohne religiös-metaphysischen Horizont kann weder das Subjekt aus sich selbst heraus „an das Unzerstörbare in sich glauben" noch im Außen das Gemeinsame ohne gegenseitige Aufhebung leben.

Das Subjekt, ohne gemeinsame Existenzbegründung scheinbar im eigenen Solipsismus gefangen, steht dem Außen nicht abgeschlossen

---

713 Kobs, Jörgen: Kafka, S. 349.
714 Ebenda, S. 348.
715 Ebenda, S. 349.
716 Kafka, Franz: Hochzeitsvorbereitungen auf dem Lande, S. 35.
717 Ebenda, S. 34.
718 Kafka, Franz: Beschreibung eines Kampfes, S. 260.
719 Ebenda, S. 260.

entgegen, sondern nimmt es im eigenen Bewusstsein als „Vorstellung" auf, spürt dabei zwar die Grenze zwischen Subjekt und Objekt, an dem sich die zwei Welten brechen, sucht jedoch einen gemeinsamen Flucht- und Zielpunkt, um seine eigene Existenz zu fundieren.

Die eigentliche Seinsproblematik entsteht dabei, weil „weder die eigene Identität noch die Realität der erscheinenden Welt Gewissheiten bilden"[720] und das Subjekt sich dadurch in einem permanenten Zustand der ontologischen Schwebe befindet, in welchem es in beiden Sphären nach einem existentiellen Halt sucht, ihn jedoch nie dauerhaft zu finden vermag.

Denn durch den Wegfall einer objektiven Metaphysik in der Moderne (vgl. Kapitel 2.2.) fehlt dem Subjekt eine allgemein verlässliche ontologische Ordnung und Orientierung im „Außen", es verfällt einer reinen Introspektion, die es jedoch überfordert. Somit kommt es wiederum zur Hinwendung an das Äußere, an die Welt, die aber auch keine verlässliche Sicherheit mehr bieten kann, jede Gewissheit fraglich erscheinen lässt und zur erneuten Innenorientierung zwingt.

Ein leidvoller Kreislauf entsteht, das Subjekt fällt schließlich in einen „Schwebezustand" zwischen „Innen" und „Außen" ohne Halt und Schwerpunkt, gelangt in eine sich verlierende Sphäre.

Im vormodernen Zeitalter war die „Heterogenität von Innerem und Äußerem"[721] zwar spürbar, die zwei Welten waren jedoch niemals in dialektischer Art und Weise oppositär, vielmehr war „die Welt ... weit und doch wie das eigene Haus"[722], da beide Sphären noch „derselben Wesensart"[723] entstammten und daher auch die Möglichkeit gegeben war, dass sich das subjektive Handeln, zwar selbstständig, doch in ihr Ganzes integriert, sich die „Tat ... von ihr ablöst und selbstgeworden einen eigenen Mittelpunkt findet und einen geschlossenen Umkreis um sich zieht"[724].

Trotz der Dualität der ontologischen Basis ist es „eine homogene Welt, und auch die Trennung von Mensch und Welt, Ich und Du vermag ihre Einstoffigkeit nicht zu stören"[725].

Erst in der Moderne wird sich der Mensch als vollständig selbstbestimmtes Wesen „des Risses zwischen Innen und Außen, ... der Wesensverschiedenheit von Ich und Welt, der Inkongruenz von Seele und Tat"[726] schmerzlich bewusst.

---

720 Beicken, Peter U.: Franz Kafka, S. 19.
721 Lukács, Georg: Die Theorie des Romans, S. 106.
722 Ebenda, S. 21.
723 Ebenda, S. 21.
724 Ebenda, S. 21.
725 Ebenda, S. 24.
726 Ebenda, S. 21.

Während in vormoderner Zeit das Innen und das Außen über die metaphysischen Kräfte „ein in sich homogenes System des adäquaten Gleichgewichts"[727] bildeten, zwar auch hier durchaus „drohende und unverständliche Mächte fühlbar"[728] waren, jedoch „niemals das Sein verwirren"[729] konnten, da eine ontologische „Geschlossenheit die transzendentale Wesensart ihres Lebens"[730] bestimmte, hat der Mensch in der Moderne dagegen nicht nur „die Produktivität des Geistes erfunden"[731], sondern hat damit gleichzeitig auch seine ontologische „Selbstverständlichkeit unwiederbringlich verloren"[732], hat die beiden Welten des Innen und Außen grundlegend opponiert und befindet sich seither nun auf einem instabil-schwankenden „unendlichen Weg der niemals voll geleisteten Annäherung"[733] dieser zwei Sphären.

Zwar ist die Welt der Menschen nun reicher geworden: reicher an Freiheit, an individuellen Möglichkeiten, auch an Gefahren, „aber dieser Reichtum hebt den tragenden und positiven Sinn ihres Lebens auf: die Totalität"[734], ohne die die Welt für den Menschen unüberschaubar und letztendlich auch unzugänglich geworden ist, ist nun verloren und hinterlässt eine nicht wieder schließbare (ontologische) Lücke. Der Reichtum der Freiheiten und der Möglichkeiten ist zur unüberschaubaren Fülle der Optionen geworden, in der sich der Mensch ohne übergeordneten Rahmen nicht mehr zurechtfinden kann, sich in ihr letztlich verliert und daher nur noch zwischen zwei Seiten schwebend und schwankend balanciert.

Es liegen nun nicht nur „zwischen Ich und Welt unüberbrückbare Abgründe"[735], auch hat der Mensch die sinngebende Wesenhaftigkeit der Welt verloren und glaubt in sich „die allein wahre Substanz gefunden"[736] zu haben, was nicht nur zu einer permanenten Rückbesinnung auf die eigene Individualität, auf die innere Welt, sondern gleichzeitig auch zu einer in diesem Maße nie gekannten ontologischen und weltlichen Einsamkeit führte. Jede Erkenntnis, jede Sicherheit kann somit nun nur noch subjektiv und per se ephemer, an weltlicher Objektivität nicht verifiziert, und daher nur „scheinbar" sein.

---

727 Lukács, Georg: Die Theorie des Romans, S. 25.
728 Ebenda, S. 25.
729 Ebenda, S. 25.
730 Ebenda, S. 25.
731 Ebenda, S. 25.
732 Ebenda, S. 25.
733 Ebenda, S. 25.
734 Ebenda, S. 26.
735 Ebenda, S. 26.
736 Ebenda, S. 26.

So heißt „in der Neuen Welt ... Mensch-sein: einsam sein"[737] und Orientieren am inneren, ungesicherten, ständig aufs Neue suchenden Sein, denn „ob die Angemessenheit der Tat an das Wesen des Subjekts, der einzige Wegweiser, der übrigbleibt, wirklich das Wesen trifft, wer kann es wissen, wenn das Subjekt für sich selbst zur Erscheinung, zum Objekt geworden ist; wenn seine innerste und eigenste Wesenheit nur als unendliche Forderung auf einem imaginären Himmel des Seinsollenden ihm entgegengestellt ist; wenn sie aus einem unermeßlichen Abgrund, der im Subjekt selbst liegt, heraustreten muß"[738]?

Wenn aber die totalitäre existentiell-ontologische Einbindung zerschlagen und jede Person mit ihrem „eigenen Faden an ihr gebärendes Schicksal gebunden"[739] ist, „dann muß jede aus der Einsamkeit stammen und in unaufhebbarer Einsamkeit inmitten der anderen Einsamen dem letzten tragischen Alleinsein zueilen"[740], was sich in der „Betrachtung" vor allem in den Einzeltexten „Ausflug ins Gebirge" und „Die Vorüberlaufenden" widerspiegelt, denn hier befindet man sich in einer Gesellschaft bestehend aus „lauter niemand"; man läuft anonym, emotions- und verantwortungslos aneinander vorbei, man weiß „nichts von einander" und sucht als „Nachtwandler" einsam in der Finsternis seinen eigenen Weg, denn jeder „läuft nur auf eigene Verantwortung in sein Bett", ist in der eigenen Einsamkeit eingeschlossen, die so absolut geworden ist, dass man froh ist, niemanden, „auch den zweiten nicht mehr sehn" zu müssen und nichts anderes will, als die anderen „weiter laufen zu lassen".

Die Sprache des in seiner totalitären Einsamkeit gefangenen Individuums kann daher auch nicht dialogisch, allenfalls monologisch oder lyrisch sein, denn „im Zwiegespräch tritt das Inkognito seiner Seele zu stark zutage"[741], dementsprechend erscheint das literarische Ich der „Betrachtung" niemals im Dialog, der einen gemeinsam geteilten Bewusstseinshorizont und eine zumindest partiell sich deckende Sprach- und Erlebniswelt voraussetzt. Denn in der Moderne sind „die rationalisierten Lebenswelten geprägt durch einen reflexiv gewordenen Umgang mit Traditionen, ... die kommunikatives Handeln in erweiterten Optionsspielräumen von eng umschriebenen Kontexten entbinden"[742] und so der Voraussetzung für einen problemlosen interaktiven Diskurs entbehren.

---

737   Lukács, Georg: Die Theorie des Romans, S. 28.
738   Ebenda, S. 28.
739   Ebenda, S. 35.
740   Ebenda, S. 35.
741   Ebenda, S. 36.
742   Habermas, Jürgen: Der philosophische Diskurs der Moderne, S. 10.

„Kommunikativ handelnde Subjekte verständigen sich stets im Horizont einer Lebenswelt. Ihre Lebenswelt baut sich aus mehr oder weniger diffusen, stets unproblematischen Hintergrundüberzeugungen auf."[743]

Fehlen jedoch allgemein gültige Vorgaben und Orientierungspunkte eines religiös-metaphysischen Modells, ist die Kommunikation nicht eingebettet in den „Kontext einer *gemeinsam* erlebten sozialen Welt"[744] und wird ohne „kontextbildenden Hintergrund von Verständigungsprozessen"[745] zwangsläufig problematisiert und gestört. Denn nur wenn, wie Emile Durkheim bereits bemerkte, „ein normatives Grundeinverständnis"[746] zwischen den Sprechenden besteht, „kann Ego über Sprechangebote Alter so binden, daß Alters Handlungen an Egos Handlungen konfliktfrei angeschlossen und zu einem kooperativen Zusammenhang ergänzt werden"[747]. Nur im Rahmen einer gemeinsam geteilten Lebenswelt können „die kulturellen Deutungs-, Wert- und Ausdrucksmuster als Ressourcen für die Verständigungsleistungen von Interaktionsteilnehmern, die eine gemeinsame Situationsdefinition aushandeln und ... einen Konsens über etwas in einer Welt herbeiführen möchten"[748], dienen und eine problemlose Verständigung garantieren. Nur wenn „der Aktor die Lebenswelt als Ressource verständigungsorientierten Handelns im Rücken behält"[749], ist kommunikatives Handeln möglich und „selbstverständlich", können Sprechhandlungen koordiniert werden.

Mit der Dezentralisierung der Weltbilder in der Moderne verlor der Mensch jedoch die Geltungsansprüche einer allgemein verbindlichen Verständigungs- und Handlungsorientierung, ohne die sich die Kommunikation problematisiert. Denn eine Äußerung hat „nur dann einen illokutiven Bindungseffekt, wenn sie Stellungnahmen ermöglicht, die nicht einfach willkürliche Reaktionen auf Willensäußerungen eines Sprechers darstellen"[750], sondern die intersubjektiv gültige Ansprüche implementieren.

Doch mit dem Beginn der Moderne und der damit einhergehenden „Rationalisierung der Lebenswelt"[751] kam es zu einer „Veränderung lebensweltlicher Strukturen, die ... mit einer zunehmenden Differenzie-

---

743 Habermas, Jürgen: Theorie des kommunikativen Handelns, Band 1, S. 107.
744 Habermas, Jürgen: Theorie des kommunikativen Handelns, Band 2, S. 234.
745 Ebenda, S. 304.
746 Ebenda, S. 175.
747 Ebenda, S. 45.
748 Ebenda, S. 203.
749 Ebenda, S. 203.
750 Ebenda, S. 45.
751 Ebenda, S. 427.

rung zwischen Kultur, Gesellschaft und Persönlichkeit"[752] verbunden war und die somit die Kommunikation dissonierte.

Ferner sind die gemeinsam geteilten Weltbilder und lebensweltlichen Konzeptionen „nicht nur konstitutiv für Verständigungsprozesse, sondern auch für die Vergesellschaftung der Individuen"[753], denn sie erfüllen auch „eine identitätsbildende und –sichernde Funktion, indem sie die Individuen mit einem Kernbestand von Grundbegriffen und Grundannahmen versorgen, die nicht revidiert werden können, ohne die Identität der Einzelnen wie der sozialen Gruppen zu affizieren"[754], und somit nicht nur Handlungs- und Kommunikations-Strukturen bilden, sondern auch ontologische und soziale Sicherheit garantieren.

Ist die interaktive Kommunikation jedoch aufgrund eines fehlenden totalitären Weltbildes und gemeinsamen Verständigungshorizontes gestört, hat dies letztendlich auch fatale Folgen für die Ich-Ausbildung des Subjekts, denn „die Identität des Ichs bildet sich ... in den komplexeren Zusammenhängen kommunikativen Handelns, ... im Umgang mit dem Gefüge der objektiven, sozialen und subjektiven Welt, das sich in lebensweltlichen Kontexten nach und nach ausdifferenziert"[755] und bedarf einer objektiv-weltlichen Bestätigung im Zuge normengeleiteter Interaktionen.

Ein ganzheitliches lebensweltliches Wissen sorgt somit nicht nur für eine koordinierte Kommunikation, sondern ist auch die Basis für ein Gefühl der inneren und äußeren Sicherheit und Gewissheit, ist die Grundlage für eine fraglos-sichere, vorinterpretierte Welt und eine sich von den anderen und dem Allgemeinen unterscheidende eigene Identität.

Erst wenn sich das Individuum in der Moderne nicht mehr auf die „Einheit der objektiven Welt und der Intersubjektivität ihres Lebenszusammenhangs"[756] stützen kann und das lebensweltliche, „*identitätsverbürgende Wissen* ... auf der Linie vom geschlossenen zum offenen Weltbild immer formaler"[757] wird, fällt es in sein eigenes leeres Ich zurück und muss sich selbst zum Problem werden. Weder im Ich noch in der Gemeinschaft findet es dann den alles umspannenden gemeinsamen Rahmen und so bleibt es einsam im eigenen Selbst zurück, verliert sich in einer nie gekannten Einsamkeit und ontologischen Schwebe.

---

752 Habermas, Jürgen: Theorie des kommunikativen Handelns, Band 2, S. 427.
753 Habermas, Jürgen: Theorie des kommunikativen Handelns, Band 1, S. 100.
754 Ebenda, S. 100.
755 Habermas, Jürgen: Moralbewußtsein und kommunikatives Handeln, S. 194.
756 Habermas, Jürgen: Theorie des kommunikativen Handelns, Band 1, S. 28.
757 Ebenda, S. 100.

Doch diese alles umfassende Einsamkeit ist mehr als nur „der Rausch der vom Schicksal erfaßten ... Seele"[758], denn in ihr lebt noch immer ein geheimer Rückbezug zur Gemeinschaft, es ist „die Qual der zum Alleinsein verdammten, sich nach Gemeinschaft verzehrenden Kreatur"[759]. Es ist der Einsame, der nicht zu begreifen vermag, warum „unter dem gleichen Mantel des Lebens nicht auch die gleiche Wesenhaftigkeit wohnen muß"[760], warum nicht eine „extensive Totalität des Lebens"[761] mehr existiert.

Auch Kafka suchte „diese gleichsam *horizontale* Dimension, die soziale Ausdehnung einer Existenz, die sich sichtbar macht und dem Sog der Anonymität entreißt"[762], obwohl „sich der Reichtum von Kafkas Existenz wesentlich im Psychischen entfaltet hat, im Unsichtbaren, in einer *vertikalen* Dimension, die mit der sozialen Landschaft scheinbar gar nichts zu tun hat"[763]. So gelang es ihm auch nicht die Barriere zwischen „Innen" und „Außen" zu durchbrechen, einen festen äußeren Wirkungskreis von innen her zu ziehen, so dass „sich Kafka lebenslang mit der Frage beschäftigt hat, wie man einen solchen Radius stabilisiert und beherrscht, wie man sich Raum schafft in der Welt"[764], doch dabei immer wieder nur auf sich selbst zurückfiel ohne das Äußere an sich binden, die Wand der sozialen Realität durchstoßen zu können. Dieser Konflikt zwischen „Innen" und „Außen", horizontaler und vertikaler Ich-Dimension prägte letztlich Kafkas gesamtes Leben und literarisches Schaffen, wobei sich das Ganze noch summierte „zu dem intensiv erlebten Konflikt zwischen seiner visionären inneren Welt, die unerbittlich nach Ausdruck drängte, und der gleich stark empfundenen Pflicht, sich der Menschheitsfamilie einzugliedern. Von Anfang an empfand er es ja als seine Aufgabe, sich nicht nur der ´Magie` des Schreibens, sondern auch dem Umgang und der Kommunikation mit den Mitmenschen zu stellen"[765], zerrieb sich dabei jedoch nur selbst zwischen den gegensätzlichen Kräften.

In der „Betrachtung" wird dies etwa im Stück „Kinder auf der Landstraße" offenbar, wenn das epische Ich den küsste, „der bei ihm stand" und den „drei Nächsten nur so die Hände reichte", aber beim Zurücklaufen des Weges schmerzhaft feststellte, dass ihn „keiner rief"; oder wenn im Stück „Der Ausflug ins Gebirge" das erzählende Ich feststellt,

---

758 Lukács, Georg: Die Theorie des Romans, S. 36.
759 Ebenda, S. 36.
760 Ebenda, S. 36.
761 Ebenda, S. 37.
762 Stach, Reiner: Kafka. Die Jahre der Entscheidungen, S. XII.
763 Ebenda, S. XIV.
764 Ebenda, S. XII.
765 Sokel, Walter H.: Zur Sprachauffassung .... In: David, Claude (Hrsg.): Franz Kafka ..., S. 32.

dass „niemand kommt", ihm gewahr wird, dass ihm „niemand helfen will", obwohl es „ganz gern ... einen Ausflug mit einer Gesellschaft von lauter niemand machen" würde, es selbst den entfremdeten Anderen akzeptieren würde.

Auch wenn im Text „Die Abweisung" nur im Rahmen eines fiktiven Dialoges a priori klar ist, dass „jeder lieber allein nach Hause gehn" will, wird die alles umfassende, unüberbrückbare Einsamkeit des Individuums in der Moderne offensichtlich.

Zwar bleibt der Wunsch nach einem zwischenmenschlichen Kontakt bestehen („Sei so gut, komm mit mir"), doch ist man sich auch der Unmöglichkeit der Umsetzung dieses Wunsches bewusst, und um sich „dessen nicht unwiderleglich bewusst zu werden", wählt man von vornherein das Alleinsein.

Auch im Stück das „Gassenfenster" zeigt sich die Paarung zwischen Einsamkeit und dem Wunsch nach gesellschaftlichem Anschluss: So lebt man „verlassen", möchte sich aber „doch hie und da irgendwo anschließen", will „einen beliebigen Arm sehen", an welchem man „sich halten könnte", trotzdem verharrt man nur an der „Fensterbrüstung", an der Grenze zwischen Innen und Außen, und hofft auf etwas, das „mitreißen" könnte, hin zur „menschlichen Eintracht zu".

Letztlich bleibt das Individuum jedoch in sich, in seiner eigenen Selbstbesinnung gefangen, so dass ein 'wirklicher` Dialog nur im Zwiegespräch mit dem eigenen Selbst möglich wird: Dementsprechend findet sich in der „Betrachtung" nur im letzten Stück, „Unglücklichsein", ein irrealer, rein innersubjektiver Dialog zwischen erzählendem Ich und Gespenst, ego und alter ego.

Doch diese permanente Rückbesinnung ins eigene Ich entlässt aus sich heraus neue Probleme, denn die Subjektivität des Einzelnen, „die aus der maßlosen Unendlichkeit des Weltgeschehens ein Stück herausreißt, ihm ein selbständiges Leben verleiht und das Ganze, aus dem es entnommen wurde ... nur als unwillkürliches Weiterspinnen abgerissener Kausalreihen, nur als Spiegelung einer an sich seienden Wirklichkeit"[766] erscheinen lässt, wird ihm letztendlich zum Verhängnis, da es ihm nur sein eigenes brüchiges, substanzloses Ich offenbart. Denn mit dem Zerfall der äußeren Objektwelt wurde auch das Innere des Subjekts fragmentiert. Zwar ist sein Ich noch „seiend geblieben"[767], doch vermag es aus sich selbst heraus keine neue Totalität zu erschaffen, denn letztlich ist es nur der Abglanz einer es umgebenden brüchigen Welt.

Gleichzeitig wird sich das Individuum seiner Fremdheit zum Außen gewahr, denn „das Gleichgewicht in dem wechselseitigen Bedingtsein

---

766 Lukács, Georg: Die Theorie des Romans, S. 41.
767 Ebenda, S. 44.

von Teil und Ganzheit"[768] ist durch das Übergewicht der subjektiven Innerlichkeit aufgehoben, die äußere Welt ist für das Subjekt ob seiner Eigenbestimmung vakuiert. Was bleibt, ist ein „Schwelgen eines vereinsamten Ichs in der gegenstandsfreien Kontemplation seines Selbst"[769], das keinen stabilen Bezug zum Außen mehr kennt.

Das Leben des Einzelnen erscheint im Rahmen einer innenlastigen Abstraktion: Denn „abstrakt ist die auf utopische Vollendung hinstrebende, nur sich und ihr Begehren als wahre Realität empfindende Sehnsucht der Menschen"[770].

Die Dissonanz zwischen Innen und Außen wird zu einer „disparaten Heterogenität"[771].

Das Individuum ist einerseits seiner klar zugeordneten Bestimmung und Stellung im Außen enthoben, ist andererseits jedoch angesichts seiner Subjektivität als einzig sinntragendes Element überfordert, schwankt daher zwischen zwei Welten, schwebt zwischen einem abstrakten äußeren System, „dem das Leben immer entgleitet, und einem Lebenskomplex, der niemals zur Ruhe seiner immanent-utopischen Vollendung zu gelangen vermag"[772], und sucht hier wie dort vergeblich nach ontologischer Stabilität.

Doch wie kam das unaufhebbare Divergieren dieser zwei Welten zustande?

„Kontingente Welt und problematisches Individuum sind einander wechselseitig bedingte Wirklichkeiten"[773], erst wenn „die Außenwelt nicht mehr in bezug auf die Ideen angelegt ist"[774], sondern „diese im Menschen zu subjektiven seelischen Tatsachen, zu Idealen werden"[775], kommt es zu einem entscheidenden Bruch und Auseinanderdriften dieser zwei Sphären.

Die dabei entstehende „unüberbrückbare Kluft zwischen seiender Wirklichkeit und seinsollendem Ideal"[776] prägt die Struktur der Außenwelt, die ohne objektives sinnkonstituierendes Ideal und ohne die Fähigkeit, „sich in ihrer idealfremden Feindlichkeit der Innerlichkeit gegenüber wirklich abzurunden"[777] den Aufbau einer gemeinsamen Sinnimmanenz verhindert.

---

768 Lukács, Georg: Die Theorie des Romans, S. 57.
769 Ebenda, S. 42.
770 Ebenda, S. 60.
771 Ebenda, S. 61.
772 Ebenda, S. 66.
773 Ebenda, S. 67.
774 Ebenda, S. 67-68.
775 Ebenda, S. 68.
776 Ebenda, S. 68.
777 Ebenda, S. 68.

Die Welt vermag so weder für sich selbst als Ganzes eine Totalität zu bilden, noch in der Beziehung zu ihren Teilen bzw. für die Beziehung dieser untereinander kohärent zu wirken.

„Die Teile sowohl wie das Ganze einer solchen Außenwelt ... gewinnen erst ein Leben, wenn sie ... zu der erlebenden Innerlichkeit der in ihnen verirrten Menschen ... in Beziehung gebracht werden können; wenn sie zu Gegenständen der Stimmung oder der Reflexion werden"[778], doch ist dies immer nur zeitweise und niemals totalitär möglich (vgl. dazu Kapitel 2.5.).

Andererseits kann auch die Selbsterkenntnis, „die Wanderung des problematischen Individuums zu sich selbst"[779], immer nur „ein Maximum an Annäherung"[780] dieser zwei Welten leisten und die Divergenzen nie völlig eliminieren. Selbst wenn das Individuum sich selbst und für sich ein Ideal als Sinnimmanenz erkennt, so bleibt doch weiterhin „der Zwiespalt von Sein und Sollen"[781] existent. Eine Konvergenz ist nur temporär und nur scheinbar totalitär möglich.

Dies wird in der „Betrachtung" vor allem im Einzelstück „Der Nachhauseweg" deutlich, wenn zwar zeitweise das „Tempo" des epischen Ichs scheinbar deckungsgleich wird mit dem „Tempo dieser Gassenseite, dieser Gasse, dieses Viertels", doch schon bald klar wird, dass es „nicht viel hilft", „das Fenster gänzlich zu öffnen", da Innen und Außen nicht vereinbar, sondern per se dissonant sind.

Das Subjekt, weltabhängig, aber auch auf seine eigene Innerlichkeit beschränkt, wandert so zwischen zwei Welten und gerät auf dem vermeintlichen Weg ins eigene Innere nicht selten in einen Strudel des ontologischen Zweifels, wird so, wie im Stück „Der Nachhauseweg" nicht nur „ein wenig nachdenklich", sondern verfällt angesichts der nicht zu vereinbarenden Sphären von Wirklichkeit und Ideal letztendlich in eine destruktive Selbstkritik und ein inneres Schwanken; es spürt, dass es sich ontologisch gesehen „auf einem unmerklich schaukelnden Fußbodenbalken" („Unglücklichsein") befindet und kann es schließlich gar nicht mehr „verteidigen" im Leben zu stehen, sich als „Fahrgast" weiter „von diesem Wagen tragen zu lassen" („Der Fahrgast").

Das Subjekt, das im eigenen Inneren keine Mitte mehr findet, somit schwankt und strauchelt, ist sich der Problematik des Spannungsverhältnisses von Innen und Außen bewusst und um eine Lösung bemüht; resigniert verrät es so immer wieder seine Ideale zugunsten der äußeren Welt, doch es fällt dabei schon bald in eine „noch tiefere Hoffnungslo-

---

778   Lukács, Georg: Die Theorie des Romans, S. 69.
779   Ebenda, S. 70.
780   Ebenda, S. 70.
781   Ebenda, S. 70.

sigkeit seines Aufgebens"[782] der inneren Ideale, denn es spürt, seine Resignation und gezwungene, aber missglückte Adaption an das Außen ist nicht mehr als ein letztendlich sinnloses und „niedriges Scheitern einer gewollten Anpassung an die idealfremde Welt"[783] und es leidet in doppelter Hinsicht: an seinem „Aufgeben der irrealen Idealität der Seele um einer Bezwingung der Realität willen"[784] sowie an der Vergeblichkeit dieser Bemühung.

Denn selbst wenn die Adaption an das Außen durch die Aufgabe der inneren Ideale zeitweilig scheinbar gelingt, so kann doch „dieser Sieg niemals ein endgültiger sein"[785], da einerseits das Innere „immer wieder von neuen Aufständen der Idee erschüttert ... wird"[786] und andererseits „die Welt ihr Übergewicht weniger der eigenen Kraft verdankt, deren rohe Richtungslosigkeit selbst dazu nicht ausreicht, als einer inneren, wenn auch notwendigen Problematik der idealbelasteten Seele"[787].

Vor allem jedoch können sich durch den Verlust „der Sphäre des einzig wesentlichen, des metaphysischen Seins"[788] Ideal und Wirklichkeit nunmehr nur noch nähern, sich aber niemals mehr vollständig durchdringen. Zwar sehnt sich die Seele des Individuums nach einer geschlossenen, geistig und ontologisch gesicherten Basis und Heimat, sie ist sich dabei jedoch auch gleichzeitig darüber im Klaren, „daß der Sinn die Wirklichkeit niemals ganz zu durchdringen vermag, daß aber diese ohne ihn ins Nichts der Wesenlosigkeit zerfallen würde"[789].

Das Subjekt ist sich so zwar einerseits „des Eigenwerts der Innerlichkeit[790]" voll bewusst, vermag jedoch mit ihm die Substanzlosigkeit der äußeren Welt nicht zu transformieren.

Mit besonderer Schwere eröffnet sich die unüberbrückbare Divergenz zwischen Innen und Außen dem Individuum an der Schwelle zu Erwachsenwerden, wenn „das absolute, jugendliche Vertrauen auf die innere Stimme des Berufenseins aufhört oder abnimmt"[791] und dem jungen Erwachsenen gleichzeitig gewahr wird, dass es „unmöglich ist, der Außenwelt, der man sich nunmehr in gelehriger Herrschsucht hingibt, eine eindeutig wegweisende und zielbestimmende Stimme

---

782 Lukács, Georg: Die Theorie des Romans, S. 74.
783 Ebenda, S. 74-75.
784 Ebenda, S. 75.
785 Ebenda, S. 75.
786 Ebenda, S. 75.
787 Ebenda, S. 75.
788 Ebenda, S. 76.
789 Ebenda, S. 77.
790 Ebenda, S. 78.
791 Ebenda, S. 75.

abzulauschen"[792], und so ist es nicht verwunderlich, dass sich Kafka, bei der Entstehung der „Betrachtung" etwa Anfang 20, in seinem Frühwerk dieser Thematik und Problematik annahm.

Die vor allem im Prozess des Erwachsenwerdens sich entwickelnde „Tendenz, äußeren Konflikten und Kämpfen eher auszuweichen, als sie aufzunehmen"[793] und nunmehr „alles, was die Seele betrifft, rein in der Seele zu erledigen"[794] zeigt sich in der „Betrachtung" im hinsichtlich des „Kampfes" sich verändernden zyklischen Verlauf: Im ersten Stück „Kinder auf der Landstraße" ist noch deutlich die nach außen tendierende Konfliktbewältigung erkennbar: hier „macht" man „den Angriff", wird „vor die Brust gestoßen", will den anderen im Spiel „hinunterwerfen" und man treibt „einander die kurze Gasse hinunter und ... die Landstraße weiter hinauf". Die Richtung, das Ziel liegt klar vor Augen, erst am Ende des Stückes befindet man sich an „der ersten Kreuzung".

Während man sich in den darauf folgenden Stücken noch alternierend einmal im Außen und einmal im Innen befindet und dabei versucht, beide Welten zu koordinieren, kommt es dagegen im letzten Stück „Unglücklichsein" zu einer völligen Einkehr ins Innere, man wendet sich zurück „in die Tiefe des Zimmers", versucht den existentiellontologischen Konflikt ausschließlich im eigenen Selbst auszutragen, doch man merkt, dass die vom eigenen Ich abgespalteten „Gespenster" sogar „über ihre Existenz" noch „mehr im Zweifel" sind und man aus ihnen „niemals eine klare Auskunft bekommen" kann.

Doch nicht nur das Innere ist gebrochen, zerfällt in substanzlose „Gespenster", auch ist „die Außenwelt, die mit dieser Innerlichkeit in Berührung kommt, dem Verhältnis der beiden entsprechend, vollständig atomisiert"[795].

Es ist ein wechselseitiger, sich gegenseitig zersetzender Prozess, denn durch „das Auseinanderfallen von Innerlichkeit und Welt"[796], im Kampf zwischen innerer und äußerer Sphäre, wird auch das Individuum durch die verlorene Totalität im Außen immer wieder gezwungen, einzig aus seinem Inneren heraus eine völlig selbständige Welt zu gebären, auch wenn dies zwangsläufig in eine Schere der immer größer werdenden gegenseitigen Entfernung und Entfremdung münden muss.

Die dadurch entstehende, maßlos erhöhte „innere Wichtigkeit des Individuums"[797], das „ausschließlich in sich selbst seinen Wert"[798] zu

---

792   Lukács, Georg: Die Theorie des Romans, S. 75.
793   Ebenda, S. 99.
794   Ebenda, S. 99.
795   Ebenda, S. 99.
796   Ebenda, S. 99.
797   Ebenda, S. 103.
798   Ebenda, S. 103.

besitzen glaubt, hat somit ihren Preis: Die immer größer werdende Entfernung von der äußeren Welt, was wiederum „die Vereinsamung der Seele, ihr Abgeschnittensein von jedem Halt und jeder Bindung ... ins Maßlose"[799] potenziert.

Gleichzeitig zerfällt die äußere Welt „in einander vollkommen heterogene Bruchstücke, die nicht einmal isoliert ... eine sinnlich selbständige Valenz des Daseins besitzen"[800], sondern nur Stimmungen ihre Existenz verdanken und angesichts näherer Reflektionen ihre Nichtigkeit offenbaren.

So kommt es neben der „Dualität von Innerlichkeit und Außenwelt"[801] auch zu einer Fragmentierung auf beiden Seiten: Einerseits zerfällt die äußere Welt in isolierte Bruchstücke ohne immanenten Bezug, andererseits wird dadurch aber auch das Innere „genauso brüchig wie seine Umwelt"[802].

Dabei führt die verlorene transzendentale Totalität und das dabei entstehende „Zerfallen der äußeren Wirklichkeit in heterogene, morsche und fragmentarische Teile"[803] zu einer immer größer werdenden Sehnsucht des Subjekts „nach einer diesseitigen Heimat"[804], die es jedoch weder im Innen noch im Außen mehr zu finden vermag.

Vom Außen desillusioniert, wendet sich in der „Betrachtung" das epische Ich immer mehr ins Innere des eigenen Selbst. Ähnlich wie in der Literatur der Romantik erkennt hier scheinbar „das von der Transzendenz abgeschnittene Ich ... in sich die Quelle von allem Seinsollenden"[805] und es „wird der innere Reichtum des rein Seelischen zur alleinigen Wesenhaftigkeit erhoben"[806], doch „die Innerlichkeit, der jeder Weg zum Sichauswirken versagt bleibt, staut sich nach innen, kann aber dennoch niemals endgültig auf das für immer Verlorene Verzicht leisten; denn wenn sie es auch wollte, das Leben versagt ihr jede Erfüllung dieser Art: es zwingt ihr Kämpfe und mit ihnen unabwendbare ... Niederlagen auf"[807], denn das „Innen" und das „Außen", zwar nach wie vor interdependent, bleiben ohne verbindende Sinnimmanenz per se unvereinbar und divergent.

Das Individuum ist jedoch stets bemüht und gezwungen, das Innere und Äußere aufgrund der gegenseitigen Abhängigkeit wieder zu nektie-

---

799 Lukács, Georg: Die Theorie des Romans, S. 105.
800 Ebenda, S. 105.
801 Ebenda, S. 113.
802 Ebenda, S. 111.
803 Ebenda, S. 110.
804 Ebenda, S. 117.
805 Ebenda, S. 104.
806 Ebenda, S. 104.
807 Ebenda, S. 104.

ren; in ihm lebt nach wie vor „das Ideal ... in den Gebilden der Gesellschaft Bindungen und Erfüllungen für das Innerlichste der Seele zu finden"[808], doch wird das Äußere ohne alles umspannenden Rahmen zwangsläufig immer wieder zum „Inbegriff sinnesfremder Gesetzlichkeiten, von denen aus keine Beziehung zur Seele gefunden werden kann"[809].

Was schließlich bleibt, ist „die ohnmächtige Trauer über eine an sich wesenlose Welt"[810] und eine beginnende Selbstkritik bezüglich des eigenen Wertes.

Neben dem Verharren in einer „resignierten Einsamkeit"[811] bleibt dem Subjekt in der Moderne noch der Weg ins Außen, die Möglichkeit einer zwangsweisen Adaption. Doch auch das (nicht von innen motivierte, sondern obligatorische) „Sichabfinden mit der Gesellschaft im resignierten Aufsichnehmen ihrer Lebensformen"[812] bei einem gleichzeitigen „Fürsichbewahren der nur in der Seele realisierbaren Innerlichkeit"[813] vermag die Diskrepanz zwischen Innen und Außen, Ich und Welt nicht zu dissolvieren. Das Subjekt verliert sich daher in einem permanenten Schweben zwischen den beiden unvereinbaren Antagonismen, und jede Interferenz ist nicht mehr als eine rein artifizielle, nur vorübergehende Nektion, die keine gemeinsame Totalität mehr findet.

Anders jedoch als im Desillusionsroman der Romantik, „wo die Inkongruenz von Innerlichkeit und konventioneller Welt zu einem völligen Verneinen der letzteren führen muß"[814], wird in der „Betrachtung" vielmehr das eigene Selbst und seine Existenz zum Angelpunkt der ontologischen Problematik und sowohl per se in Frage gestellt als auch zum Ausgangspunkt einer Negation aller Werte gemacht: Das Leben erscheint hier „traurig und lächerlich" sowie „kaum mehr tragbar" („Die Kleider") und das epische Ich kann seine Existenz „gar nicht verteidigen" („Der Fahrgast").

Zwar glaubt man im Zustand des „Unglücklichseins" zunächst noch, in sich, „in der Tiefe des Zimmers, im Grund des Spiegels doch wieder ein neues Ziel" zu finden, doch dann wird man sich der eigenen ontologischen Leere bewusst, man hört nur noch „den Schrei ..., dem nichts antwortet", da die Leere und Einsamkeit totalitär, im Innen und Außen ist, und „dem auch nichts die Kraft des Schreiens nimmt, der also aufsteigt, ohne Gegengewicht, und nicht aufhören kann, selbst wenn er

---

808 Lukács, Georg: Die Theorie des Romans, S. 118.
809 Ebenda, S. 99.
810 Ebenda, S. 105.
811 Ebenda, S. 121.
812 Ebenda, S. 121.
813 Ebenda, S. 121.
814 Ebenda, S. 129.

verstummt", da die Sehnsucht nach einem Pendant des Inneren im Außen, einem „Gegengewicht", das die ontologische Schwebe behebt, im Menschen existent bleibt, jedoch ohne metaphysischen Rahmen nicht mehr erfüllt werden kann.

Das „Innen" und das „Außen", in der Moderne gleichermaßen fragmentiert und problematisiert, lassen so dem Subjekt „keine Luft mehr zum Atmen", keine existentielle Behauptung mehr zu. So erstickt es im Innen „an sich, an inneren Giften"[815] und gleichsam im Außen an der „nicht atembaren Luft"[816].

Als einziger Ausweg bleibt dem Subjekt die Flucht in eine „visionäre Wirklichkeit der uns angemessenen Welt, die Kunst"[817], die nun als künstlich und künstlerisch erschaffene Totalität den Platz der längst destruierten „naturhaften Einheit der metaphysischen Sphären"[818] einnehmen soll.

Denn es ist, wie bereits an anderer Stelle näher erläutert wurde, eine (zeitweise) Auflösung der Dialektik zwischen „Innen" und „Außen" nur dann gegeben, so lange sich die subjektiven Vorstellungen mit der Realität des Äußeren decken, eine wechselseitige Durchdringung beider Bereiche existiert. Dies ist nur möglich, so lange sich der Mensch im Bereich des Gemeinsamen der beiden Welten, des „Unzerstörbaren" befindet, indem er das „Böse", die „Ausstrahlung des menschlichen Bewusstseins" eliminiert.

Verlässt er diese Basis, verliert er sich sofort wieder an das Äußere, an den Schein des Bewusstseins.

Doch kann der Mensch diesen Zustand des sich lösenden Bewusstseins und der zeitweisen Überschneidung der konträren Welten außer im Traum auch im künstlerischen Schaffensprozess erreichen?

Suchte Kafka diese Aufhebung der Dialektik im Schreiben als eine „Darstellung des traumhaften inneren Lebens"[819] ?

Ist eine Befreiung von den weltlichen Zwängen, eine Entlastung von den permanenten Forderungen des Willens im Sinne Schopenhauers im künstlerischen Schaffensprozess möglich und in der „Betrachtung" als optative Possibilität initiiert und dargestellt?

Können die divergierenden Welten des „Innen" und „Außen" in der Kunst zu einer Einheit gelangen? Kann eine „Artisten-Metaphysik"[820] im Sinne Nietzsches die Gegensätze wieder unifizieren? Vermag eine

---

815 Kafka, Franz: Beschreibung eines Kampfes, S. 45.
816 Ebenda, S. 45.
817 Lukács, Georg: Die Theorie des Romans, S. 29.
818 Ebenda, S. 29.
819 Kafka, Franz: Tagebücher 1910-1923, S. 306.
820 Nietzsche, Friedrich: Die Geburt der Tragödie, S. 158.

künstlerische, eine literarische Tätigkeit „die Spannung zwischen äußerem und innerem Kosmos zu halten[821]"?

Weiteren Aufschluss darüber erteilt eine nähere Analyse der kunstphilosophischen Theorien von Schopenhauer und Nietzsche, die im nächsten Kapitel einen Schwerpunkt bildet.

2.5. Das „Schweben" als metaphysische Ästhetik und Befreiung vom Willensdruck

Gibt es Hinweise in der „Betrachtung" auf eine Auslegung des „Schwebens" als metaphysisch-ästhetische Befreiungsmöglichkeit von den persönlichen und weltlichen Zwängen?

Kann die moderne Kunst, als nicht mehr metaphysisch fundierte, neben dem Aufzeigen und Verifizieren der „metaphysischen Negativität"[822] auch eine (zumindest zeitweilige) Aufhebung der Negativität und eine subjektive Entlastung von der weltlichen Einbindung leisten?

Kann diese Kunst, die „im Sinn der klassischen Metaphysik ortlos geworden ist"[823], die Bildung einer neuen Totalität leisten?

Die ästhetisch-kunstphilosophischen Theorien Schopenhauers und Nietzsches (die Kafka sicherlich kannte, da er mit Brod Vorträge sowohl über Schopenhauer als auch über Nietzsche besuchte und im Anschluss daran mit diesem ihre philosophischen Theorien diskutierte, wie Brod in seiner Kafkabiografie näher beschrieb) legen dies auf den ersten Blick nahe:

Schopenhauer beschäftigte sich zunächst mit dem „Ding an sich"[824], was für ihn „nichts Anderes ist, als der Wille"[825], der, „erkenntnißlos, als finstere treibende Kraft"[826], das Zusammenleben der Menschen prägt, in dieses Egoismus, Feindschaft und Grausamkeit streut und als „blinder Drang"[827] einen „Kampf aller Willenserscheinungen gegen einander"[828] führt.

„Jeder findet sich selbst als diesen Willen, in welchem das innere Wesen der Welt besteht"[829] und lässt sich von seinem unablässigen Streben treiben, denn „jeder Wille ist Wille nach Etwas, hat ein Objekt, ein Ziel

---

821 Stach, Reiner: Kafka. Die Jahre der Entscheidungen, S. 584.
822 Schulz, Walter: Metaphysik des Schwebens, S. 13.
823 Ebenda, S. 15.
824 Schopenhauer, Arthur: Die Welt als Wille und Vorstellung, Band 1, S. 246.
825 Ebenda, S. 254.
826 Ebenda, S. 230.
827 Ebenda, S. 231.
828 Ebenda, S. 229.
829 Ebenda, S. 246.

seines Wollens"[830] und kann dabei niemals zur Ruhe gelangen, da seine Forderungen unstillbar sind:

„Alles Wollen entspringt aus Bedürfniß, also aus Mangel, also aus Leiden. Diesem macht die Erfüllung ein Ende; jedoch gegen den Wunsch, der erfüllt wird, bleiben wenigstens zehn versagt: ferner, das Begehren dauert lange, die Forderungen gehen ins Unendliche; die Erfüllung ist kurz und kärglich bemessen. Sogar aber ist die endliche Befriedigung selbst nur scheinbar: der erfüllte Wunsch macht gleich einem neuen Platz ... Dauernde, nicht mehr weichende Befriedigung kann kein erlangtes Objekt des Wollens geben: sondern es gleicht immer nur dem Almosen, das dem Bettler zugeworfen, sein Leben heute fristet, um seine Qual auf Morgen zu verlängern."[831]

So wird dem Menschen das Dasein zum Leiden, denn „solange unser Bewußtseyn von unserm Willen erfüllt ist, solange wir dem Drange der Wünsche, mit seinem steten Hoffen und Fürchten, hingegeben sind, solange wir Subjekt des Wollens sind, wird uns nimmermehr dauerndes Glück, noch Ruhe"[832] zuteil. Denn „die Sorge für den stets fordernden Willen, gleichviel in welcher Gestalt, erfüllt und bewegt fortdauernd das Bewußtseyn; ohne Ruhe aber ist durchaus kein wahres Wohlseyn möglich"[833], so dass sich das Subjekt nach Schopenhauer nur über eine Befreiung von den Forderungen des Willens von der Misere des weltlichen Daseins zu lösen vermag.

Neben der einzelnen, individuellen Erscheinung, die „nur im Vorstellen mittelst subjektiver Formen besteht"[834] und daher „nicht das Wesen an sich der Dinge liefert"[835] und dem Willen, der als einziger Begriff „unter allen möglichen ... seinen Ursprung nicht in der Erscheinung, nicht in bloßer anschaulicher Vorstellung hat, sondern aus dem Innern kommt, aus dem unmittelbarsten Bewußtseyn eines Jeden hervorgeht"[836], gibt es nach Schopenhauer noch die „Idee", worunter er „jede bestimmte und feste Stufe der Objektivation des Willens"[837] versteht. Im Gegensatz zu Platon beruhen für Schopenhauer die Ideen auf „einem Zusammensehen von Vorgängen zu einer festgestellten Gestalt, die idealisierend als solche das Wesen einer Sache adäquat repräsentiert"[838].

---

830   Schopenhauer, Arthur: Die Welt als Wille und Vorstellung, Band 1, S. 247.
831   Ebenda, S. 288.
832   Ebenda, S. 288.
833   Ebenda, S. 288.
834   Schopenhauer, Arthur: Die Welt als Wille und Vorstellung, Band 2, S. 256.
835   Ebenda, S. 256.
836   Ebenda, S. 179.
837   Schopenhauer, Arthur: Die Welt als Wille und Vorstellung, Band 1, S. 202-203.
838   Schulz, Walter: Metaphysik des Schwebens, S. 37.

Diese sind nur schön, „weil sie allgemein sind"[839]. In ihrer verallgemeinernden Anschaulichkeit sorgen sie für „eine objektive Richtung des Geistes"[840], befreien so vom individuellen zweckorientierten Wollen und führen zur positiven Erkenntnis.

Idee und Kunst sind dabei unabdingbar miteinander verknüpft:

Da „der Zweck aller Kunst Mittheilung der aufgefaßten Idee ist, welche eben in solcher Vermittlung durch den Geist des Künstlers, in der sie von allem Fremdartigen gesäubert und isolirt erscheint, nunmehr auch Dem fasslich wird, der schwächere Empfänglichkeit ... hat"[841], versetzt sie sowohl den Künstler und als auch den Kunstrezipienten in einen Zustand „des willenlosen Erkennens"[842] und der „reinen Kontemplation"[843], der von einem „Aufgehn in der Anschauung, Verlieren ins Objekt, Vergessen aller Individualität"[844] geprägt ist und so das Subjekt von dem ruhelosen, ewig fordernden Willen befreit.

Die Kunst versetzt das Subjekt dabei in einen Zustand des Wohlseins, den sein Willen erstrebte, jedoch niemals erreichen konnte, indem sie es „aus dem endlosen Strohme des Wollens heraushebt"[845], es „dem Sklavendieste des Willens entreißt"[846]; denn erst wenn seine „Aufmerksamkeit ...nicht mehr auf die Motive des Wollens gerichtet"[847] ist, sondern es „die Dinge frei von ihrer Beziehung auf den Willen auffasst, also ohne Interesse, ohne Subjektivität, rein objektiv sie betrachtet, ihnen ganz hingegeben ... dann ist die auf jenem ersten Wege des Wollens immer gesuchte, aber immer entfliehende Ruhe mit einem Male von selbst eingetreten, und uns ist völlig wohl"[848].

Die Kunst führt so in einen Zustand „des willenlosen Erkennens"[849], indem das Subjekt ganz in der Anschauung aufgeht, sein individuelles Selbst im Objekt vergisst und sich einer ruhigen ästhetischen Kontemplation hingibt.

In der „Betrachtung" wird dieser Zustand der vom Willen entbundenen, zweckfreien, überindividuellen, rein kontemplativen und anschauungsbezogenen Existenz zunächst im ersten Stück, „Kinder auf der Landstraße", evoziert, und später u.a. im Text „Wunsch, Indianer zu

---

839 Schulz, Walter: Metaphysik des Schwebens, S. 37.
840 Ebenda, S. 37.
841 Schopenhauer, Arthur: Die Welt als Wille und Vorstellung, Band 1, S. 342.
842 Ebenda, S. 289.
843 Ebenda, S. 289.
844 Ebenda, S. 289.
845 Ebenda, S. 289.
846 Ebenda, S. 289.
847 Ebenda, S. 289.
848 Ebenda, S. 289.
849 Ebenda, S. 289.

werden" erneut aufgegriffen. In diesen beiden Einzelstücken erscheint das Schweben als Entlastung aus der weltlichen Zeit-, Orts- und Zweckgebundenheit und enthebt das Ich in eine befreiend wirkende, ästhetisch orientierte und vom individuellen Selbst unabhängige Sphäre.

Die „Kinder auf der Landstraße" befinden sich „hoch in der Luft", sind somit vom irdischen Gebundensein entrückt, sie bekommen wie von selbst „in die Beine einen Galopp wie niemals" und bei ihren „Sprüngen" hebt sie „in den Hüften der Wind". So vom Boden der Tatsachen enthoben, verlieren sie sich selbst in einer ruhigen, kontemplativen Anschauung, nachdem sie befreit, ohne Forderungen des Selbst und der Welt, sich „ruhig umsehen konnten".

Im Stück „Wunsch, Indianer zu werden" erscheint dieser Zustand dann erneut, jedoch nun über das Medium des Pferdes. Hier befreit man sich von allen realen Zwängen („keine Zügel", „keine Sporen"), bis schließlich selbst das Pferd „ohne Pferdehals und Pferdekopf" seine Gegenständlichkeit verliert.

Erst durch diese reine, quietive Anschauung der Welt wird nach Schopenhauer ihre schreckliche Seite für den Einzelnen erträglich, wobei die Kunst nicht nur entlastend wirkt, das Bewusstsein vom Wollen befreit und die weltlichen Qualen vergessen lässt, indem sich der Künstler in der ruhigen Betrachtung verliert, sondern gleichzeitig auch als eine Art „Camera obscura" die Sichtbarkeit der Welt in konzentrierter Form steigert und so zu einer tiefen Erkenntnis derselben führt:

„Ist die ganze Welt als Vorstellung nur die Sichtbarkeit des Willens, so ist die Kunst die Verdeutlichung dieser Sichtbarkeit, die *Camera obscura*, welche die Gegenstände reiner zeigt und besser übersehn und zusammenfassen läßt ... Der Genuß alles Schönen, der Trost, den die Kunst gewährt, der Enthusiasmus des Künstlers, welcher ihn die Mühen des Lebens vergessen läßt, ... dies Alles beruht darauf, daß, wie sich uns weiterhin zeigen wird, das Ansich des Lebens, der Wille, das Daseyn selbst, ein stetes Leiden und theils jämmerlich, theils schrecklich ist; dasselbe hingegen als Vorstellung allein, rein angeschaut, oder durch die Kunst wiederholt, frei von Quaal, ein bedeutsames Schauspiel gewährt. Diese rein erkennbare Seite der Welt und die Wiederholung derselben in irgend einer Kunst ist das Element des Künstlers. Ihn fesselt die Betrachtung des Schauspiels der Objektivationen des Willens: bei demselben bleibt er stehn, wird nicht müde es zu betrachten und darstellend zu wiederholen ..."[850].

Die Kunst erleichtert den Zugang zur Erkenntnis, da der Künstler die Idee von der Wirklichkeit löst, sie rein mitteilt. Sein Genius erfasst die Wesentlichkeit der Dinge und vermittelt diese über die ausschließlich ästhetische Betrachtungsmöglichkeit seiner Kunst:

---

850 Schopenhauer, Arthur: Die Welt als Wille und Vorstellung, Band 1, S. 383.

„Das Kunstwerk ist bloß ein Erleichterungsmittel derjenigen Erkenntniß, in welcher jenes Wohlgefallen besteht. Daß aus dem Kunstwerk die Idee uns leichter entgegentritt, als unmittelbar aus der Natur und der Wirklichkeit, kommt allein daher, daß der Künstler, der nur die Idee, nicht mehr die Wirklichkeit erkannte, in seinem Werk auch nur die Idee rein wiederholt hat, sie ausgesondert hat aus der Wirklichkeit, mit Auslassung aller störenden Zufälligkeiten. Der Künstler läßt uns durch seine Augen in die Welt blicken. Daß er diese Augen hat, daß er das Wesentliche, außer allen Relationen liegende der Dinge erkennt, ist eben die Gabe des Genius, das Angeborene; daß er aber im Stande ist, auch uns diese Gabe zu leihen, uns seine Augen aufzusetzen: dies ist das Erworbene, das Technische der Kunst."[851]

In der „Betrachtung" wird diese über den Künstler vermittelte neue Perspektive und Anschauungsmöglichkeit im Stück „Zerstreutes Hinausschaun" dargestellt, wenn durch den Blick aus dem Fenster das neutrale „wir" an einer anderen Welt partizipieren kann, ohne jedoch selbst darin involviert zu sein.

Auch das „Gassenfenster" verhilft dazu, dass man „unten" von den „Pferden mitgerissen" wird in eine andere Welt, weg vom rein individuellen Selbst und ohne „Rücksicht auf die Veränderungen der Tageszeit, der Witterung, der Berufsverhältnisse und dergleichen" einer (ästhetisch abstrakten) „menschlichen Eintracht" zugeführt wird.

Durch die ästhetische Anschauung und Kontemplation, durch die „Metaphysik des Schönen"[852], ist nach Schopenhauer der Einzelne jedoch nicht nur vom Willen, Schmerz und den weltlichen Bezügen gänzlich befreit, sondern wird nun auch zum „Subjekt der Erkenntniß"[853]:

„Wenn man, durch die Kraft des Geistes gehoben, die gewöhnliche Betrachtungsart der Dinge fahren läßt, aufhört, nur ihren Relationen zu einander, deren letztes Ziel immer die Relation zum eigenen Willen ist, am Leitfaden der Gestaltungen des Satzes vom Grunde, nachzugehen, also nicht mehr das Wo, das Wann, das Warum und das Wozu an den Dingen betrachtet; sondern einzig und allein das Was; auch nicht das abstrakte Denken, die Begriffe der Vernunft, das Bewußtseyn einnehmen läßt; sondern, statt alles diesen, die ganze Macht seines Geistes der Anschauung hingiebt, sich ganz in diese versenkt und das ganze Bewußtseyn ausfüllen lässt durch die ruhige Kontemplation des gerade gegenwärtigen natürlichen Gegenstandes, ... sich gänzlich in diesen Gegenstand verliert, d.h. eben sein Individuum, seinen Willen, vergißt und nur noch als reines Subjekt, als klarer Spiegel des Objekts bestehen bleibt; so daß es ist, als ob der Gegenstand allein dawäre, ohne Jeman-

---

851 Schopenhauer, Arthur: Die Welt als Wille und Vorstellung, Band 1, S. 287.
852 Ebenda, S. 346.
853 Ebenda, S. 265.

den, der ihn wahrnimmt, und man also nicht mehr den Anschauenden von der Anschauung trennen kann, sondern Beide Eines geworden sind, indem das ganze Bewußtseyn von einem einzigen anschaulichen Bilde gänzlich erfüllt und eingenommen ist; wenn also solchermaaßen das Objekt aus aller Relation zu etwas außer ihm, das Subjekt aus aller Relation zum Willen getreten ist: dann ist, was also erkannt wird, nicht mehr das einzelne Ding als solches; sondern es ist die Idee, die ewige Form, die unmittelbare Objektivität des Willens auf dieser Stufe: und eben dadurch ist zugleich der in dieser Anschauung Begriffene nicht mehr Individuum: denn das Individuum hat sich eben in solche Anschauung verloren: sondern er ist reines, willenloses, schmerzloses, zeitloses Subjekt der Erkenntniß."[854]

Neben der kindlich-zweckfreien Existenz der „Kinder auf der Landstraße" und dem „Wunsch, Indianer zu werden", der ebendieses Dasein illusionieren will, wird dieses vom Wo, Wann, Warum und Wozu enthobene, überweltlich-ästhetische Dasein auch im Stück „Der Kaufmann" evoziert, wenn dieser zunächst „wie auf Wellen geht" und schließlich mit Hilfe des Lifts in eine andere Welt entschwebt, in der er „hinter die Draperien der Fenster" zu blicken vermag: Hier kann sich der Kaufmann von den „nicht deutlichen Verhältnissen" und von seinen geschäftlichen „Sorgen", d.h. aus seiner weltlich-problematischen Existenz befreien, indem er „wegfliegt" in eine irreale, ortsungebundene Sphäre („ins dörfliche Tal ...oder nach Paris"), um sich dort ganz der zweckfreien Anschauung hinzugeben, denn hier „genießt" er nur „die Aussicht des Fensters", beobachtet „die Prozessionen", die „badenden Kinder", die „tausend Matrosen", „die verstreut auf ihren Pferden galoppierende Polizei", ohne jedoch vom eigenen individuellen Willen und Wollen oder einem bestimmten Ziel geleitet zu sein. So kann er „den un-schein-baren Mann verfolgen", die Wahrheit, die hinter der Vorstellung und der gewöhnlichen Betrachtungsweise in der Realität zurückbleibt, erkennen und so „hinter die Draperien der Fenster" blicken, das Wahre hinter dem Schein erfassen.

Gleichzeitig werden in diesem Prozess nach Schopenhauer Subjekt und Objekt eins, durchdringen einander und vervollkommnen sich, denn „das reine Subjekt der Erkenntniß und sein Korrelat, die Idee, sind aus allen jenen Formen des Satzes vom Grunde herausgetreten: die Zeit, der Ort, das Individuum, welches erkennt, und das Individuum, welches erkannt wird, haben für sie keine Bedeutung. Allererst indem auf die beschriebene Weise ein erkennendes Individuum sich zum reinen Subjekt des Erkennens und eben damit das betrachtete Objekt zur Idee erhebt, tritt die Welt als Vorstellung gänzlich und rein hervor, und geschieht die vollkommene Objektivation des Willens, da allein die Idee

---

854   Schopenhauer, Arthur: Die Welt als Wille und Vorstellung, Band 1, S. 265.

seine adäquate Objektivität ist. Diese schließt Objekt und Subjekt auf gleiche Weise in sich, da solche ihre einzige Form sind: in ihr halten sich aber Beide ganz das Gleichgewicht: und wie das Objekt auch hier nichts als die Vorstellung des Subjekts ist, so ist auch das Subjekt, indem es im angeschauten Gegenstand ganz aufgeht, dieser Gegenstand selbst geworden, indem das ganze Bewußtseyn nichts mehr ist, als dessen deutlichstes Bild."[855]

Am deutlichsten zeigt sich dies in der „Betrachtung" im Stück „Kinder auf der Landstraße", denn hier verbinden sich zeitweise Ich und Welt, Subjekt und Objekt zu einer alles umfassenden Einheit. Die Sätze „Einer von uns begann einen Gassenhauer zu singen, aber wir alle wollten singen. Wir sangen viel rascher als der Zug fuhr ..." bringt hier sowohl die Verschmelzung von Subjektivität und Objektivität (der menschliche Gesang wird eins mit dem Rhythmus des Zuges) als auch die intersubjektive Gemeinschaft (der gemeinsame Gesang, die Konsonanz der Stimmen) zum Ausdruck.

Aber auch der Text „Entschlüsse", der von den Abstrakta „A", „B" und „C" als Personen spricht, verdeutlicht neben der zwischenmenschlichen Anonymität auch die Intersubjektivität der Personen und die Gleichsetzung von Subjekt und Objekt.

Auch die „Gesellschaft von lauter niemand" im Stück „Der Ausflug ins Gebirge" zeigt die Befreiung von jeglicher übergeordneter Individualität. Doch obwohl sich hier „diese niemand aneinander drängen" können sie nicht wie die „Kinder auf der Landstraße" eine gemeinsame Aktivität, einen Gleichklang realisieren, denn obwohl „die Hälse im Gebirge frei werden", wundert man sich lediglich nur, „daß wir nicht singen". Doch auch hier werden Subjekt und Objekt zu einem vom subjektiven Willen unabhängigen Korrelat, denn „die Lücken, die wir und unsere Gliedmaßen offen lassen" verweisen auf ein Ganzes.

Doch trotz der Einheit von Subjekt und Objekt im ästhetischen Wirkungsprozess kann nach Schopenhauer die Befreiung vom Willensdruck und den weltlichen Qualen über die Kunst immer nur eine zeitweise und vorübergehende Entlastung bieten, denn „jene reine, wahre und tiefe Erkenntnis des Wesens der Welt wird ihm nun Zweck an sich: er bleibt bei ihr stehn. Daher wird sie ihm nicht, wie wir es ... bei dem zur Resignation gelangten Heiligen sehn werden, Quietiv des Willens, erlöst ihn nicht auf immer, sondern nur auf Augenblicke vom Leben, und ist ihm so noch nicht der Weg aus demselben, sondern nur einstweilen ein Trost in demselben; bis seine dadurch gesteigerte Kraft, endlich des Spieles müde, den Ernst ergreift."[856]

---

855 Schopenhauer, Arthur: Die Welt als Wille und Vorstellung, Band 1, S. 266-267.
856 Ebenda, S. 383-384.

Auch dies wird offensichtlich in der „Betrachtung" thematisiert: Im Stück „Der Kaufmann" bietet die Fahrt mit dem Lift nur eine einstweilige und vorübergehende Entlastung von den weltlichen und alltäglichen Zwängen und Sorgen. Der Ausstieg aus dem Aufzug nach einer vorübergehenden Enthebung aus der Realität ist obsolet und unvermeidlich („Dann muß ich aussteigen, den Aufzug hinunterlassen ..."), denn der „Flug" der Fantasie wird plötzlich gestört und „die Tiere" (das nicht bewusst gesteuerte Erleben der eigenen Fantasie) werden durch die „Polizei" (Verstand, Wachbewusstsein) schließlich „gebändigt".

Nach Schopenhauer kann nur allein die Askese auf Dauer befreien, denn diese allein, von Schopenhauer als die „vorsätzliche Brechung des Willens, durch Versagung des Angenehmen und Aufsuchen des Unangenehmen"[857], als „die selbstgewählte büßende Lebensart und Selbstkasteiung"[858] verstanden, führt „zur anhaltenden Mortifikation des Willens"[859].

In der „Betrachtung" ist dies aus den zwei letzten Sätzen des Stückes „Unglücklichsein" interpretierbar, wenn es heißt: „ ... ich ... hätte jetzt eigentlich ruhig spazieren gehen können. Aber weil ich mich gar so verlassen fühlte, ging ich lieber hinauf und legte mich schlafen."

Hier wird dem epischen Ich offenbar die letztlich auf Dauer nicht überwindbare Forderung des individuellen Willens und die damit einhergehende Trennung zwischen den Subjekten bewusst, denn nun fühlt es sich „gar so verlassen" und wählt statt des gewünschten Spaziergangs lieber den Schlaf. Über den Verzicht des Angenehmen (Spaziergang) wird auch hier die längerfristige Ausschaltung des Bewusstseins und Willens (über den Schlaf) erreicht.

Und obwohl nach Schopenhauer „nicht bloß die Philosophie, sondern auch die schönen Künste im Grunde darauf hinarbeiten, das Problem des Daseyns zu lösen"[860], denn in jeder ästhetischen Betrachtung, „in jedem Geiste, der sich ein Mal der rein objektiven Betrachtung der Welt hingiebt, ist, wie versteckt und unbewußt es auch seyn mag, ein Streben rege geworden, das wahre Wesen der Dinge, des Lebens, des Daseyns, zu erfassen"[861], vermögen diese keine beständige Erkenntnis zu vermitteln:

Denn „allein die Künste reden sämmtlich nur die naive und kindliche Sprache der Anschauung, nicht die abstrakte der Reflexion: ihre Antwort

---

857 Schopenhauer, Arthur: Die Welt als Wille und Vorstellung, Band 1, S. 548.
858 Ebenda, S. 548.
859 Ebenda, S. 548.
860 Schopenhauer, Arthur: Die Welt als Wille und Vorstellung, Band 2, S. 527.
861 Ebenda, S. 527-528.

ist daher ein flüchtiges Bild; nicht eine bleibende allgemeine Erkenntniß."[862]

Nur die Philosophie kann nach Schopenhauers Ansicht eine finale Antwort auf die Frage des Daseins gewähren, denn diese liefert nicht nur ein einzelnes Bild wie die Künste, sondern ein Ganzes, einen allgemeinen Begriff:

„Die ... Künste also halten sämmtlich dem Frager ein anschauliches Bild vor und sagen: 'Siehe hier, das ist das Leben!' - Ihre Antwort, so richtig sie auch seyn mag, wird jedoch immer nur eine einstweilige, nicht, eine gänzliche und finale Befriedigung gewähren. Denn sie geben immer nur ein Fragment, ein Beispiel statt der Regel, nicht das Ganze, als welches nur in der Allgemeinheit des Begriffes gegeben werden kann. Für diesen daher, also für die Reflexion und in abstracto, eine eben deshalb bleibende und auf immer genügende Beantwortung jener Frage zu geben, - ist die Aufgabe der Philosophie."[863]

So wie während der Liftfahrt des „Kaufmanns" nur immer einzelne Fragmente zur Anschauung kamen (dörfliches Tal, Paris, Vorüberfahrt einer Dame, hölzerne Brücke, Kinder, Matrosen auf einem Panzerschiff etc.) vermag also die Kunst keine geschlossene Einheit, die eine finale Bedeutung gewährt, zu vermitteln.

Zwar ist nach Schopenhauer auch die Kunst ein Medium der Mitteilung, das den Weg zur Erkenntnis ebnet, das aber seinem Wesen nach unerschöpflich ist und nicht, wie die Begriffe der Philosophie, deutlich bestimmbar und begrenzbar ist, denn ihre Instrumente sind die „Ideen". Diese „aber sind wesentlich ein Anschauliches und daher, in seinen Bestimmungen, Unerschöpfliches"[864], während „der bloße Begriff hingegen ... ein vollkommen Bestimmbares, daher zu Erschöpfendes, deutlich Gedachtes"[865] ist, „welches sich, seinem ganzen Inhalt nach, durch Worte, kalt und nüchtern mittheilen läßt"[866].

Die Kunst ist jedoch nicht nur „unerschöpflich", sondern in einem gewissen Sinne auch stets unvollendet und offen, denn sie verlangt vom Rezipienten des Kunstwerks eine Mitarbeit, da „jedes Kunstwerk nur durch das Medium der Phantasie wirken kann ... Dies ist eine Bedingung der ästhetischen Wirkung und daher ein Grundgesetz aller schönen Künste. Aus demselben aber folgt, daß, durch das Kunstwerk, nicht Alles geradezu den Sinnen gegeben werden darf, vielmehr nur so viel, als erfordert ist, die Phantasie auf den rechten Weg zu leiten: ihr muß immer noch etwas und zwar das Letzte zu thun übrig bleiben. Muß doch

---

862 Schopenhauer, Arthur: Die Welt als Wille und Vorstellung, Band 2, S. 528.
863 Ebenda, S. 528.
864 Ebenda, S. 531.
865 Ebenda, S. 531.
866 Ebenda, S. 531.

der Schriftsteller stets dem Leser noch etwas zu denken übrig lassen ..."[867].

Denn „ganz befriedigt durch den Eindruck eines Kunstwerks sind wir nur dann, wann er etwas hinterläßt, das wir, bei allem Nachdenken darüber, nicht bis zur Deutlichkeit eines Begriffes herabziehn können"[868], wonach die innere Struktur der „Betrachtung" zweifelsfrei angelegt ist, da sie Spielraum für eine Vielzahl von Interpretationsmöglichkeiten bietet und ihre Sinnkonzeption letztendlich nicht eindeutig fassbar ist.

Die Mitteilung einer „abstrakten Wahrheit"[869] über die Kunst ist nach Schopenhauer ebenso unsinnig wie unbefriedigend für den Rezipienten.

Daher ist auch eine intuitive Motivation des Autors im Schreibprozess entscheidend. Ähnlich wie es Kafka in einer Tagebuchaufzeichnung vom 23. September 1912 ausdrückte, als er die Erzählung „Das Urteil" in einer Nacht „von zehn Uhr abends bis sechs Uhr früh in einem Zug geschrieben"[870] hatte und sich sicher war, „nur so kann geschrieben werden, nur in einem solchen Zusammenhang, mit solcher vollständigen Öffnung des Leibes und der Seele"[871], so glaubte auch Schopenhauer, dass nur ein Künstler, der sein Werk „in der Begeisterung der ersten Konception vollendet"[872], dessen Inhalt und Form sich „wie unwillkürlich ergießt"[873] und dem alles „wie unbewusst ... völlig wie durch Eingebung kommt"[874], ein wirklich unvergängliches, anregendes, wahres Kunstwerk schaffen kann:

„Denken soll freilich der Künstler, bei der Anordnung seines Werkes: aber nur das Gedachte, was geschaut wurde ehe es gedacht war, hat nachmals, bei der Mittheilung, anregende Kraft und wird dadurch unvergänglich."[875]

Die intuitive Betrachtung, das Verlieren im Bann des Geschauten, nicht die bewusste Reflexion des Künstlers verführt somit den Kunst-Rezipienten zu einer kontemplativen, willensbefreienden Kunstrezeption.

Schopenhauer vertrat somit die Ansicht, dass nur Kunstwerke, die aus „der Begeisterung des Augenblicks, der Inspiration, der freien Regung des Genius ... ohne Einmischung der Absichtlichkeit und Reflexion"[876]

---

867 Schopenhauer, Arthur: Die Welt als Wille und Vorstellung, Band 2, S. 530.
868 Ebenda, S. 532.
869 Ebenda, S. 532.
870 Kafka, Franz: Tagebücher 1910-1923, S. 214.
871 Ebenda, S. 214.
872 Schopenhauer, Arthur: Die Welt als Wille und Vorstellung, Band 2, S. 532.
873 Ebenda, S. 532.
874 Ebenda, S. 532.
875 Ebenda, S. 532.
876 Ebenda, S. 532.

entstanden sind, „durch und durch erfreulich und genießbar sind, ohne Schaale und Kern, und ihre Wirkung viel unfehlbarer ist, als die der größten Kunstwerke, von langsamer und überlegter Ausführung"[877].

Der Ästhetik der Dichtkunst kommt dabei nach Schopenhauer eine ganz besondere Bedeutung zu, denn sie hat seiner Meinung nach die stärkste Wirkung auf den Kunstrezipienten, denn die Poesie vermag „durch Worte die Einbildungskraft ins Spiel zu versetzen"[878] und „dadurch, daß die Phantasie des Lesers der Stoff ist, in welchem die Dichtkunst ihre Bilder darstellt, hat diese den Vortheil, daß die nähere Ausführung und die feineren Züge in der Phantasie eines Jeden so ausfallen, wie es seiner Individualität, seiner Erkenntnissphäre und seiner Laune gerade am angemessensten ist und ihn daher am lebhaftesten anregt"[879], so dass „die Werke der Dichtkunst eine viel stärkere, tiefere und allgemeinere Wirkung ausüben"[880] als die der anderen Künste. Je objektiver sie dabei ihren Stoff vermitteln, desto genialer seien sie, da sie so weniger die individuellen Züge des Künstlers tragen als vielmehr größeren Raum für die Einbildungskraft und Phantasie des Lesers schaffen und somit auch eine Befreiung von den Forderungen des Willens und eine „ästhetische Kontemplation"[881] besser vermitteln. Ein Paradebeispiel scheint hier die „Betrachtung" zu sein, die mit ihrer durchgängigen Anonymität der Personen und ihrer fast zeit- und ortlosen Bestimmung kaum Grenzen setzt.

Auch über die poetische Kunst ist somit nach Schopenhauer eine Resignation und ein „Quietiv des Willens"[882] erreichbar, wobei das Trauerspiel dessen höchste Stufe vermittelt, denn nach Schopenhauers Ansicht gehört „unser Gefallen am Trauerspiel ... nicht dem Gefühl des Schönen, sondern dem des Erhabenen an"[883], und so „wie wir beim Anblick des Erhabenen in der Natur uns vom Interesse des Willens abwenden, um uns rein anschauend zu verhalten; so wenden wir bei der tragischen Katastrophe uns vom Willen zum Leben selbst ab"[884], denn „im Trauerspiel nämlich wird die schreckliche Seite des Lebens uns vorgeführt, der Jammer der Menschheit, die Herrschaft des Zufalls und des Irrthums, der Fall der Gerechten, der Triumph der Bösen: also die unserm Willen geradezu widerstrebende Beschaffenheit der Welt wird uns vor Augen

---

877 Schopenhauer, Arthur: Die Welt als Wille und Vorstellung, Band 2, S. 532.
878 Ebenda, S. 551.
879 Ebenda, S. 551.
880 Ebenda, S. 551.
881 Schopenhauer, Arthur: Die Welt als Wille und Vorstellung, Band 1, S. 295.
882 Ebenda, S. 384.
883 Schopenhauer, Arthur: Die Welt als Wille und Vorstellung, Band 2, S. 563.
884 Ebenda, S. 563.

gebracht"[885]. So kommt es, dass wir uns genötigt fühlen, „unsern Willen vom Leben abzuwenden, es nicht mehr zu wollen und zu lieben"[886], und wie am Ende der „Betrachtung" nur noch resignativ den Wunsch verspüren, „lieber hinaufzugehen und sich schlafen legen" zu wollen.

Die „Aufforderung zur Abwendung des Willens vom Leben bleibt die wahre Tendenz des Trauerspiels, der letzte Zweck der absichtlichen Darstellung der Leiden der Menschheit"[887], denn indem uns die tragische Katastrophe vermittelt, „daß das Leben ein schwerer Traum sei, aus dem wir zu erwachen haben"[888], vermittelt uns das Tragische gleichzeitig die „Erkenntniß, daß die Welt, das Leben, kein wahres Genügen gewähren könne, mithin unserer Anhänglichkeit nicht werth sei"[889], es zeigt uns die Nichtigkeit und Wertlosigkeit unseres Strebens und Lebens, und „die Wirkung dieses Eindrucks muß seyn, ... die Welt und das Leben nicht zu lieben"[890], sondern unser „Herz vom Leben loszureißen"[891]. Und genau „darin besteht der tragische Geist: er leitet demnach zur Resignation hin"[892] und führt so zur „Verneinung des Willens zum Leben"[893].

Eine nicht zu unterschätzende Gefahr der Kunst liegt nach Schopenhauer jedoch im Künstler selbst verborgen, denn „ihn fesselt die Betrachtung des Schauspiels der Objektivation des Willens: bei demselben bleibt er stehn, wird nicht müde es zu betrachten und darstellend zu wiederholen, und trägt derweilen selbst die Kosten der Aufführung jenes Schauspiels, d.h. ist ja selbst der Wille, der sich also objektiviert und in stetem Leiden bleibt"[894]. Er bleibt so letztendlich in sich selbst und in seinem Leiden gefangen, steht der Objektivation seines eigenen Willens wie einem „Gespenst" gegenüber, das sich wie im Stück „Unglücklichsein" immer mehr verselbständigt und Eigenleben entwickelt.

Des Weiteren sieht Schopenhauer auch die „Gefahr eines Mißverständnisses der Welt"[895] im Wesen der Kunst verborgen:

Denn indem die Kunst zu einem „Vergessen der wahren Struktur der Welt"[896] verführt und „die Misere des Daseins"[897] überlagert, führt sie nicht selten zu dem Trugschluss einer weltlichen Harmonie.

---

885 Schopenhauer, Arthur: Die Welt als Wille und Vorstellung, Band 2, S. 563.
886 Ebenda, S. 563.
887 Ebenda, S. 566.
888 Ebenda, S. 564.
889 Ebenda, S. 564.
890 Ebenda, S. 565-566.
891 Ebenda, S. 566.
892 Ebenda, S. 564.
893 Ebenda, S. 569.
894 Schopenhauer, Arthur: Die Welt als Wille und Vorstellung, Band 1, S. 383.
895 Schulz, Walter: Metaphysik des Schwebens, S. 40.
896 Ebenda, S. 40.

Dieser trügerische Gleichklang zwischen Ich und Welt kommt in der „Betrachtung" beispielsweise im Stück „Der Nachhauseweg" zum Ausdruck, wenn es heißt: „Ich marschiere und mein Tempo ist das Tempo dieser Gassenseite, dieser Gasse, dieses Viertels." Später weicht diese vermeintliche Harmonie einer tief empfundenen Nachdenklichkeit, die die Gegensätze von Innen und Außen, Ich und Welt realisiert.

Auch kann die Kunst, wie oben bereits beschrieben, nach Schopenhauer niemals zu einer „finalen Beruhigung"[898] führen, denn „das Quietiv kann nicht durch ästhetische Entwirklichung, sondern nur durch eine Abstandsnahme erwirkt werden, die mit einer Ästhetik, die sich dem Gedanken objektiver Schönheit unterstellt, nichts mehr zu tun hat"[899].

Andererseits wird dem Menschen in der Moderne mit Hilfe der Kunst eine neue „Möglichkeit der Weltdistanz"[900] eröffnet, die nun „nicht mehr durch eine Überwelt vermittelt"[901] werden muss und somit metaphysisch frei ist, sondern einen „von der Subjektivität inszenierten und in ihr sich vollziehenden Einstellungswandel"[902] darstellt.

Allerdings ist diese innere modifizierte Einstellung „nicht auf die Sphäre des Subjekts einzuschränken und von ihr her zu deuten oder gar zu fundieren"[903], sondern benötigt immer auch „ein Objektives als Bezugspunkt"[904] (hieraus erklärt sich auch die in der „Betrachtung" immer wiederkehrende Tendenz zum „Außen"), hat daher auch „keine ontologische Auswirkung"[905] und führt nicht zu einer vollendeten Befreiung, wie dies die Askese oder metaphysische Erkenntnis bewirken kann.

Insgesamt ist die Kunst im Hinblick auf Schopenhauers Ästhetik wie folgt zu bewerten:

Sie „gewährt eine nicht weiter zu begründende Entlastung, die gegenüber den Anforderungen der Wirklichkeit als ein *Ausnahmezustand* erscheint. Das besagt: Kunst eröffnet keine besondere Welt, sie ändert den Menschen auch nicht in seinem Wesen. Gleichwohl ist sie, insofern sie ein Aushängen und Vergessen des Wirklichkeitsdruckes bewirkt, positiv zu bewerten. Sie ist anthropologisch sinnvoll."[906]

---

897 Schulz, Walter: Metaphysik des Schwebens, S. 40.
898 Ebenda, S. 40.
899 Ebenda, S. 40.
900 Ebenda, S. 42.
901 Ebenda, S. 42.
902 Ebenda, S. 42.
903 Ebenda, S. 42.
904 Ebenda, S. 42.
905 Ebenda, S. 42.
906 Ebenda, S. 43.

Die Kunst vermittelt nach Schopenhauer ein anschauliches Bild, jedoch keine finale Antwort bezüglich des Daseins.

Sie ist kontemplativ, affektlos und befreiend, bleibt jedoch der negativ geprägten Welt weiter verhaftet, da sie einen objektiven Bezugspunkt benötigt, obwohl sie andererseits konträr zu ihr steht und Distanz von ihr fordert.

Sie leistet zwar eine vorübergehende Entlastung, jedoch keine ontologische Festigkeit und innere Stabilität. Sie ist metaphysisch unabhängig, kann die Metaphysik jedoch nicht ersetzen. Subjektivität und Objektivität vereinen sich in der Kunst über die „Idee", die über beidem steht, aber nicht zu einer dauerhaften Willensbefreiung führt und keine stabile Konvergenz der zwei divergierenden Welten bewirkt.

Eine neue Totalität, die die Stelle der Metaphysik in der Moderne einnimmt, kann somit auch die Kunst nicht erschaffen.

Das „metaphysische Bedürfniß des Menschen"[907], das dem Menschen allein eigen ist, denn „den Menschen ausgenommen, wundert sich kein Wesen über sein eigenes Dasein; sondern ihnen Allen versteht dasselbe sich so sehr von selbst, daß sie es nicht bemerken"[908], das aus der Verwunderung und Besinnung über das eigene Daseins entsprungen ist und durch das Bewusstwerden des Todes neben „der Endlichkeit alles Daseyns auch die Vergeblichkeit alles Strebens"[909] reflektiert, kann nach Schopenhauers Kunstphilosophie auch über die Kunst nicht (dauerhaft) gestillt und absorbiert werden.

Friedrich Nietzsche dagegen geht in seiner Kunstphilosophie einige Schritte weiter, denn für ihn ist die Kunst „die eigentlich metaphysische Thätigkeit des Menschen"[910], da für ihn „nur als ästhetisches Phänomen das Dasein der Welt gerechtfertigt ist"[911]. So kommt in seiner Theorie „der Kunst als der höchsten Aufgabe"[912] eine überaus zentrale Stelle zuteil, denn demnach kann sich der Mensch nur über die Kunst „von der Noth der Fülle und Ueberfülle, vom Leiden der in ihm gedrängten Gegensätze"[913] befreien.

Die Welt, die nach Nietzsches Auffassung „nur im Scheine sich zu erlösen weiss"[914], bedarf einer Kunst, die nicht im Sinne Schopenhauers

---

907 Schopenhauer, Arthur: Die Welt als Wille und Vorstellung, Band 2, S. 209.
908 Ebenda, S. 209.
909 Ebenda, S. 210.
910 Nietzsche, Friedrich: Die Geburt der Tragödie, S. 11.
911 Ebenda, S. 11.
912 Ebenda, S. 18.
913 Ebenda, S. 11.
914 Ebenda, S. 11.

„zur Resignation hin"[915] leitet, auch keine „Kunst des metaphysischen Trostes"[916] ist, sondern vielmehr als „Kunst des diesseitigen Trostes"[917] zum Lachen verführt. Es ist die dionysische Kunst, die den Künstler in den leichten Schwebezustand des Zarathustra enthebt: Denn es ist „Zarathustra der Tänzer, Zarathustra der Leichte, der mit den Flügeln winkt, ein Flugbereiter, allen Vögeln zuwinkend, bereit und fertig, ein Selig-Leichtfertiger"[918], der „alle metaphysische Trösterei zum Teufel schickt"[919] und stattdessen den Menschen das Lachen lehrt.

Dieser Zustand wird über das „Schweben" in der „Betrachtung" symbolisiert. Er ist zunächst in der Welt der „Kinder" leicht und wie von selbst in vielfacher Hinsicht zu erreichen (während des Schaukelns, beim Beobachten der Vögel, beim schnellen Laufen über die Gasse, beim Springen und beim Singen) und wird später im künstlerischen Schaffensprozess erneut ersehnt und gesucht, jedoch nur noch zeitweilig erreicht (etwa während der „Liftfahrt" des „Kaufmanns", der zunächst wie „auf Wellen geht" und schließlich der irdischen Welt gedanklich völlig entschwebt, oder während des Rittes als „Indianer" auf einem „rennenden Pferde"). Oft verkehrt er sich auch ins Negative und wird dann zum Symbol eines ungefestigten, haltlosen Seins, etwa wenn die „Bauernfänger" als die personifizierten inneren Blockaden bedrohlich „auf einmal vor uns schweben auf der Kante unseres Trottoirs", man „sich selbst" bei den „Entschlüssen" plötzlich „wie fortgeblasen fühlt", der unsichere Stand „auf der Plattform des elektrischen Wagens" dem „Fahrgast" seine existentielle Schwebe offenbart oder das epische Ich in seinem „Unglücklichsein" sich wie „auf einem unmerklich schaukelnden Fußbodenbalken" fühlt.

Die Kunst ist nach Nietzsche zweifach geprägt, hat eine dionysische und apollinische Seite, dabei ist sie „an die Duplicität des Apollonischen und des Dionysischen gebunden ... in ähnlicher Weise, wie die Generation von der Zweiheit der Geschlechter, bei fortwährendem Kampfe und nur periodisch eintretender Versöhnung, abhängt"[920].

Die apollinische Kunst ist die „Kunst des Bildners"[921], der Poesie, die den „schönen Schein der Traumwelten, in deren Erzeugung jeder Mensch voller Künstler ist"[922], erzeugt. Und es ist dieser „schöne Schein

---

915 Nietzsche, Friedrich: Die Geburt der Tragödie, S. 13.
916 Ebenda, S. 15.
917 Ebenda, S. 16.
918 Ebenda, S. 16.
919 Ebenda, S. 16.
920 Ebenda, S. 19.
921 Ebenda, S. 19.
922 Ebenda, S. 20.

der inneren Phantasie-Welt"[923], durch den „das Leben möglich und lebenswerth gemacht wird"[924], der es dem Menschen gleich dem „Kaufmann" in der „Betrachtung" erlaubt, „wegzufliegen" mit Flügeln, „die ich niemals gesehen habe".

Es ist die „Bilderwelt des Traumes, deren Vollkommenheit ohne jeden Zusammenhang mit der intellectuellen Höhe oder künstlerischen Bildung des Einzelnen ist"[925], sondern nur als „Erlösung im Scheine"[926] wirkt. Denn „so ungemein ist die Gewalt des Episch-Apollinischen, dass es die schreckensvollsten Dinge mit jener Lust am Scheine und der Erlösung durch den Schein vor unseren Augen verzaubert"[927]. Der Künstler, der Poet, ist dabei nicht (wie bei Schopenhauer) eins mit seinem Kunstwerk, sondern ist ganz Anschauung (er „genießt" wie der „Kaufmann" „die Aussicht des Fensters") und verloren im lustvollen Schein: Denn „der Dichter des dramatisirten Epos kann eben so wenig wie der epische Rhapsode mit seinen Bildern völlig verschmelzen: er ist immer noch ruhig unbewegte, aus weiten Augen blickende Anschauung, die die Bilder vor sich sieht"[928], dabei jedoch auch „ganz Schein und Lust am Scheine ist"[929]. Er gibt sich so selbst beim literarischen Schaffensprozess einer ruhigen Betrachtung hin und erhält damit ein klares inneres Bild vor Augen, während das, „was nicht aufgeschrieben ist, einem vor den Augen flimmert"[930], wie es Kafka selbst in einer Tagebuchaufzeichnung zum Ausdruck brachte. Dabei verfällt er in einen ästhetisch-traumhaften Zustand, der selbst die Wahrheit hinter dem Schein als scheinhaft erlebt, wie dies im Stück „Die Bäume" bildhaft dargestellt wurde.

Die apollinische Kunst des Bildners ist ein beschönigender Schein: „hier überwindet Apollo das Leiden des Individuums durch die leuchtende Verherrlichung der Ewigkeit der Erscheinung, hier siegt die Schönheit über das dem Leben inhärirende Leiden, der Schmerz wird in einem gewissen Sinne aus den Zügen der Natur hinweggelogen"[931]. Vergleichbar etwa mit dem ästhetischen Zustand, den „Die Kinder auf der Landstraße" erlebten, wenn sie wider der Natur „den Abend mit dem Kopf durchstießen" und es „keine Tages- und Nachtzeit" mehr gab.

---

923 Nietzsche, Friedrich: Die Geburt der Tragödie, S. 21.
924 Ebenda, S. 21.
925 Ebenda, S. 24.
926 Ebenda, S. 56.
927 Ebenda, S. 78.
928 Ebenda, S. 78.
929 Ebenda, S. 78.
930 Brod, Max: Franz Kafka, S. 111.
931 Nietzsche, Friedrich: Die Geburt der Tragödie, S. 103.

Die dionysische Kunst hingegen ist die „der unbildlichen Kunst der Musik"[932], diese verkörpert nach Nietzsche die Welt des Rausches. Es sind „jene dionysischen Regungen, in deren Steigerung das Subjective zu völliger Selbstvergessenheit hinschwindet"[933], die etwa mit dem Genuss narkotischer Mittel oder mit dem Erleben gewaltiger Naturschauspiele vergleichbar sind.

„Das glühende Leben dionysischer Schwärmer"[934] hat aber auch eine versöhnende, vereinende Wirkung, denn „unter dem Zauber des Dionysischen schließt sich nicht nur der Bund zwischen Mensch und Mensch wieder zusammen: auch die entfremdete, feindliche und unterjochte Natur feiert wieder ihr Versöhnungsfest mit ihrem verlorenen Sohne, dem Menschen"[935].

In der „Betrachtung" wird dies im Stück „Wunsch, Indianer zu werden" offensichtlich, wenn die 'zivilisierte`, entfremdete Natur als „glattgemähte Heide" erscheint, die man „kaum sieht", da man sich in völliger Selbstvergessenheit („ohne Pferdehals und Pferdekopf") in einem Schwebezustand, „über dem zitternden Boden", befindet.

Der Mensch fühlt sich nun nicht nur mit seinem Nächsten vereinigt, sondern befreit, enthoben, verzaubert, einer höheren Macht zugeordnet, die alle Grenzen und Unterschiede eliminiert, denn im Rausche der dionysischen Verzauberung „zerbrechen alle die starren, feindseligen Abgrenzungen, die Noth, die Willkür oder 'freche Mode` zwischen den Menschen festgesetzt haben ... Jetzt ... fühlt sich Jeder mit seinem Nächsten nicht nur vereinigt, versöhnt, verschmolzen, sondern eins, als ob der Schleier der Maja zerrissen wäre ... Singend und tanzend äussert sich der Mensch als Mitglied einer höheren Gemeinsamkeit: er hat das Gehen und das Sprechen verlernt und ist auf dem Wege, tanzend in die Lüfte emporzufliegen. Aus seinen Gebärden spricht die Verzauberung"[936].

Am deutlichsten zeigt sich dies in der „Betrachtung" im Stück „Kinder auf der Landstraße", wenn diese, mit dem/den Nächsten eins geworden, verzaubert durch das gemeinsame Spiel zusammen in einen „Galopp" verfallen, „sich gegen die Luft werfen" und sich bei ihren „Sprüngen" durch den „Wind in den Hüften" heben lassen, gemeinsam singen und dabei mit ihren Stimmen untereinander in ein „Gedränge" geraten, in dem es ihnen „wohl" ist und dabei alle äußeren Gesetze nichtig werden, denn sie „sangen viel rascher als der Zug fuhr", bis schließlich auch die Stimme nicht mehr „genügte" und sie verstärkend „die Arme schaukelten".

---

932 Nietzsche, Friedrich: Die Geburt der Tragödie, S. 19.
933 Ebenda, S. 22.
934 Ebenda, S. 23.
935 Ebenda, S. 23.
936 Ebenda, S. 23.

Doch wird dabei nach Nietzsche nicht nur der Mensch mit seinen Mitmenschen und mit der Natur vereint, auch Künstler und Kunstwerk werden eins, denn „der Mensch ist nicht mehr Künstler, er ist Kunstwerk geworden"[937].

Auch dies lässt sich aus einigen Textstellen der „Betrachtung" herauslesen, beispielsweise im Stück „Entschlüsse", wenn das Geschriebene als A., B. und C. personifiziert wird, wenn der „Kaufmann" seiner literarischen Produktion, den Wörtern (angedeutet durch das „Klappern mit den Fingern beider Hände", der Tätigkeit an der Schreibmaschine also), wie „entgegenkommenden Kindern" zärtlich „über das Haar fährt", wenn auf dem „Nachhauseweg" das eigene Schritttempo plötzlich zum „Tempo dieser Gassenseite" (Schrift-Seite) wird, oder aber auch, wenn während des „Unglücklichseins" die selbst verfasste Literatur zum kindlichen Gespenst wird (denn es steht wie Geschriebenes auf einem Blatt „an der Wand auf dem gleichen Platz", hatte wie eine Schreibhand auf dem Papier „die rechte Hand an die Mauer gepreßt"), das seinem Erschaffer als Person entgegentritt. Ganz deutlich wird dies aber auch im Stück „Die Bäume", wenn es konkret heißt: „Denn wir sind wie Baumstämme im Schnee", somit die Autoren zu schwarzen Buchstaben auf weißem Papier, zu „Baumstämmen im Schnee", werden.

So wie die apollinische Kunst, „die Bilderwelt des Traumes, deren Vollkommenheit ohne jeden Zusammenhang mit der intellectuellen Höhe oder künstlerischen Bildung des Einzelnen ist"[938], die Subjektivität aufhebt, so führt nach Nietzsche auch die Macht der dionysischen Kunst „als rauschvolle Wirklichkeit, die wiederum des Einzelnen nicht achtet, sondern sogar das Individuum zu vernichten und durch eine mystische Einheitsempfindung zu erlösen sucht"[939] zu einem „Zerbrechen des Individuums"[940], bis schließlich nur noch analog dazu in der „Betrachtung" eine „Gesellschaft von lauter niemand" existiert.

Andererseits wird dabei aber nicht nur „unter dem mystischen Jubelruf des Dionysus der Bann der Individuation zersprengt"[941], sondern es wird damit gleichzeitig auch „der Weg zu den Müttern des Sein's, zu dem innersten Kern der Dinge offen"[942] gelegt, der eine überindividuelle Wahrheit verspricht.

Beide Künste, sowohl die apollinische als auch dionysische Kunst, vermitteln nach Nietzsches Kunstphilosophie eine Lust am Dasein, wenn auch in sehr unterschiedlicher Art und Weise:

---

937 Nietzsche, Friedrich: Die Geburt der Tragödie, S. 23-24.
938 Ebenda, S. 24.
939 Ebenda, S. 24.
940 Ebenda, S. 56.
941 Ebenda, S. 98.
942 Ebenda, S. 98.

Während die apollinische Kunst „das Leiden des Individuums durch die leuchtende Verherrlichung der Ewigkeit der Erscheinung"[943] zu bewältigen versucht und so zu einem lustvollen Dasein verhelfen will, will die dionysische Kunst die problematische Individualexistenz über eine vereinende Urmacht vergessen lassen und so dem Menschen zu einer neuen Freude am Dasein verhelfen. So will also „auch die dionysische Kunst ... uns von der ewigen Lust des Daseins überzeugen: nur sollen wir diese Lust nicht in den Erscheinungen, sondern hinter den Erscheinungen suchen. Wir sollen erkennen, wie alles, was entsteht, zum leidvollen Untergange bereit sein muss, wir werden gezwungen in die Schrecken der Individualexistenz hineinzublicken – und sollen doch nicht erstarren: ein metaphysischer Trost reisst uns momentan aus dem Getriebe der Wandelgestalten heraus. Wir sind wirklich in kurzen Augenblicken das Urwesen selbst und fühlen dessen unabhängige Daseinsgier und Daseinslust; der Kampf, die Qual, die Vernichtung der Erscheinungen dünkt uns jetzt wie nothwendig ... Trotz Furcht und Mitleid sind wir die glücklich-Lebendingen, nicht als Individuen, sondern als das eine Lebendige, mit dessen Zeugungslust wir verschmolzen sind"[944].

Einer dieser Mächte (der apollinischen oder der dionysischen) fällt nach Nietzsche ein jeder Künstler anheim und so ist er „entweder apollinischer Traumkünstler oder dionysischer Rauschkünstler oder endlich ... zugleich Rausch- und Traumkünstler"[945], nämlich dann, wenn er zunächst „in der dionysischen Trunkenheit und mystischen Selbstentäußerung, einsam und abseits von den schwärmenden Chören niedersinkt"[946] und sich dann, „durch apollinische Traumeinwirkung, sein eigener Zustand, d.h. seine Einheit mit dem innersten Grunde der Welt in einem gleichnissartigen Traumbilde offenbart"[947].

Dieser Finalzustand wird, wie bereits erwähnt, in der „Betrachtung" erstrebt, jedoch niemals dauerhaft erreicht, da der alles umspannende metaphysische Bogen in der Moderne fehlt und so die Brücke zwischen Ich und Welt, Innen und Außen nicht mehr bilden kann.

Den Ursprung der apollinischen Kultur sieht Nietzsche dabei in der Tatsache, dass sich schon die Griechen „der Schrecken und Entsetzlichkeiten des Daseins"[948] wohl bewusst waren und dann, „um überhaupt leben zu können"[949], die Götterwelt der Freude entwickeln mussten.

---

943 Nietzsche, Friedrich: Die Geburt der Tragödie, S. 103.
944 Ebenda, S. 103-104.
945 Ebenda, S. 24.
946 Ebenda, S. 24.
947 Ebenda, S. 24.
948 Ebenda, S. 29.
949 Ebenda, S. 29.

Auch das in späteren Zeiten entwickelte „Naive" in der Kunst, d.h. „diese von den neueren Menschen so sehnsüchtig angeschaute Harmonie, ja Einheit des Menschen mit der Natur, für die Schiller das Kunstwort 'naiv' in Geltung gebracht hat"[950], ist seiner Meinung nach „keinesfalls ein so einfacher, sich von selbst ergebender, gleichsam unvermeidlicher Zustand ..., dem wir an der Pforte jeder Cultur ... begegnen müssten"[951], sondern vielmehr ein aus der Not sich ergebender apollinischer Charakter: Denn „wo uns das 'Naive' in der Kunst begegnet, haben wir die höchste Wirkung der apollinischen Cultur zu erkennen, welche ... durch kräftige Wahnvorstellungen und lustvolle Illusionen über eine schreckliche Tiefe der Weltbetrachtung"[952] hinwegheben will.

Auch ist demnach „die homerische 'Naivetät' ... nur als der vollkommene Sieg der apollinischen Illusion zu begreifen"[953], mit deren Kraft sich der „Wille" wie in einem Spiegel selbst anschaut, alles andere illusorisch verdeckt, bis sich schließlich der Mensch in „dieser vollendeten Welt der Anschauung"[954] und in der „Sphäre der Schönheit"[955] verliert und alles weltliche Leid vergisst, wie etwa der „Kaufmann" in der „Betrachtung", der zunächst „in den schmalen Spiegel schaut" und sich dann mit dem Lift in eine Welt der rein ästhetischen Anschauung entheben lässt.

Der naive Künstler selbst muss dabei „eine tiefe innere Lust des Traumschauens"[956] in sich spüren, um „den Tag und seine schreckliche Zudringlichkeit völlig vergessen"[957] zu können.

Er muss „mit dieser inneren Lust am Schauen träumen ... können"[958], muss sich dem „Traum als dem Schein des Scheins"[959] ganz ergeben und sich von der Vorstellung, dem einfachen Schein des empirischen Daseins, entheben, da er diesen zweiten, „lustvollen Schein zu seiner steten Erlösung braucht"[960].

Es ist dieser Schein hinter dem Schein, der sich in der „Betrachtung" in dem Stück „Die Bäume" offenbart.

---

950   Nietzsche, Friedrich: Die Geburt der Tragödie, S. 30.
951   Ebenda, S. 30-31.
952   Ebenda, S. 31.
953   Ebenda, S. 31.
954   Ebenda, S. 31.
955   Ebenda, S. 31.
956   Ebenda, S. 32.
957   Ebenda, S. 32.
958   Ebenda, S. 32.
959   Ebenda, S. 32.
960   Ebenda, S. 32.

So kann auch das Kunstwerk, „das gleichfalls nur ´Schein des Scheins` ist"[961], eine Erlösung und Befreiung von den weltlichen Qualen vermitteln, denn „aus diesem Schein steigt nun ... eine visionsgleiche neue Scheinwelt empor, von der jene im ersten Schein Befangenen nichts sehen – ein leuchtendes Schweben in reinster Wonne und schmerzlosem, aus weiten Augen strahlenden Anschauen"[962], wie es etwa der „Kaufmann" während der Liftfahrt erlebt.

Der Lyriker ist nach Nietzsche ein dionysisch-apollinischer Künstler, denn „er ist zuerst, als dionysischer Künstler, gänzlich mit dem Ur-Einen, seinem Schmerz und Widerspruch, eins geworden und producirt das Abbild dieses Ur-Einen als Musik, wenn anders diese mit Recht eine Wiederholung der Welt und ein zweiter Abguss derselben genannt worden ist"[963], dann „aber wird diese Musik ihm wieder wie in einem gleichnissartigen Traumbilde, unter der apollinischen Traumeinwirkung sichtbar. Jener bild- und begriffslose Widerschein des Urschmerzes ..., mit seiner Erlösung im Scheine, erzeugt jetzt eine zweite Spiegelung, als einzelnes Gleichniss oder Exempel. Seine Subjectivität hat der Künstler bereits in dem dionysischen Prozess aufgegeben: Das Bild, das ihm jetzt seine Einheit mit dem Herzen der Welt zeigt, ist eine Traumscene, die jenen Urwiderspruch und Urschmerz, sammt der Urlust des Scheines, versinnlicht. Das ´Ich` des Lyrikers tönt also aus dem Abgrunde des Seins: seine ´Subjectivität` im Sinne der neueren Aesthetiker ist eine Einbildung"[964], oder, wie im Stück „Unglücklichsein", ein kindliches Gespenst. Dadurch aber kann der Lyriker in einen „mystischen Selbstentäußerungs- und Einheitszustande"[965] mit der Welt gelangen und hierbei „eine Bilder- und Gleichnisswelt"[966] erschaffen, die Inneres und Äußeres, Ich und Welt, Apollinisches und Dionysisches miteinander vereint: Denn seine Bilder und Gleichnisse sind „nichts als er selbst und gleichsam nur verschiedene Objektivationen von ihm, weshalb er als bewegender Mittelpunkt jener Welt ´ich` sagen darf: nur ist diese Ichheit nicht dieselbe, wie die des wachen, empirisch-realen Menschen, sondern die einzige überhaupt wahrhaft seiende und ewige, im Grunde der Dinge ruhende Ichheit, durch deren Abbilder der lyrische Genius bis auf jenen Grund der Dinge hindurchsieht"[967].

Auch in der „Betrachtung" versucht das epische Ich im Stück „Unglücklichsein" „im Grunde des Spiegels doch wieder ein neues Ziel" zu

---

961 Nietzsche, Friedrich: Die Geburt der Tragödie, S. 33.
962 Ebenda, S. 33.
963 Ebenda, S. 37.
964 Ebenda, S. 37-38.
965 Ebenda, S. 38.
966 Ebenda, S. 38.
967 Ebenda, S. 39.

erhalten, doch „ohne Gegengewicht", wenn dem eigenen Schrei „nichts antwortet", ohne göttlich-metaphysische Kraft, kann keine alles umfassende Harmonie mehr entstehen und jede Illusion und errungene Wahrheit bleibt brüchig und ephemer.

Im Gegensatz zu Schopenhauer, der der Kunst und dem Lyrischen nur eine vorübergehende, augenblicksbezogene Loslösungsmöglichkeit vom Wollen und den weltlichen Qualen zuspricht, sieht Nietzsche dagegen den „Gegensatz ... des Subjectiven und Objectiven"[968] in der Kunstästhetik geeint und den Künstler in einer gänzlichen Erlösung von den Forderungen seines Willens: Denn seiner Meinung nach ist das Subjekt, sobald es Künstler ist, „bereits von seinem individuellen Willen erlöst und gleichsam Medium geworden, durch das hindurch das eine wahrhaft seiende Subject seine Erlösung im Scheine feiert"[969] und „soweit der Genius im Actus der künstlerischen Zeugung mit jenem Urkünstler der Welt verschmilzt, weiss er etwas über das ewige Wesen der Kunst; denn in jenem Zustande ist er, wunderbarer Weise, ... zugleich Subject und Object"[970].

Auch wenn wir dabei nach Nietzsches Kunstphilosophie nicht „die eigentlichen Schöpfer jener Kunstwelt sind"[971], so dürfen wir doch „von uns selbst annehmen, dass wir für den wahren Schöpfer derselben schon Bilder und künstlerische Projectionen sind und in der Bedeutung von Kunstwerken unsre höchste Würde haben – denn nur als aesthetisches Phänomen ist das Dasein und die Welt ewig gerechtfertigt"[972].

Bei der Kunstrezeption, wenn der Mensch die Welt „in Bildern deutet, ruht er selbst in der stillen Meeresruhe der apollinischen Betrachtung"[973], er erreicht somit im Sinne Schopenhauers ein inneres Quietiv, muss sich dabei nach Nietzsche jedoch gleichzeitig auch bewusst vor Augen führen, „ein Kunstwerk vor sich zu haben, nicht eine empirische Realität"[974]. Er sollte somit gezwungen sein, „das Kunstwerk als Kunst d.h. aesthetisch zu nehmen"[975]. Denn wenn das dionysische Element überwiegt, „die Verzückung des dionysischen Zustandes mit seiner Vernichtung der gewöhnlichen Schranken und Grenzen des Daseins"[976] die empirische Welt vollkommen vergessen lässt, wird jene beim Bewusstwerden mit einem Male unerträglich: Denn „sobald ... jene alltägliche

---

968 Nietzsche, Friedrich: Die Geburt der Tragödie, S. 41.
969 Ebenda, S. 41.
970 Ebenda, S. 41-42.
971 Ebenda, S. 41.
972 Ebenda, S. 41.
973 Ebenda, S. 45.
974 Ebenda, S. 47.
975 Ebenda, S. 47.
976 Ebenda, S. 50.

Wirklichkeit wieder ins Bewusstsein tritt, wird sie mit Ekel als solche empfunden; eine asketische, willenverneinende Stimmung ist die Frucht jener Zustände. In diesem Sinne hat der dionysische Mensch Aehnlichkeit mit Hamlet: beide haben einmal einen wahren Blick in das Wesen der Dinge gethan, sie haben erkannt, und es ekelt sie zu handeln; denn ihre Handlung kann nichts am ewigen Wesen der Dinge ändern ..."[977]. Und diese „Erkenntniss tödtet das Handeln"[978], denn „zum Handeln gehört das Umschleiertsein durch die Illusion"[979], während „der Einblick in die grauenhafte Wahrheit"[980] jedes Handeln blockiert und dazu führt, dass das Dasein verneint wird, denn „in der Bewusstheit der einmal geschauten Wahrheit sieht jetzt der Mensch überall nur das Entsetzliche und Absurde des Seins"[981].

Als einziger Ausweg aus der Übermacht des Willens bleibt dabei nur die illusionsträchtige Ästhetik, die „rettende, heilkundige Zauberin, die Kunst"[982], denn „sie allein vermag jene Ekelgedanken über das Entsetzliche oder Absurde des Daseins in Vorstellungen umzubiegen, mit denen sich leben lässt: diese sind das Erhabene als die künstlerische Bändigung des Entsetzlichen und das Komische als die künstlerische Entladung vom Ekel des Absurden"[983].

Der Darstellung des Erhabenen als künstlerische Umsetzung der weltlichen Schrecken und Qualen, der Tragödie, liegt „die Grunderkenntniss von der Einheit alles Vorhandenen, die Betrachtung der Individuation als des Urgrundes des Uebels"[984] zugrunde, gleichzeitig beinhaltet die Tragödie aber auch eine „Mysterienlehre"[985], wonach „die Kunst als die freudige Hoffnung, dass der Bann der Individuation zu zerbrechen ist, als die Ahnung einer wiederhergestellten Einheit"[986] erscheint.

Hierbei ist jedoch nach Nietzsche zu beachten, dass dieser Mythos der Tragödie den Dichtern selbst „niemals in begrifflicher Deutlichkeit durchsichtig geworden ist"[987] und derselbe „in dem gesprochenen Wort durchaus nicht seine adäquate Objectivation"[988] entwickeln kann, sondern vielmehr „das Gefüge der Scenen und die anschaulichen Bilder ...

---

977   Nietzsche, Friedrich: Die Geburt der Tragödie, S. 50.
978   Ebenda, S. 50-51.
979   Ebenda, S. 51.
980   Ebenda, S. 51.
981   Ebenda, S. 51.
982   Ebenda, S. 51.
983   Ebenda, S. 51.
984   Ebenda, S. 67.
985   Ebenda, S. 67.
986   Ebenda, S. 67.
987   Ebenda, S. 104.
988   Ebenda, S. 104.

eine tiefere Weisheit, als der Dichter selbst in Worte und Begriffe fassen kann"[989], zeigen, da die eigentliche Lehre nicht aus der Rede des tragischen Helden selbst, „sondern aus dem vertieften Anschauen und Ueberschauen des Ganzen"[990] zu entnehmen ist.

Wie Schopenhauer sieht auch Friedrich Nietzsche die Tragödie als die höchste Stufe der Kunst an, jedoch aus einem anderen Grunde: Für Nietzsche bildet die Tragödie die Spitze der Ästhetik, weil sich hierin das Apollinische und das Dionysische wie „durch einen Bruderbund beider Gottheiten"[991] zusammenschließen, „womit das höchste Ziel ... der Kunst überhaupt erreicht ist"[992].

Der tragische Mythus kann, soll und darf nach Nietzsche jedoch nicht zu einer vollkommenen und dauerhaften Weltflucht führen, sondern ist vielmehr „zu verstehen als eine Verbildlichung dionysischer Weisheit durch apollinische Kunstmittel; er führt die Welt der Erscheinung an die Grenzen, wo sie sich selbst verneint und wieder in den Schooss der wahren und einzigen Realität zurückzuflüchten sucht"[993] und erzeugt damit die höchste künstlerische und weltliche Freude und Lust am Dasein.

Ähnlich wie der „Kaufmann" in der „Betrachtung" sollte die „Liftfahrt" ins Reich der Ästhetik stets damit enden, wieder „den Aufzug hinunterzulassen" und „die Tür zu öffnen".

Auch Nietzsche spricht in seinem Buch „Die Geburt der Tragödie" die Problematik der verlorenen mythischen und metaphysischen Kraft in der Moderne an und erläutert die hieraus sich ergebenden Konsequenzen für das ästhetische Erleben:

Als man „nach einer irdischen Lösung der tragischen Dissonanz"[994] suchte und „der deus ex machina ... an die Stelle des metaphysischen Trostes getreten"[995] war, als die „theoretischen Menschen"[996] nunmehr „an eine Correctur der Welt durch das Wissen, an ein durch die Wissenschaft geleitetes Leben"[997] glaubten, wurde nach Nietzsche damit auch der tragische Mythus zerstört und „die dionysische Weisheit und Kunst bekämpft"[998].

---

989 Nietzsche, Friedrich: Die Geburt der Tragödie, S. 104.
990 Ebenda, S. 104.
991 Ebenda, S. 134-135.
992 Ebenda, S. 135.
993 Ebenda, S. 136.
994 Ebenda, S. 109.
995 Ebenda, S. 109.
996 Ebenda, S. 109.
997 Ebenda, S. 110.
998 Ebenda, S. 109.

Dies führte seiner Meinung nach schließlich dazu, „dass der theoretische Mensch vor seinen Consequenzen erschrickt und unbefriedigt es nicht mehr wagt sich dem furchtbaren Eisstrome des Daseins anzuvertrauen: ängstlich läuft er am Ufer auf und ab"[999]; er sieht nun in sein eigenes Antlitz und sieht darin nur das „Urleiden der modernen Cultur"[1000].

Verzweifelt läuft der moderne Mensch in seinem „Unglücklichsein" „über den schmalen Teppich seines Zimmers wie in einer Rennbahn einher", glaubt, ohne existentiell-ontologische Fundierung, sich „auf einem unmerklich schaukelnden Fußbodenbalken" zu befinden, und kann sich selbst „im Grund des Spiegels" nicht mehr erkennen. Er erkennt das Äußere des anderen als „Maskerade, die den Menschen demaskiert"[1001] und entlarvt die „Kleider" seiner Mitmenschen als „Maskenanzug", welche „immer das gleiche Gesicht in die gleichen Handflächen legen und von ihrem Spiegel widerscheinen lassen" und dabei ihre innere Leere zu verbergen suchen.

Auch die Kunst spendet nun keinen metaphysischen Trost mehr, kann kein Leitweg mehr sein, sondern offenbart dem Menschen nur noch seine eigene Not; umsonst ist es daher nun, „dass man die ganze 'Weltlitteratur' zum Troste des modernen Menschen um ihn versammelt"[1002], denn „er bleibt doch der ewig Hungernde, der 'Kritiker' ohne Lust und Kraft, der alexandrinische Mensch, der im Grunde Bibliothekar und Corrector ist und an Bücherstaub und Druckfehlern elend erblindet"[1003].

Dem Menschen wurde jetzt gewahr, dass der Mythus nicht durch den menschlichen Geist und eine „irdische Consonanz"[1004] zu ersetzen ist, denn „ohne Mythus ... geht jede Cultur ihrer gesunden schöpferischen Naturkraft verlustig: erst ein mit Mythen umstellter Horizont schliesst eine ganze Culturbewegung zur Einheit ab"[1005].

Denn es werden nach Nietzsche „alle Kräfte der Phantasie und des apollinischen Traumes ... erst durch den Mythus aus ihrem wahllosen Herumschweifen gerettet"[1006], so dass sich eine beständige Kultur fundieren kann, während andererseits „das regellose, von keinem heimischen Mythus gezügelte Schweifen der künstlerischen Phantasie"[1007] eine Kultur erzeugt, „die keinen festen und heiligen Ursitz hat, sondern alle

---

999   Nietzsche, Friedrich: Die Geburt der Tragödie, S. 114.
1000 Ebenda, S. 114.
1001 Brod, Max: Franz Kafka, S. 164.
1002 Nietzsche, Friedrich: Die Geburt der Tragödie, S. 114.
1003 Ebenda, S. 114.
1004 Ebenda, S. 109.
1005 Ebenda, S. 140.
1006 Ebenda, S. 140.
1007 Ebenda, S. 141.

Möglichkeiten zu erschöpfen und von allen Culturen sich kümmerlich zu nähren verurtheilt ist"[1008]. In einer solchen mythenlosen Welt steht dann der Mensch, hungernd und suchend nach den alten Wurzeln, sich nach einer mythischen Heimat verzehrend, im Zentrum einer Kultur, „die durch alles, was sie verschlingt, nicht zu sättigen ist"[1009] und das kulturell-metaphysische Bedürfnis des Menschen nicht zu befriedigen weiß.

Zerstört der Mensch seine Verbindung zum Mythus, so verliert er „den Stempel des Ewigen"[1010], wird verweltlicht, womit „ein Bruch mit der unbewussten Metaphysik seines früheren Daseins, in allen ethischen Consequenzen, verbunden ist"[1011].

Was ihm dann bleibt, ist nicht mehr als „ein heimatloses Herumschweifen, ein gieriges Sichdrängen an fremde Tische, eine leichtsinnige Vergötterung der Gegenwart oder stumpf betäubte Abkehr"[1012].

Aus diesem Umstand ergibt sich für Nietzsche, „dass nur als ein aesthetisches Phänomen das Dasein und die Welt gerechtfertigt erscheint"[1013], wobei sich jedoch die beiden Kunstbereiche des Apollinischen und Dionysischen ergänzen müssen, damit „das schreckliche Weltbild reizvoll verklingt"[1014]: Zum einen bedarf es dem Dionysischen „als die ewige und ursprüngliche Kunstgewalt, die überhaupt die ganze Welt der Erscheinung in's Leben ruft"[1015], die jedoch einen „neuen Verklärungsschein"[1016] benötigt, „um die belebte Welt der Individuation im Leben festzuhalten"[1017], denn die „Menschwerdung der Dissonanz"[1018] bedarf in der Moderne einer Illusion, die mit einem Schleier des Scheins das Dasein umhüllt, und genau „dies ist die wahre Kunstabsicht des Apollo"[1019].

Die beiden Kunstbereiche müssen somit „ihre Kräfte in strenger wechselseitiger Proportion, nach dem Gesetze ewiger Gerechtigkeit"[1020] entäußern, denn „von jenem Fundamente aller Existenz, von dem diony-

---

1008 Nietzsche, Friedrich: Die Geburt der Tragödie, S. 141.
1009 Ebenda, S. 141.
1010 Ebenda, S. 143.
1011 Ebenda, S. 143.
1012 Ebenda, S. 144.
1013 Ebenda, S. 147.
1014 Ebenda, S. 150.
1015 Ebenda, S. 150.
1016 Ebenda, S. 150.
1017 Ebenda, S. 150.
1018 Ebenda, S. 150.
1019 Ebenda, S. 150.
1020 Ebenda, S. 150.

sischen Untergrunde der Welt"[1021], darf „genau nur soviel dem menschlichen Individuum in's Bewusstsein treten, als von jener apollinischen Verklärungskraft wieder überwunden werden kann"[1022]. Und so, nur so, kann eine „Artisten-Metaphysik"[1023] das Dasein als ein ästhetisches Phänomen apologetisieren.

Nietzsche sieht somit zwar in der Kunst eine dauerhafte Möglichkeit der individuellen Existenzbewältigung, jedoch bedarf nach seiner Kunsttheorie diese einer metaphysischen Fundierung, so dass auch nach der Kunstphilosophie Nietzsches die Ästhetik die in der Moderne verlorene Metaphysik keineswegs zu ersetzen weiß. Vielmehr basiert sie auf dieser und ist ohne sie nichts weiter als ein suchender, umherstreifender Drang. Auch die über die Kunst erreichte Einheit von Subjekt und Objekt kann die metaphysische Totalität nicht substituieren und vermag als irdische Kraft keinen allumfassenden Horizont zu bilden.

Beide Philosophen negieren somit die Möglichkeit einer die vormoderne, traditionelle Metaphysik substituierenden Wirkungsweise der Kunst, die jedoch als ästhetische Kraft eine Willens- und Druckentlastung herbeiführt und somit eine Befreiungsmöglichkeit von den weltlichen Sorgen und Zwängen vermittelt.

Die Kunst kann auch nach Walter Schulz, der sich ebenfalls in seinem Werk „Die Metaphysik des Schwebens" mit der Möglichkeit einer ästhetischen Lösung des Problems der fehlenden metaphysisch-ontologischen Fundierung in der Moderne befasste, die Leere der „metaphysischen Negativität"[1024] nicht füllen, denn sie vermag auch seiner Ansicht nach nicht den verlorenen überweltlichen Horizont zu ersetzen und kann den Zustand des Ungefestigtseins nicht beheben. Sie vermag einzig die Tatsache, „daß nichts mehr dahintersteht, daß keine Hinterwelt mehr bestimmt und trägt, zu verifizieren"[1025] und kann so „dem Menschen sichtbar ... machen, was es mit seiner gebrochenen Weltstellung auf sich hat: daß jede Gewißheit immer wieder fraglich wird, daß sie sich der festgelegten Ausdeutung entzieht"[1026].

Nichts anderes vermittelt die „Betrachtung", die mit ihrer nicht konkret fassbaren Struktur, ihren „Metaphern, die doch immer ... Neues sagen"[1027], ihren teilweise skurrilen Übertreibungen und ihrer Vielzahl an

---

1021 Nietzsche, Friedrich: Die Geburt der Tragödie, S. 150.
1022 Ebenda, S. 150.
1023 Ebenda, S. 158.
1024 Schulz, Walter: Metaphysik des Schwebens, S. 13.
1025 Ebenda, S. 13.
1026 Ebenda, S. 14.
1027 Brod, Max: Franz Kafka, S. 137.

Bildern den Leser immer wieder in die Irre, in ein Labyrinth der möglichen Intentionen, treibt, ihm so aber auch seine weltliche Standlosigkeit und ontologische Schwebe zeigt, dabei jedoch stets „ein Lächeln in der Nähe der letzten Dinge, ein metaphysisches Lächeln"[1028] behält, das in der gottlosen Leere der Moderne verhallt.

3. ZUR BEDEUTUNG DES „SCHREIBENS"

Welchen Stellenwert die Kunst, das Schreiben, für Kafka zur Zeit der Entstehung der „Betrachtung" und später besaß, welche Bedeutung es für die Planung seines Lebenskonzeptes und den Aufbau seiner ontologischen Ich-Fundierung und Identität inne hatte, welche Aspekte dabei insgesamt vordergründig waren und in der „Betrachtung" thematisiert wurden, zeigt eine genauere Analyse der Einzelstücke der „Betrachtung" unter Zuhilfenahme autobiographischer Texte und Briefe.

3.1. Die Thematisierung der Literatur im Schreibprozess

Der Selbstbezug des Literarischen, die Thematisierung des Schreibaktes im Geschrieben, spielt bei Kafka allgemein eine gewichtige Rolle, denn „gerade weil Kafkas Werke sich so fest gegen die empirische Lebenswirklichkeit abschließen, ... verstricken sie sich so oft ... in ihren eigenen handwerklichen Entstehungsprozeß. Ohne bewußten Bezug auf ein 'Außerhalb`, auf wirkliche Geschehnisse in der Welt ringsherum, ...trägt bei Kafka das Geschriebene die unverwischbaren Spuren seiner zugleich faßbaren und unfaßbaren Schreibarbeit"[1029].

Auch in der „Betrachtung" finden sich zahlreiche auffällige Verweise, die auf den Schreibprozess und seine Problematik verweisen:

So wird beispielsweise schon im ersten Stück, „Kinder auf der Landstraße", das Bild eines Schreibflusses und der Entstehung eines Textes im wie folgt zitierten Absatz evoziert:

„Wir liefen enger beisammen, manche reichten einander die Hände, den Kopf konnte man nicht genug hoch haben, weil es abwärts ging. Einer schrie einen indianischen Kriegsruf heraus, wir bekamen in die Beine einen Galopp wie niemals, bei den Sprüngen hob uns in den Hüften der Wind. Nichts hätte uns aufhalten können; wir waren so im Laufe, daß wir selbst beim Überholen die Arme verschränken und ruhig uns umsehen konnten."

1028 Brod, Max: Franz Kafka, S. 138.
1029 Pasley, Malcolm: Der Schreibakt .... In: David, Claude (Hrsg.): Franz Kafka..., S. 23-24.

„Wir", die Buchstaben oder Wörter, „liefen enger beisammen", fanden sich also zu einem Text zusammen, sie „reichten einander die Hände", waren somit aufeinander abgestimmt, d.h. sinnadäquat zusammengefügt. Den „Kopf" des Schreibblattes „konnte man nicht genug hoch haben, weil es abwärts ging", der Text länger wurde und das Geschriebene immer mehr nach unten Richtung Blattende rückte. „Einer schrie einen indianischen Kriegsruf heraus" als Zeichen des beginnenden Kampfes mit der eigenen Fantasie, aber auch als ersten Verweis auf den Ritt mit dem Dichterross Pegasus und als thematische Vorwegnahme des Stückes „Wunsch, Indianer zu werden" (vgl. hierzu auch das nächste Kapitel, „Das ʹSchwebenʹ als Ritt auf dem Dichterpferd Pegasus"). Beim Bild des Pferdes und des Rittes bleibend heißt es weiter: „wir bekamen in die Beine einen Galopp wie niemals", womit der zügig vorangehende Schreibfluss thematisiert wird und die „Beine" als Beine der Anschlagtypen einer Schreibmaschine zu verstehen sind. Auch „bei den Sprüngen", bei denen „uns in den Hüften der Wind hob", könnten die springenden Anschlagtypen, die beim Hochschnellen und Absinken auf das Schreibblatt „Wind" erzeugen, gemeint sein. Der Schreibfluss war dabei so sehr im Gange, „im Laufe, daß wir selbst beim Überholen die Arme verschränken und ruhig uns umsehen konnten", d.h. die anschließend verwendeten Wörter „verschränkten" ihre „Arme" (Buchstaben) zu einem sinnvollen Ganzen, sie konnten sich „ruhig umsehen", da sie mit dem zuvor bereits Geschriebenen in Einklang stehen.

Die vor dem oben zitierten Absatz gestellte Frage und Aufforderung: „Wo seid ihr?" – „Kommt her!" – „Alle zusammen", liest sich demnach dann als Schilderung eines Schreibbeginns, als Suche nach den richtigen Worten.

Die am Ende des Stückes angesprochenen „Narren", die „nicht müde" werden und „nicht schlafen", könnten demgemäß auch als literarische Gestalten verstanden werden, die, von den Gesetzen der Realität unabhängig, jederzeit „wach" sind.

Auch im nächsten Stück, „Entlarvung eines Bauernfängers", wird das nächtliche Schreiben auf der Maschine thematisiert, die „Anschläge" auf der Schreibmaschine und die langsam sich findenden, „richtigen" Worte symbolisiert und personifiziert, wenn es heißt:

„ ... wie sie bei Nacht aus Seitenstraßen, die Hände vorgestreckt, wie Gastwirte uns entgegentreten, wie sie sich um die Anschlagsäule, bei der wir stehen, herumdrücken, wie zum Versteckenspielen und hinter der Säulenrundung hervor zumindest mit einem Auge spionieren, wie sie in Straßenkreuzungen, wenn wir ängstlich werden, auf einmal vor uns schweben auf der Kante unseres Trottoirs!"

Die „Bauernfänger" auf den „Seiten"-Straßen als Wörter (Bauernfänger) in Sätzen (Straßen) auf einer Papierseite verstanden, haben „die Hände vorgestreckt" zum nächsten Wort, heißen, „Gastwirten" gleich, den Schriftsteller und Leser willkommen in ihrer literarischen Welt. Doch der Schreibprozess kann schwierig werden, wenn sie sich „um die Anschlagsäule" der Schreibmaschine, „bei der wir stehen, herumdrücken", d.h. die Buchstabentypen nicht mühelos auf das Papier angeschlagen werden können, weil die inneren Worte fehlen; wenn sie „wie zum Versteckenspielen und hinter der Säulenrundung hervor zumindest mit einem Auge spionieren", d.h. die Worte schon auf der Zunge liegen, doch der Text trotzdem nicht verfasst werden kann; wenn sie „in Straßenkreuzungen, wenn wir ängstlich werden, auf einmal vor uns schweben auf der Kante unseres Trottoirs", wenn sie also zum Schreiben verlocken, schon über der Seiten-„Kante" des Schreibblattes „schweben", auch wenn den Autor Zweifel und Ängste plagen.

Doch andererseits eröffnet das Schreiben dem Schriftsteller auch eine Möglichkeit, seine inneren Konflikte zu überwinden und so entschließt man sich in diesem Stück, „die Fingerspitzen an einander zu reiben", wie dies beim Halten eines Schreibutensils bzw. beim Schreiben mit einem Stift üblich ist, um so „die Schande ungeschehen zu machen".

Letztlich wird dann auch der „Bauernfänger entlarvt", die Vorbehalte, die vom Schreiben abgehalten haben, als nichtig erkannt und die Schreibblockade überwunden, denn das epische „ich" freut sich nun über die „Dienerschaft im Vorzimmer", die einleitenden Worte seines Textes, die man „alle der Reihe nach ansehen" kann, denn sie bildeten schon Sätze, so dass man nun „langgestreckt den Saal betreten", d. h. den Hauptteil beginnen kann.

Das nächste Stück, „Der plötzliche Spaziergang", nimmt die Thematik des schwierigen Entschlusses zu einem Schriftstellerdasein und der Schreibenproduktion wieder auf, was zunächst jedoch nicht offensichtlich ist, da der Text zuerst über lange Strecken sehr allgemein gehalten wird, am Ende jedoch mit einer immer deutlicher werdenden Klarheit auf das Literarische verweist:

Während zunächst nur generell ein bevorstehender Aufbruch thematisiert wird, der gegen alle Vernunftgründe zu sprechen scheint, heißt es am Ende explizit über den gefassten Entschluss: „ ... wenn man durch diesen einen Entschluß alle Entschlußfähigkeit in sich gesammelt fühlt, ...- dann ist man für diesen Abend gänzlich aus seiner Familie ausgetreten, die ins Wesenlose abschwenkt, während man selbst, ganz fest, schwarz vor Umrissenheit, hinter die Schenkel schlagend, sich zu seiner wahren Gestalt erhebt".

Hier ist also der Schriftsteller in seiner literarischen Tätigkeit „gänzlich aus seiner Familie ausgetreten, die ins Wesenlose abschwenkt"; indem er sich in die Welt der Fantasie begibt, im Schreibprozess ganz im Literarischen aufgeht, wird das Reale (die „Familie") „wesenlos", das eigene Innere wird dabei gelebt und literarisch umgeformt und bewältigt, so dass „man selbst, ganz fest, schwarz vor Umrissenheit, hinter die Schenkel schlagend, sich zu seiner wahren Gestalt erhebt": Das eigene innere Selbst, nicht konkret fassbar und objektiv existent, wird nun „ganz fest" auf dem Papier, wird in Buchstaben und Worte gefasst, als Geschriebenes „schwarz vor Umrissenheit" konkretisiert, und kann sich so auf der Maschine getippt („hinter die Schenkel schlagend", was wiederum die Schenkel der Buchstabentypen anspricht) zu „seiner wahren Gestalt erheben", d.h. es kann künstlerisch umgeformt und gestaltet, literarisch objektiviert und „wahr" werden.

Auch der Einzeltext „Entschlüsse" befasst sich mit dem Schreibprozess als solchem, thematisiert die Literatur in ihrer Entstehungsphase und schildert die damit verbundenen Freuden und Mühen. Das ´Material` des Schriftstellers, die Buchstaben des Alphabetes, werden dabei als „A.", „B." und „C." allegorisch personifiziert (wie Kurz schon feststellte), die man „stürmisch begrüßt", „freundlich im Zimmer duldet" oder aber „trotz Schmerz und Mühen mit langen Zügen in sich hinein zieht".

Hier zeigt sich deutlich der von Gerhard Kurz als „Inszenierung von Literatur in der Literatur"[1030] bezeichnete literarische Selbstbezug, der die „Schrift als Körperlichkeit"[1031] darstellt.

Man „umläuft den Tisch", macht dabei „Kopf und Hals beweglich" und „bringt Feuer in die Augen", bereitet sich somit vor auf die „Betrachtung von recht enigmatischen Dingen"[1032] und „das gedankliche Umkreisen von etwas anscheinend Bedeutsamem, aber Rätselhaftem"[1033].

Doch auch wenn man sich hierbei „im Kreise zurückdrehen muss" und „Fehler ... nicht ausbleiben", entschließt man sich, „das, was vom Leben als Gespenst noch übrig ist, mit eigener Hand niederzudrücken", d.h. das Innere literarisch umzuformen und mit der Hand niederzuschreiben.

Der Selbstbezug im Prozess des Schreibens führt dabei „bis hin zur abschließenden Zurücknahme des Selbst in ´grabmäßige Ruhe`"[1034]. Doch auch das ist nur ein Stadium im Kreislauf einer unendlichen Bewegung, denn „in der Unerklärlichkeit einer vagen Geste"[1035] am Ende des Stückes zeigt sich: Hier handelt es sich um einen Schreibenden, der „vor sich selbst davonlaufen will, um sich im Schlußpunkt immer wieder selbst zu ertappen"[1036], der sich trotz aller Bemühung immer wieder „im Kreise zurückdrehen muss".

1030   Kurz, Gerhard: Lichtblicke …, S. 62.
1031   Ebenda, S. 62.
1032   Pasley, Malcolm: Der Schreibakt … . In: David, Claude (Hrsg.): Franz Kafka. Themen und Probleme, S. 22.
1033   Ebenda, S. 22.
1034   Kremer, Detlef: Kafka. Die Erotik des Schreibens, S. 36.
1035   Ebenda, S. 38.
1036   Ebenda, S. 162.

Im darauf folgenden Stück, "Ausflug ins Gebirge", werden wiederum die Buchstaben personifiziert und ihre bildliche Darstellung evoziert. Hier erscheinen sie nun als "Gesellschaft von lauter niemand", die mit "vielen quer gestreckten und eingehängten Armen", mit "vielen Füßen" nur "durch winzige Schritte getrennt" sind wie getippte Buchstaben, die zu Wörtern zusammengefügt sind und zwischen den Wörtern winzige Leerschritte aufweisen. "Alle" sind "im Frack", d.h. schwarz wie Gedrucktes, und "Wind fährt durch die Lücken, die wir und unsere Gliedmaßen offen lassen", was die Zwischenräume zwischen dem Geschriebenen (bzw. die semantische Lückenhaftigkeit) emblematisch darstellt.

Obwohl diese "niemand" (die abstrakten Buchstaben) nur "so lala gehen", der Schreibfluss somit nicht ungehindert und schnell fließt, werden doch "die Hälse im Gebirge frei" und "es ist ein Wunder, daß wir nicht singen", denn bisher Ungesagtes wird im Geschriebenen verarbeitet und vermittelt ("die Hälse werden frei" zur Aussprache), und den Schreibprozess begleitet ein Zustand der Erleichterung (´sich etwas von der Seele schreiben zu können`) und der Euphorie, so dass man "singen" möchte.

So wird letztendlich klar: Was hier beschrieben wird, "ist ... weniger ein ´Ausflug` als eine Ausflucht in die Schrift"[1037].

Auch der "Kaufmann" befindet sich im Schreibprozess, denn er "geht wie auf Wellen" (sein Leben läuft literarisch umgesetzt über die Schreibwalze einer Schreibmaschine), er "klappert mit den Fingern beider Hände" wie beim Tippen auf einer Maschine und fährt den ihm "entgegenkommenden Kindern ... über das Haar", geht zärtlich um mit den sich bildenden Sätzen. Schließlich gelingt es ihm "die Lifttür zu öffnen" und ganz in die Welt der Literatur zu entschwinden.

Das Stück "Der Nachhauseweg" thematisiert ebenfalls den Schreibprozess und die Literatur in ihrer Entstehung bzw. die Verantwortlichkeit des Autors gegenüber seinen Lesern, denn hier ist das epische "ich" nun "mit Recht verantwortlich für alle Schläge gegen Türen, auf die Platten der Tische, für alle Trinksprüche, für die Liebespaare in ihren Betten, in den Gerüsten der Neubauten, in dunklen Gassen an die Häusermauern gepresst, auf den Ottomanen der Bordelle".

In diesem Stück klingt gleichzeitig die gewünschte absolute Interferenz zwischen Autor und literarischem Text an ("mein Tempo ist das Tempo dieser Gassen-*seite*", der Schreibseite, des Geschriebenen) und es zeigt sich die Forderung, die Kafka an seine Literatur stellte, nämlich, "dass sich im Text die Vereinigung von innerem Ich und Sprache voll-

---

1037 Kremer, Detlef: Kafka. Die Erotik des Schreibens, S. 64.

ziehe"[1038]. Ebenso spricht der Text die vom Autor gesuchte Verbindung zur Leserschaft an, für die er „mit Recht verantwortlich ist". Hier zeigt sich also insgesamt: „Die ... erzielte Einheit von Autor und Text konstituierte für ihn die Wahrheit des Werkes, in die damit auch der Leser eingeschlossen wurde. Auf diesem Umweg gelang es Kafka, trotz der Versenkung in sich selbst durch das Schreiben jene echte Kommunikation herzustellen, der sich im Gespräch ... unüberwindliche Schwierigkeiten entgegenstellten"[1039].

Die „Schläge gegen die Türen" stehen dabei für die Anschläge auf der Maschine, „die Platten der Tische" für die Druckplatten des späteren Buchdruckes, die „Trinksprüche" für die Monologe und Dialoge der literarischen Figuren, die „Liebespaare in ihren Betten" für die Textverwebung, die „Gerüste der Neubauten" für die literarischen Konzepte und Manuskripte vor Beginn des eigentlichen literarischen Schaffens, die „dunklen Gassen" für die schwarzen, gedruckten Sätze, die sich auf dem Schreibblatt wie an „Häusermauern gepreßt" befinden und die „Ottomanen der Bordelle" für die Bücherregale im Buchladen (denn ein innerer Teil des Autors wird dort „käuflich").

„Die Vorüberlaufenden" bestehen aus drei Personen als Verweis auf die im Stück „Entschlüsse" genannten personifizierten Buchstaben „A.", „B." und „C.", das ABC also. Hier ist es nun nicht sicher, um wen es sich handelt: Sind es „Nachtwandler" (die sich des Nachts fortbewegen auf der „Gasse", im Satz)? Verfolgen sie sich und haben sie „die Hetze zu ihrer Unterhaltung veranstaltet" (fügen sie sich zu einem unterhaltsamen Text zusammen)? Oder „läuft nur jeder auf eigene Verantwortung in sein Bett" (bilden die Sätze keinen immanenten Zusammenhang)?

Interessant ist an dieser Stelle auch die Bemerkung Pasleys, dass Kafkas Texte zumeist „einfach *ambulando* entstanden"[1040] sind. Und so wie „Die Vorüberlaufenden" einander auf der Gasse verfolgen, sollte sich nach Kafka das Geschriebene wie in einem Eigenleben entwickeln. Denn nach Kafkas Ideal entstehen „durch den Schreibakt selbst, und erst durch diesen, ... nach und nach die nicht mehr umzustoßenden Voraussetzungen für den Fortgang der Geschichte; die Geschichte bestimmt sich selbst, ... sie kreist sich selbst immer enger ein, wird buchstäblich unter der schreibenden Hand fester, nimmt sich in zunehmendem Maße selbst jede Möglichkeit einer Richtungsänderung oder eines Ausweges und wird schließlich ... von den nicht mehr auszulöschenden oder rückgän-

---

1038 Sokel, Walter H.: Zur Sprachauffassung ... . In: David, Claude (Hrsg.): Franz Kafka ..., S. 41.
1039 Ebenda, S. 40.
1040 Pasley, Malcolm: Der Schreibakt ... . In: David, Claude (Hrsg.): Franz Kafka..., S. 14.

gig zu machenden Buchstaben auf den unausweichlichen Endpunkt hingetrieben"[1041], bis man „endlich müde sein darf".

Wie in den beiden nachfolgenden Stücken das Reiten, wird hier das Laufen als emblematisches Symbol der Sprachbewegung und des Schreibflusses verwendet.

Das Stück „Nachdenken für Herrenreiter" geht nun thematisch einen Schritt weiter. Denn hier wird nicht mehr die Literatur im Entstehungsprozess geschildert, sondern vielmehr die Abhängigkeit des Autors von der Kritik beschrieben. Jeder „Ruhm", jede positive Aufnahme des Buches durch den Leser, wird wertlos durch den „Neid der Gegner, listiger, ziemlich einflussreicher Leute", den Kritikern. Dieser Neid „muß uns in dem engen Spalier schmerzen, das wir nun durchreiten nach jener Ebene, die bald vor uns leer war bis auf einige überrundete Reiter, die klein gegen den Rand des Horizonts anritten". So gelesen steht das „enge Spalier ..., das wir durchreiten" für die geschriebenen Zeilen, jene „Ebene, die bald vor uns leer war" für das leere, weiße Blatt Papier, die „überrundeten Reiter, die klein gegen den Rand des Horizonts anritten" sind so gesehen Buchstaben, die sich am oberen Rand auf der neuen Seite befinden.

Der „Wunsch, Indianer zu werden" dagegen befasst sich mit der ästhetischen Wirkungsweise der Literatur im Schreibprozess, denn er steht für den Wunsch nach einer Entlastung von den weltlichen Zwängen mit Hilfe des Schreibens, nach einer Rückbindung an die kindliche, ungebundene Daseinssphäre während des literarischen Schaffens. Der Ritt auf dem „rennenden Pferde", auf dem Dichterross Pegasus, über die „glattgemähte Heide" (auf der glatten Papierseite) wird hier zum Symbol der absoluten Befreiung („keine Zügel", „keine Sporen") und verspricht eine Enthebung aus der Realität und dem Alltag, denn hier befindet man sich „schief in der Luft", „über dem zitternden Boden" der Tatsachen.

So wird „der imaginative Galopp über die glattgemähte Heide zum sprachlichen Ritt"[1042], der das Gewicht der äußeren Körperlichkeit („Pferdehals", „Pferdekopf", „Sporen" und „Zügel") hinter sich lässt.

Im Text „Die Bäume" verführen die „Baumstämme im Schnee" zu einer „Evokation schwarzer Buchstaben auf weißem Papier"[1043]. Diese, als gefällte Baumstämme mit dem Boden (der Realität) nicht mehr verwurzelt, werden schließlich entlarvt als Schein des Scheins, lassen wie

---

1041 Pasley, Malcolm: Der Schreibakt ... . In: David, Claude (Hrsg.): Franz Kafka..., S. 13-14.
1042 Kremer, Detlef: Kafka. Die Erotik des Schreibens, S. 62.
1043 Kurz, Gerhard: Lichtblicke in eine unendliche Verwirrung, S. 63.

literarische Texte „Wirklichkeit und Schein völlig durcheinander geraten"[1044].

Sie „liegen glatt auf", was an eine „Auf-lage" eines Buches erinnert, worauf sicherlich zurecht Hans-Thies Lehmann in seinem Text „Der buchstäbliche Körper" verwiesen hat und dabei auch feststellte, dass diese „Bäume", als Allegorie der Buchstaben verstanden, „den Schein der Literatur tragen und zugleich ganz real, unscheinbar vorhanden sind, scheinbar nur aufgedruckt, doch fest mit der Unterlage verbunden, wenn auch als lediglich aufgedruckt wiederum nur dem Schein nach verbunden"[1045] sind.

Gleichzeitig zeigt sich darin aber auch die Ambivalenz zwischen den gedruckten und damit durchaus konkreten Buchstabenzeichen und dem schwebenden, nicht fixierten Sinngehalt dieser Zeichen. Denn „nur der Zeichenkörper ist fest mit dem Untergrund verbunden, sein imaginäres inneres Leben, sein möglicher Sinngehalt ist es keineswegs. Der findet sein Recht im schönen Schein der Kunst, denn als solcher ist er keineswegs festgelegt, sondern äußerst beweglich"[1046].

Auch das Stück „Unglücklichsein" kann in einem „hermeneutischen Kontext einer Selbstthematisierung der Literatur"[1047] gelesen werden.

Der Satz „ ... weil ich nicht so halb nackt dastehen wollte" könnte so gesehen auf die Preisgabe des Inneren eines Autors gegenüber seiner Leserschaft verweisen.

Des Weiteren heißt es: „Ein Weilchen lang hielt ich den Mund offen, damit mich die Aufregung durch den Mund verlasse. Ich hatte schlechten Speichel in mir, im Gesicht zitterten mit die Augenwimpern, kurz, es fehlte mir nichts, als gerade dieser allerdings erwartete Besuch."

Wird hier das kindliche Gespenst als Literatur verstanden (analog zum Stück „Der Kaufmann", auch da wurde die Literatur über das Bild des Kindes umgesetzt, denn es wurde den „entgegenkommenden Kindern über das Haar gefahren"), kann es als Möglichkeit, den „schlechten Speichel", die innerlich aufgestauten Worte, loszuwerden, aufgefasst werden. Die „Aufregung", die „durch den Mund verlassen" werden soll, kann durch das literarische „Gespenst" umgeformt und bewältigt werden, die „zitternden Augenwimpern" verweisen dabei auf die inneren Bilder, die schriftstellerisch verarbeitet werden sollen.

Deutlicher wird der hier offensichtlich verwendete Vergleich zwischen Kind und Literatur, wenn es heißt: „Das Kind stand noch an der Wand auf dem gleichen Platz, es hatte die rechte Hand an die Mauer gepreßt

---

1044 Kurz, Gerhard: Lichtblicke in eine unendliche Verwirrung, S. 61.
1045 Kurz, Gerhard (Hrsg.): Der junge Kafka, S. 226.
1046 Kremer, Detlef: Kafka. Die Erotik des Schreibens, S. 65.
1047 Kurz, Gerhard: Lichtblicke in eine unendliche Verwirrung, S. 63.

und konnte, ganz rotwangig, dessen nicht satt werden, daß die weißgetünchte Wand grobkörnig war, und die Fingerspitzen rieb."

Das Kind (als Symbol für das Wort, das aus dem Inneren des Autors geboren wurde) bzw. das Geschriebene, „stand noch an der Wand auf dem gleichen Platz", an der gleichen Stelle auf dem Blatt Papier. Die Wand war „weißgetüncht" wie ein weißes Schreibblatt, man hatte „die rechte Hand an die Mauer gepreßt", die Schreibhand auf dem Papier, und indem man „ganz rotwangig ... die Fingerspitzen rieb" entwickelte man Lust am Schreiben.

Doch „auf diesem Gange wohnt eine Menge Leute" und „wenn sie in einem Zimmer reden hören, glauben sie einfach das Recht zu haben, aufzumachen und nachzuschauen, was los ist". Hiermit ist zweifellos die Leserschaft gemeint, die das Recht hat, das Buch aufzuschlagen („aufzumachen") und hineinzuschauen, dabei jedoch ins „Zimmer", in das Innere des Autors, blicken kann. Der Autor kann sich dagegen allerdings mit Hilfe eines „Schlüssels", einer Metapher, die das Geschriebene verschlüsselt, schützen: „Meinetwegen kann das ganze Haus hereinkommen ... Ich habe sogar mit dem Schlüssel zugesperrt."

Wie auch Reiner Stach bemerkte, war die „autobiographische Verrätselung"[1048] bei Kafka in vielen Texten erkennbar. Diese hat er „völlig bewusst und mit geradezu bürokratischer Sorgfalt betrieben"[1049], um so selbst nicht allzu deutlich hervorzutreten, um den eigenen 'inneren Raum` zu schützen.

Ist so die innere Selbstöffnung des Autors im Geschriebenen erst einmal nach außen hin eingeschränkt, hat sich der Schriftsteller auf diese Weise vor zu eindringlichen Blicken der Leser geschützt, kann er sich wieder ganz dem Schreiben widmen, sich furchtlos 'episch ausbreiten`, und so spricht er zu dem nächtlichen Gast: „Machen Sie sich nur breit ohne Angst." Dies scheint zu gelingen, denn am Ende stellt er fest: „Sie reiben Ihre Finger wie verrückt an meiner Wand", was darauf schließen lässt, dass schnell und viel („wie verrückt") auf Papier („an meiner Wand") geschrieben (die „Finger reiben") wird.

Aber allein schon die Befürchtung, jemand könnte ihm „dort oben sein Gespenst wegnehmen", d.h. die Umsetzung der Gedanken und Gefühle in Worte könnte im Kopf („dort oben") misslingen und eine Schreibblockade könnte entstehen, führt dazu, dass sich das epische „ich" mit einem Mal „gar so verlassen fühlt" (von den literarischen Figuren und der Inspiration) und sich „lieber schlafen legen" (die schriftstellerische Tätigkeit abbrechen) möchte, obwohl es „jetzt eigentlich hätte ruhig spazieren gehen können", mit dem Schreiben hätte fortfahren können.

1048 Stach, Reiner: Kafka. Die Jahre der Entscheidungen, S. 219.
1049 Ebenda, S. 219.

Wie oben ausführlich dargelegt wurde, wird somit in der „Betrachtung" in zwölf von achtzehn Einzelstücken die Literatur im Schreibprozess thematisiert, die Freude und Entlastungsmöglichkeit beim Schreiben literarisch in Bilder gefasst, aber auch die Problematik (Schreibblockade, Verantwortlichkeit des Autors gegenüber dem Leser, Literaturkritik und nach außen hin 'ungeschützte`, innere Öffnung des Autors, der nur eine „Verschlüsselung" des Geschriebenen entgegenwirken kann) einer literarischen Tätigkeit beschrieben, was insgesamt auf eine nähere 'Betrachtung` des Schreibens und auf eine innere, geistige Auseinandersetzung („betrachten" im Sinne von nachdenken, erwägen, vgl. die etymologische Herkunft des Wortes) mit der Erwägung einer Schriftstellerexistenz schließen lässt.

3.2. Das „Schweben" als Ritt auf dem Dichterpferd Pegasus

Das in der „Betrachtung" auffällig häufige Verwenden von Wörtern aus dem Motivfeld des Pferdes und des Reitens lässt sich offenbar nicht nur aus der zur Zeit der Entstehung der „Betrachtung" autobiographisch nachweisbaren Neigung des Autors zu dieser Thematik erklären, sondern lässt auch einen Verweis auf die schriftstellerische Tätigkeit als Ritt auf dem Dichterpferd Pegasus vermuten.

Nach einem kurzen Exkurs über den (literatur-) geschichtlichen Ursprung des Pegasus und seine künstlerische Verwendung soll daher auch in diesem Kapitel das „Schweben" als Ritt auf dem Dichterross untersucht und dabei näher analysiert werden, inwieweit die „Betrachtung" sich dieses Symbols bedient.

Pegasus, oder auch Pegasos genannt, ist „ein Flügelroß göttlicher Herkunft, mit Wunderkräften begabt. Es gehört zu jener Gattung von Mischwesen griech. Kunst"[1050], bei der ein Teil unverändert übernommen wurde, ein anderer aber ergänzt oder verändert wurde.

Der Ursprung des Pegasus liegt, ähnlich wie der seiner verwandten Wesen, des Greifen oder der Sphinx etwa, im Orient verborgen: So findet man eine große Anzahl an „geflügelten Wesen in der assyrischen Kunst ... und als zur Zeit der großen Wanderungen die vorderasiatische Gesamtkultur mit ihrer Unzahl orientalisierender Typen auf dem Seewege durch Phönikien, zu Lande über Kleinasien den europäischen Völkern vermittelt wurde ..., da wanderte auch der Kunsttypus des Pegasos an die Küsten von Hellas"[1051].

1050 Roscher, W. H.: Ausführliches Lexikon der griechischen und römischen Mythologie, S. 1727.
1051 Ebenda, S. 1727.

Die Flügelrosse der babylonisch-assyrischen Kunst finden sich nun auf „melischen Thongefäßen"[1052], aber auch auf zahlreichen Kunstgegenständen vor dem Wagen des Apoll, ebenso wie auf einer Vase von Melos vor einen Pferdewagen gespannt.

„Bald beobachten wir dann, wie die dichterische Volksphantasie mit der ausländischen Gestalt einen einheimischen Sagenstoff verbindet"[1053], wobei allerdings zu beachten ist, „daß Pegasos und das Flügelpferd in ihrer Entstehung scharf zu trennen sind"[1054], denn „die Flügelrosse, welche öfters mit Poseidon verbunden erscheinen, ... dürften keine Verbindung zu Peg. haben"[1055], auch ist der ursprüngliche Pegasus wohl ungeflügelt vorzustellen, worauf ein aus dem Ende der archaischen Periode überliefertes Relief hinweist.

Andererseits erscheint Pegasus aber „schon geflügelt auf den archaischen Münzen von Korinth"[1056] und ist bereits in der orientalischen Kunst als Flügelpferd überliefert, ebenso finden sich zahlreiche Flügelwesen in der babylonisch-assyrischen Kunst, etwa auf einer kryptischen Vase, insgesamt aber ist der geflügelte Pegasus zunächst eher selten zu finden.

„Wir dürfen uns also den Kunsttypus des Flügelpferdes keineswegs als direkte Herübernahme eines fertigen Schemas aus der orientalischen Kunst denken"[1057], denn der Pferdekörper an sich findet sich „bereits auf den Vasen des jüngeren geometrischen Stiles"[1058], während danach Zug um Zug, als das Beflügelungsschema des Ostens auch in Griechenland Einzug hielt, dieses auch auf das Lieblingstier der geometrischen griechischen Kunst, auf das Pferd, übertragen wurde und so schließlich zum Flügelross avancierte.

Doch wo genau hatte das Beflügelungsschema seinen eigentlichen Ursprung?

Auf die Frage nach der Herkunft des Flügelattributes kann es nach Roscher nur eine Antwort geben, denn er glaubt, „dass hierfür einzig die Produkte der phönikischen Kunstindustrie maßgebend sind"[1059], wobei er „als sicheres und untrügliches Kennzeichen ... die formale Behandlungsweise in Einzelkonstruktion und Ansatz der Flügel in der ältesten

---

1052 Roscher, W. H.: Ausführliches Lexikon der griechischen und römischen Mythologie, S. 1727.
1053 Ebenda, S. 1728.
1054 Ebenda, S. 1728.
1055 Ebenda, S. 1751.
1056 Ebenda, S. 1728.
1057 Ebenda, S. 1728.
1058 Ebenda, S. 1728.
1059 Ebenda, S. 1729.

griechischen Kunst"[1060] anführt. Denn er wertet die mehr oder weniger geschwungenen Flügelformen, den Bogen der oberen Begrenzungslinie der Flügel, die sich nach innen biegen und die dem Kopf zugewandte Flügelspitze, die „alle altgriechischen (wie auch etruskischen) Flügelgestalten aufweisen"[1061], als „Umbildungen des ägyptischen Flügelschemas"[1062].

Maßgeblichen Anteil an der weiten Verbreitung der im Orient so beliebten Verwendung von Flügelwesen und des Beflügelungsschemas hatte dabei seiner Meinung nach vor allem die Münztypik seit dem 7. Jahrhundert, denn „Flügelwesen, namentlich geflügelte Tiere, fanden auf den Münztypen schon der ältesten Zeit sehr häufige Verwendung"[1063] und „infolge der weiteren Verbreitung, die naturgemäß die Münze findet, kam auch das Schema der Beflügelung zu allgemeiner Kenntnis und Verbreitung"[1064].

Hierbei ist jedoch zu beachten, dass das Aufkommen beflügelter Wesen in der Kunst (neben dem geflügelten Pferd fanden etwa auch der geflügelte Hirsch, Fisch oder Eber Verwendung) keinen mythischen Ursprung hatte, sondern vielmehr rein künstlerischer Natur war. So waren auch die griechischen Flügelrosse nur Analogiebildungen vorgegebener Muster ohne literarisch-mythischen Hintergrund. Der Typus des geflügelten Pferdes „gehört demnach zu einer Kategorie von Darstellungen, welche, auf dem Wege des Handels oder anderweitig nach Griechenland eingeführt, dort Gelegenheit zur Mythenschöpfung gaben, während im allgemeinen umgekehrt die Kunsterzeugnisse den Mythen entstammen"[1065]. So wurde vermutlich auch der Pegasustypus dem Schema eines einfachen Flügelpferdes ohne mythischen Ursprung entlehnt und wurde erst in seiner späteren Entwicklung vom reinen Kunsttypus zum mythischen Wesen erhoben.

Zu welchem Zeitpunkt allerdings die sagenbildende Umwebung des Schemas begann, ist unklar. Denn wenn auch bei Homer der Pegasus (noch) keine Erwähnung fand, so heißt dies nicht, dass er im Mythus noch nicht existierte, da „die religiösen Vorstellungen der Griechen aus sehr verschiedenen Quellen gespeist worden sind"[1066]. Sowohl indoeuropäische als auch orientalische Einflüsse bildeten einen Knäuel wild durcheinandergeratener „volksmäßiger Sagen, die von Gau zu Gau

---

1060 Roscher, W. H.: Ausführliches Lexikon der griechischen und römischen Mythologie, S. 1729.
1061 Ebenda, S. 1729.
1062 Ebenda, S. 1729.
1063 Ebenda, S. 1729.
1064 Ebenda, S. 1729.
1065 Ebenda, S. 1730.
1066 Ebenda, S. 1731.

anders lauteten"[1067], den Homer zu entwirren und künstlerisch zu einem einheitlichen Ganzen zu weben versuchte, dabei jedoch nicht alle populären Mythen aufnehmen konnte. So ist es also durchaus möglich, dass der Pegasus schon vor oder zu Homers Zeiten zumindest lokale Bedeutung errungen hatte.

Anders verhält es sich bei Hesiod, dem Nachfolger Homers. Dieser machte „Lokalsagen populär und zum Eigentum aller Helenen"[1068], so dass auch Pegasus mit ihm eine „panhellenische Bedeutung"[1069] erhielt. Es findet sich bei Hesiod „das älteste bestimmte Zeugnis für das Vorhandensein des Pegasos"[1070], wobei dieser Dichter beide Mythen, sowohl den von Perseus und Medusa, aber auch den von Bellerophon bearbeitete:

„Von Poseidon und der Gorgo Medusa an den Quellen des Okeanos gezeugt, sprang das Roß Pegasos zugleich mit dem 'großen` Chrysaor aus dem Rumpfe der Medusa empor, als Perseus diese enthauptete ... Pegasos wurde es genannt, weil es an den Quellen des Okeanos ... geboren ward. Es flog auf und gelangte zu den Unsterblichen; hier wohnt Pegasos im Hause des Zeus und trägt diesem Blitz und Donner"[1071], daneben „erwähnt er dann noch, daß Pegasos mit dem tapferen Bellerophon die Chimaira erlegt habe"[1072].

Hiermit schuf er die Grundlage eines Mythus, der auch bei den späteren Dichtern im Wesentlichen gleich geblieben ist.

Ob allerdings bereits bei Hesiod der Pegasus mit Flügeln ausgestattet war, ist nicht sicher zu belegen. Allerdings lässt sich dies aufgrund der Tatsache vermuten, dass mit Hesiod eine Vielzahl von Flügelwesen in die Literatur Einzug hielt: so etwa Nike, Eros, Erinys, Hypnos, Boreas u.a.

„Erst bei *Pindar* ... ist die Beflügelung des Peg. in der Litteratur ganz sicher nachweisbar"[1073], wie Roscher bemerkte. Dieser schildert in seinem Sange zum Ruhme Korinths wie Bellerophon nach vielen vergeblichen Versuchen, den Pegasus zu bändigen, von der Gewittergöttin Athena Hilfe erhält. Diese erscheint ihm im Traum und übergibt ihm einen Zaum, den er beim Erwachen neben sich findet. Auf Geheiß des Sehers Polyidos errichtet er Athena Hippia einen Altar, denn mit ihrer

---

1067 Roscher, W. H.: Ausführliches Lexikon der griechischen und römischen Mythologie, S. 1731.
1068 Ebenda, S. 1731.
1069 Ebenda, S. 1731.
1070 Ebenda, S. 1731.
1071 Ebenda, S. 1732.
1072 Ebenda, S. 1732.
1073 Ebenda, S. 1732.

Hilfe „fing der starke Bellerophon das Flügelroß, den sanften Zauber um das Kinn ihm spannend"[1074].

„Nach der glücklichen Bändigung schwingt Bellerophon sich auf das Roß ... und erlegt in der Folge nicht bloß die Chimaira aus der Höhe herab, sondern bekämpft auch die Amazonen..., herabschießend ... Vom Anfang seiner Erdenlaufbahn an steht ihm Pegasos zur Seite, bis zuletzt, da er mit seiner Hilfe in den Himmel zu dringen sucht ... Nachdem P. aber seine irdische Laufbahn in Verbindung mit Bellerophon vollendet hat, nehmen ´die uralten Krippen des Zeus im Olympos` ihn auf ..., damit er wieder wie zuvor dem Zeus Blitze bringe und einen Donnerwagen ziehe"[1075].

Das Vaterland des Pegasus liegt vermutlich in Korinth, denn der Ursprung dieser Sage wird von Forschern in der Gegend des nördlichen Peloponnes, oder speziell in Korinth, vermutet, wohin sie möglicherweise über die Kreter gelangt sein könnte, denn es „lassen sich an der Westseite des Isthmus ihre Spuren verfolgen"[1076].

Die jüngste Legendenbildung um das Wunderross Pegasus stammt vermutlich aus der hellenistischen Zeit und erfreute sich besonders bei den römischen Dichtern größter Beliebtheit. Mit der Entstehung des neuen Mythus war jedoch auch ein Wandel hinsichtlich der Bedeutung seiner Gestalt verbunden:

Während in den alten Mythen Pegasus nie als selbständiges Wesen agierte, sondern nur zusammen mit Bellerophon bedeutsam wirkte, tritt er nun als vollkommen selbständig in Erscheinung, wobei er auch eine musische Bedeutung erlangte:

„Unmittelbar nach dem Sturze des Bellerophon schwang Pegasos sich zum Himmel auf; da ließen die Dichter ihn noch einmal auf dem Helikon aufsetzen und mit einem göttlichen Hufe die Hippukrene schlagen, damit dem korinthischen Pegasos auch noch der schönere Ruhm musischer Künste nicht fehle ... Die Töchter des Pieros kämpften mit den Musen im Gesange. Als die Musen sangen, hemmten Gesteine und Flüsse ihren Lauf und der Helikon wuchs vor Entzücken bis in den Himmel empor. Da gab ihm Pegasos auf Geheiß des Poseidon einen Schlag und hemmte sein Steigen. Auf diese Weise ward Pegasos der Schöpfer der berühmten Quelle Hippukrene auf dem Helikon"[1077] und konnte sich so in der Zeit der Alexandriner zum Musenross entwickeln.

1074 Roscher, W. H.: Ausführliches Lexikon der griechischen und römischen Mythologie, S. 1732.
1075 Ebenda, S. 1333.
1076 Ebenda, S. 1735.
1077 Ebenda, S. 1736.

Auch diese Sage um den musischen Ruhm des Pegasus ging aller Wahrscheinlichkeit von Korinth aus und „blühte bis in die späteren Zeiten des Griechentums"[1078].

Die durch den Hufschlag des göttlichen Flügelpferdes Pegasus entstandene Quelle Hippukrene wurde bald auch den Dichtern zum Symbol ihrer musischen Begeisterung und künstlerischen Kraft und Quelle, „ein 'Flug' des Pegasos jedoch, wodurch der Dichter der gemeinen Wirklichkeit entrückt wird, ist im Altertum noch nicht zu finden; diese Idee blieb den Griechen völlig fremd, ihre Dichter berauschen sich nur in den pegasischen heiligen Quellen"[1079], Dichterpferd im modernen Sinne ist Pegasus somit im Altertum nicht gewesen. Erst die neueren Poeten entschwebten der Wirklichkeit auf dem Dichterross Pegasus, „sie gelangten zu dem Bilde infolge einer Vermengung der Sagen von Bellerophon und von der Hippukrene. Zuerst soll *Bojardo* in seinem *'Orlando innamorato'* ... diese moderne Weise in Gang gebracht haben"[1080], die sich in immer wieder veränderter Form bis heute erhalten konnte.

Die Verwendung des Pegasus in der Kunst war vielfach: So findet sich dieser Typus sowohl auf melischen Reliefs, später auch auf den Thronreliefs des Asklepios zu Epidauros, aber auch immer wieder auf großen Wandgemälden, in zahlreicher Form als Vasendarstellung und auf einer Vielzahl von Münzen, so dass man sagen kann: „wohl keine Gestalt läßt sich in ihrer Entwickelung durch alle Epochen der griechischen Kunst so leicht verfolgen wie eben der Pegasos"[1081].

Vor allem das Münzwesen von Korinth und seinen Kolonien lässt eine fast lückenlose Verfolgung dieser Gestalt durch alle Kunstperioden zu, von den Anfängen der nationalen griechischen Kunst zur Zeit ihrer Blüte bis hin zu ihrem Verfall. Hierbei zeigt sich jedoch immer wieder eine Veränderung des Kunststiles, die vor allem das Flügelattribut betrifft: Die älteste Darstellung der Flügel weist eine breite, ziemlich kurze Form auf und „die Federn sind durch einfach geschnittene, parallele Linien angegeben"[1082], so dass das Tier flugunfähig erscheint: „Die Flügel sind zunächst nur symbolisches oder dekoratives Attribut, das Tier ist nicht imstande, von den Schwingen Gebrauch zu machen."[1083] Doch bereits in der früharchaischen Periode besitzt der Pegasus in vielen Darstellungen anstelle der rein stilisierten Flügelform schon Vogelschwingen, „doch

---

1078 Roscher, W. H.: Ausführliches Lexikon der griechischen und römischen Mythologie, S. 1736.
1079 Ebenda, S. 1737.
1080 Ebenda, S. 1737.
1081 Ebenda, S. 1738.
1082 Ebenda, S. 1740.
1083 Ebenda, S. 1740.

sind die schönen, großen Schwingen erst eine Errungenschaft des entwickelten Stiles"[1084].

Der Pegasus erscheint in der Kunst zum einen als reine Zierart und Kunstobjekt, andererseits wird zu ihm aber auch immer wieder eine mythische Beziehung geknüpft: So erscheint er als Symbol der Unsterblichkeit auf Grabdenkmälern und soll als Helmschmuck oder Panzerverzierung sagenhafte Kräfte im Kriegskampf wecken. Daneben wird er aber auch, wie bereits erwähnt, als lediglich hübsche Ausschmückung verwendet: Besonders „in der römischen Zeit ist die Verwendung des Pegasos eine gleich mannigfaltige, meist bedeutungslose, die dem Zwecke der Verzierung von Gemälden, Schmucksachen und Gerätschaften dient"[1085].

Nach dem Entstehen und der Verbreitung der Fabel, nach der Pegasus, als Bellerophon gestürzt war, in die himmlischen Wohnungen des Zeus zurückgekehrt ist, wurde Pegasus auch bei Darstellungen von Apotheosen als bedeutsames Symbol verwendet. So etwa bei der „Apotheose des Kaisers Tiberius auf dem großen Pariser Cameo"[1086]. Hier wurde, nach Furtwängler („Die antiken Gemmen"), das geflügelte Roß „zum Zeichen, daß die Figuren als Selige sich in der Luft bewegen"[1087].

Die Sage, der zufolge Pegasus nach dem Sturz des Bellerophon in die Wohnungen des Zeus emporgeflogen ist, erschien im Laufe der Zeit in zahlreichen Versionen. „Seit alexandrinischer Zeit findet sich häufig die ... Angabe, Peg. sei unter die Sterne versetzt worden"[1088], worauf offensichtlich das Stück „Kinder auf der Landstraße" anspielt, wenn dort mit einem Mal „die zitternden Sterne" erscheinen, was als Ankündigung des Pegasus verstanden werden könnte.

Auch die Geburt des Pegasus wird in unterschiedlicher Form dargestellt: Zum einen als Halsgeburt bei der Tötung Medusas oder aber als 'natürliche Geburt`, d.h. „aus der Verbindung der roßgestaltigen Medusa und des gleichgestalteten Poseidon"[1089] hervorgegangen, wobei die letztere als die älteste und ursprüngliche Sage gilt.

„Der Name des Peg. ist griechisch, ... derselbe bedeutet entweder gedrungen, stark, oder weiß, oder schwarz"[1090], was an schwarz Geschriebenes auf weißem Papier erinnern lässt.

1084   Roscher, W. H.: Ausführliches Lexikon der griechischen und römischen Mythologie, S. 1740.
1085   Ebenda, S. 1743.
1086   Ebenda, S. 1744.
1087   Ebenda, S. 1744.
1088   Ebenda, S. 1750.
1089   Ebenda, S. 1749.
1090   Ebenda, S. 1751.

„Die ältesten Sagen, die von Gorgo und Bellerophon, sprechen dafür, daß er als dämonisches Roß anzusehen ist, von dem Glück und Unglück seines Herren abhängig ist"[1091], ähnlich wie ein Schreibender von der Inspiration und seiner musischen Kraft dependent ist.

In der „Betrachtung" findet sich, wie bereits erwähnt, schon in den ersten Sätzen des Eingangsstückes, „Kinder auf der Landstraße", ein erster Hinweis auf die anschließend immer wieder folgende Verwendung des Pegasussymbols, nämlich dann, wenn „statt der fliegenden Vögel zitternde Sterne erscheinen", womit sowohl das Flugattribut („fliegende Vögel") als auch ein Verweis auf Erscheinungen des Himmels („Sterne") und beginnende Veränderungen und Bewegungen („zitternd") evoziert werden.

Bald befinden sich die Kinder wie bei einem Ritt mit Pegasus schwebend „hoch in der Luft" und sie „bekamen in die Beine einen Galopp wie niemals" als wären sie eins geworden mit dem himmlischen Pferd.

Im Stück „Entlarvung eines Bauernfängers" „schweben" die „Bauernfänger", d.h. die Buchstaben und Wörter, „auf der Kante unseres Trottoirs" als wolle uns Pegasus zu einem fantastisch-literarischen Flug verführen.

Der einige Zeilen später folgende Nebensatz „und bäumte sich endlich das gesammelte Gefühl in uns auf" verweist indirekt auf das Bild des Pferdes („aufbäumen"); so als wären wir bereits mit dem geflügelten Ross zu einer Einheit verschmolzen, übernehmen wir das Verhalten des Pferdes.

Auch im Stück „Entschlüsse" finden sich zwei indirekte Verweise auf das Schreiben als Ritt mit dem himmlischen Ross: Hier fühlt man sich „fortgeblasen" wie bei einem Ritt in himmlische Sphären und will „den anderen mit Tierblick anschaun", so als suche man den (Blick-) Kontakt mit dem mystischen Pferd.

Der Einzeltext „Der Kaufmann" enthält dagegen sehr viele Hinweise auf Pegasus und einen Ritt in die himmlischen Lüfte: Hier entschwebt man mit dem „Lift" in höhere Sphären, dem Ritt mit dem Dichterross gleich, man „flieget weg", und unsichtbare „Flügel" tragen „nach Paris" oder „ins dörfliche Tal", d.h. wohin auch immer die literarische Fantasie es will. Und „die verstreut auf ihren Pferden galoppierende Polizei bändigt die Tiere", als wollten die Gefährten von Pegasus die Worte in die richtige Reihenfolge bringen, dabei „reiten sie ... fliegend über die Plätze", schweben über die Schreibblätter hinweg.

Im Stück „Der Nachhauseweg" sieht man „die Überzeugungskraft der Luft nach dem Gewitter" als wolle diese zu einem himmlischen Ritt

---

1091 Roscher, W. H.: Ausführliches Lexikon der griechischen und römischen Mythologie, S. 1752.

verführen, als fordere sie das epische „ich" auf zu entschweben, den Boden der Tatsachen zu verlassen.

Auch „Die Abweisung" kommt offenbar zustande, weil das „schöne Mädchen" in seinem Gegenüber Pegasus nicht erkennen kann: Denn der, dem sie begegnet, ist „kein Herzog mit fliegendem Namen", heißt nicht Pegasus, er ist „kein breiter Amerikaner mit indianischem Wuchs", reitet somit auch kein Pferd, er hat auch keine „von der Luft ... massierte Haut", vermag somit nicht in die Lüfte zu entschweben, und hat „keine Reisen" in die fantastische Welt der Literatur gemacht.

Dagegen sind die Reiter aus dem Stück „Zum Nachdenken für Herrenreiter" eines Rittes auf Pegasus offenbar mächtig, nur der „Neid der Gegner" schmerzt sie dabei.

„Das Gassenfenster" aber verführt den noch Unentschlossenen zu einem himmlischen Ritt, denn während dieser unschlüssig mit seinen Augen „auf und ab zwischen Publikum und Himmel" wandert, den Ritt mit Pegasus in die himmlischen Lüfte noch nicht wagt, „reißen ihn" schließlich doch „die Pferde mit in ihr Gefolge von Wagen und Lärm", d.h. sie bringen ihn dazu, die Schreibmaschine (mit dem „Wagen", auf dem sich das Schreibblatt befindet) zu betätigen und „Lärm" (beim Tippen) zu erzeugen.

Der „Wunsch, Indianer zu werden" ist ganz offensichtlich der Wunsch nach einem Ritt in die Lüfte, nach einem Entschweben mit Pegasus in das literarische Reich der Fantasie, bei welchem Reiter und Pferd von aller Gegenständlichkeit befreit sind und selbst ihre eigene Materialität nicht mehr spüren.

Das „Unglücklichsein" dagegen rührt daher, dass man sich, statt mit Pegasus in die Lüfte zu entschweben, noch immer auf dem Boden (der Tatsachen) befindet, dort verzweifelt „über den schmalen Teppich ... wie in einer Rennbahn einherläuft" und „selbst die Wagenpferde unten auf dem Pflaster, wie wildgewordene Pferde in der Schlacht, die Gurgeln preisgegeben, sich erheben", doch offenbar nicht abheben können, das Schreiben und der schwebende Ritt mit dem Dichterross somit anscheinend trotz aller Anstrengung nicht gelingt.

Nur schwache Ansätze sind zu erkennen, wenn etwa „der Fußbodenbalken unmerklich schaukelt" oder ein „Luftzug von draußen um die Gelenke der Füße streicht", der jedoch nicht stark genug ist, um das „ich" zu entheben.

Was hier geschildert wird, ist offenbar das Bemühen um ein literarisches Entschweben mit Pegasus, das jedoch aufgrund einer Schreibblockade trotz aller Anstrengung nicht gelingen will.

3.3. Bedeutung und Stellenwert des Schreibens

Neben der Thematisierung der Literatur im Schreibprozess und der Verwendung des Pegasussymbols finden sich noch weitere signifikante Textstellen in der „Betrachtung", die sich mit dem Thema des Schreibens befassen.

Bei der Interpretation dieser Stellen sollen in diesem Kapitel nun vor allem folgende Fragen als Ausgangsbasis dienen:

Erscheint das Schreiben in der „Betrachtung" ausschließlich als eine Art Weltflucht und Entlastung im Sinne Schopenhauers und Nietzsches Kunstphilosophie? Oder dient es auch der Sinn- und Wahrheitssuche?

Wird in der „Betrachtung" darüber hinaus das Schreiben als Mittel der Existenzerhellung (Selbstfindung und –erkenntnis) oder vielmehr als Instrument der Existenzvermeidung (Verzicht auf Ehe und Familiengründung, Bruch mit dem Fortführen der familiären Tradition) dargestellt? Diente das Schreiben Kafka als Fluchtmöglichkeit vor einer Existenzform (Ehemann/Vater), der er sich nicht gewachsen fühlte, und klingt dies bereits in der „Betrachtung" an? Oder finden sich dort vielmehr Textbelege, die darauf schließen lassen, dass die Aussicht auf ein Leben als schreibender, aber ewiger Junggeselle seine Entscheidung zum Schriftstellerdasein erschwerte?

Stellt das Schreiben ein Bindeglied zwischen „Innen" und „Außen" dar? Ist es als Möglichkeit der Projektion der eigenen inneren Welt in das „Außen" zu deuten?

Kann im Schreibprozess der kindliche „Schwebe-Zustand", die Loslösung von aller Gegenständlichkeit und geistiger Fixierung, wieder erlangt werden?

Kann Literatur Wahrheit vermitteln?

Ist das Schreiben für Kafka die Erfüllung eines von Gott gegebenen „Mandats"?

Welchen Stellenwert besaß das Schreiben insgesamt für Kafka zur Zeit der Entstehung der „Betrachtung" als auch später?

Diese und weitere Fragen sollen nun im Folgenden anhand textimmanenter und autobiographischer Gesichtspunkte untersucht und näher analysiert werden.

Ein erster Anhaltspunkt über die Bedeutung und den Stellenwert des Schreibens für Kafka findet sich in den Tagebüchern. So schildert Kafka etwa in einer Tagebuchaufzeichnung vom 6. August 1914 sein literarisches Schicksal wie folgt:

„Von der Literatur aus gesehen ist mein Schicksal sehr einfach. Der Sinn für die Darstellung meines traumhaften innern Lebens hat alles andere ins Nebensächliche gerückt, und es ist in einer schrecklichen Weise verkümmert und hört nicht auf, zu verkümmern. Nichts anderes kann mich jemals zufriedenstellen. Nun ist aber meine Kraft für jene Darstellung ganz unberechenbar, vielleicht ist sie schon für immer verschwunden, vielleicht kommt sie doch noch einmal über mich, meine Lebensumstände sind ihr allerdings nicht günstig. So schwanke ich also, fliege unaufhörlich zur Spitze des Berges, kann mich aber kaum einen Augenblick oben erhalten. Andere schwanken auch, aber in untern Gegenden, mit stärkeren Kräften; drohen sie zu fallen, so fängt sie der Verwandte auf, der zu diesem Zweck neben ihnen geht. Ich aber schwanke dort oben, es ist leider kein Tod, aber die ewigen Qualen des Sterbens."[1092]

Die Literatur ist für ihn „Schicksal", d. h. unausweichlicher Tatbestand und vorherbestimmter Weg des Lebens. Das Schreiben ist die „Darstellung seines traumhaften innern Lebens", die äußere Entfaltung seiner inneren Welt. Seine Bedeutungsschwere lässt alles andere „ins Nebensächliche rücken", auch wenn der Autor darunter leidet, dass dadurch alles Nicht-Literarische „in einer schrecklichen Weise verkümmert", doch letztlich kann ihn nichts anderes „jemals zufriedenstellen". Dieser Prozess der einseitigen Bedeutungsentwicklung des literarischen Lebens zu Lasten aller anderen Bereiche scheint unaufhaltsam („hört nicht auf, zu verkümmern"), auch wenn die literarisch-künstlerische „Kraft" unstet und nicht bestimm- und vorhersehbar, also „unberechenbar" ist, von inneren und äußeren Gegebenheiten abhängt. In der 'bodenlosen`, schwankenden literarischen Welt ohne reale Fundierung, im höheren Reich des Pegasus, beginnt man zu „schwanken" im eigenen Sein, man zweifelt an der Richtigkeit des Entschlusses, sich für die in vielerlei Hinsicht unsichere Schriftstellerexistenz zu entscheiden, welcher zudem die „Lebensumstände" entgegenstehen. Dabei „fliegt" man „unaufhörlich zur Spitze des Berges", entschwebt mit dem Dichterpferd in geistig-literarische Höhen, doch man kann sich „kaum einen Augenblick oben erhalten", wenn es an jeglichem inneren und äußeren Halt fehlt.

Was hier angesprochen wird, ist die gefühlte innere Bestimmung und Berufung, aber auch das 'Bodenlose`, Schwankend-Schwebende einer literarischen Existenz, die zumindest durch einen familiären Rückhalt gestützt werden sollte, was bei Kafka ganz offensichtlich nicht der Fall gewesen ist. Besonders „die demonstrativ verächtliche Haltung des Vaters"[1093] in Bezug auf Kafkas literarisches Schaffen musste überaus belastend auf Kafka gewirkt haben, zumal er sich noch über sein 30. Lebensjahr hinaus im elterlichen Haushalt befunden hatte.

Doch trotz der fehlenden familiären Unterstützung, sowohl in mentaler als auch in finanzieller Hinsicht, will er sein „Schicksal" erfüllen. Auch wenn „Kafkas Eltern nicht – wie von Anfang an die Eltern Hofmannsthals oder (von einem bestimmten Zeitpunkt an) die Werfels –

1092 Kafka, Franz: Tagebücher 1910-1923, S. 306.
1093 Stach, Reiner: Kafka. Die Jahre der Entscheidungen, S. 216.

ihrem genialen Sohn alle Hindernisse aus dem Wege schafften, ihn von den Sorgen des Gelderwerbs befreiten"[1094], war er sich doch (schon sehr früh) seiner „einzigartigen, nur durch Zusammenfassung all seiner Kräfte erfüllbaren Aufgabe"[1095] sehr wohl bewusst.

Dass er sich dabei mit besonders großer emotionaler Intensität an dieses, wenn man so will, „literarische Schicksal" gebunden fühlte, wird ebenfalls in der oben zitierten Textstelle offensichtlich: Andere schreiben, „schwanken" auch, aber „in untern Gegenden, mit stärkeren Kräften", ohne allzu großen inneren Einsatz, auch werden sie von „Verwandten aufgefangen", wenn sie zu „fallen drohen", denn sie haben – anders als Kafka – familiären Rückhalt.

Kafka dagegen fühlt sich „schwankend" und in höheren Gefilden („dort oben"), ist mit Pegasus in luftige Höhen entschwunden, doch gänzlich ohne (inneren und äußeren) Halt. Da ihn gleichzeitig jedoch auch der innere Drang zu schreiben, sein „Schicksal", nicht loslässt, leidet er unaufhörlich an den „ewigen Qualen des Sterbens" ohne Aussicht auf Befreiung, auf den „Tod".

Dass das Schreiben für Kafka aber auch ein Mittel zur inneren Sammlung und zur Befreiung vom inneren psychischen Druck war, zeigen weitere Tagebuchaufzeichnungen.

So heißt es beispielsweise in einem Eintrag vom 26. Dezember 1910:

„Zweieinhalb Tage war ich – allerdings nicht vollständig – allein und schon bin ich, wenn auch nicht verwandelt, so doch auf dem Wege. Das Alleinsein hat eine Kraft über mich, die nie versagt. Mein Inneres löst sich (vorläufig nur oberflächlich) und ist bereit, Tieferes hervorzulassen. Eine klare Ordnung meines Inneren fängt an, sich herzustellen ..."[1096].

Das Schreiben, das Alleinsein mit sich selbst, führt hier also dazu, dass sich das „Innere löst" und „eine klare Ordnung" desselben „sich herstellen" kann.

Wie mit Hilfe der Dichtung das Innere vom Grunde der Psyche nach oben „gehoben" und „gelockert" werden kann, beschreibt dagegen eine Tagebuchaufzeichnung vom 3. Oktober 1911:

„Das Bewußtsein meiner dichterischen Fähigkeiten ist am Abend und am Morgen unüberblickbar. Ich fühle mich gelockert bis auf den Boden meines Wesens und kann aus mir heben, was ich nur will."[1097]

Die literarische Umsetzung und Entfaltung der inneren Welt im Kopfe, die im Schreibprozess in ihrer ganzen „Ungeheuerlichkeit" aus dem

---

1094 Brod, Max: Franz Kafka, S. 298.
1095 Ebenda, S. 298.
1096 Kafka, Franz: Tagebücher 1910-1923, S. 27.
1097 Ebenda, S. 57-58.

Inneren „befreit" werden kann, birgt die Gefahr, das Innere dabei zu „zerreißen", doch wird dies in Kauf genommen und dem „Zurückhalten und Begraben" vorgezogen, weil man sich nur so selbst zu befreien und seiner inneren Bestimmung gemäß zu entfalten vermag:

„Die ungeheure Welt, die ich im Kopfe habe. Aber wie mich befreien und sie befreien, ohne zu zerreißen. Und tausendmal lieber zerreißen, als in mir sie zurückhalten oder begraben. Dazu bin ich ja hier, das ist mir ganz klar."[1098]

Dass dabei einiges unkontrollierbar bleibt und einer „unfaßbaren Macht unterworfen" ist, schon die geringste Bewegung einen fortlaufenden Prozess anstoßen kann, bis „alle Ketten eine nach der anderen ihr vorgeschriebenes Stück herabrasseln", dass das Geschriebene sich im Schreiben plötzlich verselbständigen kann, weil innere Türen aufgestoßen wurden und nun der „Flaschenzug im Innern" automatisch abläuft, thematisiert ein Tagebucheintrag aus dem Jahre 1913:

„Dieser Flaschenzug im Innern. Ein Häkchen rückt vorwärts, irgendwo im Verborgenen, man weiß es kaum im ersten Augenblick, und schon ist der ganze Apparat in Bewegung. Einer unfaßbaren Macht unterworfen, so wie die Uhr der Zeit unterworfen scheint, knackt es hier und dort und alle Ketten rasseln eine nach der andern ihr vorgeschriebenes Stück herab."[1099]

So wie nach Kafkas Auffassung „jeder hinter einem Gitter lebt, das er mit sich herumträgt"[1100], trug auch er „die Gitter in sich"[1101], die er mit Hilfe des Schreibens lösen wollte. Da dies jedoch eine innere Stärke voraussetzt, um die vorher nicht absehbaren Auswirkungen ertragen zu können, das erhellte Dunkel im Inneren aushalten und verkraften zu können, werden viele davon abgehalten, sich dieser inneren Befreiung hinzugeben, obwohl der Mensch aufgrund seiner existentiellen Schwere nach Möglichkeiten einer außerweltlichen Leichtigkeit sucht:

„Das menschliche Dasein ist zu beschwerlich, darum will man es wenigstens in der Fantasie abschütteln. ... Man fürchtet sich vor der Freiheit und Verantwortung. Darum erstickt man lieber hinter den selbst zusammengebastelten Gittern."[1102]

Um dies für sich selbst zu verhindern, bleibt bei Kafka der Wunsch nach einer inneren Befreiung und weltlichen Entrückung vordergründig und

---

1098 Kafka, Franz: Tagebücher 1910-1923, S. 224.
1099 Ebenda, S. 227.
1100 Janouch, Gustav: Gespräche mit Kafka, S. 44.
1101 Ebenda, S. 41.
1102 Ebenda, S. 44.

präsent, auch wenn er sich dabei durchaus bewusst ist, dass „die Versenkung in sich selbst kein Abstieg ins Unbewußte, sondern ein Emporheben des nur dunkel Geahnten an die helle Bewußtseinsoberfläche"[1103] ist, beim dem Ungeahntes aus der „Tiefe" hervortreten, aber auch „erlöst" werden kann:

„Gestern unfähig, auch nur ein Wort zu schreiben. Heute nicht besser. Wer erlöst mich? Und in mir das Gedränge, in der Tiefe, kaum zu sehn. Ich bin wie ein lebendiges Gitterwerk, ein Gitter, das feststeht und fallen will."[1104]

Denn die innere Befreiung vom psychischen Druck mit Hilfe des Schreibens ist für Kafka eine Form der „Selbsterhaltung", ist Schutz des Ichs und der Psyche, ist der innere „Kampf" um das Selbst:

„Aber schreiben werde ich trotz alledem, unbedingt, es ist mein Kampf um die Selbsterhaltung."[1105]

Das Schreiben hat für Kafka ganz offensichtlich eine positive und eine negative Komponente inne, es ist Mittel zum Selbsterhalt, führt zur „Selbstzufriedenheit", aber auch zu einem Gefühl des inneren „Verlorenseins", dem ein äußerer Halt entgegenstehen sollte:

„Die Schwierigkeiten der Beendigung, selbst eines kleinen Aufsatzes, liegen nicht darin, daß unser Gefühl für das Ende des Stückes ein Feuer verlangt, das der tatsächliche bisherige Inhalt aus sich selbst nicht hat erzeugen können, sie entstehen vielmehr dadurch, daß selbst der kleinste Aufsatz vom Verfasser eine Selbstzufriedenheit und eine Verlorenheit in sich selbst verlangt, aus der an die Luft des gewöhnlichen Tages zu treten, ohne starken Entschluß und äußern Ansporn schwierig ist, so daß man eher, als der Aufsatz rund geschlossen wird und man still abgleiten darf, vorher, von der Unruhe getrieben, ausreißt und dann der Schluß von außenher geradezu mit Händen beendigt werden muß, die nicht nur arbeiten, sondern sich auch festhalten müssen."[1106]

Die „Verlorenheit in sich selbst", die das Schreiben verlangt und mit deren Hilfe man „still abgleiten darf", ist ein bodenloses Schweben, aus dem heraus es „ohne starken Entschluß und äußern Ansporn schwierig ist", wieder „an die Luft des gewöhnlichen Tages zu treten", so dass man viel eher dazu neigt, das Geschriebene mit Händen zu beenden, „die nicht nur arbeiten, sondern sich auch festhalten müssen", damit man

---

1103 Janouch, Gustav: Gespräche mit Kafka, S. 157.
1104 Kafka, Franz: Tagebücher 1910-1923, S. 272.
1105 Ebenda, S. 304.
1106 Ebenda, S. 160.

nicht in der „schrecklichen Unsicherheit seiner innern Existenz"[1107] zu versinken droht.

Schreiben ist somit Losgelöstsein, Schweben, Einkehr in eine unbekannte innere Welt, die aller Festigkeit enthoben ist, Gefahren des Unkontrollierbaren in sich birgt, jedoch Freiheit und Druckerleichterung verspricht. Ein Zustand, aus dem zudem wieder schwer in den Alltag zu „entsteigen" ist.

Doch selbst nach einem erfolgreichen „Austritt" aus dem Dunkel des Inneren fällt manchmal noch das Negative des Geschriebenen auf den Schreibenden im Außen zurück:

„Mit welchem Jammer ... habe ich angefangen! Welche Kälte verfolgte mich aus dem Geschriebenen tagelang."[1108]

Hinzu kommen die Zweifel an der eigenen literarischen Fähigkeit, die umso größer werden, desto weiter Kafka sich von der wahren Selbstvergessenheit und einer gänzlichen inneren Ergriffenheit entfernt.

So leidet Kafka unter der „eigenen verkrümmten Hand, die mit einer Kraft, die sie für gute Arbeit niemals hatte, ihn hält"[1109], und er spürt „allzu sehr die Grenzen seiner Fähigkeit, die, wenn er nicht vollständig ergriffen ist, zweifellos nur eng gezogen sind"[1110].

Doch trotz aller negativer Aspekte und Zweifel sehnt er sich danach, „sein wirkliches Leben anzufangen, in welchem sein Gesicht endlich mit dem Fortschreiten seiner Arbeiten in natürlicher Weise wird altern können"[1111], da er in sich fühlt, dass „das Schreiben die ergiebigste Richtung seines Wesens"[1112] ist und dass „sein einziges Verlangen und sein einziger Beruf"[1113] in der Literatur zu finden ist.

Auch in den Briefen an Felice finden sich zahlreiche Bemerkungen über das Schreiben und Hinweise darüber, welchen Stellenwert die literarische Tätigkeit für Kafka besaß, die alle in eine ähnliche Richtung weisen.

So beschreibt ein Eintrag aus der Nacht vom 30. auf den 31. Dezember 1912 wiederum den schon oben erläuterten „schwebenden" Zustand beim Schreiben, der aller Festigkeit und Sicherheit beraubt ist:

1107 Kafka, Franz: Tagebücher 1910-1923, S. 223.
1108 Ebenda, S. 31.
1109 Ebenda, S. 305.
1110 Ebenda, S. 317.
1111 Ebenda, S. 168.
1112 Ebenda, S. 167.
1113 Ebenda, S. 233.

„Es ist eben dieses, daß man schreibt, sich im Augenblick beieinander fühlt, sich festzuhalten meint und doch nur in der Luft tastet und deshalb zeitweise stürzen muß."[1114]

Die vermeintliche Selbstfindung und -erkenntnis, das innere Aufarbeiten von Problemen und Konflikten beim Schreiben erweist sich im Nachhinein nicht als psychischer Halt, denn man „meint" nur „sich festzuhalten", während man tatsächlich „doch nur in der Luft tastet", im eigenen Inneren versinkt wie in einem leeren Raum (in der „Luft") ohne ontologische Basis, daher auch „zeitweise stürzen muß", wenn es an innerer Kraft fehlt, das Unbewusste, das im Schreiben bewusst wird, zu verkraften, oder man aber nur in die eigene Leere zurückfällt.

Auch die erhoffte Selbststärkung über das literarische Entäußern ist somit letztlich nicht 'festzumachen` und nur schwebend-schwankend.

Das unsichere, diffus-konfuse Ich, „das schwankende, gefährdete Subjekt, das nur mit Mühe einen adäquaten Ausdruck seiner Selbst findet"[1115], glaubte, durch die schriftliche Entfaltung die Konturen seines Selbst, einen inneren Halt zu finden, doch der Versuch dieser Art der Selbstformung und inneren Findung kann auch misslingen und nur die innere Bodenlosigkeit und Inanität widerspiegeln, so dass man nur „in der Luft tastet", aber keinen Fixpunkt findet.

Wie sehr Kafka das Schreiben trotzdem als unentbehrliches Element seines Lebens, das über allem (und jedem) stand, empfand, und wie stark autobiographisch gefärbt seine Literatur war, zeigt sich in einem Brief an Felice, der in der Nacht vom 2. auf den 3.1.1913 verfasst wurde:

„Liebste, ich bitte Dich jedenfalls mit aufgehobenen Händen, sei nicht auf meinen Roman eifersüchtig. Wenn die Leute im Roman Deine Eifersucht merken, laufen sie mir weg, ich halte sie ja sowieso nur an den Zipfeln ihrer Kleidung fest. Und bedenke, wenn sie mir weglaufen, ich müßte ihnen nachlaufen und wenn es bis in die Unterwelt wäre, wo sie ja eigentlich zuhause sind. Der Roman bin ich, meine Geschichten sind ich, wo wäre da, ich bitte Dich, der geringste Platz für Eifersucht. ... Gewiß würde ich mich auch in Deiner Gegenwart vom Roman nicht losmachen, es wäre arg, wenn ich es könnte, denn durch mein Schreiben halte ich mich ja am Leben ... Aber begreife nur, liebste Felice, daß ich Dich und alles verlieren muß, wenn ich einmal das Schreiben verliere."[1116]

Hier zeigt sich: Kafka sieht sich nicht als Schriftsteller oder Dichter, der der Literatur gegenübersteht, sondern er 'lebt` Literatur, ist mit ihr

---

1114 Kafka, Franz: Briefe an Felice, S. 220.
1115 Stach, Reiner: Kafka. Die Jahre der Entscheidungen, S. 165.
1116 Kafka, Franz: Briefe an Felice, S. 226-227.

verschmolzen, ist „aus überirdischer Notwendigkeit"[1117] Teil dieser höchsten Instanz seines Lebens.

Die absolut gewordene Identifikation mit seiner Literatur („Der Roman bin ich, meine Geschichten sind ich") zeigt den gewaltigen Stellenwert, den das Schreiben für Kafka zu diesem Zeitpunkt bereits innehatte. Dieses ist nun zur Existenzgrundlage geworden („denn durch mein Schreiben halte ich mich ja am Leben") und ist Basis und Voraussetzung zum Sein in der nichtliterarischen Realität, somit zum alles umspannenden Horizont geworden („daß ich Dich und alles verlieren muß, wenn ich einmal das Schreiben verliere").

Wie sehr dabei das Schreiben auch eine Art Weltflucht und ein Eintauchen in eine andere Welt darstellte, zeigt eine Briefstelle aus der Nacht vom 22. zum 23. Januar 1913:

„Nun, ich habe mich eben in letzter Zeit (das ist kein Selbstvorwurf, sondern nur Selbsttrost) an den Füßen aus dem Schreiben herausgezogen und muß mich nun wieder mit dem Kopf einbohren."[1118]

Hier klingt bereits an, dass es dieser welt- und „selbstvergessene, halluzinatorische und doch konzentrierte und kontrollierte mentale Zustand"[1119] war, den Kafka beim Schreiben suchte.

Denn für ihn war das Schreiben zum einen ein Medium zum „Transzendieren seines empirischen Ich"[1120], zum anderen aber auch ein „auf sich selbst bezogenes Spiel"[1121]. Seine Dichtkunst war somit hinsichtlich ihrer Funktion paradox, denn „einerseits strebt sie nach der Ichauflösung, um 'Tiefes hervorzulassen` (T 34), andererseits aber ist sie vom eigenen 'Inneren`, also wiederum vom Ich, gebannt und zwingt den Schriftsteller, in einer Selbstfixierung, die er leidenschaftlich verwirft, zu verharren"[1122].

Diese dialektische Spannung zwischen Selbstauflösung, d.h. „Verflüssigung des Selbst"[1123] und narzisstischer Selbststilisierung im Prozess des Schreibens ist ein ewiger Kreislauf zwischen „Abtötung des Lebens und solipsistischer Selbstüberhebung"[1124]. Denn die „Voraussetzung der Schrift ist die unendliche Zurücknahme des Ich und seine Metamorpho-

---

1117   Stach, Reiner: Kafka. Die Jahre der Entscheidungen, S. 372.
1118   Kafka, Franz: Briefe an Felice, S. 264.
1119   Stach, Reiner: Kafka. Die Jahre der Entscheidungen, S. 116.
1120   Sokel, Walter H.: Zur Sprachauffassung .... In: David, Claude (Hrsg.): Franz Kafka ..., S. 30.
1121   Ebenda, S. 43.
1122   Ebenda, S. 43-44.
1123   Kremer, Detlef: Kafka. Die Erotik des Schreibens, S. 29.
1124   Ebenda, S. 35.

se zum ´Schatten` seiner selbst"[1125], doch gleichzeitig wird auch durch den Ich-Verlust und die Weltentrückung beim Schreiben eine „extreme Subjektivierung"[1126] notwendig, die das abstrakte, verschriftlichte Ich dermaßen zentriert und fokussiert, so dass es zwar einerseits nur ein zeichenhaftes ´Gespenst` („Unglücklichsein") ist, andererseits jedoch auch eine neue, übergroße Signifikanz erhält in seiner eigenen (literarischen) Welt.

Denn das innere Selbst, das sich im Schreiben aus dem Realen zu transzendieren sucht, findet im Literarischen ein eigenes „Leben", in das es „mit aller Kraft hineinreiten will", wie es Kafka beschrieb:

„Morgen fange ich wieder mein Schreiben an, ich will mit aller Kraft hineinreiten, ich fühle, wie ich mit unnachgiebiger Hand aus dem Leben gedrängt werde, wenn ich nicht schreibe."[1127]

An dieser Stelle zeigt sich auch die indirekte Verwendung des Pegasussymbols („mit aller Kraft hineinreiten"), wobei allerdings das eigene Zutun von entscheidender Wichtigkeit ist („mit aller Kraft") und das Gelingen der literarischen Arbeit nicht vom göttlichen Schicksal abhängig gemacht wird (mit Hilfe des Pferdes, das hier keine direkte Erwähnung findet).

Wie sehr hin und wieder das Schreiben auch zur Obsession, von der er nicht lassen konnte, ja zu einem regelrechten Fluch für Kafka wurde, von dem er sich trotz aller Schattenseiten (Unzufriedenheit, ja „Ekel" vor dem selbst Verfassten) nicht befreien konnte und wollte, da er nur so glaubte, „leben" zu können, zeigt folgende Stelle eines Briefes aus der Nacht vom 29. zum 30.11.1912:

„Begreifst Du es, Liebste: schlecht schreiben und doch schreiben müssen, wenn man sich nicht vollständiger Verzweiflung überlassen will. So schrecklich das Glück des guten Schreibens abbüßen müssen! Eigentlich nicht wahrhaft unglücklich sein, nicht jenen frischen Stachel des Unglücks fühlen, sondern auf die Heftseiten hinuntersehn, die sich endlos mit Dingen füllen, die man haßt, die einem Ekel oder wenigstens eine trübe Gleichgültigkeit verursachen, und die man doch niederschreiben muß, um zu leben. Pfui Teufel! Könnte ich doch die Seiten, die ich seit 4 Tagen geschrieben habe, so vernichten, als wären sie niemals da gewesen."[1128]

Die tragische Ambivalenz der literarischen Tätigkeit, der Kafka immer wieder verfällt, das Schwanken zwischen Glück und Zufriedenheit auf

---

1125 Kremer, Detlef: Kafka. Die Erotik des Schreibens, S. 40.
1126 Ebenda, S. 40.
1127 Kafka, Franz: Briefe an Felice, S. 197.
1128 Ebenda, S. 142.

der einen Seite und Traurigkeit auf der anderen, die Freude über bzw. die Hoffnung auf das vollendet Geschriebene, aber auch der „Ekel" vor dem vermeintlich „Schlechten" (im Stück „Unglücklichsein" der „Betrachtung" als „schlechten Speichel in mir" zum Ausdruck gebracht) bzw. das Leiden aufgrund des Schreibenwollens aber nicht –könnens vermitteln auch folgende Zeilen aus einem Brief an Felice vom 12/13.11.1913:

„ ... ich lebe so, als schriebe ich unterdessen etwas Gutes, woraus sich freilich, wenn es so wäre, Heilung aller Leiden und Glück darüber hinaus ergeben würde. Aber ich schreibe eben nichts und bin wie ein altes in seinen Stall gesperrtes Pferd."[1129]

Hier zeigt sich wiederum das Pegasussymbol im Motiv des „alten, in seinen Stall gesperrten Pferdes", das nicht auszubrechen vermag und unter seinem Eingesperrtsein (dem Nichtschreiben) leidet.

Neben dem Ziel, „etwas Gutes" zu schaffen, war es auch der Schreibakt selbst, auf den es Kafka ganz offensichtlich ankam. Denn in diesem suchte er eine „himmlische Auflösung", ein überirdisches, befreites Sein, wie eine Tagebuchstelle belegt:

„Endlich sage ich es, behalte aber den großen Schrecken, daß zu einer dichterischen Arbeit alles in mir bereit ist und eine solche Arbeit eine himmlische Auflösung und ein wirkliches Lebendigwerden für mich wäre ..."[1130].

Schreiben war somit für Kafka die Suche nach dem „inneren Selbst und seine visionäre Welt"[1131] und damit auch „ein Sieg des Ich über die äußere Welt"[1132]. Es war eine „sonderbare Verbindung von Selbstauflösung und Selbsterhöhung"[1133] („himmlische Auflösung" und „wirkliches Lebendigwerden"), eine Selbstzerstörung und Selbstrekonstruktion zugleich, denn es „war seine Selbstrettung, nicht in einem momentanen, kathartischen, sondern in einem langfristigen, quasi körperlichen Sinne. ... Er, der seinen ursprünglichen, den naturgegebenen Körper verloren hat, setzt sich selbst, Stück für Stück sein inneres Leben erschreibend, wieder in einer, zwar ganz anderen, nämlich künstlichen, aber auf gewisse Weise für ihn faßbaren Körperlichkeit zusammen."[1134]

1129 Kafka, Franz: Briefe an Felice, S. 295-296.
1130 Kafka, Franz: Tagebücher 1910-1923, S. 58.
1131 Sokel, Walter H.: Zur Sprachauffassung .... In: David, Claude (Hrsg.): Franz Kafka ..., S. 33.
1132 Ebenda, S. 33.
1133 Ebenda, S. 33.
1134 Unseld, Joachim: Franz Kafka .... In: Kraus/Winkler (Hrsg.): Das Phänomen Franz Kafka, S. 165-166.

Es war ferner ein Sich-treiben-lassen von der inneren Inspiration, ein Erleben der schöpferischen Kraft, wobei jedoch das Ich auch, allein auf sich selbst verwiesen, überfordert sein und in „Trauer" verfallen kann:

„Es darf auch nicht lange so bleiben, Montag, denke ich, fange ich wieder zu schreiben an, viele Geschichten, Liebste, trommeln ihre Märsche in meinem Kopf. Dabei winde ich mich manchmal vor Trauer ..."[1135]

Dass sich diese immer wieder angedeutete „Traurigkeit" und „Trauer" nicht allein auf das Nichtschreibenkönnen (im qualitativen und im eigentlichen Sinne) bezieht, sondern auch die Angst vor einem Selbst-Erkennen, vor der Betrachtung des eigenen Inneren, das im Schreiben zu Tage tritt und dann verarbeitet werden muss, um nicht zum Wahnsinn zu führen, widerspiegelt, zeigen andere Briefe an Felice. Besonders im Brief vom 14./15.1.1913 wird diese Angst deutlich und das Schwanken zwischen dem Wunsch, vollkommen allein und ungestört ins eigene Ich zu treten und der Furcht, dabei den Boden der Realität vollkommen zu verlieren, thematisiert:

„Einmal schriebst Du, Du wolltest bei mir sitzen, während ich schreibe; denke nur, da könnte ich nicht schreiben (ich kann auch sonst nicht viel) aber da könnte ich gar nicht schreiben. Schreiben heißt ja sich öffnen bis zum Übermaß; die äußerste Offenherzigkeit und Hingabe, in der sich ein Mensch im menschlichen Verkehr schon zu verlieren glaubt und vor der er also, solange er bei Sinnen ist, immer zurückscheuen wird – denn leben will jeder, solange er lebt – diese Offenherzigkeit und Hingabe genügt zum Schreiben bei weitem nicht. Was von dieser Oberfläche ins Schreiben hinübergenommen wird – wenn es nicht anders geht und die tiefern Quellen schweigen – ist nichts und fällt in dem Augenblick zusammen, in dem ein wahreres Gefühl diesen obern Boden zum Schwanken bringt. Deshalb kann man nicht genug allein sein, wenn man schreibt, deshalb kann es nicht genug still um einen sein, wenn man schreibt, die Nacht ist noch zu wenig Nacht. Deshalb kann nicht genug Zeit einem zur Verfügung stehn, denn die Wege sind lang, und man irrt leicht ab, man bekommt sogar manchmal Angst und hat schon ohne Zwang und Lockung Lust zurückzulaufen (eine später immer schwer bestrafte Lust), wie erst, wenn man unversehens einen Kuß vom liebsten Mund bekäme! Oft dachte ich schon daran, daß es die beste Lebensweise für mich wäre, mit Schreibzeug und einer Lampe im innersten Raume eines ausgedehnten, abgesperrten Kellers zu sein. Das Essen brächte man mir, stellte es immer weit von meinem Raum entfernt hinter der äußersten Tür des Kellers nieder. Der Weg um das Essen, im Schlafrock, durch alle Kellergewölbe hindurch wäre mein einziger Spaziergang. Dann kehrte ich zu meinem Tisch zurück, würde langsam und mit

---

1135 Kafka, Franz: Briefe an Felice, S. 243.

Bedacht essen und wieder gleich zu schreiben anfangen. Was ich dann schreiben würde! Aus welchen Tiefen ich es hervorreißen würde! Ohne Anstrengung! Denn äußerste Koncentration kennt keine Anstrengung. Nur, daß ich es vielleicht nicht lange treiben würde und beim ersten, vielleicht selbst in solchem Zustand nicht vermeidendem Mißlingen in einen großartigen Wahnsinn ausbrechen müßte."[1136]

Hier zeigt sich „das Paradox, daß eine Tätigkeit, die Kafka als ein Herausströmen aus dem Ich erlebte, als eine Entgrenzung des Selbst, zugleich ein absolutes Sich-Zurückziehen in unmenschliche Einsamkeit verlangte"[1137]. Dieses Alleinsein, aus dem das Schöpferische seine Kraft bezieht und das Kafka mit an Panik grenzender Angst zu bewahren versuchte ungeachtet aller zwischenmenschlicher Verluste, kann dabei jedoch auch in eine nicht mehr kontrollierbare innere Gefangenheit entarten, die die Gesetze des „Außen" nicht mehr zulässt.

Denn beim Schreiben, wenn man „diesen obern Boden zum Schwanken bringt", kann man zwar „die langen Wege" in die „Tiefen" beschreiten, die „Oberfläche" des Alltags und der Realität verlassen, kann gleichzeitig möglicherweise aber auch „in einen großartigen Wahnsinn" verfallen, denn für Kafka ist Schreiben nur möglich bei einer „äußersten Offenherzigkeit und Hingabe", der Autor muss „sich öffnen bis zum Übermaß", um aus den „tiefen Quellen" schöpfen zu können, auch auf die Gefahr hin, dass das Innere Schreckliches offenbart, der Weg sich als Irrweg erweist und das Vorhaben misslingt. Die Sorge um das Geschriebene und die Verantwortlichkeit für das selbige kann sich so schnell zur „Sorge um sich selbst" wandeln, denn „dieses stürmische oder sich wälzende oder sumpfige Innere", das beim Schreiben zu Tage tritt, „sind ja wir selbst":

„Hilf mir, Liebste, ich bitte Dich, ... diese Unruhe, mitten in meine Stumpfheit hineingesteckt, treibt mich herum und ich schreibe Unverantwortliches oder fürchte, es jeden Augenblick zu tun. Die falschen Sätze umlauern meine Feder, schlingen sich um die Spitze und werden in die Briefe mitgeschleift. Ich bin nicht der Meinung, daß einem jemals die Kraft fehlen kann, das, was man sagen oder schreiben will, auch vollkommen auszudrücken. Hinweise auf Schwäche der Sprache und Vergleiche zwischen der Begrenztheit der Worte und der Unendlichkeit des Gefühls sind ganz verfehlt. Das unendliche Gefühl bleibt in den Worten genau so unendlich, wie es im Herzen war. Das was im Innern klar ist, wird es auch unweigerlich in Worten. Deshalb muß man niemals um die Sprache Sorge haben, aber im Anblick der Worte oft Sorge um

---

1136 Kafka, Franz: Briefe an Felice, S. 250.
1137 Sokel, Walter H.: Zur Sprachauffassung ... . In: David, Claude: Franz Kafka..., S. 36.

sich selbst. Wer weiß denn aus sich selbst heraus, wie es um einen steht. Dieses stürmische oder sich wälzende oder sumpfige Innere sind ja wir selbst, aber auf dem im geheimen sich vollziehenden Weg, auf dem die Worte aus uns hervorgetrieben werden, wird die Selbsterkenntnis an den Tag gebracht, und wenn sie auch noch immer verhüllt ist, so ist sie doch vor uns und ein herrlicher oder schrecklicher Anblick. Nimm mich also, Liebste, in Schutz vor diesen widerlichen Worten ... Wenn ich in mich hineinschaue, sehe ich soviel Undeutliches noch durcheinandergehn, daß ich nicht einmal meinen Widerwillen gegen mich genau begründen und vollständig übernehmen kann."[1138]

Kafka beschreibt hier ein literarisches Arbeiten, bei dem es ihm gelingt, „sich so weit zu ´öffnen`, dass unbewusstes oder vorbewusstes Material bis ins Licht des Bewusstseins aufsteigt, wo es dann organisiert und gefiltert"[1139] werden muss, was jedoch auch immer die Gefahr in sich birgt, dass „Undeutliches durcheinandergeht" und der „herrliche oder schreckliche Anblick" des eigenen Inneren nicht vorhersehbar, vielleicht auch nicht zu bewältigen ist.

Das Schreiben bietet somit zwar die Möglichkeit, die eigene „Existenz von außen und innen zu entblättern"[1140], schützt jedoch nicht vor „widerlichen Worten", vor den verborgenen Abgründen des inneren Selbst.

Die Sprache erscheint hier als Transformator der eigenen emotionalen Situation, wobei die Vollständigkeit der Übermittlung über das Medium der „Worte" nicht in Frage gestellt, sondern vielmehr die Umsetzung in Sätze als „Weg" verstanden wird, auf welchem „die Selbsterkenntnis an den Tag gebracht" werden soll. Das Innere wird hierdurch zwar nicht gänzlich enthüllt, doch erscheint es nun vor uns als „ein herrlicher oder schrecklicher Anblick". Das Schreiben wird so zur inneren „Betrachtung", wobei vieles, wie bereits erwähnt, undeutlich und im Verborgenen bleibt, trotzdem aber auch einen „Widerwillen" gegen das eigene Selbst verursachen, diesen aber letztlich nicht begründen kann.

Trotzdem kann das Schreiben zu mehr innerer Klarheit führen und man kann sich, wenn Gedanken und Gefühle in Worte gefasst werden, mancher Dinge – und sich selbst - besser bewusst werden, was ebenfalls ein Brief an Felice widerspiegelt:

„Vor allem aber werde ich im Herbst diesen Verlockungen zum Schreiben endlich nachgeben, wenn es nur meine Gesundheit erlaubt, und werde dann selbst sehn, was in mir ist. ... Du wirst dann klarer sehn, mit wem Du Dich verbinden willst und was es zu bedenken gibt."[1141]

1138 Kafka, Franz: Briefe an Felice, S. 305-306.
1139 Stach, Reiner: Kafka. Die Jahre der Entscheidungen, S. 219.
1140 Ebenda, S. 156.
1141 Kafka, Franz: Briefe an Felice, S. 427.

Ein Brief an Oskar Pollak vom 9. November 1903 weist in die gleiche Richtung. Wenn es heißt: „Manches Buch wirkt wie ein Schlüssel zu fremden Sälen des eigenen Schlosses"[1142] ist damit ganz offensichtlich nicht nur das Lesen fremder Bücher gemeint, sondern umfasst wohl auch das eigene Schreiben, womit sich die folgenden Sätze des Briefes befassen.

Andererseits können aber auch durch die schriftliche Fixierung falsche Schwerpunkte gesetzt werden, eine Gefahr, der sich Kafka sehr wohl bewusst war und die er in einem Brief an Grete Bloch zum Ausdruck brachte (wenn auch in Bezug auf nicht selbst Verfasstes):

„Das Schreiben selbst verführt oft zu falschen Fixierungen. Es gibt eine Schwerkraft der Sätze, der man sich nicht entziehen kann."[1143]

Wie unstet und unvorhersehbar die Inspiration und literarische Fähigkeit ist, wie sie wie eine „Gespenstererscheinung" nächtens auftaucht, genau so schnell aber auch wieder verschwinden kann, beschreibt eine Stelle desselben Briefes:

„Das Risiko ist aber für mich doch groß, ich habe meine Fähigkeit des Schreibens gar nicht in der Hand. Sie kommt und geht wie ein Gespenst. Seit einem Jahr habe ich nichts geschrieben, ... Dabei hatte ich einen Glücksfall in den letzten Tagen ...: Eine Geschichte ..."[1144].

Wie in der „Betrachtung" im Stück „Unglücklichsein" von der „Hinfälligkeit" der „Gespenster" die Rede ist und das epische Ich „ja so froh ist, daß es endlich hier ist", wird auch in dieser Briefstelle die Literatur als „Gespenst" beschrieben, das nicht konkret fassbar und (vorher-) bestimmbar ist.

Es ist dieses „Vor- und Zurückfluten von Kafkas literarischer Produktion"[1145], die Abhängigkeit der 'Schreibfähigkeit` von inneren und äußeren Ereignissen und Gegebenheiten, was hier im Bild des Gespenstes dargestellt und auch in anderen Briefen verwandt wird.

So findet sich die Bezeichnung „Gespenst" für die Schreibfähigkeit und Literatur auch im Brief vom 25.4.1914 an Felice, hier trennt Kafka das „reale", gesellschaftliche Leben (das er Felice zuordnet) vom literarischen (in dem er sich zu Hause fühlt) und macht so auch den Graben deutlich, der zwischen ihm und seiner Verlobten seiner Meinung nach existent ist:

„Jedem sein Teil, Du empfängst die Gäste, ich die Gespenster."[1146]

1142   Kafka, Franz: Briefe 1902-1924, S. 20.
1143   Kafka, Franz: Briefe an Felice, S. 555.
1144   Ebenda, S. 556.
1145   Stach, Reiner: Kafka. Die Jahre der Entscheidungen, S. 190.
1146   Kafka, Franz: Briefe an Felice, S. 564.

Die Janusköpfigkeit der „Gespenster", die einmal „gute Geister", dann wieder „Teufel" sind, beschreibt Kafka dagegen in einem Brief an Grete Bloch:

„Bei uns pflegen die Eltern zu sagen, daß man an den Kindern merkt, wie alt man wird. Wenn man keine Kinder hat, muß man es an seinen Gespenstern merken und man merkt es um so gründlicher. Ich weiß, als ich jung war, lockte ich sie so hervor, sie kamen kaum, ich lockte sie stärker, ich langweilte mich ohne sie, sie kamen nicht und ich dachte schon, sie würden niemals kommen. Ich war aus diesem Grunde schon oft nahe daran, mein Leben zu verfluchen. Später kamen sie doch, nur hie und da, es war immer hoher Besuch, man mußte Verbeugungen machen, trotzdem sie noch ganz klein waren, oft waren sie es gar nicht, es sah bloß so aus oder klang bloß so, als ob sie es wären. Kamen sie aber wirklich, so waren sie mir selten wild, sehr stolz konnte man auf sie nicht sein, sie sprangen einen höchstens so an wie der kleine Löwe die Hündin, sie bissen, aber man bemerkte es nur, wenn man mit dem Finger die gebissene Stelle fixierte und mit dem Fingernagel nachdrückte. Später aber wurden sie größer, kamen und blieben nach Belieben, zarte Vogelrücken wurden Rücken von Denkmalsriesen, sie kamen durch alle Türen, die geschlossenen drückten sie ein, es waren große knochige, in der Menge namenlose Gespenster, mit einem konnte man kämpfen, aber nicht mit allen, die einen umstanden. Schrieb man, so waren es lauter gute Geister, schrieb man nicht, so waren es Teufel und man konnte nur noch gerade aus ihrem Gedränge die Hand heben, um zu zeigen, wo man war. Wie man die Hand oben verrenkte, dafür war man wohl nicht verantwortlich."[1147]

Was in jungen Jahren offenbar nicht viel mehr als Zeitvertreib und ein Mittel gegen Langeweile war („als ich jung war, lockte ich sie hervor ... ich langweilte mich ohne sie"), wurde mit der Zeit immer mehr zur Passion und Obsession („ich lockte sie stärker ... sie kamen nicht und ich dachte schon, sie würden niemals kommen. Ich war aus diesem Grunde schon oft nahe daran, mein Leben zu verfluchen"). Als das Schreiben allmählich gelang, wurde es als Geschenk empfunden, vor dem man sich demütig verbeugt („Später kamen sie doch, nur hie und da, es war immer hoher Besuch, man mußte Verbeugungen machen, trotzdem sie noch ganz klein waren"). Aus den ersten kleinen Schreibversuchen und kurzen Stückchen (womit wohl auch die kurzen Prosastücke der „Betrachtung" u.a. gemeint waren), die man, „trotzdem sie noch ganz klein waren", ehrfürchtig begrüßte („man mußte Verbeugungen machen"), wurden mit der Zeit größere literarische Schriften („Denkmalsriesen"), die im Inneren des Autors alle Türen zu öffnen bzw. „einzudrücken"

1147 Kafka, Franz: Briefe an Felice, S. 596-597.

vermochten. Der Drang zum Schreiben, den er immer öfter, stärker und anhaltender in sich spürte („Später aber wurden sie größer, kamen und blieben nach Belieben"), umschloss das Ich zunehmend, bis er „nur noch gerade aus ihrem Gedränge die Hand heben" konnte, „um zu zeigen, wo er war". Er war somit „in der Menge namenloser Gespenster", der Buchstaben, gefangen und ging fast in ihr unter, bis er äußerlich gesehen nur noch aus der (Schreib-) Hand bestand, die er „oben verrenkte", doch „dafür war man wohl nicht verantwortlich", denn die Gespenster waren Schicksal, „sie sprangen einen an" und „bissen", und „schrieb man, so waren es lauter gute Geister", schrieb man dagegen nicht, „so waren es Teufel"; das Innere drängte somit nachhaltig zur Realisierung der eigentlichen Bestimmung, der man sich dauerhaft nicht entziehen kann. Das Schreiben ist dabei eine auferlegte, überirdische „Designation" und eine innere Notwendigkeit, der es – auch entgegen äußerer Hindernisse - zu folgen gilt.

Hier zeigt sich auch, dass Kafka sehr wohl, wie es Max Brod bezeichnete, „das Maß der ihm geschenkten Gnade und das Verdrehte ihrer irdischen Behinderung richtig abzuschätzen"[1148] wusste.

Mit welcher Intensität und emotionaler Gebundenheit das Schreiben dabei Sinn und Inhalt von Kafkas Leben, ja Großteil seiner Identität geworden ist, offenbart eine Textstelle aus einem Brief an Felice vom 5.11.1912:

„Mein Schreiben und mein Verhältnis zum Schreiben würden Sie dann vor allem anders ansehen und mir nicht mehr 'Maß und Ziel` anraten wollen. 'Maß und Ziel` setzt die menschliche Schwäche schon genug. Müßte ich mich nicht auf dem eigenen Fleck, wo ich stehen kann, mit allem einsetzen, was ich habe? Wenn ich das nicht täte, was für ein heilloser Narr wäre ich! Es ist möglich, daß mein Schreiben nichts ist, aber dann ist es auch ganz bestimmt und zweifellos, daß ich ganz und gar nichts bin. Schone ich mich also darin, dann schone ich mich, richtig gesehen, eigentlich nicht, sondern bringe mich um."[1149]

Auch zwei Tagebucheinträge aus dem Jahre 1910 zeigen, wie sehr Kafka in das Schreiben geradezu eingetaucht bzw. „hineingesprungen" und mit seiner Literatur verschmolzen, ja eins geworden ist:

„Ich werde mich nicht müde werden lassen. Ich werde in meine Novelle hineinspringen und wenn es mir das Gesicht zerschneiden sollte."[1150]

„Die angezündete Glühlampe, die stille Wohnung, das Dunkel draußen, die letzten Augenblicke des Wachseins, sie geben mir das Recht, zu

---

1148   Brod, Max: Franz Kafka, S. 94.
1149   Kafka, Franz: Briefe an Felice, S. 76.
1150   Kafka, Franz: Tagebücher 1910-1923, S. 21

schreiben, und sei es das Elendste. Und dieses Recht benutze ich eilig. Das bin ich also."[1151]

Noch deutlicher zeigt der Brief vom 14.8.1913 an Felice, wie sehr Ich und Literatur zu einer Einheit verwoben sind, wie sehr sich Kafka über das Schreiben identifiziert:

„Ich habe kein literarisches Interesse, sondern bestehe aus Literatur, ich bin nichts anderes und kann nichts anderes sein."[1152]

Hier zeigt sich, dass das Schreiben bei Kafka nun „an Punkte geführt hat, wo es sich lustvoll gegen die Zumutungen der Welt abgeschlossen hat, wo das Ich über sich selbst hinaus ging, seine Identität abwarf und als ein anderes in Literatur überging"[1153]. Denn er deutet hier ganz offensichtlich an, dass er sich bereits „als vollständig sich selbst genügendes Ganzes"[1154] gegen das Nichtliterarische abgeschlossen und seinen „schreibenden Körper in den fremden Textkörper der literarischen Schrift verwandelt"[1155] hat.

Was durch Felices Realitätssinn pragmatisch betrachtet und beurteilt wird, wenn sie beispielsweise zur Schonung der Gesundheit beim Schreiben 'Maß und Ziel` fordert (siehe oben), ist für Kafka zentraler Bestandteil seiner inneren Existenz und Identität geworden, der nicht (mehr) durch objektive, vernunftgeleitete Gründe zu begrenzen und formen ist.

Alles wird durch die Literatur beherrscht und beeinflusst, Gedeih und Verderben des Ich von ihr abhängig gemacht, denn das Schreiben ist nicht nur Mittel zur Existenzerhellung und inneren Konturierung, es ist Voraussetzung und Motor des eigenen Selbst geworden:

„Nicht ein Hang zum Schreiben, Du liebste Felice, kein Hang, sondern durchaus ich selbst. Ein Hang ist auszureißen oder niederzudrücken. Aber dieses bin ich selbst; gewiß bin auch ich auszureißen und niederzudrücken, aber was geschieht mit Dir? Du bleibst verlassen und lebst doch neben mir. Du wirst Dich verlassen fühlen, wenn ich lebe, wie ich muß, und Du wirst wirklich verlassen sein, wenn ich nicht so lebe. Kein Hang, kein Hang! Meine kleinste Lebensäußerung wird dadurch bestimmt und gedreht."[1156]

1151 Kafka, Franz: Tagebücher 1910-1923, S. 27
1152 Kafka, Franz: Briefe an Felice, S. 444.
1153 Kremer, Detlef: Kafka. Die Erotik des Schreibens, S. 126.
1154 Ebenda, S. 126.
1155 Ebenda, S. 126.
1156 Kafka, Franz: Briefe an Felice, S. 451

Hier wird auch das Unverständnis seiner sozialen Umwelt erkennbar, die (mit Ausnahme von Max Brod) scheinbar nicht zu begreifen vermochte, welchen immensen Stellenwert das literarische Schaffen für Kafka innehatte. So schreibt beispielsweise Max Brod, der wusste, wie sehr Kafka an diesem Unverständnis litt, an Felice Bauer:

„Franzens Mutter liebt ihn sehr, aber sie hat nicht die leiseste Ahnung davon, wer ihr Sohn ist und *was für Bedürfnisse* er *hat*. Literatur ist 'Zeitvertreib'! Mein Gott! Als ob sie nicht unser Herz auffressen würde ... Es nützt eben alle Liebe nichts, wenn man so gar kein Verständnis hat."[1157]

Eine Briefstelle, die offenbar auch als 'Seitenhieb' gegen Felice gedacht war, die die kolossale Wichtigkeit des Schreibens für Kafka ebenfalls nicht erkannte.

Für Kafkas Eltern, die das literarische Schaffen ihres Sohnes vor allem für einen „gesundheitsschädigenden 'Zeitvertreib' hielten"[1158], war das Dichten nicht mehr als eine Freizeitbeschäftigung ohne größeren Wert, „eine Tätigkeit, an der sich im deutschsprachigen Bürgertum Prags jeder zweite Jüngling irgendwann versucht hatte"[1159]. Sie nahmen daher mit offensichtlichem Missbehagen zur Kenntnis, „dass ihr einziger Sohn, der seinem dreißigsten Lebensjahr entgegensah, den Zeitvertreib seiner Jugend noch immer nicht aufgeben wollte"[1160].

Nur Max Brod begriff, mit welcher emotionaler Intensität und inneren Eingebundenheit Kafka das Schreiben betrieb, und stellte verbittert und anklagend in einem Brief an Felice die rhetorische Frage:

„Wenn die Eltern ihn so lieben, warum geben sie ihm nicht 30 000 Gulden wie einer Tochter, damit er aus dem Büro austreten kann und irgendwo an der Riviera, in einem billigen Örtchen, die Werke schafft, die Gott durch sein Gehirn hindurch in die Welt zu setzen verlangt?"[1161]

Doch auch Kafka selbst versuchte immer wieder, seiner äußeren Umgebung zu verdeutlichen, welche ungeheure Wichtigkeit das literarische Arbeiten für ihn hatte.

So bekundete er auch in einem Brief an Felices Vater, an Herrn Carl Bauer, dass sein Leben, sein Ich, einzig und allein über das Schreiben bestimmt wird:

„Bedenken Sie also nur dieses eine Wichtigste: Mein ganzes Wesen ist auf Literatur gerichtet, die Richtung habe ich bis zu meinem 30 (s)ten

---

1157 Brod, Max: Franz Kafka, S. 149.
1158 Stach, Reiner: Kafka. Die Jahre der Entscheidungen, S. 365.
1159 Ebenda, S. 19.
1160 Ebenda, S. 19.
1161 Brod, Max: Franz Kafka, S. 150.

Jahr genau festgehalten; wenn ich sie einmal verlasse, lebe ich eben nicht mehr. Alles was ich bin und nicht bin, folgert daraus."[1162]

Das „Nichtschreiben" dagegen führt zur „Ermattung", „Trostlosigkeit" und zum inneren „Zerfall":

„Dabei war ich heute schon infolge des längern Nichtschreibens gänzlich mit mir zerfallen und habe Dir ... auch aus Zeitmangel nicht geschrieben ... – vor allem aber infolge meiner schrecklichen, durch das Nichtschreiben verursachten allgemeinen Unlust und schwerfälligen Ermattung ... Nun hatte ich aber jetzt am Abend die von meinem ganzen Wesen wenn schon nicht unmittelbar so doch mit der sich ausbreitenden inneren Trostlosigkeit widerspruchslos verlangte Gelegenheit zum Schreiben, schreibe aber nur soviel, daß es knapp ausreicht, mich den morgigen Tag überstehen zu lassen ...".[1163]

Von der „ewigen Sorge" getrieben, nichts mehr schreiben zu können, wird auch der Alltag belastet und alles, was vom Schreiben abhalten könnte, kritisch überdacht:

„Diese ewige Sorge, die ich auch jetzt übrigens noch habe, daß die Reise meiner kleinen Geschichte schaden wird, daß ich nichts mehr werde schreiben können u.s.w."[1164]

Die literarische Tätigkeit hat für Kafka fast den Stellenwert eines Kindes (das ebenso Teil des eigenen Selbst ist) erlangt, das umsorgt und gehätschelt werden muss, um nicht zu leiden:

„Nun muß ich heute, Liebste, meine kleine Geschichte, an der ich heute gar nicht soviel wie gestern gearbeitet habe, weglegen und sie wegen dieser verdammten Kratzauer Reise einen oder gar zwei Tage ruhen lassen. Es tut mir so leid, wenn es auch hoffentlich keine allzuschlimmen Folgen für die Geschichte haben wird, ... Mit den nicht allzu schlimmen Folgen meine ich, daß die Geschichte schon genug durch meine Arbeitsweise leider geschädigt ist."[1165]

Auch Max Brod betonte, dass das literarische Schaffen Kafkas die gewünschte, aber nicht erfüllte Vaterschaft repräsentiert, denn seiner Meinung nach waren die „Geschichten ... ja seine Kinder"[1166] und „im Schreiben leistete er auf entlegenem Gebiet, aber selbständig etwas, was

---

1162   Kafka, Franz: Briefe an Felice, S. 456.
1163   Ebenda, S. 176.
1164   Ebenda, S. 130.
1165   Ebenda, S. 125.
1166   Brod, Max: Franz Kafka, S. 146.

der Schöpferkraft des Vaters ... analog war und ihr an die Seite gestellt werden konnte"[1167].

Doch Kafka fühlte sich auch zunehmend zerrieben zwischen den Forderungen und Mühen des Brotberufs und der literarischen Tätigkeit in den wenigen freien Stunden. Er litt mehr und mehr an der Inkompatibilität dieser zwei Welten. Kafka, der immer wieder postulierte, sein Erwerbsposten „dürfe mit Literatur nichts zu tun haben"[1168], denn „das wäre ihm als eine Entwürdigung des dichterischen Schaffens erschienen"[1169], sah sich gefangen in einer Zwischensphäre innerhalb zweier unvereinbar erscheinenden Welten, wobei die eigentliche Tragik nach Brod darin zu sehen sei, dass „seine Energie nur nach innen ging"[1170] und ihm das Apologisieren seiner inneren Bestimmung im Außen unendlich schwer fiel. Denn „nach außen hin zeigte wohl Kafka eine gewisse Selbstunterschätzung"[1171], der jedoch eine innere Überzeugung der eigenen Bestimmung entgegenstand. Das Schreiben, die Literatur ist dabei für Kafka längst zur Gegenwelt, ja zur eigentlichen, „wirklichen Welt" geworden, wie ein Brief vom 1.12.1912 an Felice beweist:

„Liebste Felice, nach Beendigung des Kampfes mit meiner kleinen Geschichte .... (wie unsicher und voll Schreibfehler ich schreibe, ehe ich mich an die wirkliche Welt gewöhne) ..."[1172].

Auch der Brief vom 19. zum 20.11.1913 an Felice zeigt, wie sehr sich die „Wirklichkeit" in die literarische Welt verschoben hat und die dazugehörige Gegenwelt „durch Schreiben zu vertreiben gesucht" wird:

„Früher, als ich noch weniger Überblick über mich selbst hatte und glaubte, keinen Augenblick der Welt außer Acht lassen zu dürfen, in der kindischen Annahme, dort sei die Gefahr und das Ich werde sich schon von selbst ohne Mühe und Zögern nach den Beobachtungen einrichten, die ich drüben gemacht hatte – damals, nein eigentlich auch damals nicht, vielmehr war ich immer in mich zusammengefallen, damals und heute. Nur daß es heute Zeiten gibt (ein Ersatz für die damaligen falschen Annahmen), in denen ich glaube, solche Dinge am Fuß und im Dunkel eines Berges zu schreiben, auf den zu steigen, den emporzufliegen mir vielleicht einmal gegeben sein wird.

Nun beantworte ich aber seit einiger Zeit überhaupt keine Fragen mehr, schreibe gar nichts Wirkliches mehr, weil eben dieses Unwirkliche

---

1167 Brod, Max: Franz Kafka, S. 146.
1168 Ebenda, S. 83-84.
1169 Ebenda, S. 84.
1170 Ebenda, S. 83.
1171 Ebenda, S. 94.
1172 Kafka, Franz: Briefe an Felice, S. 145.

mir die schönste Wirklichkeit verdunkeln will und ich es durch Schreiben zu vertreiben suchen muß."[1173]

Kafka versuchte eine literarische Gegenwelt zu erschaffen, in der es ihm gelingt, „emporzufliegen"; er suchte „jene eigentümliche Teilhabe an einer schwebenden, geisterhaften, aus Wörtern errichteten Gegenwelt zartester Konstitution"[1174], um der rauen irdischen „Unwirklichkeit" zu entfliehen. Denn für ihn war ein Dichter im wörtlichen Sinne „ein dichter Mensch"[1175], der „abgedichtet" ist gegen die Einflüsse der äußeren Welt.

Gleichzeitig bricht jedoch in vielen Briefen auch immer wieder der negative Aspekt der literarischen Tätigkeit durch und es werden die damit verbundenen (Selbst-) Zweifel und Bedenken, der „Ekel" vor dem vermeintlichen „Schmutz" offenbar, der durch das Schreiben zu Tage tritt, wobei ein ambivalentes Gefühl zwischen „Schreiblust" und „Teufel", „Natürlichkeit" und „Widerlichkeit" beschrieben wird:

„Ich ... fühle starken Anlauf zum Schreiben in mir, der Teufel, der immer in der Schreiblust steckt, rührt sich eben zur unpassendsten Zeit."[1176]

„Liebste, es ist ½ 4 nachts, ich habe mich zu lange und doch zu kurz bei meinem Roman aufgehalten und habe überdies fast Bedenken, jetzt zu Dir zurückzukehren, denn ich habe förmlich die Finger noch schmutzig von einer widerlichen, mit besonderer (für die Gestaltung leider übergroßen) Natürlichkeit aus mir fließenden Szene."[1177]

Nicht zuletzt ist es aber auch Kafkas Drang zum „Unbedingten" und „Perfekten", sein überaus hoher Selbstanspruch, der große Schatten auf die literarische Tätigkeit wirft und diese verdunkelt. So schreibt Max Brod am 15.11.1912 an Felice über Kafka:

„Überhaupt ist er ein Mensch, der nur das Unbedingte will, das Äußerste in Allem. Niemals gibt er sich mit Kompromissen ab. Beispielsweise: wenn er nicht die ganze Kraft zum Schreiben in sich fühlt, so ist er im Stande, monatelang keine Zeile zu dichten, statt sich mit einer halben und auch-guten Dichtung zufriedenzustellen. Und so wie in der Literatur ist es bei ihm mit Allem. ... Nur in den idealen Dingen versteht er keinen Spaß, da ist er schrecklich streng, vor allem mit sich selbst, und daraus entstehn ... Konflikte ..."[1178].

Diese hohen Maßstäbe, die Kafka an sich selbst und seine Literatur gestellt hat, zeigen sich auch in einem Brief an Felice vom 6.11.1913:

1173 Kafka, Franz: Briefe an Felice, S. 307-308.
1174 Stach, Reiner: Kafka. Die Jahre der Entscheidungen, S. 5.
1175 Janouch, Gustav: Gespräche mit Kafka, S. 94.
1176 Kafka, Franz: Briefe an Felice, S. 184.
1177 Ebenda, S. 186.
1178 Ebenda, S. 96.

"Weißt Du, daß ich seit dem Winter vorigen Jahres keine Zeile geschrieben habe, die bestehen kann?"[1179]

Doch die unbändige Lust zum und am Schreiben scheint stets letztendlich zu überwiegen und alle (Selbst-)Zweifel und Ängste zu überlagern, wie zahlreiche Briefstellen beweisen:

"Aber nun erzähle ich diesen Sonntag nicht mehr weiter, denn es strebt eben dem traurigen Ende zu, daß ich heute nichts mehr schreiben kann, da schon längst 11 Uhr vorüber ist und da ich in meinem Kopf Spannungen und Zuckungen habe, wie ich sie an mir eigentlich erst seit einer Woche kenne. Nicht schreiben und dabei Lust, Lust, eine schreiende Lust zum Schreiben in sich haben!"[1180]

"Wenn es nur so wäre wie zur Zeit, da alles in mir gelöst war und ich richtig schreiben konnte!"[1181]

"Schreiben, Felice! Könnte ich doch nur schreiben! Du solltest Freude von mir haben!"[1182]

"Könnte ich schreiben, Felice! Das Verlangen danach brennt mich aus. Hätte ich genug Freiheit und Gesundheit vor allem dazu. Ich glaube, Du hast es nicht genug begriffen, daß Schreiben meine einzige innere Daseinsmöglichkeit ist. Es ist kein Wunder, ich drücke es immer falsch aus, erst zwischen den innern Gestalten werde ich wach ..."[1183].

Schreiben war für Kafka "eine Religion des erfüllten Lebens"[1184], war Symbol "der sinnvoll das Leben erfüllenden, guten Arbeit"[1185], so erklärt sich auch Kafkas Bezeichnung des Schreibens "als Form des Gebetes"[1186], denn es war, laut Brod, eine Art Erfüllung des angeborenen, von Gott mit auf den Weg gegebenen "Mandats"[1187], war somit auch Rechtfertigung der eigenen Existenz, wie eine Tagebuchaufzeichnung vom 15. August 1914 belegt:

"Ich schreibe seit ein paar Tagen, möchte es sich halten. So ganz geschützt und in die Arbeit eingekrochen, wie ich es vor zwei Jahren war, bin ich heute nicht, immerhin habe ich doch einen Sinn bekommen, mein

---

1179 Kafka, Franz: Briefe an Felice, S. 471.
1180 Ebenda, S. 218.
1181 Ebenda, S. 350.
1182 Ebenda, S. 366.
1183 Ebenda, S. 367.
1184 Brod, Max: Franz Kafka, S. 100.
1185 Ebenda, S. 100.
1186 Ebenda, S. 100.
1187 Ebenda, S. 102.

regelmäßiges, leeres, irrsinniges junggesellenmäßiges Leben hat eine Rechtfertigung."[1188]

Auch hier zeigt sich wiederum die repräsentative Stellung des Schreibens für ein eheliches Familienleben. Das Junggesellenleben wird so innerlich „legalisiert" und erfährt eine Rechtfertigung, denn die Literatur steht an Stelle einer eigenen, realen Familie. Sie ist, wie dies im Stück „Der plötzliche Spaziergang" zum Ausdruck gebracht wird, eine „Familie, die ins Wesenlose abschwenkt".

Im Schreiben als die Erfüllung einer von Gott auferlegten Bestimmung und Berufung suchte Kafka ganz offensichtlich eine „innere Vervollkommnung"[1189], dabei gab er sich ganz dem „Streben nach dem ethisch Höchsten"[1190] hin und war „völlig ausgefüllt ... von einem bis zum Schmerz und halbem Wahnsinn gesteigerten Drang, ... einem Drang, der oft die Form der Selbsterniedrigung annahm, da Kafka seine Schwächen gleichsam unter dem Mikroskop sah ..."[1191].

Andererseits schien für Kafka das Schreiben dagegen auch eine Art psychisches Ventil gewesen zu sein, durch das er innerlich gefestigter und sicherer geworden war, es war ein Versuch, „das überwache, zweifelnde Ich zu befrieden"[1192], worauf eine Stelle über das Nichtschreibenkönnen im Brief vom 23./24.12.1912 an Felice hinweist:

„Liebste, wie wird es nun sein, wenn ich nicht mehr werde schreiben können? Der Zeitpunkt scheint gekommen; seit einer Woche und mehr bringe ich nichts mehr zustande, im Lauf der letzten zehn Nächte (bei allerdings sehr unterbrochener Arbeit) hat es mich nur einmal fortgerissen, das war alles ... Du wirst mich nicht mehr lieb haben können. Nicht weil ich nicht mehr für mich schreiben werde, sondern weil ich durch dieses Nichtschreiben ein schlechterer aufgelösterer, unsicherer Mensch werde, der Dir gar nicht wird gefallen können."[1193]

Sehr auffällig ist hierbei auch die Formulierung „hat es mich nur einmal fortgerissen", was einerseits als Anspielung auf das Dichterross Pegasus verstanden werden könnte, das ihn mitreißt in höhere Gefilde, andererseits aber auch als ein „Fortreißen" aus der Realität und dem problembelasteten Alltag.

1188 Kafka, Franz: Tagebücher 1910-1923, S. 307.
1189 Brod, Max: Franz Kafka, S. 226.
1190 Ebenda, S. 226.
1191 Ebenda, S. 226.
1192 Stach, Reiner: Kafka. Die Jahre der Entscheidungen, S. 531.
1193 Kafka, Franz: Briefe an Felice, S. 204.

Für Kafka war das Schreiben also ganz offenbar auch eine Möglichkeit, aus einem unglücklichen Zustand „herauszukommen", worauf auch eine Stelle im Brief vom 2./3.3.1913 an Felice verweist:

„Das was mich in der letzten Zeit ergriffen hatte, ist kein Ausnahmezustand, ich kenne ihn 15 Jahre lang, ich war mit Hilfe des Schreibens für längere Zeit aus ihm herausgekommen und habe in Unkenntnis dessen, wie schrecklich provisorisch dieses ´Herauskommen` war, den Mut gehabt, mich an Dich zu wenden und habe auf meine scheinbare Wiedergeburt pochend geglaubt, vor jedem die Verantwortung dafür übernehmen zu können, daß ich versuchte, Dich, das Liebste, was ich in meinem Leben gefunden hatte, zu mir herüberzuziehn."[1194]

Das Schreiben als Entlastungs- und Fluchtmöglichkeit aus den Sorgen und Zwängen der realen, alltäglichen Welt, sich mit Hilfe der Literatur wie im Einzelstück „Entschlüsse" der „Betrachtung" ersehnt, „aus einem elenden Zustand ... erheben" zu können, wird an dieser Stelle konkret beschrieben, dabei wird gleichzeitig jedoch auch betont, dass es sich nur um einen vorübergehenden Zustand handelt, d.h. „wie schrecklich provisorisch dieses ´Herauskommen`" ist. So wie der „Kaufmann" mit dem Lift entschwebte, wird jeder Autor immer wieder gezwungen, „auszusteigen" und „den Aufzug hinunterzulassen".

Denn um dem Irrsinn, einer totalitären Entrückung aus der Realität zu entgehen, ist es wichtig, sich immer wieder erneut „um ein Wiederaufsuchen der Festigkeit"[1195], wie es Robert Walser bezeichnete, zu bemühen.

Doch auch der Alltag forderte von Kafka ein immer wieder erneutes Verlassen der literarischen Zufluchtszone und so „verwandelte sich sein Leben in ein schwankendes Provisorium, und seine Fähigkeit, der Welt den Rücken zu kehren, sich förmlich hinter der eigenen Stirn zu verschanzen, wurde auf die härtesten Proben gestellt"[1196].

Aber auch das Schreiben selbst kann schnell „sein Aussehen ändern" und von der Entlastung zur Belastung changieren, wie es im Brief vom 5. zum 6.1.1913 von Kafka beschrieben wird:

„Arme, arme Liebste, möchtest Du Dich doch nie gezwungen fühlen, diesen elenden Roman zu lesen, den ich da stumpf zusammenschreibe. Schrecklich ist es, wie er sein Aussehn ändern kann; liegt die Last (mit welchem Schwung ich schreibe! Wie die Kleckse fliegen!) dem Wagen oben, dann ist mir wohl, ich entzücke mich am Peitschenknallen und bin ein großer Herr; fällt sie mir aber vom Wagen herunter (und das ist nicht vorauszusehn, nicht zu verhindern, nicht zu verschweigen) wie gestern

---

1194 Kafka, Franz: Briefe an Felice, S. 322.
1195 Stach, Reiner: Kafka. Die Jahre der Entscheidungen, S. 227.
1196 Ebenda, S. 543.

und heute, scheint sie unmäßig schwer für meine kläglichen Schultern, dann möchte ich am liebsten alles lassen und mir an Ort und Stelle ein Grab graben. Schließlich kann es keinen schönern, der vollkommenen Verzweiflung würdigern Ort für das Sterben geben als einen eigenen Roman."[1197]

Schreiben war somit für Kafka sowohl Lust als auch Last, ein ewiges Schwanken zwischen innerer Erfüllung und Qual, vor allem aber auch das Verwirklichen und Entäußern seiner inneren tragischen Existenz:

„So habe ich z.B. nachmittag geschrieben, daß ich nur unter den innern Gestalten wach werde oder ähnlich. Das ist natürlich falsch und übertrieben und doch wahr und einzig wahr. Aber so mache ich es Dir nie begreiflich, mir dagegen widerlich. Und doch darf ich nicht die Feder weglegen, was das beste wäre, sondern muß es immer wieder versuchen und immer wieder muß es mißlingen und auf mich zurückfallen."[1198]

Es war für Kafka aber auch ein Instrument der Angst- und Konfliktbewältigung, eine Möglichkeit, die Angst „vor dieser ungeheuern Welt"[1199] zeitweise zu besiegen, da er es mit dieser Welt „nur in den Nächten des Schreibens aufzunehmen wagte"[1200], dann, wenn er sich in „jene Beschwörungen einer unbegrenzten inneren Welt"[1201] flüchten konnte; es war gleichsam psychisches und physisches ´Heilmittel`:

„Vielmehr sind es keine Kopfschmerzen, sondern unbeschreibliche Spannungen. Schreiben sollte ich, sagt mein innerster Arzt. Schreiben, trotzdem mein Kopf so unsicher ist und trotzdem ich vor einem Weilchen die Unzulänglichkeiten meines Schreibens zu erkennen Gelegenheit hatte."[1202]

Das Schreiben war für Kafka ein Medium, das ihn aus seinem „innern Jammer heraus trug", das ihn so mit seinem Inneren versöhnte und ihm sein „eigentlich gutes Wesen" offenbarte, wie folgende Briefstellen belegen:

„Das einzige, was ich habe, sind irgendwelche Kräfte, die sich in einer im normalen Zustand gar nicht erkennbaren Tiefe zur Literatur koncentrieren, denen ich mich aber bei meinen gegenwärtigen beruflichen und körperlichen Verhältnissen gar nicht anzuvertrauen wage, denn allen innern Mahnungen dieser Kräfte stehen zumindest ebensoviel innere

---

1197 Kafka, Franz: Briefe an Felice, S. 231.
1198 Ebenda, S. 368.
1199 Ebenda, S. 373.
1200 Ebenda, S. 373.
1201 Stach, Reiner: Kafka. Die Jahre der Entscheidungen, S. 541.
1202 Kafka, Franz: Briefe an Felice, S. 374.

Warnungen gegenüber. Dürfte ich mich ihnen anvertrauen, so würden sie mich freilich, das glaube ich bestimmt, mit einemmal aus allem diesem innern Jammer heraustragen."[1203]

„Darnach könnte man glauben, ich sei für das Alleinsein geboren - ... aber ich komme ja auch mit mir nicht aus, außer wenn ich schreibe."[1204]

„Liebste, auch das und vielleicht das vor allem berücksichtigst Du in Deinen Überlegungen nicht genug, ... daß nämlich das Schreiben mein eigentliches gutes Wesen ist. Wenn etwas an mir gut ist, so ist es dieses. Hätte ich dies nicht, diese Welt im Kopf, die befreit sein will, ich hätte mich nie an den Gedanken gewagt, Dich bekommen zu wollen ... Du wirst, wenn wir beisammen sein sollten, bald einsehn, daß, wenn Du mein Schreiben mit oder wider Willen nicht lieben wirst, Du überhaupt nichts haben wirst, woran Du Dich halten könntest, Du wirst dann schrecklich einsam sein, Felice ..."[1205].

Das Schreiben, hier als das „eigentliche gute Wesen" bezeichnet, ist auch eine Form der eigenen ´Selbstannäherung`, der ´Selbstheilung`, aber auch der Formung und Konturierung des eigenen Wesens, denn es ist für das schwankende, unsichere Subjekt, das in das eigene, aber dennoch fremde Innere schaut, auch ein „Mittel der Selbststeuerung"[1206] und Selbstwahrnehmung. Es kann (wie dies Stach für das Formulieren eines Briefes feststellte) zwar „Ausdruck einer erschütterten, unsicheren Subjektivität sein, doch indem sie sich ausdrückt, ist sie schon etwas weniger unsicher"[1207]. Und selbst wenn das Schreiben „verzweifelte Leere ausdrückt"[1208], spiegelt sich dennoch das noch konturlose Ich in sich selbst, erlangt dabei eine erste äußere Fassung und kann so langsam das eigene („eigentlich gute") Wesen erkennen.

Das Schreiben, „das Schwergewicht in der Tiefe"[1209], das folglich nach unten zieht, ist und bleibt aber schwer an Gewicht und Bedeutung für Kafka, mitunter wohl auch, weil diese Beschäftigung seinem inneren Wesen sehr nahe kommt, das von einer Sozialphobie, „der Furcht vor Menschen"[1210], geprägt ist:

„Mein Verhältnis zum Schreiben und mein Verhältnis zu den Menschen ist unwandelbar und in meinem Wesen, nicht in den zeitweiligen Ver-

---

1203 Kafka, Franz: Briefe an Felice, S. 400-401.
1204 Ebenda, S. 402.
1205 Ebenda, S. 407.
1206 Stach, Reiner: Kafka. Die Jahre der Entscheidungen, S. 165.
1207 Ebenda, S. 165.
1208 Ebenda, S. 165.
1209 Kafka, Franz: Briefe an Felice, S. 413.
1210 Ebenda, S. 412.

hältnissen begründet. Ich brauche zu meinem Schreiben Abgeschiedenheit, nicht 'wie ein Einsiedler', das wäre nicht genug, sondern wie ein Toter. Schreiben in diesem Sinne ist ein tieferer Schlaf, also ein Tod, und so wie man einen Toten nicht aus seinem Grabe ziehen wird und kann, so auch mich nicht vom Schreibtisch in der Nacht."[1211]

In diesem Sinne liest sich der letzte Satz des Stückes „Unglücklichsein" („Aber weil ich mich gar so verlassen fühlte, ging ich lieber hinauf und legte mich schlafen") als Darstellung eines von Einsamkeit umfangenen Charakters, der sein Heil im Schreiben (im „tiefen Schlaf") sucht, anstelle mit dem menschlichen Strom „ruhig spazieren" zu gehen.

Doch sich der Tatsache sehr wohl bewusst, dass gleichzeitig „durch das Schreiben alles klarer *und* schlimmer"[1212] wird, will und kann er sich davon trotz allem nicht befreien, denn am 13.7.1913 schreibt er an Felice:

„Nur die Nächte mit Schreiben durchrasen, das will ich. Und daran zugrundegehn oder irrsinnig werden, das will ich auch, weil es die notwendig längst vorausgefühlte Folge dessen ist."[1213]

Was Kafka beim Schreiben „begeisterte, war der selbstvergessene, halluzinatorische ... mentale Zustand"[1214] (wie an anderer Stelle bereits näher ausgeführt wurde), der jedoch gleichzeitig auch immer die Gefahr in sich birgt, mental nicht mehr kontrollierbar, bei einer zu großen Öffnung des Inneren psychisch nicht mehr ertragbar zu werden.

Wie sehr Kafka sich jedoch trotz dieser Gefahr mit einer „unsichtbaren Kette" an die Literatur, das Schreiben, gebunden fühlte, das einerseits eine zwanghafte Komponente beinhaltet (mit „Ketten gefesselt"), andererseits aber auch schon so sehr Teil seines Lebens geworden ist, dass er Angst und Panik bei dem Gedanken verspürt, diese verlieren zu können, zeigt eine Stelle eines Briefes vom 22.8.1913 an Felice:

„Nicht das Leben dieser Glücklichen, die Du in Westerland vor Dir hergehen siehst, erwartet Dich, nicht ein lustiges Plaudern Arm in Arm, sondern *ein klösterliches Leben an der Seite eines verdrossenen, traurigen, schweigsamen, unzufriedenen, kränklichen Menschen,* der, was Dir wie ein Irrsein erscheinen wird, mit unsichtbaren Ketten an eine unsichtbare Literatur gekettet ist, und der schreit, wenn man in die Nähe kommt, weil man, wie er behauptet, diese Kette betastet."[1215]

1211 Kafka, Franz: Briefe an Felice, S. 412.
1212 Ebenda, S. 417.
1213 Ebenda, S. 427.
1214 Stach, Reiner: Kafka. Die Jahre der Entscheidungen, S. 116.
1215 Kafka, Franz: Briefe an Felice, S. 450.

Aufgrund der vielen Entbehrungen, die ein Leben als Schriftsteller von Kafka fordert, allem voran der Verzicht auf Ehe und Familie, ist das Schreiben für ihn neben „Lust" auch eine Art Selbstkasteiung, eine Qual „für einen höheren Zweck":

„Es sind kaum Tatsachen, die mich hindern, es ist Furcht, eine unüberwindliche Furcht, eine Furcht davor, glücklich zu werden, eine Lust und ein Befehl, mich zu quälen für einen höheren Zweck. Daß Du, Liebste, mit mir unter die Räder dieses Wagens kommen mußt, der nur für mich bestimmt ist, das ist allerdings schrecklich. Die innere Stimme verweist mich ins Dunkel und in Wirklichkeit zieht es mich zu Dir, das ist nichts zu Vereinbarendes, und wenn wir es doch versuchen, trifft es mit gleichen Schlägen Dich und mich."[1216]

Ganz deutlich geht aus dieser Briefstelle jedoch hervor, dass sich Kafka innerlich schon entschieden, die nötigen Prioritäten bereits gesetzt hat. Die Literatur, das Schreiben, wird fatalistisch als etwas Unabwendbares aufgefasst (Befehl der „inneren Stimme"), dem sich alles und jeder unterzuordnen hat; sie steht über dem Wunsch nach Ehe und Familie, auch wenn dies in gewisser Hinsicht als „schrecklich" empfunden wird.

Es ist eine Art „blinde Verehrung des Auratischen, die nicht danach fragt, mit welchen Opfern an Glück und Freiheit, mit welch psychischem Leid, um nicht zu sagen: Elend ein … literarisches Werk erkauft ist"[1217], der Kafka anheim fällt, die für ihn gleichsam Lust und innerer Befehl ist.

Gleichzeitig kämpft „Kafka …um die Kohärenz seiner Welt"[1218] indem er Prioritäten festlegt, das Literarische zum Höchsten erhebt.

Und auch wenn Kafka für die Literatur auf „das größte menschliche Glück zu verzichten" gezwungen war, so tat er dies ganz offensichtlich in dem Bewusstsein, dadurch etwas noch Größeres, Wertvolleres zu bewahren und tat dies nicht ohne „Lust":

„Die Lust, für das Schreiben auf das größte menschliche Glück zu verzichten, durchschneidet mir unaufhaltsam alle Muskeln. Ich kann mich nicht frei machen. Die Befürchtungen, die ich habe, für den Fall, daß ich nicht verzichte, verdunkeln mir alles."[1219]

Dass das Schreiben für Kafka zum Wichtigsten im Leben geworden ist, bringt er auch gegenüber Grete Bloch ganz offen zum Ausdruck:

1216 Kafka, Franz: Briefe an Felice, S. 458.
1217 Stach, Reiner: Kafka. Die Jahre der Entscheidungen, S. XIII.
1218 Ebenda, S. 583.
1219 Kafka, Franz: Briefe an Felice, S. 460.

„Sagte ich Ihnen nicht, daß ich vor den Feiertagen zu schreiben angefangen habe? (Darauf sagten Sie übrigens etwas merkwürdig Falsches: es wäre nicht das Wichtigste.)"[1220]

Auch in einem Brief an Max Brod vom 02.06.1909 betont Kafka ausdrücklich, dass das Schreiben für ihn die „Hauptsache" im Leben ist:

„Dein ein bischen luderhaftes Leben wird aufhören, am Vormittag wirst du geregelter faulenzen als bisher und an den meisten Nachmittagen schreiben, was endlich doch die Hauptsache ist für Dich und uns."[1221]

Sogar Kafkas Mutter, Julie Kafka, die ihren Sohn allen Quellen zufolge nie in seinem Entschluss zur Schriftstellerexistenz positiv unterstützte und ihn nie in seiner literarischen Tätigkeit bestärkte, betont in einem Brief an Felices Mutter, dass das Schreiben für ihren Sohn das Wichtigste im Leben sei und infolgedessen auch über einer potentiellen Ehe steht:

„Vielleicht ist er nicht für die Ehe geschaffen, denn sein trachten ist nur sein Schreiben, das ist ihm das Wichtigste im Leben."[1222]

So wird nach und nach auch Kafkas sozialem Umfeld klar: Es geht hier „nicht mehr um Bequemlichkeiten, bedrohte Gewohnheiten und unangenehme Pflichten – es geht um die Rettung von Identität und damit um Leben und Tod im buchstäblichen Sinne"[1223], die Literatur ist keine Zuflucht vor einer nicht gewollten Ehe und deren Verpflichtungen, sondern seine einzig mögliche Existenzgrundlage.

Grete Bloch gegenüber beschreibt Kafka, was das Schreiben für ihn bedeutet, wie sehr es ihm psychische Stütze ist (wie es ihn „oben erhält"), ihm innere Ruhe, ja offenbar als Einziges innere Erfüllung zu schenken vermag:

„Jeder bringt sich auf seine Weise aus der Unterwelt hinauf, ich durch das Schreiben. Darum kann ich mich, wenn es sein soll, nur durch das Schreiben, nicht durch Ruhe und Schlaf, oben erhalten. Viel eher gewinne ich Ruhe durch das Schreiben, als das Schreiben durch Ruhe."[1224]

Dabei nahm es ihn dermaßen gefangen, dass er sich kaum wieder seinem Bann entziehen konnte und wollte, übte eine Macht über ihn aus, die alles andere unterwarf. So schrieb Kafka Ende Oktober/Anfang November 1914 über den wahren Grund seiner Trennung von Felice:

1220 Kafka, Franz: Briefe an Felice, S. 594.
1221 Kafka, Franz: Briefe 1902-1924, S. 69.
1222 Kafka, Franz: Briefe an Felice, S. 612-613.
1223 Stach, Reiner: Kafka. Die Jahre der Entscheidungen, S. 360.
1224 Kafka, Franz: Briefe an Felice, S. 595.

„Du konntest nicht die Macht einsehn, die meine Arbeit über mich hat. ... Sieh, Du warst doch nicht nur der größte Freund, sondern gleichzeitig auch der größte Feind meiner Arbeit ..."[1225].

Gleichzeitig beschreibt Kafka, wie zwei Personen in ihm kämpfen, die eine für die Glückserfüllung in der außerliterarischen Welt (Ehe, Familie), die andere aber für das Schreiben, wobei es sich in Wahrheit um „keinen wirklichen Kampf" handelt, da die eine von der anderen abhängt und das Literarische in jedem Fall dominiert. Die Macht des Schreibens, der literarischen Tätigkeit ist dermaßen stark, dass selbst der Tod des besten Freundes in erster Linie als Störung der literarischen Arbeit gewertet werden würde:

„Es waren und sind in mir zwei, die miteinander kämpfen. Der eine ist fast so wie Du ihn wolltest, und was ihm zur Erfüllung Deines Wunsches fehlt, das könnte er durch weitere Entwicklung erreichen. ... Der andere aber denkt nur an die Arbeit, sie ist seine einzige Sorge, sie macht, daß ihm die gemeinsten Vorstellungen nicht fremd sind, der Tod seines besten Freundes würde sich ihm zuallererst als ein wenn auch vorübergehendes Hindernis der Arbeit darstellen, der Ausgleich zu dieser Gemeinheit liegt darin, daß er für seine Arbeit auch leiden kann. Die zwei kämpfen nun, aber es ist kein wirklicher Kampf, bei dem je zwei Hände gegeneinander losschlagen. Der erste ist abhängig vom zweiten, er wäre niemals, aus innern Gründen niemals imstande, ihn niederzuwerfen, vielmehr ist er glücklich, wenn der zweite glücklich ist, und wenn der zweite dem Anschein nach verlieren soll, so kniet der erste bei ihm nieder und will nichts anderes sehn als ihn."[1226]

Wie sehr dieser zweite dominiert, nie zur Ruhe kommt, sich selbst nach sehr langer Ruhepause noch meldet und sein Recht fordert, beschreibt einer der letzten Briefe an Felice:

„Was fangen wir mit diesem zweiten Teile an? Jetzt wird es zwei Jahre, daß er zum letzten Mal gearbeitet hat und ist doch nichts anderes als Fähigkeit und Lust zu dieser Arbeit."[1227]

Was in der „Betrachtung" noch Sujet einer Reflexion und eines nur potentiellen Entschlusses gewesen ist, der immer wieder an den inneren „Bauernfängern" und Selbstzweifeln zu scheitern drohte, so dass man sich wieder „im Kreis zurückdrehen musste", wurde hier, in den Briefen an Felice und Grete Bloch, mit aller Klarheit zur lebensentscheidenden, schicksalhaften, aber auch leidvollen Existenzerfüllung.

1225   Kafka, Franz: Briefe an Felice, S. 616.
1226   Ebenda, S. 617.
1227   Ebenda, S. 737.

Aber auch in früheren und späteren Briefen, in den Briefen von 1902 bis 1924, war das Schreiben immer wieder zentrales Thema und Ausgangspunkt zahlreicher Reflexionen und Konstatierungen.

In einem sehr frühen Brief, aus dem Jahre 1900 an Selma K., verwendet Kafka bereits den „Bergvergleich". Hier, in diesem Brief, der von Kafka als 17-Jähriger verfasst wurde, werden bereits die Grenzen des Schreibens und der Worte thematisiert:

„Wie viel Worte in dem Buche stehn!
Erinnern sollen sie! Als ob Worte erinnern könnten!

Denn Worte sind schlechte Bergsteiger und schlechte Bergmänner. Sie holen nicht die Schätze von den Bergeshöhn und nicht die von den Bergestiefen!

Aber es gibt ein lebendiges Gedenken, das über alles Erinnerungswerte sanft hinfuhr wie mit kosender Hand. Und wenn aus dieser Asche die Lohe aufsteigt, glühend und heiß, gewaltig und stark und Du hineinstarrst, wie vom magischen Zauber gebannt, dann ...

Aber in dieses keusche Gedenken, da kann man sich nicht hineinschreiben mit ungeschickter Hand und grobem Handwerkszeug, das kann man nur in diese weißen, anspruchslosen Blätter."[1228]

Ähnlich wie später in der „Betrachtung", wenn man im Einzelstück „Ausflug ins Gebirge" einen solchen unternehmen will „mit einer Gesellschaft von lauter niemand", aber „niemand kommt", da die Worte ausbleiben, wird auch hier ein Vergleich zwischen Wort und „Bergsteiger" gezogen. Dabei wird betont, dass Worte weder „die Schätze von den Bergeshöhn" noch die der „Bergestiefen" zu holen vermögen, denn sie sind „schlechte Bergsteiger und schlechte Bergmänner". Sie „sollen erinnern", doch sie können es nicht, vermögen weder Gutes (die „Schätze der Bergeshöhn") noch Schlechtes (die „Schätze der Bergestiefen") tatsächlich, wahrhaft und uneingeschränkt an den Leser zu übermitteln (zu „holen").

Im Gegensatz dazu gibt es „ein lebendiges Gedenken", doch in dieses „kann man nicht hineinschreiben mit ungeschickter Hand und grobem Handwerkszeug, das kann man nur in diese weißen, anspruchslosen Blätter" einer unbefleckten Seele.

Keine noch so gute schriftliche Formulierung kann das innere Erleben, „ein lebendiges Gedenken", ersetzen.

Etwas später, in einem Brief an Oskar Pollak vom August 1902, befasst sich Kafka dagegen mit den möglichen Folgen und Auswirkungen des selbst Verfassten, das nicht der gängigen Norm von Literatur entspricht, sondern aus dem Inneren gewachsen, aus emotionaler Regung geboren ist:

1228   Kafka, Franz: Briefe 1902-1924, S. 9.

„Ich saß an meinem schönen Schreibtisch. Du kennst ihn nicht. Wie solltest Du auch. Das ist nämlich ein gutbürgerlich gesinnter Schreibtisch, der erziehen soll. Der hat dort, wo gewöhnlich die Knie des Schreibers sind, zwei erschreckliche Holzspitzen. Und nun gib acht. Wenn man sich ruhig setzt, vorsichtig, und etwas gut Bürgerliches schreibt, dann ist einem wohl. Aber wehe, wenn man sich aufregt und der Körper nur ein wenig bebt, dann hat man unausweichlich die Spitzen in den Knien und wie das schmerzt. Ich könnte Dir die dunkelblauen Flecken zeigen."[1229]

Vermutlich ein Jahr später, ebenfalls in einem Brief an Oskar Pollak, beschreibt Kafka Lust und „Unglück" des Schreibens:

„Ich werde Dir ein Bündel vorbereiten, in dem wird alles sein, was ich bis jetzt geschrieben habe, aus mir oder aus andern. Er wird nichts fehlen, als die Kindersachen (Du siehst, das Unglück sitzt mir von früh an auf dem Buckel), dann das, was ich nicht mehr habe, dann das, was ich auch für den Zusammenhang für wertlos halte, dann die Pläne, denn die sind Länder für den, der sie hat, und Sand für die andern, und endlich das, was ich auch Dir nicht zeigen kann, denn man schauert zusammen, wenn man ganz nackt dasteht und ein anderer einen betastet, auch wenn man darum auf den Knien gebeten hat."[1230]

Die schon in sehr jungen Jahren angelegte Bestimmung einer Schriftstellerexistenz wird hier deutlich (wenn von den „Kindersachen" und dem „Unglück", das „von früh an auf dem Buckel sitzt" die Rede ist), aber auch die damit verbundenen Ängste der öffentlichen Bloßstellung („wenn man ganz nackt dasteht") werden thematisiert, wie dies etwa auch im Stück „Unglücklichsein" der „Betrachtung" literarisch umgesetzt wird: Hier nimmt man den „Rock vom Ofenschirm", weil man „nicht so halb nackt dastehen" möchte. Man möchte sich hier ganz offensichtlich gegen zu tiefe Einblicke in das eigene Innere 'abschirmen` (worauf auch schon das Wort „Ofen-*schirm*" hindeutet). Später wird in diesem Stück diese Thematik noch einmal aufgegriffen und die Problematik näher erläutert, wenn es heißt: „Aber auf diesem Gange wohnt eine Menge Leute, alle sind natürlich meine Bekannten; die meisten kommen jetzt aus den Geschäften; wenn sie in einem Zimmer reden hören, glauben sie einfach das Recht zu haben, aufzumachen und nachzuschaun, was los ist."

Wie bereits an anderer Stelle schon interpretiert wurde, handelt es sich hier offenbar um die Leserschaft, die „aus den Geschäften kommt" und nun im Besitz des Buches ist; dadurch werden diese fremden Leute unweigerlich zu „Bekannten", denn mit dem Kauf und Besitz des Buches erwerben sie gleichzeitig das Recht, in dieses „hineinzuschauen" und so

---

1229 Kafka, Franz: Briefe 1902-1924, S. 11.
1230 Ebenda, S. 18.

ins Innere des Autors (ins „Zimmer") einzudringen, sie wissen nun was mit diesem „los ist".

Wie sehr emotionsgeladen und seelisch tiefgehend das Geschriebene vom Autor selbst beurteilt wird, zeigt eine andere Stelle des gleichen Briefes. Hier nennt Kafka seine bisherige literarische Arbeit „ein Stück von meinem Herzen"[1231], das er „in ein paar Bogen beschriebenes Papier sauber eingepackt"[1232] hat.

Das Schreiben, das zwar einerseits zeitweise als Last und Belastung empfunden wird, ist andererseits auch etwas Unausweichliches, dem man in seiner Unbedingtheit nachkommen muss, so dass das Nichtschreiben klar zum größeren Unglück wird. Bereits im November 1903 schildert Kafka Oskar Pollak in einem Brief von diesem inneren Muss des Schreibens:

„Übrigens ist schon eine Zeit lang nichts geschrieben worden. Es geht mir damit so: Gott will nicht, daß ich schreibe, ich aber, ich muß. So ist es ein ewiges Auf und Ab, schließlich ist doch Gott der Stärkere und es ist mehr Unglück dabei, als Du Dir denken kannst."[1233]

Ferner beschreibt Kafka im Januar 1904, ebenfalls in einem Brief an Oskar Pollak, was Literatur für ihn bedeutet, welche Wirkung ein Buch seiner Meinung nach haben soll und muss. Hier wird bereits deutlich, dass für Kafka das Schreiben nicht nur als Produktionsakt einen Selbstzweck erfüllte, nicht nur der Weg das Ziel war, sondern vielmehr darüber hinaus als Endprodukt selbst eine Aufgabe zu erfüllen hatte, den Leser „beißen und stechen", innerlich aufrütteln sollte:

„Ich glaube, man sollte überhaupt nur solche Bücher lesen, die einen beißen und stechen. Wenn das Buch, das wir lesen, uns nicht mit einem Faustschlag auf den Schädel weckt, wozu lesen wir dann das Buch? Damit es uns glücklich macht, wie Du schreibst? Mein Gott, glücklich wären wir eben auch, wenn wir keine Bücher hätten, und solche Bücher, die uns glücklich machen, könnten wir zur Not selber schreiben. Wir brauchen aber die Bücher, die auf uns wirken wie ein Unglück, das uns sehr schmerzt, wie der Tod eines, den wir lieber hatten als uns, wie wenn wir in Wälder verstoßen würden, von allen Menschen weg, wie ein Selbstmord, ein Buch muß die Axt sein für das gefrorene Meer in uns. Das glaube ich."[1234]

Hier wird der überaus hohe Anspruch an ein gutes Buch offensichtlich: Es muss „beißen und stechen", eine „Axt sein für das gefrorene Meer in

---

1231 Kafka, Franz: Briefe 1902-1924, S. 19.
1232 Ebenda, S. 19.
1233 Ebenda, S. 21.
1234 Ebenda, S. 27-28.

uns", schließlich „unglücklich" machen, denn nur so können wir „geweckt" werden wie „mit einem Faustschlag auf den Schädel".

Aus einem Brief an Max Brod ist auch entnehmbar, wie sehr das Schreiben für Kafka Fluchtmöglichkeit, ein Medium zum geistig-psychischen „Wegflug" war:

„Nachdem ich in der Nacht von Sonntag auf Montag gut geschrieben hatte – ich hätte die Nacht durchschreiben können und den Tag und die Nacht und den Tag und schließlich wegfliegen ..."[1235].

Doch dieses „Wegfliegen" ist ambivalent: Einerseits befreiend, andererseits jedoch ein haltloses Schweben in der inneren „Hölle" des Ichs, wie es ein Brief an Hedwig W. näher beschreibt:

„Wenn man so im Winter schon nach dem Essen die Lampe anzünden mußte, die Vorhänge heruntergab, bedingungslos sich zum Tisch setzte, von Unglück schwarz durch und durch, doch aufstand, schreien mußte und als Signal zum Wegfliegen stehend noch die Arme hob. ... Im Frühjahr und Sommer ist es doch anders, Fenster und Türen sind offen und die gleiche Sonne und Luft ist in dem Zimmer, in dem man lernt und in dem Garten, wo andere Tennis spielen, man fliegt nicht mehr in seinem Zimmer mit den vier Wänden in der Hölle herum, sondern beschäftigt sich als lebendiger Mensch zwischen zwei Wänden. Das ist ein großer Unterschied, was aber noch an Verfluchtem bleibt, das muß man doch durchreißen können. Und Sie werden es sicher können, wenn ich es konnte, ich, der förmlich alles nur im Fallen machen kann."[1236]

Aber auch das Nichtschreibenkönnen ist Schwebe, „Flug", Umnebelung des Ichs („bin von mir betrunken"), wie Kafka in einem Brief vom 15./17. Dezember 1910 an Max Brod beschreibt:

„Diese Leichenrede von vorgestern kommt nicht zu Ende. Von ihr aus gesehen kommt jetzt allerdings zu allem Unglück noch die Jämmerlichkeit hinzu, daß ich offenbar nicht imstande bin, ein trauriges vollkommen beweisbares Gefühl ein paar Tage lang festzuhalten. Nein, dazu bin ich nicht imstande. Jetzt, wo ich schon acht Tage über mir sitze, bin ich in einer Eile des Gefühls, daß ich fliege. Ich bin einfach von mir betrunken ..."[1237].

Das Schreiben (die literarische Tätigkeit sowie das Führen eines Tagebuches) ist für Kafka sowohl „Halt" als auch „Schwebe". Innerer Halt in der 'Tiefe' des Selbst, wie etwa eine Tagebuchaufzeichnung vom 16.12.1910 belegt („Ich werde das Tagebuch nicht mehr verlassen. Hier

---

1235 Kafka, Franz: Briefe 1902-1924, S. 107.
1236 Ebenda, S. 67.
1237 Ebenda, S. 85.

muß ich mich festhalten, denn nur hier kann ich es"[1238]) als auch schwebender, entrückter Zustand, wie auch Stach bemerkte: „Soweit er zurückdenken konnte, hatte er sich eingehüllt in diese Wachstuchhefte, nirgendwo war er mehr bei sich selbst als hier ... Von diesem farbigen, flüssigen, schwebenden Zustand ließ das starre Druckbild gar nichts mehr ahnen, es war eine Kopie, das Bild eines Bilds ..."[1239].

Eine Formulierung, die stark an das Einzelstück „Die Bäume" der „Betrachtung" erinnert. Auch dort wird die Duplizität von Halt und Schwebe, Bodenhaftung („fest mit dem Boden verbunden") und Schwanken („mit kleinem Anstoß sollte man sie wegschieben können") evoziert. Alles ist letztlich nur „scheinbar", ein Bild, hinter dem nur ein Bild steht. Dabei wird die Ambivalenz zwischen „jenen tastenden, schwebenden, bisweilen wie im freien Fall formulierten Sätzen"[1240], dem Zustand des Schreibens, und dem Druck, „dieser gemeißelten und gleichsam für die Ewigkeit bestimmten Gestalt"[1241] deutlich.

Andererseits ist auch das Nichtschreibenkönnen, wie im oben zitierten Brief, für Kafka ein Schwebezustand (denn er „sitzt über sich"), weil ihm der Halt im Leben, das Schreiben, genommen ist.

Wie sehr das Nichtschreibenkönnen (hier ganz offensichtlich nicht im Sinne einer Blockade, sondern aufgrund der eigenen hohen Maßstäbe und der mit dem Schreiben verbundenen Offenlage des „Inneren") schmerzt und sich zu einem „Unglück" entwickelt, beschreibt eine Stelle desselben Briefes, wobei von Kafka eine Redewendung verwendet wird, die stark an eine Stelle des Einzelstückes „Entlarvung eines Bauernfängers" der „Betrachtung" erinnert:

„Vor allem aber die Mitte des Unglücks bleibt. Ich kann nicht schreiben; ich habe keine Zeile gemacht, die ich anerkenne, dagegen habe ich alles weggestrichen, was ich nach Paris – es war nicht viel – geschrieben habe. Mein ganzer Körper warnt mich vor jedem Wort, jedes Wort, ehe es sich von mir niederschreiben läßt, schaut sich zuerst nach allen Seiten um; die Sätze zerbrechen mir förmlich, ich sehe ihr Inneres und muß dann aber rasch aufhören."[1242]

Die hier beschriebenen Worte, die sich „zuerst nach allen Seiten umschauen", bevor sie sich „niederschreiben lassen" verhalten sich ähnlich wie die „Bauernfänger", die sich „um die Anschlagsäule, bei der wir stehen, herumdrücken, wie zum Versteckenspielen und hinter der Säulenrundung hervor zumindest mit einem Auge spionieren".

1238 Kafka, Franz: Tagebücher 1910-1923, S. 22.
1239 Stach, Reiner: Kafka. Die Jahre der Entscheidungen, S. 30.
1240 Ebenda, S. 121-122.
1241 Ebenda, S. 122.
1242 Kafka, Franz: Briefe 1902-1924, S. 85.

Auch die Abhängigkeit von den äußeren Umständen (Zeit, Ruhe), von der inneren Verfassung, von der unsteten Launenhaftigkeit der Inspiration, kurz: das „Ausgeliefertsein an die Stimmung des Augenblicks"[1243] wird hier offensichtlich.

Trotz allem aber ist es „diese ewig stockende Quelle, die ihm jedes Opfer wert schien"[1244] und so befand sich Kafka „im beständigen Kampf um ... die nächste, 'aus der Tiefe' geschöpfte Seite"[1245], denn er war auf der Suche nach dem „natürlichen Zug und Sturm"[1246] beim Schreiben, nach einer „lustspendenden Entgrenzung"[1247] des Seins im Prozess des Schreibens. Er wünschte sich ein von der Literatur bestimmtes Leben, „das so etwas wie Erlösung versprach"[1248], eine literarische Existenz „jenseits von Junggesellentum und Ehe, ein tänzelndes, schwebendes Leben allein für die Kunst"[1249], doch stieß er dabei immer wieder an innere und äußere Grenzen.

Ein Brief von Franz Kafka an Direktor Eisner aus dem Jahre 1909 nimmt diese Problematik zusammen mit der Pferde- (bzw. Pegasus-) Thematik auf, die auch in der „Betrachtung" immer wieder hinsichtlich des Schreibens als Symbolik und Vergleich verwendet wurde. Hier heißt es u.a.:

„Denken Sie doch, der Blick vom rennenden Pferde in der Bahn, wenn man seine Augen behalten kann, der Blick von einem über die Hürde springenden Pferde zeigt einem sicher allein das äußerste, gegenwärtige, ganz wahrhaftige Wesen des Rennbetriebs. ... Wendet sich aber mein Pferd zurück und will es nicht springen und umgeht die Hürde oder bricht aus und begeistert sich im Innenraum oder wirft mich gar ab, natürlich hat der Gesamtblick scheinbar sehr gewonnen. Im Publikum sind Lücken, die einen fliegen, andere fallen, die Hände wehen hin und her wie bei jedem möglichen Wind, ein Regen flüchtiger Relationen fällt auf mich und sehr leicht möglich, daß einige Zuschauer ihn fühlen und mir zustimmen, während ich auf dem Grase liege wie ein Wurm."[1250]

Der hier angesprochene „Blick vom rennenden Pferde" Pegasus, das „über die Hürde springt" ins Reich der literarischen Fantasie, eröffnet eine andere Betrachtung des Lebens und der Wahrheit, „zeigt einem sicher allein das äußerste, gegenwärtige, ganz wahrhafte Wesen des

---

1243 Stach, Reiner: Kafka. Die Jahre der Entscheidungen, S. 73.
1244 Ebenda, S. 30.
1245 Ebenda, S. 268.
1246 Kafka, Franz: Briefe an Felice, S. 125.
1247 Stach, Reiner: Kafka. Die Jahre der Entscheidungen, S. 269.
1248 Ebenda, S. 41.
1249 Ebenda, S. 41.
1250 Kafka, Franz: Briefe 1902-1924, S. 76.

Rennbetriebs", des Lebens. Doch dieses Pferd kann sich leicht auch „zurückwenden" in die Realität, es kann „nicht springen wollen" von Satz zu Satz, es kann „die Hürde umgehen" und im Bereich des Oberflächlichen verbleiben, es kann „ausbrechen" in nicht geahnte Sphären des Ichs, es kann sich dabei „im Innenraum begeistern", aber auch den Autor „abwerfen" und ihm schaden.

Auch die Resonanz der Rezipienten und die Auswirkungen auf diese sind ungewiss: „Einige Zuschauer" werden dem Geschriebenen und dem Autor „zustimmen", doch „im Publikum sind Lücken, die einen fliegen, andere fallen", denn manche Leser entschweben in die höheren Gefilde der Wahrheit, andere fallen tief ins eigene Unglück zurück.

Ebenso wird hier auch die Ambivalenz zwischen der Sehnsucht, verstanden zu werden (, dass „einige Zuschauer ... mir zustimmen") und der Angst, (als „Wurm") erkannt zu werden, deutlich.

Schon hier zeigt sich das überaus große Verantwortungsgefühl Kafkas gegenüber seiner Leserschaft, das ihn immer wieder in seinem Entschluss zum Schriftstellerdasein wanken ließ, da er um das Wohl seines „Publikums" besorgt war. Ein „Regen flüchtiger Relationen fiel auf ihn", die unsichtbare Verbindung zu einer anonymen Leserschaft ist wohltuend und belastend zugleich (als Regen-„Wurm" kann er den Regen, ein für ihn existentielles Element, genießen, fühlt sich dabei jedoch gleichzeitig schäbig wie ein Insekt). Zudem sind es nur „flüchtige Relationen", keine stabilen Beziehungen, somit nichts Fassbares, auf das man konkret Einfluss nehmen könnte.

Die „mögliche *Wirkung* seiner Texte auf eine gänzlich anonyme Leserschaft"[1251], die Reaktion des „Publikums", ist für den Autor nicht vorhersehbar und kontrollierbar. Und „diese Fernwirkung ... ist nicht nur unkontrollierbar, sie ist vor allem irreversibel"[1252], denn was gedruckt ist, bleibt in dieser Form bestehen. Auch insofern ist die literarische Produktion eine Synkrise zwischen „Schwebe" (Unvorhersehbarkeit der Wirkung) und Haftung („Verewigung" durch das Drucken des Textes).

Ebenso zeigt sich in dem oben zitierten Brief an Eisner der durch das Schreiben bedingte Zwiespalt zwischen Öffentlichkeit und Intimität, in dem sich der Autor stets befindet. Auch bei Kafka ist dieses Wanken zwischen dem Wunsch, die eigene literarische Produktion öffentlich machen zu wollen (eine Eitelkeit, die jeder Schreibende sicherlich kennt), und der Angst, zu viel vom eigenen Inneren an das Außen preiszugeben, zu erkennen.

Kafka „wollte publizieren, aber nicht *hervortreten*"[1253], wollte wie im Stück „Unglücklichsein" die Türe vor den „Leuten auf diesem Gange"

1251 Stach, Reiner: Kafka. Die Jahre der Entscheidungen, S. 92.
1252 Ebenda, S. 92.
1253 Ebenda, S. 388.

schließen, die glauben, „das Recht zu haben, aufzumachen und nachzuschaun, was los ist", wollte seine Texte ins Außen stellen, doch selbst im Inneren verbleiben, eine Unmöglichkeit, an der er zwangsläufig immer wieder scheitern musste. Trotzdem stellte dies die Bedeutung des Schreibens an sich für ihn niemals in Frage.

Die Briefe aus den Jahren 1922 und 1923 zeigen noch einmal sehr deutlich, welchen Stellenwert für Kafka das Schreiben hatte, wie sehr die innere Überzeugung, nur als Schriftsteller existieren und zeitweise glücklich werden zu können, alles andere überlagerte, welche Schattenseiten diese Existenzform für ihn beinhaltete und was ihn letztlich und im Besonderen immer wieder dazu trieb, diese für ihn fast „bodenlose", schwankende Existenz zu wählen:

„Als ich heute in der schlaflosen Nacht alles immer wieder hin- und hergehn ließ zwischen den schmerzenden Schläfen, wurde mir wieder, was ich in der letzten genug ruhigen Zeit fast vergessen hatte, bewußt, auf was für einem schwachen oder gar nicht vorhandenen Boden ich lebe, über einem Dunkel, aus dem die dunkle Gewalt nach ihrem Willen hervorkommt und, ohne sich an mein Stottern zu kehren, mein Leben zerstört. Das Schreiben erhält mich, aber ist es nicht richtiger zu sagen, daß es diese Art Leben erhält? Damit meine ich natürlich nicht, daß mein Leben besser ist, wenn ich nicht schreibe. Vielmehr ist es dann viel schlimmer und gänzlich unerträglich und muß mit dem Irrsinn enden. Aber das freilich nur unter der Bedingung, daß ich, wie es tatsächlich der Fall ist, auch wenn ich nicht schreibe, Schriftsteller bin und ein nicht schreibender Schriftsteller ist allerdings ein den Irrsinn herausforderndes Unding. Aber wie ist es mit dem Schriftstellersein selbst? Das Schreiben ist ein süßer wunderbarer Lohn, aber wofür? In der Nacht war es mir mit der Deutlichkeit kindlichen Anschauungsunterrichtes klar, daß es der Lohn für Teufelsdienst ist. Dieses Hinabgehen zu den dunklen Mächten, diese Entfesselung von Natur aus gebundener Geister, fragwürdige Umarmungen und was alles noch unten vor sich gehen mag, von dem man oben nichts mehr weiß, wenn man im Sonnenlicht Geschichten schreibt. Vielleicht gibt es auch anderes Schreiben, ich kenne nur dieses; in der Nacht, wenn mich die Angst nicht schlafen läßt, kenne ich nur dieses. Und das Teuflische daran scheint mir sehr klar. Es ist die Eitelkeit und Genußsucht, die immerfort um die eigene oder auch um eine fremde Gestalt ... schwirrt und sie genießt. Was der naive Mensch sich manchmal wünscht: ´Ich wollte sterben und sehn, wie man mich beweint`, das verwirklicht ein solcher Schriftsteller fortwährend, er stirbt (oder er lebt nicht) und beweint sich fortwährend. ... Ich habe mich durch das Schreiben nicht losgekauft. Mein Leben lang bin ich gestorben und nun werde ich wirklich sterben. ... Der Schriftsteller in mir wird natürlich sofort sterben, denn eine solche Figur hat keinen Boden, hat keinen Bestand, ist nicht einmal aus Staub; ist nur im tollsten irdischen Leben ein wenig möglich, ist nur eine Konstruktion der Genußsucht."[1254]

Der Schriftsteller, der „keinen Boden, keinen Bestand" hat, sondern lediglich auf einem „schwachen oder gar nicht vorhandenen Boden lebt", da er es wagt, „den schwankenden Boden sogenannter Sinnfragen zu betreten"[1255], somit eine ungesicherte, schwebende Existenz lebt, kann nur „diese Art Leben" führen, denn ohne das Schreiben wird das Leben „viel schlimmer und gänzlich unerträglich und muß mit dem Irrsinn enden", weil „ein nicht schreibender Schriftsteller ... ein den Irrsinn herausforderndes Unding" ist. Das Schriftstellerdasein ist somit ein schicksalhaftes Gebundensein an eine Existenzform, die nur deshalb gelebt werden muss, weil es keine Alternative gibt, weil der Schriftsteller Schriftsteller ist, auch ohne zu schreiben. Das Schreiben selbst ist dabei „ein süßer wunderbarer Lohn", doch auch „der Lohn für Teufelsdienst", denn der Schriftsteller schwebt beim Schreiben „über einem Dunkel, aus dem die dunkle Gewalt nach ihrem Willen hervorkommt", das Schreiben ist dabei ein „Hinabgehen zu den dunklen Mächten", „von Natur aus gebundene Geister" werden dabei „entfesselt", was das „Leben zerstört". Die dunklen Seiten des inneren Ichs, in das Unterbewusstsein vergrabene Szenen und Bilder, werden bei dieser Art des Schreibens aus dem Dunkel ans Licht geführt und ihrer Fesseln entbunden, man erfährt nun „was unten vor sich geht", führt sich etwas vor Augen, „von dem man oben nichts mehr weiß". Was dabei an die Oberfläche gelangt, kann leicht das „Leben zerstören", doch Kafka „kennt nur dieses Schreiben", wenn ihn „in der Nacht ... die Angst nicht schlafen läßt".

Er schreibt, getrieben von „Eitelkeit und Genußsucht", auch wenn er dabei in gewisser Hinsicht „stirbt", da das Schreiben eine andere „Art Leben erhält", die einzige, die lebenswert erscheint. Kafka wählte daher den „Rückzug auf das Schreiben, das immer Verhinderung von Leben und folglich Tod ist und dennoch die einzige Möglichkeit zu leben"[1256].

Dabei war er jedoch ständig der Gefahr ausgesetzt, beim Schreiben in ein ausschließlich auf sich selbst bezogenes Spiel der Eitelkeiten und Koketterien zu verfallen, „das für Kafka das teufliche Gegenteil der Wahrheit"[1257] darstellte.

Auch konnte sich Kafka durch das Schreiben nicht von seinem problembelasteten Leben „loskaufen", nur flüchten aus einer Welt, die noch „viel schlimmer" zu sein schien und dabei seiner Berufung folgen, um so

---

1254 Kafka, Franz: Briefe 1902-1924, S. 384-385.
1255 Stach, Reiner: Kafka. Die Jahre der Entscheidungen, S. 174.
1256 Kremer, Detlef: Kafka. Die Erotik des Schreibens, S. 29.
1257 Sokel, Walter H.: Zur Sprachauffassung ... . In: David, Claude: Franz Kafka..., S. 42.

dem „Irrsinn", dem ein nichtschreibender Schriftsteller anheimfallen muss, zu entgehen.

Wie sehr das Schreiben dabei zur inneren Verpflichtung, ja geradezu zum Zwang geworden ist, zeigt ebenfalls ein Brief aus dem Jahre 1922, in dem es heißt:

„ ... denn das Dasein des Schriftstellers ist wirklich vom Schreibtisch abhängig, er darf sich eigentlich, wenn er dem Irrsinn entgehen will, niemals vom Schreibtisch entfernen, mit den Zähnen muß er sich festhalten."[1258]

Die literarische Arbeit, die unbändige „Sehnsucht zu schreiben", war für Kafka einerseits die einzige Glücksmöglichkeit, da alles, was nicht mit dem Schreiben zusammenhing und ansatzweise Glück versprach, von diesem „Übergewicht" sofort „umgekippt" wurde, andererseits war es jedoch gleichzeitig auch ein Hilferuf aus seiner Einsamkeit, ein Signum der absoluten (aber auch selbst gewählten) Isolation, „die Fahne des Robinson", wie ein anderer Brief aus dieser Zeit beweist:

„ ... daß ich, wenn ich einmal, außer durch Schreiben und was mit ihm zusammenhing, glücklich gewesen sein sollte (ich weiß nicht genau, ob ich es war), ich dann gerade des Schreibens gar nicht fähig war, wodurch dann alles, es war noch kaum in der Fahrt, sofort umkippte, denn die Sehnsucht zu schreiben hat überall das Übergewicht. ... Dieses ganze Schreiben ist nichts als die Fahne des Robinson auf dem höchsten Punkt der Insel."[1259]

Mit dieser Beschreibung „bezeichnet der Dichter selbst sein Werk als ein S i g n a l, ein Signal zur Rettung aus der Isolation, aus der Verlassenheit"[1260], doch andererseits wird auch die grenzenlose Einsamkeit des Autors, das eremitenartige Dasein des Schreibenden, der sich wie auf einer für andere nicht erreichbaren Insel befindet, von Kafka offenbar gleichzeitig gesucht und gefürchtet, geliebt und gehasst, denn trotz der zwischenmenschlichen Defizite wird auf der anderen Seite gerade dieses, das Schreiben voraussetzende, Alleinsein, ängstlich gehütet und verteidigt, was ein Brief an Robert Klopstock aus dem Jahre 1923 belegt, denn hier heißt es u.a.:

„Ich habe inzwischen ... zu schreiben angefangen und dieses Schreiben ist mir in einer für jeden Menschen um mich grausamsten (unerhört grausamen, davon rede ich gar nicht) Weise das Wichtigste auf Erden, wie etwa einem Irrsinnigen sein Wahn ... Und darum halte ich das

---

1258 Kafka, Franz: Briefe 1902-1924, S. 386.
1259 Ebenda, S. 392.
1260 Bezzel, Christoph: Natur bei Kafka, S. 3.

Schreiben in zitternder Angst vor jeder Störung umfangen und nicht nur das Schreiben, sondern auch das dazu gehörige Alleinsein."[1261]

Das Schreiben, das jeden Menschen aus dem sozialen Umfeld Kafkas auf die „grausamste Weise" fernhält, wird hier also zum einen bedauert, zum anderen jedoch auch „in zitternder Angst vor jeder Störung umfangen", was stark an eine Szene des Stückes „Unglücklichsein" der „Betrachtung" erinnert. Denn dort verursachte das „Gespenst", das Schreiben, „Angst" und eine „Unzufriedenheit, als wenn man ein Haar in der Suppe gefunden hätte", trotzdem wurde es nach außen hin gegen Fremde verteidigt und dem „Mieter aus dem gleichen Stockwerk" gedroht: „ ... wenn Sie mir dort oben mein Gespenst wegnehmen, dann ist es zwischen uns aus, für immer", denn die „Natur" des erzählenden Ichs zwingt dieses, sich gegenüber dem „Gespenst" „freundlich zu verhalten", es „darf nicht anders", auch wenn es sich dabei „gar so verlassen fühlt", denn es ist dadurch im eigenen „Zimmer" gefangen und kann nicht „spazieren gehen", nicht in Kontakt mit dem Außen, der sozialen Umgebung, treten.

Auch Max Brod beschrieb in seiner Kafka-Biografie die tragische Zerrissenheit Kafkas zwischen seiner „Einsamkeitssehnsucht"[1262] und seinem Drang und „Willen zur Gemeinschaft"[1263]. Zwar war nach Brods Auffassung die Tendenz Kafkas zur Gemeinschaft stärker, doch war er sich andererseits auch schmerzlich bewusst, dass nur das Alleinsein mit seiner dichterischen Tätigkeit zu vereinen war, so dass sich folgende, von Brod geschilderte, Problematik ergab: „Zwei entgegenstrebende Tendenzen bekämpfen einander in Kafka: die Einsamkeitssehnsucht und der Wille zur Gemeinschaft. Aber man versteht ihn nur dann richtig, wenn man erkennt, daß er die (in ihm unbestreitbar vorhandene) Tendenz zur Einsamkeit prinzipiell mißbilligte, daß ihm ein Leben in der Gemeinschaft ... das oberste Ziel und Ideal bedeutet hat ... Einsamkeit brauchte Kafka allerdings um seiner dichterischen Arbeit willen, einen hohen Grad an Versunkenheit in sich selbst ..."[1264].

Und da für Kafka ein Leben als Schriftsteller die einzig wahre Existenzmöglichkeit darstellte, „bestimmte er sich selbst zu diesem Leben in einem Grenzland zwischen Einsamkeit und Gemeinschaft"[1265], obwohl er sich dabei an den konfligierenden Kräften innerlich zerrieb.

1261 Kafka, Franz: Briefe 1902-1924, S. 431.
1262 Brod, Max: Franz Kafka, S. 101.
1263 Ebenda, S. 101.
1264 Ebenda, S. 101.
1265 Unseld, Joachim: Franz Kafka ... . In: Kraus/Winkler (Hrsg.): Das Phänomen Franz Kafka, S. 157.

Weiteren Aufschluss über die Bedeutung und den Stellenwert des Schreibens für Kafka und sein Leben geben auch die „Acht Oktavhefte" und andere Aufzeichnungen aus Heften und losen Blättern bzw. die Paralipomena.

In den Aphorismen der „Betrachtungen über Sünde, Leid, Hoffnung und den wahren Weg" heißt es u.a.:

„Die Sprache kann für alles außerhalb der sinnlichen Welt nur andeutungsweise, aber niemals auch nur annähernd vergleichsweise gebraucht werden, da sie, entsprechend der sinnlichen Welt, nur vom Besitz und seinen Beziehungen handelt."[1266]

Die Sprache ist somit nur Instrument zur Abbildung der äußeren, sinnlichen Welt, sie kann nur Gegenständliches (etwas, was „vom Besitz und seinen Beziehungen handelt") vermitteln, aber keine innere Wahrheit wahrhaft darstellen und übermitteln, sondern lediglich „nur andeutungsweise" beschreiben.

Beinhaltet Kunst dennoch Wahrheit? Diese Frage beantwortet Kafka in den Oktavheften wie folgt:

„Unsere Kunst ist ein von der Wahrheit Geblendet-Sein: Das Licht auf dem zurückweichenden Fratzengesicht ist wahr, sonst nichts."[1267]

Kunst ist der Wahrheit sehr nahe, sie wird von ihr „geblendet", doch kann sie diese nicht transformieren, sondern nur deren Licht widerspiegeln auf ihrem „zurückweichenden Fratzengesicht", das starr und leblos wirkt, denn Wahrheit kann nicht äußerlich über Kunst vermittelt, sondern nur innerlich gelebt werden.

„Im Bild eines ʾzurückweichenden Fratzengesichtesʿ, das die Schrift und seine Kunst in Gang hält, veranschaulicht Kafka die lebensnotwendige, gleichwohl aber vergebliche Projektion der Wahrheit"[1268]. Das „Geblendet-Sein" verdeutlicht dabei zusätzlich die Gefahr einer illusorischen Täuschung, der ein Kunst-Rezipient anheim fallen kann. Die Kunst vermittelt somit nur mögliche Schablonen der Wahrheit, nie die Wahrheit selbst, was dem Rezipienten bewusst sein muss.

Brod sieht in diesem Aphorismus dagegen vor allem die „Kunst als Abglanz religiöser Erkenntnis"[1269], wobei diese seiner Meinung nach „bei Kafka nicht nur in diesem Sinne ein Weg zu Gott (auch der Zurückweichende sieht den Weg, vor dem Weg weicht er ja zurück)"[1270] ist, „son-

---

1266 Kafka, Franz: Hochzeitsvorbereitungen auf dem Lande, S. 34.
1267 Ebenda, S. 69.
1268 Kremer, Detlef: Kafka. Die Erotik des Schreibens, S. 72.
1269 Brod, Max: Franz Kafka, S. 103.
1270 Ebenda, S. 103.

dern auch ... als Entbinderin der Kräfte, als Erzieherin zur Erfüllung des Lebens den natürlichen Anlagen gemäß"[1271] zu sehen ist.

„Die Kunst fliegt um die Wahrheit, aber mit der entschiedenen Absicht, sich nicht zu verbrennen. Ihre Fähigkeit besteht darin, in der dunklen Leere einen Ort zu finden, wo der Strahl des Lichts, ohne daß dies vorher zu erkennen gewesen wäre, kräftig aufgefangen werden kann."[1272]

Die Kunst, deren „Gesicht" vor der Wahrheit „zurückweicht", umfliegt diese nur, stets bedacht, ihr nicht allzu nahe zu kommen, „sich nicht zu verbrennen". Sie „fängt" jedoch den „Lichtstrahl" der Wahrheit im Dunkeln auf und lässt ihr Gesicht davon „blenden".

Hier wird zum einen die Nähe der Kunst zur Wahrheit zum Ausdruck gebracht, jedoch wird zum anderen auch ein unmittelbarer Zugang zur Wahrheit über die Kunst allein kritisch in Abrede gestellt.

Denn die Kunst, anders als die Philosophie, ist nicht um eine absolute Wahrheit bemüht, sondern sie will lediglich „in der dunklen Leere einen Ort finden, wo der Strahl des Lichts aufgefangen werden kann", will für sich einen eigenen Stellenwert im dunklen Nichts beanspruchen und dabei Wahrheit widerspiegeln.

Wie bereits in Kapitel 2.5. dargelegt, trennte Schopenhauer zwischen der Kunst, die nur ein „anschauliches Bild"[1273], ein „Beispiel"[1274] darstellt, doch niemals wie die Philosophie Einblick in „das Ganze"[1275] gewährt, und der Philosophie, die die Wahrheit „kalt und nüchtern"[1276] als Regel und abstrakte Reflexion übermittelt; ein Ansatz, den Kafka offenbar aufnahm, wenn er davon sprach, dass „die Kunst um die Wahrheit fliegt, aber mit der entschiedenen Absicht, sich nicht zu verbrennen".

Dadurch jedoch, dass die Kunst nicht die Frage des Daseins und der Wahrheit final zu beantworten sucht und ihre diesbezügliche Stellungnahme und Enunziation letztlich nicht konkret und exakt bestimmbar sind, da die Kunst nicht wie die Philosophie ihre Aussage durch Begriffe abstrahiert und eingrenzt, sondern in ihrem fragmentarischen und bildlich-anschaulichen Charakter illimitiert bleibt, ist sie in diesem Sinne etwas „Unerschöpfliches"[1277].

So kreist auch Kafkas Literatur einen möglichen Wahrheitskern nur „von allen Seiten ein, tastet ihn vorsichtig ab, hütet sich aber, den letzten

---

1271 Brod, Max: Franz Kafka, S. 103.
1272 Kafka, Franz: Hochzeitsvorbereitungen auf dem Lande, S. 77.
1273 Schopenhauer, Arthur: Die Welt als Wille und Vorstellung, Band 2, S. 528.
1274 Ebenda, S. 528.
1275 Ebenda, S. 528.
1276 Ebenda, S. 531.
1277 Ebenda, S. 531.

identifizierenden Satz zu sagen"[1278], denn nur so kann er dem Kunst-Rezipienten vermitteln, dass die Wahrheitstransformation über Kunst „nur Prozeß sein kann, niemals Zustand"[1279] und somit „unerschöpflich" ist.

Wie sehr Kafka dieses „Unerschöpfliche", geistig Freie und Unendliche in der Kunst suchte, zeigen auch folgende Aphorismen:

„Nach Selbstbeherrschung strebe ich nicht. Selbstbeherrschung heißt: an einer zufälligen Stelle der unendlichen Ausstrahlungen meiner geistigen Existenz wirken wollen."[1280]

„Der Geist wird erst frei, wenn er aufhört, Halt zu sein."[1281]

Die über die Kunst erreichte innere Freiheit, die der Künstler erlangt, kann dann für ihn den Weg zur Wahrheit ebnen, die Kunst ist somit nur Wegweiser und die „Dichtung ist immer nur eine Expedition nach der Wahrheit"[1282], nie Wahrheit selbst, denn „die Wahrheit ist das, was jeder Mensch zum Leben braucht und doch von niemand bekommen oder erstehen kann"[1283], auch nicht von der Kunst, sondern was jeder Mensch für sich selbst „aus dem eigenen Inneren immer wieder produzieren"[1284] muss, wobei der künstlerische Schaffensprozess diesen Weg ins Innere weisen kann, die Entfaltung des Inneren eines Künstlers vorantreibt, damit dieser so die Wahrheit für sich zu entdecken weiß.

Doch wie erhält der Künstler, der Schreibende, Zugang zu „seiner" inneren Wahrheit?

Nach Kafkas Überzeugung musste „ein gutes Erzählwerk in einem einzigen ununterbrochenen Schreibakt entstehen"[1285], um sich der „völligen, ungetrübten Wahrheit"[1286] nähern zu können. „Nie durfte der ′Zug` oder Strom der Inspiration unterbrochen werden. Unterbrechung der Inspiration bedeutete Blockierung des Zugangs zur Wahrheit, und damit war auch der Wert des Geschriebenen hinfällig. Die größte Gefahr für dieses Schreiben war die Selbsttäuschung, die Illusion, noch immer in Kontakt mit dem Inneren zu sein, obwohl er in Wahrheit schon nicht mehr bestand. Aus der Angst vor dieser Selbsttäuschung stammt Kafkas

---

1278 Kremer, Detlef: Kafka. Die Erotik des Schreibens, S. 72.
1279 Ebenda, S. 155.
1280 Kafka, Franz: Hochzeitsvorbereitungen auf dem Lande, S. 32.
1281 Ebenda, S. 72.
1282 Janouch, Gustav: Gespräche mit Kafka, S. 224.
1283 Ebenda, S. 224.
1284 Ebenda, S. 224.
1285 Sokel, Walter H.: Zur Sprachauffassung … . In: David, Claude (Hrsg.): Franz Kafka …, S. 35.
1286 Ebenda, S. 35.

Perfektionismus, der sein Schreiben oft hemmte, behinderte und gar nicht so selten verhinderte"[1287], denn er suchte oft vergeblich nach dem ungehinderten Herausströmen des Literarischen aus dem Inneren des Selbst, wie er es bei der Niederschrift des Stückes „Das Urteil" in seiner höchsten Form erlebte. Dieses schrieb er „in einem Zuge"[1288], in einer einzigen Nacht, nieder, und „es war auch sein einziges Werk, das er stets mit Wohlwollen, ja sogar mit begeistertem Beifall beurteilte"[1289].

Das in vielerlei Hinsicht negativ gefärbte „schwebende", „bodenlose" Dasein des Schriftstellers (in finanzieller Hinsicht, ebenso wie in mentaler Hinsicht bezüglich der Abhängigkeit von der Inspiration, aber auch hinsichtlich der Abhängigkeit von den Lesern und der Literaturkritik sowie von gewissen äußeren Voraussetzungen wie Zeit und Ruhe) ist somit andererseits auch boden- und haltlos im positiven Sinne, da es (idealer Weise) geprägt ist von einer geistigen Unabhängigkeit und Freiheit, denn der Schriftsteller ist nicht begrenzt in den „unendlichen Ausstrahlungen seiner geistigen Existenz", er kann (idealiter) ungehindert zu sich selbst und seiner persönlichen Wahrheit finden und sich dabei von den Zwängen der Alltagsrealität zeitweise lösen, sofern ihm ein ungehinderter Schreibfluss gegeben ist.

Daher kann die Kunst dem Autor auch zur „Flucht" und zur „Selbstvergessenheit und Selbstaufhebung" verhelfen, während sie nach außen als „Spaziergang oder gar Angriff" (angenehme Freizeitbetätigung oder kritische Auseinandersetzung mit einer Thematik) erscheint:

„Selbstvergessenheit und Selbstaufhebung der Kunst: Was Flucht ist, wird vorgeblich Spaziergang oder gar Angriff."[1290]

Dass Kafka jedoch von der Kunst, dem Schreiben, auch förmlich zerrissen wurde, zwischen Lust und Last, zwischen innerem Drang und Wollen einerseits und einem Zurückschrecken aufgrund der äußeren Barrieren andererseits schwankte, zeigen nicht nur die Briefe, in welchen dies in aller Deutlichkeit zum Ausdruck kommt, auch in den Paralipomena zur Reihe „Er" wird dieses schwankend-schwebende Gefühl zwischen dem Wunsch der Erhebung und einer entgegenstehenden Schwere, zwischen einer unbändigen „Unruhe" und einem einschränkenden Sicherheitsbedürfnis, dieses ewige „Auf und Ab", literarisch verarbeitet und umgesetzt. Hier heißt es:

1287 Sokel, Walter H.: Zur Sprachauffassung … . In: David, Claude (Hrsg.): Franz Kafka …, S. 34-35.
1288 Kafka, Franz: Tagebücher 1910-1923, S. 214.
1289 Sokel, Walter H.: Zur Sprachauffassung … . In: David, Claude (Hrsg.): Franz Kafka …, S. 35.
1290 Kafka, Franz: Hochzeitsvorbereitungen auf dem Lande, S. 70.

„Am Sich-Erheben hindert ihn eine gewisse Schwere, ein Gefühl des Gesichertseins für jeden Fall, die Ahnung eines Lagers, das ihm bereitet ist und nur ihm gehört; am Stilliegen aber hindert ihn eine Unruhe, die ihn vom Lager jagt, es hindert ihn das Gewissen, das endlos schlagende Herz, die Angst vor dem Tod und das Verlangen ihn zu widerlegen, alles das läßt ihn nicht liegen und er erhebt sich wieder. Dieses Auf und Ab und einige auf diesen Wegen gemachte, zufällige, flüchtige, abseitige Beobachtungen sind sein Leben."[1291]

Die „Ahnung eines Lagers, das ihm bereitet ist und nur ihm gehört", die Aussicht auf eine Ehe, eine eigene Familie und einem damit verbundenen gefestigten und sicheren Platz im Leben und in der Gesellschaft, sorgt für „eine gewisse Schwere", die ihn beim „Sich-Erheben hindert" und hemmt. Doch andererseits existiert auch „eine Unruhe, die ihn vom Lager jagt", ein „Gewissen", das zur Erfüllung der inneren Bestimmung drängt, das „endlos schlagende Herz", die Liebe zur Literatur und zum Schreiben, „die Angst vor dem Tod und das Verlangen ihn zu widerlegen", der Wunsch, sich mit Hilfe des Geschriebenen unsterblich zu machen. Dies alles „läßt ihn nicht liegen" und „erhebt" ihn wieder. So ist sein Leben geprägt von einem ständigen „Auf und Ab", aber auch von „einigen auf diesen Wegen gemachten zufälligen, flüchtigen, abseitigen Beobachtungen", d.h. von inneren und äußeren Betrachtungen, die ihm „zufallen" („zufällig" sind) durch Pegasus und die Muse, die ihm zur „Flucht" aus der problembelasteten nicht-literarischen Welt verhelfen („flüchtig" sind) und die „abseits" sind, d.h. auf einer anderen Seite des Daseins und Bewusstseins.

Dieses hier beschriebene „Auf und Ab" zwischen dem Wunsch sich zu „erheben" bei einer gleichzeitigen hemmenden „Schwere" weist einige auffällige Parallelen zum Stück „Entschlüsse" der „Betrachtung" auf. Denn auch in diesem Text will man sich „aus einem elenden Zustand erheben", doch dem steht der „Rat, alles hinzunehmen" und sich „als schwere Masse zu verhalten" entgegen. So fährt man mit dem „kleinen Finger über die Augenbrauen", befindet sich sensuell somit zwischen der Stirn und den Augen, d.h. zwischen dem Verstand (dem rationalen „Rat") und den Augen, der literarischen „Beobachtung" und „Betrachtung".

Ferner gibt es noch weitere Hinweise in der „Betrachtung", die die Bedeutung und den Stellenwert des Schreibens für Kafka widerspiegeln:

So wird beispielsweise im ersten Stück der „Betrachtung", „Kinder auf der Landstraße", in einem Absatz der Prozess eines ungehinderten Schreibflusses und der dabei empfundene ästhetische Zustand des Schwebens beschrieben, der in den folgenden Stücken immer wieder gesucht und ersehnt wird:

1291 Kafka, Franz: Hochzeitsvorbereitungen auf dem Lande, S. 305.

„Wir liefen enger beisammen, manche reichten einander die Hände, den Kopf konnte man nicht genug hoch haben, weil es abwärts ging. Einer schrie einen indianischen Kriegsruf heraus, wir bekamen in die Beine einen Galopp wie niemals, bei den Sprüngen hob uns in den Hüften der Wind. Nichts hätte uns aufhalten können; wir waren so im Laufe, daß wir selbst beim Überholen die Arme verschränken und ruhig uns umsehen konnten."

Hier gelingt das „Erheben" in die literarische Sphäre noch mühelos („nichts hätte uns aufhalten können"), was später, vor allem im Stück „Entschlüsse", in dieser Form (d.h. wie von selbst) nicht mehr gelingt.

Das Schreiben erscheint hier zwar noch nicht als Mittel, um sich von der aufkommenden Todessehnsucht zu lösen („Wie man sich im letzten Graben richtig zum Schlafen auf äußerste strecken würde, ... daran dachte man noch kaum"), jedoch als Medium, sich aus dem „tiefen Graben" der Depressionen zu befreien, in den man „gefallen" ist. Hier lag man „zum Weinen aufgelegt, wie krank auf dem Rücken" und erst als „ein schwacher Wind" sich „erhob", verließ das epische „ich" seinen „Graben" und setzte zu „Sprüngen" an.

Im nächsten Stück, „Entlarvung eines Bauernfängers", wird das Schreiben zunächst als etwas gesehen, das das „ich" von der Gesellschaft „oben" fernhält und es stattdessen mit „Schweigen" umhüllt. Es erscheint hier, wie in einem Brief an Felice beschrieben, als ein „Schwergewicht in der Tiefe"[1292], das das „ich" nach unten zieht und nicht nach oben lässt, wo dieses doch „so gerne gewesen wäre". Stattdessen befindet man sich unten im „Dunkel" und hört nur „die Schritte unsichtbarer Spaziergänger, deren Wege zu erraten man nicht Lust hatte", d.h. das Anschlagen der Typen auf der Schreibmaschine, wenn literarische Figuren („unsichtbare Spaziergänger") zum Vorschein kommen, deren literarischen Lebensweg man jedoch nicht „erraten", nicht frei fantasieren, will.

Doch die „Bauernfänger", der Drang und die innere Sehnsucht zum Schreiben, die Sätze, die geschrieben werden möchten, „umlauern" quasi schon das „ich", wie dies etwa auch in einem Brief an Felice beschrieben wird („Die falschen Sätze umlauern meine Feder ..."[1293]), denn man spürt, wie sie sich „bei Nacht aus Seitenstraßen, ... um die Anschlagsäule, bei der wir stehen, herumdrücken". Sie erscheinen „bei Nacht", dann, „wenn wir ängstlich werden", denn ganz offensichtlich schrieb Kafka in seinen schlaflosen Nächten gegen seine inneren Ängste an, wie er es auch in einem später verfassten Brief, wie bereits an anderer Stelle zitiert, beschrieb: „Vielleicht gibt es auch anderes Schreiben, ich kenne nur

---

1292 Kafka, Franz: Briefe an Felice, S. 413.
1293 Ebenda, S. 305.

dieses; in der Nacht, wenn mich die Angst nicht schlafen lässt, kenne ich nur dieses."[1294]

Die „Bauernfänger", die literarischen Schreibversuche, werden so allmählich als etwas „entlarvt", das als Medium genutzt werden kann, um den inneren psychischen Druck abzubauen („Ich zerrieb mir die Fingerspitzen an einander, um die Schande umgeschehen zu machen"). Dabei werden die Buchstaben zur „Dienerschaft", die an die Stelle der realen Personen tritt. Das Schreiben ist nun nicht mehr ein lästiger nächtlicher Begleiter, der soziale Kontakte verhindert, sondern es „dient" als Medium und führt letztendlich zur Freude („die ... treuen Gesichter der Dienerschaft ... freuten mich wie eine schöne Überraschung").

Die Metaphorisierung der Buchstaben und des Schreibens als „Diener" findet sich im Übrigen auch in einer Tagebuchaufzeichnung aus dem Jahre 1910, in der die potentielle Entscheidung zur Schriftstellerexistenz in einem Dialog von Kafka literarisch verarbeitet wurde. Hier heißt es:

„Du möchtest also gerne hinauf, sehr gerne? ... Schau, wenn du glaubst, daß es dir oben besser gehen wird als hier unten, dann geh einfach hinauf, sofort ... Daß es meine Ansicht ist, also die Ansicht eines beliebigen Passanten, daß du bald wieder herunterkommen wirst ... kannst du vorläufig pfeifen. Wahr ist es, das kann ich vor wem du willst wiederholen, hier unten geht es uns schlecht, ja es geht uns sogar hundsmiserabel ... wer weiß, was alles in dir steckt. Mut hast du, wenigstens glaubst du ihn zu haben, versuchs doch, was wagst du denn – oft erkennt man sich schon, wenn man aufpaßt, im Gesicht des Dieners an der Tür."[1295]

Aus einer „hundsmiserablen" Lage will man sich mit Hilfe eines „Dieners", dem Schreiben, befreien. Man will nach „oben", doch man weiß auch, dass der Zustand der Freude nur vorübergehend sein wird („daß du bald wieder herunterkommen wirst"), was auch durch das hier wörtlich zu nehmende Phrasem „kannst du vorläufig pfeifen" vermittelt wird.

In der „Betrachtung" wird dies im Stück „Der Kaufmann" näher thematisiert, wenn der „Kaufmann" seine Liftfahrt beenden, „den Aufzug hinunterlassen" muss.

Doch man braucht „Mut" zu dieser Entscheidung, denn man weiß nicht, „was alles in einem steckt", man „wagt" dabei sich selbst zu „erkennen", doch manchmal, „wenn man aufpaßt", erkennt man sich schon „im Gesicht des Dieners an der Tür" und braucht nicht weiter nach unten ins eigene Innere vorzustoßen.

1294   Kafka, Franz: Briefe 1902-1924, S. 384.
1295   Kafka, Franz: Tagebücher 1910-1923, S. 15.

Auch hier wurde also das Entrücken aus der Wirklichkeit, die vorübergehende Möglichkeit der Befreiung aus einem „schlechten" und „hundsmiserablen" Zustand mit Hilfe des Schreibens thematisiert, die Gefahr und Chance einer dabei zu erreichenden Selbsterkenntnis beschrieben. Das Schreiben „dient" somit der vorübergehenden Entlastung, bedarf jedoch einer „mutigen" Entscheidung angesichts der Unsicherheit und Unwissenheit über das eigene Innere.

Im Stück „Der plötzliche Spaziergang" geht man dagegen scheinbar bar jeglicher Vernunft den Forderungen seiner inneren Bestimmung nach. Allen äußeren Hindernissen zum Trotz geht man seinen Weg, auch wenn man „Ärger zu hinterlassen glaubt", denn man hat scheinbar „alle Entschlußfähigkeit in sich gesammelt" und will sich „Freiheit verschaffen". Dass dabei die Familie „ins Wesenlose abschwenkt", das real Soziale dem Literarischen weicht, wird dabei in Kauf genommen, weil man sich so „zu seiner wahren Gestalt erheben" kann, seiner inneren Berufung nachkommt. Die Literatur wird dabei zum „Freund", den man zu einer „späten Abendzeit ... aufsucht, um nachzusehen, wie es ihm geht".

Das folgende Stück, „Entschlüsse", widerlegt nach und nach die Richtigkeit dieses Vorsatzes. Wenn man sich auch anfangs noch „aus einem elenden Zustand zu erheben" versucht, was eigentlich „leicht sein muß", so merkt man doch schnell, dass jeder „Fehler, der nicht ausbleiben kann", alles immer wieder ins „Stocken" bringt, der alte, ungehinderte, kindliche Schreibfluss, wie im ersten Stück dargestellt, nicht mehr erreicht werden kann. So glaubt man, es sei „der beste Rat, alles hinzunehmen", man müsse „als schwere Masse sich verhalten", man dürfe dem inneren Schreibdrang nicht nachgeben, den ästhetischen Schwebezustand bei der literarischen Tätigkeit nicht suchen. Denn „fühle man sich selbst" auch wie „fortgeblasen", so dürfe man sich „keinen unnötigen Schritt ablocken lassen", sondern sollte „das, was vom Leben als Gespenst noch übrig ist", die literarisch-künstlerische Seite des Ichs, „niederdrücken" und „die letzte grabmäßige Ruhe noch vermehren", auch wenn man dabei sein inneres Selbst, seine persönliche Identität und höhere Bestimmung, das, was einen Menschen ausmacht, verliert und infolgedessen nur noch „den anderen mit Tierblick anschaut".

In diesem Stück wird die eigene vermeintliche Unfähigkeit zu schreiben, das angeblich mangelnde literarische Talent beklagt („mit jedem Fehler, der nicht ausbleiben kann ..."), was den „Entschluss" zur Schriftstellerexistenz des vorherigen Stücks ins Gegenteil kehrt, nicht ohne dass jedoch eine Nachdenklichkeit bestehen bleibt (vermittelt über „das Hinfahren des kleinen Fingers über die Augenbrauen"). Ein fester und unumstößlicher Wille zu einer endgültigen Aufgabe des Schreibens, die konsequente Absicht, nur noch „die letzte grabmäßige Ruhe" bestehen zu lassen, existiert somit trotz allem nicht.

Im Einzeltext „Ausflug ins Gebirge" wird die Einsamkeit des Schriftstellers, der in einer „Gesellschaft von lauter niemand", in einer Welt der Buchstaben, lebt, so aber auch innere Freiheit und Erlösung erfährt, beschrieben: Denn hier, im von der menschlichen Gesellschaft zurückgezogenen Dasein des Schriftstellers, existiert zwar scheinbar „niemand", der „kommt" und „niemand", der „hilft", doch werden auch während des Ausflugs mit „lauter niemand" bald „die Hälse frei" und „es ist ein Wunder, daß wir nicht singen", denn nun erstickt man nicht mehr an den ungesagten (nicht geschriebenen) Worten, fühlt sich scheinbar erlöst und frei.

Hier reist man somit nicht „ins Gebirge", sondern in eine literarische Welt, in der scheinbar bedeutungslose Zeichen („niemand") plötzlich „lauter" und bedeutsamer werden und letztlich doch „helfen".

Für den „Kaufmann" dagegen ist die Liftfahrt, das Entschweben in eine andere, in die literarische Welt, eine Entlastung vom Alltag, in dem ihn „Sorgen" plagen und ihm keine „Zufriedenheit in Aussicht gestellt" wird, wo ihm vieles unverständlich erscheint und der andere ihm fremd ist („ihre Verhältnisse können mir nicht deutlich sein; das Unglück, das sie treffen könnte, ahne ich nicht"). Doch diese Flucht aus der Realität in eine durch die eigene Fantasie selbstbestimmte Welt gelingt nur vorübergehend, danach muss man zwar nicht, wie im Stück „Das Unglück des Junggesellen", „unter schwerer Wahrung der Würde um Aufnahme bitten", aber doch zunächst einmal „an der Türglocke läuten", bis „das Mädchen die Tür öffnet", der Wiedereintritt in die menschliche, reale Gesellschaft gelingt.

Auch hier wird also die Schriftstellerexistenz einerseits als ein zwangsläufig sich vollziehender sozialer Rückzug dargestellt, andererseits wird jedoch das Schreiben auch als Entlastungsmöglichkeit von einem problembelasteten Alltag gewertet, wie dies etwa in einem Brief an Felice beschrieben wurde, wenn Kafka dort der Hoffnung Ausdruck verleiht, er könne sich mit Hilfe der Literatur, „mit einemmal aus allem diesem innern Jammer heraustragen"[1296] lassen.

Das Stück „Der Nachhauseweg" thematisiert einen völlig anderen Aspekt: Hier wird zunächst die Eitelkeit des Schriftstellers („Meine Verdienste erscheinen mir und überwältigen mich") in den Vordergrund gerückt, um dann auf die Verantwortlichkeit desselben gegenüber seiner Leserschaft hinzuweisen („Ich bin mit Recht verantwortlich für alle Schläge gegen Türen, auf die Platten der Tische, für alle Trinksprüche, für die Liebespaare in ihren Betten, in den Gerüsten der Neubauten, in dunklen Gassen an den Häusermauern gepresst, auf den Ottomanen der Bordelle") sowie die Schattenseiten des Autorendaseins, die Gefangenschaft und Isolation im eigenen Zimmer, im Selbst, darzustellen, was

---

1296 Kafka, Franz: Briefe an Felice, S. 401.

„nachdenklich" macht: „Nur als ich in mein Zimmer trete, bin ich ein wenig nachdenklich, aber ohne daß ich während des Treppensteigens etwas Nachdenkliches gefunden hätte. Es hilft mir nicht viel, daß ich das Fenster gänzlich öffne und daß in einem Garten die Musik noch spielt."
Dieses Stück zeigt somit den von Kafka empfundenen und den immer wieder auch Freunden gegenüber geäußerten Zwiespalt zwischen „der Beruhigung seines Verantwortungsgefühls und der Gier"[1297], das selbst Geschriebene gedruckt zu sehen. Es ist die Tendenz eines jeden Autors, seine „Verdienste" (sein literarisches Können) öffentlich darlegen zu wollen (bis selbst die „Luft" dieser Überzeugungskraft anheim fällt), zum anderen aber auch die damit zwangsläufig übernommene Verantwortung für „alle Schläge gegen Türen" der inneren Kammern der Psyche des Lesers zu fürchten, die hier literarisch verarbeitet wurde. Auch das Eingesperrtsein im eigenen Selbst, aus dem heraus jedes literarische Werk entsteht, macht „nachdenklich", denn man spürt, dass das „Außen" einen im Schreibprozess nicht mehr berührt, man ihm völlig entrückt und entzogen ist.

Die Verantwortlichkeit des Autors gegenüber seiner Leserschaft und die Angst vor den Auswirkungen auf das eigene Selbst, die Gefahr des „Leichengeruchs", der dem Schreibenden und den Lesenden „ins Gesicht kommen" könnte, thematisiert auch ein Tagebucheintrag vom 15. Dezember 1910:

„Kein Wort fast, das ich schreibe, paßt zum andern, ich höre, wie sich die Konsonanten blechern aneinanderreiben, und die Vokale singen dazu wie Ausstellungsneger. Meine Zweifel stehn um jedes Wort im Kreis herum, ich sehe sie früher als das Wort, aber was denn! ich sehe das Wort überhaupt nicht, das erfinde ich. Das wäre ja noch das größte Unglück nicht, nur müsste ich dann Worte erfinden können, welche imstande sind, den Leichengeruch in einer Richtung zu blasen, daß er mir und dem Leser nicht gleich ins Gesicht kommt. Wenn ich mich zum Schreibtisch setze, ist mir nicht wohler als einem, der mitten im Verkehr der Place de L'Opéra fällt und beide Beine bricht. Alle Wagen streben trotz ihres Lärmens schweigend von allen Seiten nach allen Seiten, aber bessere Ordnung als die Schutzleute macht der Schmerz jenes Mannes, der ihm die Augen schließt und den Platz und die Gassen verödet, ohne daß die Wagen umkehren müßten. Das viele Leben schmerzt ihn, denn er ist ja ein Verkehrshindernis, aber die Leere ist nicht weniger arg, denn sie macht seinen eigentlichen Schmerz los."[1298]

Der Text „Die Vorüberlaufenden" wendet sich hingegen einem ganz anderen Aspekt des Schreibens zu:

1297 Binder, Hartmut: Kafka-Kommentar zu sämtlichen Erzählungen, S. 118.
1298 Kafka, Franz: Tagebücher 1910-1923, S. 22.

„Die Vorüberlaufenden" als Sätze verstanden, die des Nachts über das Papier „spazieren gehen", lässt man „weiter laufen", auch wenn sie „schwach und zerlumpt" sind, nicht wirklich literarisch wertvoll erscheinen, „denn es ist Nacht, und wir können nicht dafür, daß die Gasse im Vollmond vor uns aufsteigt", das innere Schreibbedürfnis zu Tage tritt. „Überdies, vielleicht haben diese zwei die Hetze zu ihrer Unterhaltung veranstaltet", vielleicht diente das Schreiben nur dem Zeitvertreib, „vielleicht verfolgen beide einen dritten", vielleicht erwächst aus dem Geschriebenen etwas noch nicht Geahntes, „vielleicht wird der erste unschuldig verfolgt", vielleicht kommt letztendlich nichts Brauchbares zustande, „vielleicht will der zweite morden, und wir würden Mitschuldige des Mordes", vielleicht entsteht als sekundärer Nebeneffekt eine psychisch zu stark belastende Szene für den Leser, „vielleicht wissen die zwei nichts von einander, und es läuft nur jeder auf eigene Verantwortung in sein Bett", vielleicht wissen Autor und Leser zu wenig voneinander, um eine gemeinsame psychische Grundlage im Geschriebenen zu finden, was den Autor aus seiner Verantwortlichkeit enthebt, „vielleicht sind es Nachtwandler", die des Nachts nur ziellos „wandeln", Buchstaben, die literarisch nichts Sinnvolles bilden,, „vielleicht hat der erste Waffen" und der Autor Einfluss und Gewalt über seine Leserschaft.

Doch dann, „endlich", wird man „müde", kehrt zurück zu seinem wohlverdienten Schlaf („dürfen wir nicht müde sein?") und ist „froh", „auch den zweiten nicht mehr zu sehn", das Schreiben beenden zu können, denn eine innere Ruhe ist erlangt.

In diesem Stück wird der teilweise vom Autor nicht beeinfluss- und kontrollierbare Ablauf bei der Entstehung der Literatur dargestellt, die potentiellen, vom Schriftsteller selbst nicht immer völlig abschätzbaren Auswirkungen beschrieben, aber auch die innere Quieszenz bei der (befriedigenden) Beendigung des Schreibens geschildert.

Das Stück „Die Abweisung", als Vergleich zwischen realer und literarischer Welt gelesen, zeigt hingegen die Unmöglichkeit einer Kongruenz zweier Lebenskonzepte auf: Die reale Welt auf der einen Seite, der Wunsch nach zwischenmenschlicher Nähe („Sei so gut, komm mit mir") steht dem Wunsch nach einer fantasiegeprägten Welt, in der alles möglich erscheint (eine Identität als Herzog, Indianer, als reiche Dame mit eigenem „Gefolge" und teuren Kleidern) entgegen. So geht man lieber „stumm vorüber" und „allein nach Hause", entscheidet sich für ein sozial isoliertes Dasein im Reich der Literatur, anstatt nur „bisweilen" zu „lächeln" mit einer ständigen „Lebensgefahr auf dem Leibe", sich der Gefahr eines inneren Todes auszusetzen, wenn man seiner eigentlichen Bestimmung und existentiellen Basis nicht folgt.

Hier scheint der „Entschluss", die Entscheidung zugunsten der Literatur und gegen ein bürgerliches Dasein mit einem Ehepartner in der realen Welt, festzustehen. Es gibt kein Zögern, keine Diskussion, man

„geht stumm vorüber" auf seinem eigenen Weg als sei alles klar und längst stillschweigend geklärt.

Anders verhält es sich mit dem Text „Zum Nachdenken für Herrenreiter". Hier deutet bereits der Titel des Stückes darauf hin, dass etwas „nachdenklich" stimmt oder stimmen sollte. Gleich im ersten Satz wird dann auch das Ergebnis einer Überlegung zusammengefasst: „Nichts, wenn man es überlegt, kann dazu verlocken, in einem Wettrennen der erste sein zu wollen." Die von Kafka in einem Brief beschriebene „Eitelkeit und Genußsucht"[1299] des Schriftstellers, sein Drang und Wunsch nach äußerer Anerkennung, wird in diesem Stück als ein letztlich sinnloses Erstreben erkannt, da „der Neid der Gegner" jeden „Ruhm" wertlos erscheinen lässt.

Die Hauptmotivation eines Schriftstellers, die öffentliche Anerkennung des Geschriebenen, wird hier also als etwas nicht Erstrebenswertes abgewertet, was den Sinn des Schreibens damit auch teilweise selbst in Frage stellt.

Das Stück „Das Gassenfenster" dagegen thematisiert die Unentschlossenheit und Halbherzigkeit eines Schreibenden, der an der „Fensterbrüstung", zwischen „Innen" und „Außen", steht, einerseits sich zwar im „Innen" seines Selbst befindet und „verlassen lebt", andererseits jedoch auch „sich hie und da irgendwo anschließen möchte", so dass seine „Augen auf und ab zwischen Publikum und Himmel" unentschlossen wandern und ihn letztendlich „doch unten die Pferde mitreißen", „der menschlichen Eintracht zu", weg von einer ernsthaften Schriftstellerexistenz, die unumstößliche Entschlossenheit und absolute Inneneinkehr fordert.

Der Text „Wunsch, Indianer zu werden" stellt genau diese absolute Inneneinkehr und Weltentrücktheit dar, die alle äußere Gegenständlichkeit aus dem Blickfeld verliert. Hier lebt man ausschließlich in einer inneren Welt, man verliert sich ganz und gar in einem Zustand des ästhetischen Schwebens, der anfangs noch durch ein Medium vermittelt wird (mit Hilfe des „rennenden Pferdes", des Schreibflusses), dann jedoch so verinnerlicht wird, dass er auch ohne dieses („schon ohne Pferdehals und Pferdekopf") existent ist. Hier konnte der höchste Punkt einer literarisch-ästhetisch fundierten Weltdistanz und Bewusstseinsenthebung erreicht werden.

Der nächste Schritt dieses Prozesses scheint die völlige Identifikation mit der eigenen Kunst zu sein, ein Zustand, den das Stück „Die Bäume" vermittelt. Hier gibt es keine Grenze mehr zwischen „ich" und „Werk" (wie in einem Brief an Felice auch deutlich zum Ausdruck gebracht wurde: „Der Roman bin ich, meine Geschichten sind ich"[1300]), zwischen

---

1299 Kafka, Franz: Briefe 1902-1924, S. 385.
1300 Kafka, Franz: Briefe an Felice, S. 226.

dem „wir" und den „Baumstämmen im Schnee". Vielmehr sind Kunst und Künstler eins geworden („Wir sind wie Baumstämme im Schnee"), beide sind nur noch scheinbar „fest mit dem Boden verbunden", tatsächlich jedoch längst nicht mehr fassbar („sogar das ist nur scheinbar") und dem Boden der Realität entrückt.

Im Stück „Unglücklichsein" dagegen erscheint das Schreiben als „nächtliches Gespenst", dessen Besuch man sehnsüchtig erwartet hat, denn zunächst hatte man nur „schlechten Speichel" in sich, keine guten, literarisch brauchbaren Worte, und „im Gesicht zitterten die Augenwimpern", denn es fehlte an einer Perspektive. So fehlte nur noch „dieser allerdings erwartete Besuch" des Gespenstes, das „nicht satt werden" konnte, an der „weißgetünchten Wand" seine „Fingerspitzen" zu „reiben", auf weißem Papier zu schreiben. Gleichzeitig löst dieses „Gespenst" auch Angst aus, nicht als Erscheinung ansich, sondern aufgrund seiner Ursache, deren dunkle Herkunft man nicht kennt („Dazu kommt, daß ich Sie nicht überall und immerfort kenne, gar bei dieser Finsternis"), denn Schreiben ist für Kafka auch ein „Hinabgehen zu den dunklen Mächten"[1301], ein Eintauchen in die unteren Räume der Psyche, des Unterbewusstseins, was etwas aufdecken kann, „von dem man oben ... nichts weiß"[1302] und eventuell auch nichts erfahren will, weil es zu schmerzlich und psychisch unerträglich wäre.

Das Geschriebene ist dabei zunächst nur ein Konvolut wesenloser „Abstraktionen"[1303], die literarischen Figuren „Gespenster aus den Verliesen der Innenwelt"[1304], die man befreit. Die schriftstellerische Tätigkeit selbst ist nichts anderes als „eben eine Art von Geisterbeschwörung"[1305].

Das Schreiben war für Kafka, zur Zeit der Entstehung der „Betrachtung", aber auch später, eine Mischung aus „Spaß und Verzweiflung"[1306], ein Mittel der Inneneinkehr und Selbstbeobachtung, der inneren Befreiung aus dem Kerker des Unbewussten, aber auch eine Waffe, die sich gegen den Schreibenden selbst richten kann, die alles Negative im eigenen Inneren wie durch ein „Fernrohr" verdeutlicht und vor Augen führt:

„Aber jeden Tag soll zumindest eine Zeile gegen mich gerichtet werden, wie man die Fernrohre jetzt gegen den Kometen richtet."[1307]

1301 Kafka, Franz: Briefe 1902-1924, S. 384.
1302 Ebenda, S. 384.
1303 Janouch, Gustav: Gespräche mit Kafka, S. 133.
1304 Ebenda, S. 133.
1305 Ebenda, S. 67.
1306 Kafka, Franz: Tagebücher 1910-1923, S. 403.
1307 Ebenda, S. 11.

Das Geschriebene, das „eine klar verlaufende Wellenlinie"[1308] zum eigenen Inneren und Selbst darstellen kann, kann sich auch als „Wellenlinie eines zu Boden fallenden Strickes"[1309] erweisen, wobei die Buchstaben zu „Schlingen"[1310] werden, die sich um den Hals des Schreibenden legen.

Verzweiflung befiel Kafka beim Schreiben auch, weil die Sprache, das Schreiben „hilflos"[1311] erscheint, „wenn es um die Mitteilung innerpsychischer Prozesse geht"[1312], wenn ein emotionaler Vorgang in das Korsett der Worte gedrängt werden soll, die der Extensionskraft des Inneren nicht genügen.

Gleichzeitig vermittelt jedoch das Schreiben auch eine Art „erlösender Trost"[1313] und ist, wie Richard Jayne bemerkte, für Kafka ein „Akt der Befreiung von der 'Totschlägerreihe` der alltäglichen Existenz"[1314], führt durch das Verlassen der realen „Tatbeobachtung" zu einer „höheren", „unabhängigen" Betrachtung, die zwar nicht „schärfer" ist, doch auch nicht mehr an reale Tatbestände gebunden, somit frei und schwebend, aber auch „unberechenbar" ist:

„Merkwürdiger, geheimnisvoller, vielleicht gefährlicher, vielleicht erlösender Trost des Schreibens: das Hinausspringen aus der Totschlägerreihe, Tat-Beobachtung. Tatbeobachtung, indem eine höhere Art der Beobachtung geschaffen wird, eine höhere, keine schärfere, und je höher sie ist, je unerreichbarer von der „Reihe" aus, desto unabhängiger wird sie, desto mehr eigenen Gesetzen der Bewegung folgend, desto unberechenbarer, freudiger, steigender ihr Weg."[1315]

So wie sich die „Lufthunde" der Erzählung „Forschungen eines Hundes" nur in der Kunst von der Rechtfertigungsobligation ihrer Existenz zu befreien vermögen, die „Unsinnigkeit ihrer Existenz" zeitweise vergessen und „in ihrer Existenzweise des Schwebens in der Luft den Zustand der Befreiung ausdrücken, den der Hund nur im Augenblick des „Außer-Sich-Seins" während der Epiphanie der Musik erlebt"[1316], kann sich auch der Autor nur in seiner Kunst, dem Schreiben, aus seiner existentiellen Gebundenheit und Sinnverpflichtung entheben, in einen schwebenden Zustand des Vergessens und der Weltentrückung gelan-

---

1308 Janouch, Gustav: Gespräche mit Kafka, S. 73.
1309 Ebenda, S. 73.
1310 Ebenda, S. 73.
1311 Kafka, Franz: Tagebücher 1910-1923, S. 403.
1312 Binder, Hartmut: Kafka-Handbuch, Band 2, S. 142.
1313 Kafka, Franz: Tagebücher 1910-1923, S. 413.
1314 Jayne, Richard: Erkenntnis und Transzendenz, S. 74.
1315 Kafka, Franz: Tagebücher 1910-1923, S. 413.
1316 Jayne, Richard: Erkenntnis und Transzendenz, S. 74.

gen, wie etwa die „Kinder auf der Landstraße" während ihrer „Sprünge", der „Kaufmann" während seiner Liftfahrt und der „Indianer" während seines Rittes, und dabei wahre Freiheit, d.h. eine von der Sinnobligation enthobene und von allen Rechtfertigungszwängen befreite Existenzform erlangen:

„So auch die Lufthunde ... Wie meistens so auch hier ist es natürlich nicht die Kunst, die mich vor allem nachdenklich macht. Es ist wunderbar, wer kann das leugnen, daß diese Hunde in der Luft zu schweben imstande sind, im Staunen darüber bin ich mit der Hundeschaft einig. Aber viel wunderbarer ist für mein Gefühl die Unsinnigkeit, die schweigende Unsinnigkeit dieser Existenzen. Im allgemeinen wird sie gar nicht begründet, sie schweben in der Luft, und dabei bleibt es, das Leben geht weiter seinen Gang, hie und da spricht man von Kunst und Künstlern, das ist alles."[1317]

Der Künstler ist somit auf der Suche nach dem „archimedischen Punkt"[1318] (wie es Neumann bezeichnete), an dem es ihm gelingt, sich zu entheben, zu transzendieren und seine Existenz vom weltlichen Druck zu befreien, denn „erst wenn das Ich sich über sich selbst erheben kann, kann es sich auch über die Welt erheben, erst von einem Standpunkt jenseits von Ich und Welt kann es sich und die Welt aus den Angeln heben"[1319]. Dann, erst dann, ist es befreit von dem „hündischen Sich-Umlaufen"[1320] (vgl. hierzu das Stück „Entschlüsse": „ ... umlaufe den Tisch") und kann sich wie der „Indianer" von allem Materiellen („keine Sporen", „keine Zügel") befreien und dabei sein Selbst transzendieren („ohne Pferdehals und Pferdekopf").

Es kann somit ein Punkt erreicht werden, der der existentiellen Leichtigkeit der „Kinder auf der Landstraße" sehr nahe kommt.

Auch folgende Tagebuchstelle beschreibt diese enthebende, höhere Freiheit, die das Selbst von den „untersten Leiden" befreit:

„In gänzlicher Hilflosigkeit kaum zwei Seiten geschrieben. Ich bin heute sehr stark zurückgewichen, trotzdem ich gut geschlafen habe. Aber ich weiß, daß ich nicht nachgeben darf, wenn ich über die untersten Leiden des schon durch meine übrige Lebensweise niedergehaltenen Schreibens in die größere, auf mich vielleicht wartende Freiheit kommen will."[1321]

1317 Kafka, Franz: Beschreibung eins Kampfes, S. 195.
1318 Henel, Ingeborg C.: Kafka als Denker. In: David, Claude (Hrsg.): Franz Kafka ..., S. 52.
1319 Ebenda, S. 52.
1320 Ebenda, S. 53.
1321 Kafka, Franz: Tagebücher 1910-1923, S. 318.

Andererseits vermag aber auch das Schreiben die sinnentleerte Existenz zu füllen und kann ihr eine neue Dimension der Rechtfertigung eröffnen:

„Ich schreibe seit ein paar Tagen, möchte es sich halten. So ganz geschützt und in die Arbeit eingekrochen, wie ich es vor zwei Jahren war, bin ich heute nicht, immerhin habe ich doch einen Sinn bekommen, mein regelmäßiges, leeres, irrsinniges junggesellenmäßiges Leben hat eine Rechtfertigung. Ich kann wieder ein Zwiegespräch mit mir führen und starre nicht so in vollständige Leere. Nur auf diesem Wege gibt es für mich eine Besserung."[1322]

Ein Schreiben als Prozess der Selbstentäußerung, der Außenwende des Inneren, der den Aufbau einer eigenen Aura, eines klar definierten Identitätskreises, vollbringt, wird dabei ersehnt:

„Warum bleibe ich nicht in mir? ... Du kannst nichts erreichen, wenn du dich verläßt, aber was versäumst du überdies in Deinem Kreis. Auf diese Ansprache antworte ich nur: auch ich ließe mich lieber im Kreis prügeln, als außerhalb selbst zu prügeln, aber wo zum Teufel ist dieser Kreis? Eine Zeitlang sah ich ihn ja auf der Erde liegen, wie mit Kalk ausgespritzt, jetzt aber schwebt er mir nur so herum, ja schwebt nicht einmal."[1323]

In den Tagebüchern gibt es ferner Hinweise, dass das Schreiben von Kafka auch als Flucht vor dem Anderen, dessen Transparenz vergeblich gesucht wird, und als Abkehr von der Dialektik der zwischenmenschlichen Distanz aufgefasst wurde. Aufgrund der „vollständigen Hilflosigkeit" gegenüber der „festen Abgegrenztheit der menschlichen Körper" wird das Schreiben, das Fühlen der „Füllfeder in der Hand" zum Ersatz des interaktiven Kontaktes mit dem sozialen Umfeld.

Wie Richard Jayne näher ausführte, ist für „Derrida und für Kafka ... der Andere primär als die Erfahrung der Hilflosigkeit des Selbst bei einer Begegnung mit dem Anderen definiert"[1324], denn indem das Selbst erkennt, dass es für den Anderen zum Anderen wird, negiert sich sein Selbstbewusstsein, es wird so zum Objektsein und verliert seine subjektive Freiheit. Während es bei Sartre jedoch zu einer positiven Umkehr und Überwindung dieser Entfremdung kommt, das Erkennen der Ichheit des Selbst und der Ichheit des Anderen zu einem Prozess der Aufhebung der Dialektik führt, denn „in dem Augenblick, wo das Ich sein Objektsein für einen Anderen wahrnimmt, ist es in der Lage, die Negation seines Bewußtseins durch das Bewußtsein des Anderen durch

---

[1322] Kafka, Franz: Tagebücher 1910-1923, S. 307.
[1323] Ebenda, S. 12.
[1324] Jayne, Richard: Erkenntnis und Transzendenz, S. 32.

eine zweite Negation zu transzendieren"[1325] und es kommt nach Sartre so zu einer „positiven, 'dialektischen' Überwindung der Entfremdung"[1326], ist nach Jaynes Auffassung „diese Art der Dialektik ... für Kafka undenkbar"[1327], da es bei ihm „keine Vermittlungsinstanzen zwischen dem Selbst und dem Anderen im Sinne einer gegenseitigen, bewußtseinsmäßig bedingten Transparenz"[1328] gibt, vielmehr verharrt „sowohl das Selbst als auch der Andere in einer wohl als 'vordialektisch' zu bezeichnenden Beziehung"[1329].

Eine Tagebuchaufzeichnung vom 30. Oktober 1921 thematisiert diese Undurchdringbarkeit des Anderen, die radikale Abgeschlossenheit der Subjekte in sich selbst, die die Selbstbeobachtung im Schreiben an die Stelle einer Betrachtung des Anderen, der in seiner Transzendenz opak und in der steten Außen-Beobachtung ein bloßes Anschauungs- und Deutungsobjekt bleibt, setzt:

„Das Gefühl der vollständigen Hilflosigkeit.

Was verbindet sich mit diesen festabgesetzten, sprechenden, augenblitzenden Körpern enger als mit irgendeiner Sache, etwa dem Federhalter in der Hand? Etwa daß du von ihrer Art bist? Aber du bist nicht von ihrer Art, darum hast du ja diese Frage aufgeworfen.

Die feste Abgegrenztheit der menschlichen Körper ist schauerlich.

Die Merkwürdigkeit, die Unenträtselbarkeit des Nicht-Untergehens, der schweigenden Führung. Es drängt zu der Absurdität: „ich für meinen Teil wäre längst schon verloren". Ich für meinen Teil."[1330]

Neben der gefühlten Impermeabilität des Anderen vermittelt dieser Tagebucheintrag jedoch auch ansatzweise Kafkas Wahrheitssuche beim Schreiben, die Suche nach dem „Unzerstörbaren"[1331] im Menschen, das alle menschlichen Wesen verbindet, diese wesenlos macht und die „feste Abgegrenztheit der menschlichen Körper" aufhebt. Denn „Kafka geht ... vom Einzelnen, vom Ich aus, - aber gerade im Ich, wenn es mit voller Wahrheit ... erlebt wird, fühlt sich der Mensch eins mit all seinen Mitmenschen. ... Das richtig erlebte Ich und die richtig erlebte Gemeinschaft sind also für Kafka nicht etwa Gegensätze, sondern sie fallen in eins zusammen. Daher kann man Kafka weder als Kollektivisten noch als Individualisten auffassen. Sondern sein zentraler Begriff des 'Unzerstörbaren' steht genau da, wo der scheinbare Gegensatz zwischen

---

1325 Jayne, Richard: Erkenntnis und Transzendenz, S. 32.
1326 Ebenda, S. 33.
1327 Ebenda, S. 33.
1328 Ebenda, S. 33.
1329 Ebenda, S. 33.
1330 Kafka, Franz: Tagebücher 1910-1923, S. 402.
1331 Kafka, Franz: Hochzeitsvorbereitungen auf dem Lande, S. 34.

Ich und Kollektiv als scheinbar erkannt und als wesenlos aufgehoben wird"[1332]. So verbindet sich mit diesen „fest abgesetzten ... Körpern" der „Federhalter in der Hand", wenn das „ich für seinen Teil verloren ist", es im Schreiben ganz aufgeht. Und genau jenen Zustand des inneren Verlorenseins im Sinne einer Aufgabe und Auflösung des Selbst zugunsten des rein Künstlerischen und Wahren suchte Kafka im literarischen Schaffensprozess. „Er versank in seine Arbeit bis zu völliger Entrücktheit"[1333]; dabei „brauchte er viele, viele Stunden in ununterbrochener Folge hintereinander (am besten in der Nacht), um sich richtig loslassen, fliegen lassen zu können"[1334] und „alles, was nicht in solcher Selbstvergessenheit und Hingabe geschaffen"[1335] werden konnte, war für ihn wertlos.

Was ihn dagegen an anderen Künstlern faszinierte, war „das Feuer des Geistes, die direkt in Geist umgesetzte ungemeine Vitalität eines auserkorenen Menschen"[1336], und auch für sich selbst suchte er im Schreiben die innerlich befreiende Gewalt des menschlichen Geistes als Vorstufe zum „Tod, der zur Unendlichkeit der geistigen Welt hinüberleitet"[1337].

Insgesamt gesehen hatte das Schreiben wohl zweifellos einen außergewöhnlichen Stellenwert für Kafka, es war hinsichtlich seiner Bedeutung das zentrale Element in seinem Leben, das er über alles stellte oder zumindest zu stellen versuchte, dem all seine Kraft zu Gunsten kam, auf das sich sein gesamtes Wesen hin konzentrierte:

„In mir kann ganz gut eine Konzentration auf das Schreiben hin erkannt werden. Als es in meinem Organismus klargeworden war, daß das Schreiben die ergiebigste Richtung meines Wesens sei, drängte sich alles hin und ließ alle Fähigkeiten leer stehn, die sich auf die Freuden des Geschlechtes, des Essens, des Trinkens, des philosophischen Nachdenkens, der Musik zuallererst, richteten. Ich magerte nach allen diesen Richtungen ab. Das war notwendig, weil meine Kräfte in ihrer Gesamtheit so gering waren, daß sie nur gesammelt dem Zweck des Schreibens halbwegs dienen konnten."[1338]

Ansatzweise ist dies auch schon in der „Betrachtung" zu erkennen, auch wenn es hier in dieser Deutlichkeit noch nicht existierte, denn in diesen

---

1332 Brod, Max: Über Franz Kafka, S. 240-241.
1333 Ebenda, S. 234.
1334 Ebenda, S. 234.
1335 Ebenda, S. 231.
1336 Ebenda, S. 231.
1337 Ebenda, S. 244.
1338 Kafka, Franz: Tagebücher 1910-1923, S. 167.

frühen Schriften wird noch jeder eindeutige Entschluss zugunsten des Schreibens am Ende wieder in Frage gestellt bzw. durch zahlreiche Bedenken geschmälert: Auch wenn die innere „Überzeugungskraft" anfangs noch so „überwältigend" erscheint, erweist sich der „Nachhauseweg" zu der eigentlichen Berufung doch als schwierig und macht „nachdenklich" hinsichtlich der totalitär erscheinenden inneren Abgeschlossenheit im eigenen Selbst und der Verantwortlichkeit nach außen. Die dahingehenden „Entschlüsse", die eigentlich „leicht sein müssten", werden immer wieder erschwert durch die Zweifel an der eigenen schriftstellerischen Fähigkeit, aufgrund der „Fehler, die nicht ausbleiben können".

Das Schreiben ist hier ein noch nicht fassbares „Gespenst", das man zeitweise „niederdrücken" möchte, dabei ist man sich jedoch schon durchaus bewusst, dass es so sehr mit dem eigenen Wesen verwoben ist, dass man sich durch einen Verzicht auf das Schreiben „wie fortgeblasen" fühlen, d.h. sein eigenes Selbst verlieren würde. Literatur und Ich sind längst schon eins geworden, denn so wie alle Schriftsteller mit ihrem Geschriebenen verschmelzen, sind auch „wir wie Baumstämme im Schnee", wie Buchstaben auf weißem Papier.

Ein anderes zentrales Element der „Betrachtung" ist „das Beobachten des Schreibens"[1339], die Selbstthematisierung der Literatur, andererseits aber auch „das Schreiben über das Beobachten"[1340], somit die literarische Darstellung einer Innen- und Außenbetrachtung unter verschiedenen Perspektiven, ein bewusstes ʼVor-Augen-Führenʻ existentieller Fragen über das Medium der Literatur, was wiederum die außerordentliche Bedeutsamkeit und Vielschichtigkeit des Literarischen bei Kafka zeigt.

Das Schreiben beinhaltete für Kafka aber auch (wie an anderer Stelle bereits erwähnt wurde) ein stark ambivalentes Moment. So war es beispielsweise ein „Schweben" im positiven wie auch im negativen Sinne: eine weltliche Entrückung und eine innere Haltlosigkeit zugleich. Es war Flucht aus einer als unerträglich empfundenen Welt in eine meist nur haltlose, unsichere Schwebe, denn das Wesen des Schriftstellers ist „ein selbstmörderisches, es hat nur Zähne für das eigene Fleisch und Fleisch nur für die eigenen Zähne. Denn ohne einen Mittelpunkt zu haben, ohne einen Beruf, eine Liebe, eine Familie, eine Rente zu haben, das heißt ohne sich im Großen gegenüber der Welt, versuchsweise natürlich nur, zu halten, ... kann man sich vor augenblicklich zerstörenden Verlusten nicht bewahren"[1341], man befindet sich somit auf einem schwankenden Untergrund, wie auf ein „paar Holzstückchen in den

---

1339 Stach, Reiner: Kafka. Die Jahre der Entscheidungen, S. 74.
1340 Ebenda, S. 74.
1341 Kafka, Franz: Tagebücher 1910-1923, S. 16.

Wellen, die sich noch selbst gegenseitig stoßen und herunterdrücken"[1342], und doch ist es scheinbar die einzige Schutzmöglichkeit vor einer Welt, deren Gift ansonsten „wie das Wasser in den Ertrinkenden fließen"[1343] würde.

Auch in der „Betrachtung" geht man „wie auf Wellen", fühlt sich wie „auf einem unmerklich schaukelnden Fußbodenbalken", doch man trägt dabei auch in sich die Hoffnung, sich „aus einem elenden Zustand zu entheben", der realen Welt zu entrücken und zu entschweben.

Dass das nicht oder nur zeitweise gelingen konnte, lag nicht am Wesen der Kunst allein, denn das während des Schreibens entfaltete „traumhafte innere Leben"[1344] ist nicht Bestandteil einer völlig anderen Welt, sondern ist nur eine tiefer gehende Variante der „eigentlichen und einzigen Realität, der man nicht entrinnen kann"[1345], und das Eintauchen in dieses traumhafte innere Selbst bedeutete für Kafka „ja erklärtermaßen kein Sichverlieren in wirklichkeitsferne müßige Träume. Es ging bei ihm immer nur um *eine* Welt, die aber in ihrer Vielschichtigkeit nicht zu durchschauen ist und daher als eine unabsehbare Vielheit wirkt"[1346], was insgesamt die Funktion des Schreibens als vermeintliche weltliche Entlastung dramatisiert, so dass für Kafka die Tatsache, „daß der Traum die (verborgene oder übersehene) Wirklichkeit enthüllt, hinter der die Tagesvorstellung zurückbleibt"[1347], das eigentlich „Schreckliche des Lebens – das Erschütternde der Kunst"[1348] ausmachte. Denn nach Kafkas Auffassung kann man der Wirklichkeit (zumindest dauerhaft) nicht entfliehen, da der Traum nichts anderes ist als „nur ein Umweg, auf dem man zum Schluß immer wieder zur allernächsten Erfahrungswelt zurückkehrt"[1349], wie ein Lift, dem man, wie der „Kaufmann", nach einer gewissen Zeit wieder entsteigen muss.

So wird wie in anderen Werken Kafkas auch in der „Betrachtung" die „Strategie des schöpferischen Geistes als eine Illusion entlarvt. Illusorisch ist der Glaube, daß der Künstler einen endgültigen Zufluchtsort finden könnte. Die einzige Wirklichkeit ist und bleibt das ewige Graben und Suchen nach einem immer zurückweichenden Ziel"[1350], was die

---

1342 Kafka, Franz: Tagebücher 1910-1923, S. 16-17.
1343 Ebenda, S. 17.
1344 Ebenda, S. 306.
1345 Nagel, Bert: Kafka und die Weltliteratur, S. 262.
1346 Ebenda, S. 262.
1347 Ebenda, S. 263.
1348 Janouch, Gustav: Gespräche mit Kafka, S. 56.
1349 Ebenda, S. 69.
1350 Iehl, Dominique: Die bestimmte ... . In: David, Claude (Hrsg.): Franz Kafka..., S. 183.

„Betrachtung" in „Form des 'gleitenden Paradoxes'"[1351] (wie es Gerhard Neumann bezeichnete) zum Ausdruck bringt. „Mit dem 'Gleiten' meinte Neumann Kafkas Art, sein Denken innerhalb einer einzigen Aussage von einer Ebene auf eine andere zu verschieben, von einem Bereich in einen anderen zu überführen, das Gesagte einzuschränken, zu widerrufen oder umzukehren oder einer Behauptung ein Beispiel anzufügen, das scheinbar nichts erklärt. Kafkas Denken scheint keine Richtung zu haben, es führt den Leser nicht mit Sicherheit, sondern stößt ihn vor den Kopf und zwingt ihn auf einen Weg, auf dem er stolpern muß (H 39), wobei man bemerken muß, daß das Stolpern zu dem wahren Weg gehört, wie in der Bibel der Stein des Anstoßes auf die Wahrheit aufmerksam macht"[1352] und wie ein unaufhörlich suchendes, immer wieder scheiterndes Betrachten und Reflektieren letztlich doch zur Erkenntnis führt.

Ein anderer negativ gefärbter Aspekt der literarischen Arbeit, der in der „Betrachtung" anklingt, ist der zugunsten des Schreibens zu leistende Verzicht auf Ehe und Familie. Dieser machte Kafka zwar nachdenklich, denn das „Unglück des Junggesellen" führt dahin, dass er „später ... dastehen wird, mit einem Körper und einem wirklichen Kopf, also auch einer Stirn, um mit der Hand an sie zu schlagen", da er doch früher oder später die literarische, innere Welt zwangsläufig wieder verlassen muss, um dann festzustellen zu müssen, was er im „Außen" verloren hat, worauf er verzichten musste; und das immer wieder „so verzweifelte Verlangen nach diesem Glück"[1353] wird ihn befallen, wenn er gezwungen ist, „fremde Kinder anstaunen zu müssen", und doch wird dies alles geopfert, denn ein Nichtschreibenkönnen wäre das größere Unglück, die „gänzliche Vernichtung seiner Existenz"[1354].

Schreiben stellte für Kafka zwar auch eine potentielle Möglichkeit dar, die eigene Eitelkeit zu befriedigen, denn so wie Kafka in einem Tagebucheintrag aus dem Jahre 1911 sein Verhalten bei einem Sonntagsbesuch bei den Großeltern beschrieb, „war es schon möglich, daß er es zum größten Teil aus Eitelkeit machte und durch Verschieben des Papiers auf dem Tischtuch, Klopfen mit dem Bleistift, Herumschauen in der Runde unter der Lampe durch, jemanden verlocken wollte, das Geschriebene ihm wegzunehmen, es anzuschauen und ihn zu bewundern"[1355], doch

---

1351 Henel, Ingeborg C.: Kafka als Denker. In: David, Claude (Hrsg.): Franz Kafka ..., S. 50.
1352 Ebenda S. 50.
1353 Kafka, Franz: Tagebücher 1910-1923, S. 111.
1354 Ebenda, S. 159.
1355 Ebenda, S. 32.

gleichzeitig verband sich damit auch eine innere Unsicherheit und diffuse Angst.

Auch in der „Betrachtung" finden sich dementsprechende Hinweise. Hier ist man erfüllt von einer „Überzeugungskraft" und die eigenen Verdienste „erscheinen und überwältigen" (Der Nachhauseweg) und man würde gerne den „Ruhm, als der beste Reiter eines Landes anerkannt zu werden" (Zum Nachdenken für Herrenreiter) genießen, doch andererseits ist man sich dessen auch bewusst, dass „der Neid der Gegner schmerzen" kann und eigentlich weiß man „ ... nicht, was anzufangen" mit dem entgegengebrachten Lob und der Ehre des Siegers.

Des Weiteren war für Kafka das Schreiben zwar eine Quelle der Kraft, die jedoch nicht selten genau diese wieder auffraß. Vor allem die bedingungslose Einsamkeit des Schreibenden, die völlige Zurückgezogenheit ins eigene Selbst, war neben der befreienden Komponente auch belastend und nur schwer zu ertragen, wie dies etwa im Stück „Der Nachhauseweg" thematisiert wurde, aber auch ein Tagebucheintrag näher beschreibt:

„Heute nachmittag kam der Schmerz über meine Verlassenheit so durchdringend und straff in mich, daß ich merkte, auf diese Weise verbrauche sich die Kraft, die ich durch dieses Schreiben gewinne und die ich zu diesem Ziel wahrhaftig nicht bestimmt habe."[1356]

Das Schreiben war somit zwar einerseits für Kafka „die Darstellung seines traumhaften innern Lebens"[1357], doch war er andererseits in dieser inneren Welt auch gefangen, denn er konnte keine Verbindung zum Außen herstellen, sondern nur als „müder Mann" (Das Gassenfenster) an „seine Fensterbrüstung treten" und die äußere Welt als Beobachtungsobjekt erleben. Dem starken inneren Drang zum Schreiben jedoch folgend, gehörte er bald zu jenen Personen, „denen die 'Abkapselung des Ich`, die totale Isolation des Gefühls und das Zurückgeworfensein auf die eigene und einmalige Innerlichkeit zum Verhängnis geworden sind"[1358].

Hinzu kam „das Trauma schlechthinniger Ungewißheit, ja der Geworfenheit in eine unbegreifbare feindliche Welt – eben jenes Trauma, das von Anfang an das Leben und Dichten Kafkas belastete"[1359], dessen immenser Einfluss wiederum zum sozialen Rückzug und zur totalitären Inneneinkehr im Schreiben verführte, so dass ein leidvoller Kreislauf zwischen Weltflucht und Leiden an der undurchdringbaren Ich-Gefangenheit entstand.

1356   Kafka, Franz: Tagebücher 1910-1923, S. 100.
1357   Ebenda, S. 306.
1358   Nagel, Bert: Kafka und die Weltliteratur, S. 212.
1359   Ebenda, S. 213.

Zudem zerrieben zwischen Broterwerb und inneren Zweifeln auf der einen Seite und dem Wunsch, der eigentlichen Bestimmung, dem Schreiben, zu folgen, konnte sich Kafka „diesem Literarischen ... nicht vollständig hingeben, wie es sein müßte, und zwar aus verschiedenen Gründen nicht."[1360] Neben familiären, gesundheitlichen und finanziellen Gründen hinderte ihn vor allem sein „Charakter daran, sich einem im günstigsten Falle ungewissen Leben hinzugeben"[1361].

Zusammenfassend kann man sagen, Schreiben war für Kafka eine Art Schwebezustand. Schweben im Sinne einer inneren Befreiung, einer Entlastung und Enthebung vom Druck der Psyche, des Geistes und der weltlichen Existenz, aber auch im Sinne einer inneren Verlorenheit und der Bewusstwerdung des (innerlich und äußerlich) ungesicherten, bodenlosen Seins.

Es war zudem gleichsam „Folter" und Lust zugleich, denn anhand zahlreicher schriftlicher Überlieferungen zeigte sich: „Mit Kierkegaard und Flaubert ist Kafka einig, daß der Zwang zu schreiben einer Folter gleichkommt, allerdings einer Folter, die zu lustvoll ist, als daß sie unterbleiben könnte"[1362].

Und trotz dem ständigen inneren „Auf und Ab" zwischen dem Wunsch, dem inneren Drang zum Schreiben zu folgen, sich aus dem „elenden Zustand" mit Hilfe der Literatur zu „erheben", und dem Wunsch, „alles hinzunehmen" und sich nur „als schwere Masse zu verhalten", das in der „Betrachtung" wie sonst in keinem anderen literarischen Text Kafkas in dieser Form zum Ausdruck kommt, war und blieb das Schreiben für Kafka bis zuletzt „Schicksal" und innere Existenzgrundlage, und sein Leben war ein „literarisiertes Leben"[1363], woraus sich auch „die für Kafka so charakteristische, gewaltsame, erschreckende Resonanz zwischen Wirklichkeit und Fiktion"[1364], die bedingungslose Verschmelzung von Autobiographie und Schreiben erklären lässt, denn Kafkas Schreiben war kein autobiographisches Schreiben, vielmehr war sein Schreiben Autobiographie.

Doch es war auch diese „unzertrennliche Einheit von Leben und Schaffen"[1365] die Kafkas äußere Existenz von innen her festigte, denn „nur wenige Autoren des 20. Jahrhunderts konnten der materiellen, der äußeren Welt die Kraft ihres Geistes, ihrer Persönlichkeit, so konsequent

---

1360 Kafka, Franz: Tagebücher 1910-1923, S. 44.
1361 Ebenda, S. 44.
1362 Kremer, Detlef: Kafka. Die Erotik des Schreibens, S. 143-144.
1363 Stach, Reiner: Kafka. Die Jahre der Entscheidungen, S. 217.
1364 Ebenda, S. 217.
1365 Sedelnik, Wladimir: Franz Kafka ... . In: Kraus/Winkler (Hrsg.): Das Phänomen Franz Kafka, S. 63.

und so unbeugsam entgegenhalten wie Franz Kafka"[1366], die innere Realität in die objektive, äußere Sphäre mit Hilfe der Literatur transzendieren und dabei „Innen" und „Außen" transitorisch zu einer ´subjektiven Metaphysik` akkordieren.

Seine literarische Tätigkeit war zwar geprägt von der Intention einer Enthebung aus dem Realen, er suchte somit eine innere Befreiung im Schreibakt selbst, doch auch seine Ansprüche an die innere und äußere Geschlossenheit seiner Literatur, an die ´Architektur` seiner Werke und an das Resultat dieses Schreibprozesses, waren überaus hoch, denn diese sollte mehr sein als reine Selbsttherapie und weltentrückendes Medium für den Schreibenden selbst, sie hatte seiner Meinung nach auch nach außen hin ein ´Mandat` zu erfüllen.

Kafka war, wie Stach bemerkte, „weder so genial noch so verblendet, dass er seine Texte aus einer erfahrungsleeren, ´reinen` Innerlichkeit und damit *ex nihilo* hätte hervorbringen wollen. Im Gegenteil: gerade sein kontrollierter, handwerklich raffinierter Umgang mit Einflüssen und Realien weist ihn als Autor der Moderne aus"[1367]. Er suchte nach Möglichkeiten einer detaillierten inneren und äußeren literarischen Geschlossenheit und Einheit, der Text sollte sich „aus seinem fiktionalen und bildlichen Keim ganz und gar *organisch* ... entfalten"[1368], eine innere und äußere Nektion aufweisen.

Was Kafka „seinen Texten abverlangte ... war ein möglichst lückenloser Verweisungszusammenhang im Inneren, die vollkommene Vernetzung aller Motive, Bilder, Begriffe"[1369]. So gab es bei Kafka, selbst in seinen frühen Texten wie der „Betrachtung", „keinerlei erzählerische Rückstände, keine blinden Motive, keine bloß illustrativen Einzelheiten ... alles bedeutet etwas, alles verweist auf etwas, alles kehrt wieder"[1370], alles ist bis ins kleinste Detail verknüpft, ist vor- oder zurückweisend.

Dass Kafka mit der Forderung nach literarischer Perfektion an sich selbst notgedrungen auch immer wieder scheitern musste, mag andere nicht verwundern. Er selbst jedoch litt an seinem vermeintlichen literarischen Unvermögen, das, vor allem zu Beginn seines literarischen Schaffens, Quelle immer wieder neuer (Selbst-)Zweifel wurde.

Dieses Schwanken zwischen der fühlbaren inneren Berufung, der man folgen möchte und die die eigene Existenz zu rechtfertigen weiß, und dem Zurückschrecken vor diesem Entschluss aufgrund der inneren und

---

1366 Sedelnik, Wladimir: Franz Kafka ... . In: Kraus/Winkler (Hrsg.): Das Phänomen Franz Kafka, S. 63.
1367 Stach, Reiner: Kafka. Die Jahre der Entscheidungen, S. 205-206.
1368 Ebenda, S. 269-270.
1369 Ebenda, S. 274.
1370 Ebenda, S. 274-275.

äußeren Barrieren und Konsequenzen wurde in der „Betrachtung" zur zentralen Problematik fokussiert und in zahlreiche literarische Bilder verfasst.

Die schwere Entscheidung zur Schriftstellerexistenz, die Kafka zeitlebens nicht mit letzter Konsequenz verwirklichen konnte und wollte, das Zerriebenwerden zwischen innerem Drang und Lust am Schreiben und dem ängstlichen Zurückweichen aufgrund der inneren und äußeren Schranken ist somit eines der zentralen Themen der „Betrachtung", die im Sinne ihrer etymologisch-ursprünglichen Bedeutung vor allem als Ausdruck einer „Erwägung" und „nachdenklichen Anschauung" hinsichtlich eines literarischen Schaffens und Lebens zu sehen ist.

ZUSAMMENFASSUNG UND EPILOG

„Die Betrachtung", eine kleine Sammlung früher Prosatexte Kafkas, kann aufgrund ihres geringen Verkaufserfolges wohl kaum als literarischer Durchbruch Kafkas interpretiert werden, jedoch war sie Kafkas erste Publikation überhaupt und kann zweifellos als ein Grundstein seines literarischen Lebens gelten.

Sie ist Spiegel und Dokument der inneren Zerrissenheit Kafkas, seiner schon früh angelegten Identitätssuche und –krise, wobei vor allem die für ihn schwere Entscheidung zur Schriftstellerexistenz im Vordergrund steht und alles andere überlagert. Die „Betrachtung" ist so gesehen vor allem ein Zeugnis einer „literarischen Selbstreflexion"[1371], sowohl des Autors als auch des Literarischen selbst.

Sie beweist aber auch, dass das literarische Frühwerk Kafkas kein „Schreibexperiment" oder lediglich eine Sammlung erster Schreibversuche war, wie es auf den ersten Blick aufgrund der literarisch unterschiedlichen Texte den Anschein haben mag, sondern dass sie vielmehr einen ersten Schritt in der „Entwicklung vom frühen zum späteren Werk"[1372] darstellt, denn „im Kern sind viele Erzählmuster und Erzählmotive der späteren in den ersten Texten konstitutiv schon angelegt"[1373]. So finden sich in der „Betrachtung" bereits die zentralen Stilmittel und Erzähltechniken der drei großen, später verfassten Romane. Denn sowohl der ohne Erzähler scheinbar selbsttätige Verlauf, der die Unmittelbarkeit des Geschehens in den Vordergrund stellt und den Leser so in den literarischen Vorgang mit einbindet, als auch die jeweils nur auf einen Ort eingeschränkte Perspektive, die visuell punktgenau und scharf, doch episch emotionslos und stets nur äußerlich bleibt, sowie die Erzeugung einer unbestimmten, instabilen, ungewissen, haltlosschwebenden Erzählwelt, dargestellt über die Verwendung von Konjunktiven und Adverbien der Vermutung, lassen sich u.a. nicht nur in den Romanen, sondern bereits schon in der „Betrachtung" finden.

Auf die Frage, ob und inwiefern die „Betrachtung" der expressionistischen Literatur zuzuordnen ist, ist Folgendes festzustellen:

Obwohl, wie im ersten Teil der vorliegenden Arbeit in Kapitel 3.2. ausführlich dargelegt, die „Betrachtung" unverkennbar expressionistische Züge trägt und eine im Grundsatz deutlich feststellbare Entsprechung in den zentralen Elementen gegeben ist, zählt die „Betrachtung" nicht im klassischen Sinne zur expressionistischen Prosa, da sie aufgrund

---

1371 Kurz, Gerhard (Hrsg.): Der junge Kafka, S. 8.
1372 Ebenda, S. 8.
1373 Ebenda, S. 8.

ihrer ganz eigenen, innovativen Charakteristik allgemein keinem literaturgeschichtlichen Ismus zuzuordnen ist.

Aus diesem Grunde kann sie auch ebenso wenig der Mischgattung des Prosagedichtes klar zugeordnet werden. Denn obwohl sie sich in zentralen Punkten, wie hinsichtlich ihrer transzendental-reflektorischen Struktur, ihrer ästhetischen Selbstreflexion und in Bezug auf ihre formalen Gestaltungsprinzipien der lyrischen Prosa sehr stark nähert, bleibt sie in ihrer ganz eigenen, autonom-interminablen Form und Struktur für jede literaturgeschichtliche Determinierung letztlich nicht fassbar.

Dass die wie Mosaiksteinchen zusammengefügten Einzeltexte der „Betrachtung" dennoch eine inhaltliche und strukturelle Einheit bilden, ergab eine genauere gesamtanalytische Interpretation im zweiten Teil dieser Arbeit. Hier zeigte sich, dass die Einzelstücke nicht nur themengebunden eine Gesamtheit bilden, sondern schon auf der Ebene der Wörter und Motive einen ganzheitlichen, in vieler Hinsicht geschlossenen Charakter besitzen. Dies zeigt sich vor allem in der wiederholten Verwendung zentraler Elemente und Motive in den verschiedenen Texten als auch in der thematischen Anbindung an vorangegangene Stücke bzw. durch die gezielte Vorwegnahme und Introduktion von Themen und Motiven, die zunächst nur schwach konturiert und im Folgenden dann zentral thematisiert werden.

Auch weist Kafkas Befürchtung, die er gegenüber Max Brod bezüglich der „Betrachtung" geäußert hat, dass nämlich „eine vielleicht im Geheimen komische Aufeinanderfolge"[1374] beim Ordnen der Stücke entstanden sein könnte, auf eine als zyklische Einheit konzipierte Textsammlung hin. Ebenso dafür spricht die Tatsache, dass Kafka all seine Erzählsammlungen „als zyklischen oder, schwächer formuliert, immanenten Zusammenhang"[1375] angeordnet hat.

Doch auch wenn bei der „Betrachtung" der geschlossene und zyklische Aufbau bei näherem Hinsehen unverkennbar erscheint, bleiben andererseits jedoch die Einzeltexte in ihrer Struktur auch multidimensional und polyvalent, und können (wie dargelegt wurde) unter verschiedenen Gesichtspunkten interpretiert werden.

Schon auf der Ebene der Motive ist diese in mehrfacher Hinsicht mögliche Explanation zu erkennen. So erscheint das Motiv des Blickes zum einen als Ausdruck der inneren Sammlung und Befreiung, nämlich dann, wenn der Blick aus dem Inneren durch das Fenster nach außen fällt. Psychische Stimmungslage (z. B. Beklemmung) und räumliche Situation (etwa geschlossenes Zimmer) werden in der „Betrachtung" häufig konform verwendet, können sich dabei jedoch auch, einander entsprechend, aus dieser (inneren und äußeren) Fixierung lösen.

1374 Kafka, Franz: Briefe 1902-1924, S. 102.
1375 Kurz, Gerhard: Lichtblicke in eine unendliche Verwirrung, S. 53.

In einer anderen thematisch-literarischen Kohärenz erscheinen die Blicke in der „Betrachtung" dagegen auch als Symbol des inneren und äußeren Erkennens, die Augen werden dabei als Wahrnehmungsmedium des anderen und des eigenen Selbst symbolisch verwendet; die Blicke können ebenso Ausdruck der (vorhandenen oder fehlenden) psychischen Kraft sein, erscheinen als Spiegel des Inneren oder symbolisieren die mittelbare Zugangsmöglichkeit zur äußeren Welt, dienen aber auch als Instrument der neuen Perspektivengewinnung.

Das Sehen kann somit als rein mechanisch-visueller Akt verstanden werden, ebenso wie als Ausdrucksmittel der psychisch-mentalen Lage und Haltung. Es kann Expression einer geistigen Erkenntnis, aber auch zweckgebundener Willensausdruck sein.

Insgesamt gesehen erscheint es als multifunktionales, polyvalentes Gestaltungs- und Ausdrucksmittel, das in der „Betrachtung", wie aufgrund des Titels schon zu vermuten war, ein zentrales Motiv darstellt.

Nach ihrem etymologischen Ursprung ist die „Betrachtung" eine Anschauung, Reflexion, Erwägung, eine literarische Darstellung, aber auch ein Streben, ein Leid, eine Plage. Sie beinhaltet somit schon vom Titel her ihre thematischen Schwerpunkte: Die nachdenkliche Anschauung verschiedener Perspektiven, die Erwägung (einer Schriftstellerexistenz), das damit verbundene Streben nach Anerkennung, aber auch die beinhaltete Qual des zu fassenden Entschlusses, sowie die Selbstreflexion des Literarischen im Allgemeinen.

Auch das „Schweben", der zweite große zentrale Schwerpunkt der „Betrachtung", weist von seinem etymologischen Ursprung her in die gleiche thematische Richtung: Das Umherschweifen der Blicke und Gedanken, die Perspektivensuche in einem unbestimmten Sein, akzentuiert wie das Betrachten eine Erwägung und (existentiell-ontologische) Suche, ein visuell-reflektorisches Streben nach Klarheit und Halt.

In den Einzeltexten der „Betrachtung" wird das Schweben in einer teilweise sehr unterschiedlichen Sinn- und Bedeutungsakzentuierung verwendet:

Zum einen als Ausdruck eines kindlich-freien Daseins, das (noch) von jeder Zweckorientierung entbunden und von allen mentalen und sozialen Zwängen und Einschränkungen enthoben ist.

In anderen Texten ist es Symbol einer orientierungslosen, ungefestigten Existenz und Identität, eines ontologisch haltlosen Seins.

Von besonderer Bedeutung ist dabei die überaus schwierige und extrem problembelastete existentielle Situation der Prager Juden, die im Zuge einer erzwungenen Assimilation und ansatzweise versuchten Emanzipation die Grundlage ihrer Identität und ihre ontologische Basis in der Moderne in mehrfacher Hinsicht verloren hatten: im Hinblick auf ihr Nationalitätsbewusstsein, ihr religiöses Selbstverständnis, ihre Ethik und Sprache, ihre Gruppenidentität und politische Heimat und schließlich und letztendlich auch im Hinblick auf die allgemeingesellschaftlichen und metaphysischen Veränderungen der Moderne, die der Selbstentfaltung und dem kontinuierlichen Aufbau fester Identitätsstrukturen entgegenstanden und eine klar ausgelegte Sinn- und Ichkonstituierung nahezu unmöglich machten.

Ferner erscheint es als Schwanken zwischen „Innen" und „Außen", als Umherschweifen zwischen zwei Welten, die man beide sucht, jedoch auch beide nicht zu ertragen weiß, bis man sich schließlich in einem ewigen Kreislauf der sinnlosen Suche verliert und nur noch resignativ als „schwere Masse" („Entschlüsse") existieren will.

Des Weiteren ist es aber auch Sinnbild einer Ästhetik, die den Künstler von den weltlichen Bezügen (vorübergehend) befreit, das haltlos im Sinne einer mentalen und kreativen Ungebundenheit erscheint und dabei gleichzeitig als „Fluchtmedium", als ein Instrument der Enthebung vom Boden der problembelasteten Realität, dient.

Auch ist das Schweben Ausdruck einer allgemeinen ontologischen Unsicherheit und metaphysischen Leere, die den Menschen in der Moderne zwischen Weltangst und Suche nach einer neuen Orientierungsmöglichkeit innerlich wanken und schwanken lassen, denn ohne gefestigte Seins-Totalität, ohne einheitlich metaphysische Konstituierung, ist der Mensch gefangen im Strudel der Diskontinuitäten und ephemeren Erscheinungen, er befindet sich so nur noch auf Irrwegen der nach allen Seiten hin divergierenden äußeren Welt. Selbst die Rückwendung ins Innere wird dabei zu einem problematischen Akt der vergeblichen Sinn- und Selbstsuche, denn ohne außerweltliche Orientierung fällt das Subjekt nur in seine eigene Leere zurück, ist angesichts der fehlenden metaphysischen Basis allein auf seine subjektive 'Betrachtung' verwiesen und 'heillos' überfordert, orientiert sich deshalb wiederum am Außen, das ebenfalls keine ontologischen Fundierungsmöglichkeiten mehr bietet und 'schwebt' schließlich zwischen zwei Welten, die überdies different und inkompatibel erscheinen, dennoch aber teilweise auch reziprok sind, sich gegenseitig ansatzweise durchdringen können und in einer labilen Dependenzbeziehung existieren.

Die innere, nur lebbare Welt, und die äußere, nur visuell erfahrbare Sphäre, sind für das Subjekt nur dann kompossibel, wenn es sich von den Zwängen des menschlichen Bewusstseins zu befreien vermag und so die äußere gegenständliche Welt nicht nur als Vorstellung rezipiert und erfahren wird, nicht mehr nur als bloßer Schein existiert, sondern das Innere durchdringt, mit diesem eins wird und nicht mehr an der Ausstrahlung des menschlichen Geistes wie an einer Schranke zerbricht.

In solch einem Zustand befindet sich der Mensch im Traume, wenn er frei ist von den Forderungen seines Willens, den Ausstrahlungen seines Bewusstseins und der Kraft seiner Vorstellung des visuell Erlebten.

Doch auch mit Hilfe der Kunst ist dieser Zustand erreichbar, beispielsweise wenn beim Schreibprozess das „traumhafte innere Leben"[1376] entfaltet und erlebt wird, wenn dabei die Gegenstände rein ästhetisch und nicht mehr zweckgebunden erscheinen, nicht mehr nach dem Warum und Wozu des angeschauten Objektes gefragt wird, sondern sich der Künstler oder Kunstrezipient ganz in der Kunst verliert, die Kraft seines Geistes dadurch von der gewöhnlichen Betrachtung entbunden ist und Subjekt und Objekt, Anschauender und Anschauungsobjekt zu einem Ganzen verschmelzen. Durch die über die Kunst erfahrene ästhetische Anschauung und Kontemplation wird nach Schopenhauer das Individuum zum „Subjekt der Erkenntniß"[1377], denn nun ist es aus jeglicher Beziehung zu seinem Willen und seiner Vorstellung getreten und das Objekt verliert gleichzeitig jedwede Außenrelation, so dass sich beide nur noch rein erfahren und erkennen, sich in unmittelbarer Objektivität aufeinander beziehen.

Auch Nietzsche sieht die Gegensätze des Objektiven und Subjektiven in der Kunstästhetik geeint, denn seiner Auffassung nach ist das Subjekt über die Kunst zum Medium geworden, das „das ewige Wesen der Kunst"[1378] in sich aufnimmt und somit „zugleich Subject und Object"[1379] geworden ist.

Beide Philosophen negieren dagegen die Substituierungsmöglichkeit der traditionellen Metaphysik durch die Kunst. Denn die Kunst kann zwar sowohl nach Schopenhauer als auch nach Nietzsche als ästhetische Kraft eine (vorübergehende) subjektive Entlastung von den weltlichen Zwängen leisten, kann Innen und Außen, Subjekt und Objekt in diesem Prozess unifizieren, kann auch das metaphysische Vakuum der Moderne darstellen und verifizieren, doch niemals eigenständig füllen, denn die Kunst bleibt trotz ihrer weltlichen Enthebungsmöglichkeit der negativen Welt weiter verhaftet und kann aus sich selbst heraus keine neue Totalität erschaffen.

Beide Aspekte finden sich auch in der „Betrachtung", die zum einen über das Schweben die Suche und den Wunsch nach einer weltlichen Enthebung und Transzendenz thematisiert (welche in der Kunstästhetik bzw. im Schreibprozess vorübergehend auch erreicht werden), doch die andererseits auch über ihre intentional nicht festgelegte Struktur und über die Verwendung des Schwebens auch als Ausdruck eines haltlosen Seins die letztendliche Vergeblichkeit dieser Suche vermittelt, die Unerreichbarkeit der verlorenen metaphysischen und ontologischen Festig-

---

1376 Kafka, Franz: Tagebücher 1910-1923, S. 306.
1377 Schopenhauer, Arthur: Die Welt als Wille und Vorstellung, Band 1, S. 265.
1378 Nietzsche, Friedrich: Die Geburt der Tragödie, S. 41.
1379 Ebenda, S. 42.

keit darlegt. Die Kunstästhetik ist demnach nur der Schein einer metaphysisch geschlossenen Einheit, der im Außen zerbricht und divergiert.

Ein weiterer zentraler Aspekt der „Betrachtung" ist die Thematisierung der Literatur und des Schreibens. Einmal in Form einer literarischen Selbstreflexion und Darstellung des Schreibens im künstlerischen Prozess, zum anderen aber auch als ästhetischer Zustand des Schwebens, hier auch oft anlehnend an das Pegasusmotiv dargestellt.

So verweisen, wie in Kapitel 3 näher ausgeführt wurde, fast alle Einzeltexte der „Betrachtung" in irgendeiner Form auf die Thematik der Literatur und des Schreibens, wobei sowohl die diesbezügliche Problematik (Schreibblockade, Zweifel an der eigenen literarischen Fähigkeit, Abhängigkeit von inneren und äußeren Faktoren - wie Inspiration, Zeit und Ruhe, Ruhm und Neid, ungesichertes Dasein als Schriftsteller) als auch die literarisch fundierte Ästhetik und weltliche Enthebung thematisiert wird.

Ferner lassen sich in diesem Zusammenhang auch Rückschlüsse auf die Bedeutsamkeit und den Stellenwert des Schreibens für Kafka ziehen, die im Kern das Folgende belegen:

Der Entschluss zur „wahren" Schriftstellerexistenz (d.h. als alleiniges und ausschließliches Lebens- und Berufskonzept) kann aufgrund etlicher Zweifel und Bedenken nicht getroffen werden. Trotzdem ist das Schreiben Berufung, höchster Sinn und Inhalt des Lebens, daneben auch Identifikationsmodell (die Worte werden zum „buchstäblichen Körper"[1380]) und ästhetische Fluchtmöglichkeit aus den Zwängen und Forderungen der Realität.

Dabei kann das Schreiben auch eine Möglichkeit zur vorübergehenden Auflösung der ontologischen Bewusstseinsproblematik darstellen, und die Tatsache, dass „weder die eigene Identität noch die Realität der erscheinenden Welt Gewißheiten bilden"[1381], vorübergehend überlagern, nämlich dann, wenn es dem Künstler gelingt, „im Vollzug des Schreibens jene befreiende 'Tatbeobachtung` (T 563) in der Konzentration auf sein Werk zu erlangen, die aus dem Bewußtseinszirkel herausführt"[1382].

Auch ist das Schreiben einerseits Mittler zwischen den konträren Welten des Innen und Außen, kann dabei andererseits die Grenze jedoch nicht völlig durchbrechen und führt das Subjekt in einen leidvollen Kreislauf des Schwankens zwischen zwei Sphären, die für sich jeweils allein keine Zufriedenheit vermitteln können und in ihrer Divergenz das Individuum innerlich zerreißen, das ohnehin schon instabile Ich jeder Festigkeit berauben.

1380 Kurz, Gerhard (Hrsg.): Der junge Kafka, S. 8.
1381 Beicken, Peter U.: Franz Kafka, S. 19.
1382 Ebenda, S. 155.

So kann man insgesamt sagen:

Kafkas Leben, das ein „permanenter Kampf des Selbstbehauptungsdrangs gegen die Inkonstanz und mangelnde Geschlossenheit seines Ichs"[1383] war, wird in der „Betrachtung" vor allem hinsichtlich seiner literarisch fundierten Existenz widergespiegelt, denn fast alle Einzelstücke sind „passagenweise auch lesbar als Allegorie der Hoffnungen und Mühen dichterischen Schreibens"[1384], wobei nicht nur der innerpsychische Konflikt, sondern auch die Divergenz zwischen Ich und Welt, Innen und Außen, aber auch die verlorene metaphysische Orientierungsmöglichkeit in der Moderne thematisiert wird.

Das Schreiben, die schwierige (und letztendlich nicht klar vollziehbare) Entscheidung zur Schriftstellerexistenz wird neben den bereits genannten Punkten zudem auch unter dem Aspekt der eigenen (zu hohen) Ansprüche problematisiert. Kafkas Anspruch an die eigene literarische Tätigkeit, eine (ähnlich wie etwa bei Dickens oder Hofmannsthal) narrative Technik beim Schreiben zu finden, mit Hilfe derer „Realität und Traum ununterscheidbar werden"[1385] und „die Darstellung der Außenwelt als Darstellung von Innenwelt"[1386] erscheint, ist in diesem frühen Werk zwar ansatzweise schon als realisiert zu erkennen, doch scheitert Kafka mit dieser Schreibtechnik auch immer wieder an einem gewissen Punkt, an dem plötzlich „alles stocken und sich im Kreise zurückdrehen muss" („Entschlüsse"), was in der „Betrachtung" selbst auch in Form einer literarischen Selbstreflexion verarbeitet und thematisiert wird. Die gewünschte völlige Durchbrechung und angestrebte gänzliche und dauerhafte Konformität von „Innen" und „Außen" wird letztlich auch literarisch nicht erreicht, was u.a. über das Motiv des Fensters als Symbol einer Barriere zwischen innerer und äußerer (literarischer) Welt dargestellt wird.

Trotzdem finden sich in der „Betrachtung" etliche äußerliche Abbreviaturen, die auf das tiefer gehende Innere verweisen, das äußere Abbild eines inneren Prozesses darstellen: „Eine kleine Geste, das stumme Hinfahren des kleinen Fingers über die Augenbrauen (*Entschlüsse*) oder das stumme Vorübergehen eines schönen Mädchens (*Die Abweisung*) stellen solche Abbreviaturen dar."[1387]

Ebenso ist in der „Betrachtung" auch die „Projektion der eigenen inneren Lage in die Außenwelt durch ein Tierbild"[1388] ersichtlich, zumeist in

---

1383 Nagel, Bert: Kafka und die Weltliteratur, S. 55.
1384 Kurz, Gerhard (Hrsg.): Der junge Kafka, S. 18.
1385 Ebenda, S. 23.
1386 Ebenda, S. 22.
1387 Ebenda, S. 33.
1388 Fingerhut, Karl-Heinz v.: Die Funktion der Tierfiguren im Werke Franz Kafkas, S. 55.

Form eines Pferdes (z.B. in den Stücken „Wunsch, Indianer zu werden", „Das Gassenfenster" etc.), was nichts anderes darstellt als „zeichenhafte Konkretisationen des 'inneren Lebens` durch Tiergestalten"[1389], wobei „eine einfache Nebeneinanderstellung von Tierszene und Aussage über den seelischen Zustand des Ichs genügt, um diese zu einer bildhaften Prädikation der unanschaulichen psychischen Gegebenheit zu machen"[1390]:

So hebt sich das epische „man" als „Indianer" gleichsam mit dem Pferde über die irdische Gebundenheit und Gegenständlichkeit hinweg, wird „zügellos" und bringt sich mit dem verlorenen „Pferdehals" und „Pferdekopf" offenbar selbst beinahe um Kopf und Kragen.

Auch der „müde Mann" am „Gassenfenster" „reißt" sich selbst zusammen und wendet sich wieder „der menschlichen Eintracht" zu, verlässt die innere Geschlossenheit des literarischen Ichs, um sich wieder der weltlichen Sphäre „unten" zu widmen, denn tatsächlich reißen ihn nicht „die Pferde unten mit", sondern die weltlich-soziale Seite seines Ichs.

Ingesamt blieb jedoch für Kafka trotz aller Probleme bezüglich des Schreibens (wie für Flaubert) die „absolute Hingabe an die Obsession 'écrire`"[1391] von zentraler lebensgeschichtlicher Bedeutung, was nicht nur die „Betrachtung", sondern auch zahlreiche autobiographische Texte, wie Briefe und Tagebuchaufzeichnungen, belegen.

„Er liebt, was er sein 'Unglück` nennt"[1392]; für ihn war das Schreiben ebenso wie für Flaubert eine Art Felsen im Meer der Gefühle, der Rettung und Unglück gleichermaßen verspricht; denn es ist wie sein Ich und sein Leben von einer unaufhebbaren Ambivalenz durchsetzt.

Dabei suchte er nach einer Möglichkeit, ganz „in seinem Schreiben aufzugehen. Denn dieses Aufgehen beinhaltet aus Kafkas Sicht ein Anfüllen der Worte mit Sein, mit dem Sein des Subjekts. Dabei erfüllt sich für das Subjekt, obwohl individuell nicht gegenwärtig, eine Omnipotenzphantasie"[1393], es kann sich verlieren und dabei doch zu sich finden.

Dass Kafka mit seiner literarischen Tätigkeit auch den Wunsch verband, „durch das Schreiben eine wahre Identität zu erlangen"[1394], zeigt auch das Stück „Der plötzliche Spaziergang", wenn das erzählende

---

1389 Fingerhut, Karl-Heinz v.: Die Funktion der Tierfiguren im Werke Franz Kafkas, S. 55.
1390 Ebenda, S. 55.
1391 Kurz, Gerhard (Hrsg.): Der junge Kafka, S. 26.
1392 Ebenda, S. 95.
1393 Ebenda, S. 159.
1394 Beicken, Peter U.: Franz Kafka, S. 205.

„man" ins Literarische, „ins Wesenlose abschwenkt" und dabei „sich zu seiner wahren Gestalt erhebt".

Daneben spielt in diesem frühen Werk auch das Schreiben als Schweben, als Haltlosigkeit, aber auch als Flucht- und Enthebungsmöglichkeit aus einer problematisierten weltlichen Existenz eine entscheidende Rolle und erscheint insgesamt in einer polyvalenten Art und Weise.

So steht es vielfach in der „Betrachtung" auch für die weltliche Existenz schlechthin. Denn so wie „das Stück *Auf der Galerie* die Sehweise des beobachtenden Weltverhaltens"[1395] thematisiert und verbildlicht, versucht auch die „Betrachtung" in vielerlei Hinsicht „die sichtbaren Einzelheiten nach dem Verhältnis von Ursache und Wirkung zu ordnen, erreicht aber nur das Zerbrechen der logischen Relation. Und obwohl die Einzelheiten auf der anderen Seite danach streben, sich zu isolieren, in der Unzulänglichkeit Eigenwert zu gewinnen, bleiben sie doch unselbständig, teilhaft und geraten so in jene eigentümliche Schwebe, die in der Mitte zwischen der Ruhe des reinen Ausdrucks und dem endlos sich drehenden Zirkel der reinen Reflexion steht. So aber wird es verständlich, weshalb schon in ... Kafkas frühester Dichtung ... die 'Schwebe` als wesentliches Charakteristikum des In-der-Welt-Seins erscheint"[1396]. Denn die Betrachtung des Äußeren, das Bild der nur visuell erfahrbaren äußeren Welt ist mit dem Inneren, der Ratio und Psyche, letztlich nicht kompatibel, so dass „in der Sehweise des beobachtenden Weltverhaltens die Vermittlung des nur beziehenden Denkens mit der radikalen Unbezüglichkeit ein bloßes Zerrbild der wahren, ungetrübten Möglichkeiten bleibt"[1397].

In der „Betrachtung" ist dies vor allem in den Einzelstücken „Der Nachhauseweg" und „Entschlüsse" erkennbar, wenn die äußere „Luft" voll „Überzeugungskraft" erscheint, jedoch eine nicht erklärbare „Nachdenklichkeit" im Inneren das Positivum negiert, oder wenn „mit gewollter Energie" alles „leicht sein" sollte, aber das „Feuer in den Augen" alles „stocken" lässt.

Auch hier ist also zu erkennen, dass „jene positive Verbindung, in der sich die im reinen Ausdruck eröffnete Wirklichkeit mit konkretem Inhalt erfüllen und durch logische Relationen verfügbar machen ließe, nicht zu erreichen ist"[1398].

Doch auch jede andere Aufhebung und Dialektik in den Einzeltexten der „Betrachtung" weist darauf hin, „daß die subjektive Sicht der Welt notwendig unvollständig ist, daß Sprache und Wirklichkeit sich nicht decken, daß weder die eigene Existenz noch die Realität der Außenwelt

---

1395 Kobs, Jörgen: Kafka, S. 96.
1396 Ebenda, S. 96-97.
1397 Ebenda, S. 97.
1398 Ebenda, S. 97.

vom einzelnen gesichert werden kann, daß es nicht möglich ist, zugleich die Wirklichkeit zu transzendieren und in der Wirklichkeit zu leben"[1399], sondern dass nur ein ungesichertes weltlich-existentielles Schweben möglich ist, denn das Subjekt kann dieser Wirklichkeit, seiner Gegenwelt, „durch den unzulänglichen Erkenntnisapparat (Sprache, Denken, Bewusstsein) nicht habhaft werden"[1400].

Andererseits jedoch „ist die ungesicherte Einzelexistenz auf die Anerkennung durch die Anderen angewiesen"[1401], und da die Wirklichkeit „immer nur als gesellschaftlich vermittelt erscheint"[1402], ergibt sich daraus für den Einzelnen die eigentliche Problematik.

In der „Betrachtung" ist diese Thematik im Stück „Zum Nachdenken für Herrenreiter" impliziert, wenn nichts „dazu verlocken kann, in einem Wettrennen der erste sein zu wollen", weil die gesellschaftliche Anerkennung fehlt oder man mit dem Ruhm nichts anzufangen weiß.

Das Alternieren in der Verwendung gegensätzlicher Motive und Bilder (etwa unten und oben, innen und außen, Jugend und Alter, Stadt und Land etc.) bzw. die Verwendung konträr auslegbarer Motive (wie etwa des Fensters, das einmal als Sinnbild eines visuellen Bezugs zur Außenwelt, der man dadurch jedoch auch physisch gerade fernbleibt, erscheint, aber auch Symbol eines Fernblicks in die Weite und Leere ist), doppeldeutiger Begriffe und polyvalenter Beschreibungen und Aussagen, unterstreicht dabei einmal mehr die innere Zerrissenheit und das allgemein existentielle Schwanken und Verlorensein im nicht aufhebbaren Kreislauf der Repugnanzen und somit die zentrale Enunziation der „Betrachtung".

Dazu gehört auch, dass Kafka „in seinem epischen Werk dialektische Strukturen verbildlicht, indem er Bilder ihrer statischen Gegenständlichkeit beraubt und sie dialektisch strukturiert, um die Welt selbst als dialektisch zu demonstrieren"[1403], wie dies etwa im Einzeltext „Die Bäume" in der „Betrachtung" zu sehen ist.

Die Thematik der inneren Zerrissenheit wird ferner in der „Betrachtung" auch als Personifikation einer Ich-Abspaltung literarisch verarbeitet und dargestellt, etwa in Form einer Doppelexistenz als „ich" und „Gespenst" oder „Bauernfänger". Dabei wird sie wie alle zentralen Elemente in der „Betrachtung" in dialektischer Art und Weise verwendet: einmal in Form einer Ich-Gespaltenheit als Erkennen und Auseinandersetzen mit einer Facette des eigenen Selbst („Gespenst"), andererseits aber auch als Ausdruck einer Selbstdistanzierung („Bauernfänger").

1399 Beicken, Peter U.: Franz Kafka, S. 349.
1400 Ebenda, S. 230.
1401 Ebenda, S. 231.
1402 Ebenda, S. 230.
1403 Bezzel, Christoph: Natur bei Kafka, S. 41.

Auch an der äußeren, stilistischen Form ist diese innere Zerrissenheit erkennbar. Denn die „Betrachtung" bedient sich zwar der Elemente verschiedener literarischer Stilrichtungen, doch geht sie auch auf der Ebene des literarischen Ismus die eingeschlagenen Wege nie bis zum Ende und entzieht sich so letztlich jeder literaturgeschichtlichen Einordnung und Klassifizierung, bleibt auch so gesehen permanent in der „Schwebe".

Neben den bereits erörterten Parallelen und Deviationen hinsichtlich der expressionistischen Literatur und des Prosagedichtes ist dies beispielsweise auch anhand des Stückes „Kinder auf der Landstraße" ersichtlich, wenn hier „die Wendung auf das Selbst, die Konzentration auf Stimmungen, vor allem auf Müdigkeit und Trauer"[1404] zwar analog zur Literatur der Jahrhundertwende dargestellt wird, dann plötzlich jedoch „ironisch und grotesk"[1405] durchbrochen wird.

Eine weitere dialektische Spannung findet sich zwischen der „Konstanz in den erzählenden und bildlichen Motiven"[1406] und der semantischen „Zerstreuung im unendlichen Spiel der Bedeutungsvariationen"[1407].

Auf der Sinnebene lässt sich zudem ein Spiel der anfänglich logischen Folge und der nachfolgenden plötzlichen Durchbrechung erkennen, das den Leser immer wieder zur erneuten Reflexion und Kontemplation verleitet. So offenbart die „Betrachtung" einen „Grundzug ..., der ... für den Kafka der frühesten Zeit ... charakteristisch scheint und den man etwa, in Anlehnung an den Titel seiner ersten Publikation, den 'kontemplativen` oder 'theoretisch-kontemplativen` nennen könnte"[1408], denn „Kafkas Erzählen ist in dieser frühen Zeit offenbar nicht n u r Erzählen, hat gleichsam nicht genug am bloß Erzählerischen, ist vielmehr immer auch 'Betrachtung` oder hat doch zumindest eine Tendenz zur 'Betrachtung`, zum Kontemplativen oder auch zur Meditation"[1409], der zwar in seinen späteren Werken nicht gänzlich verschwindet, „aber mit dem Erzählerischen sozusagen verschmilzt"[1410].

Im Zuge dieser betrachtenden Kontemplation werden Sinnerwartungen erzeugt, die jedoch jeweils scheinbar nur ins Leere laufen und sich niemals (textgebunden) erfüllen können. Denn „Kafkas Schreiben gehorcht einem Gesetz, das man als *Entzug der Referenz* begreifen muß. Der Text macht sich einen Spaß daraus (der zugleich Verzweiflung ist), einen

---

1404 Kurz, Gerhard (Hrsg.): Der junge Kafka, S. 16.
1405 Ebenda, S. 16.
1406 Kremer, Detlef: Kafka. Die Erotik des Schreibens, S. 30.
1407 Ebenda, S. 22.
1408 Kurz, Gerhard (Hrsg.): Der junge Kafka, S. 114.
1409 Ebenda, S. 114.
1410 Ebenda, S. 114.

von den Buchstaben evozierten Gegenstand nicht etwa darzustellen, sondern im Fortschreiten der Sätze zu demontieren ... so verlagert sich die jeweilige Bedeutung des Geschriebenen vom Referenten auf das Problem der *Referentialität* selbst"[1411].

Auch in der „Betrachtung" ist „wie in allen Werken Kafkas, ... das Ingangsetzen des logischen Diskurses ein antithetischer Prozeß, der zu einer Aufhebung der logischen Bewegung führt"[1412], so dass es anstelle einer klaren intentionalen Auflösung nur zu einer „Potenzierung und Verrätselung der Bedeutung"[1413] kommt und am Ende stets „ein hermeneutischer Abgrund, der nicht zu überbrücken ist, klafft"[1414].

Jeder Versuch, eine klare interpretative Linie zu finden, führt dabei unweigerlich in einen „paradoxen Zirkel"[1415] hinein, denn jede scheinbare Gewissheit wird im Nachhinein wieder negiert, wie etwa in den Stücken „Entschlüsse", „Der Nachhauseweg" oder „Die Bäume".

Nur „die Sprache des Textes selbst, seine Buchstäblichkeit, immer wieder auch die konkrete Gestalt der Schrift, Handschrift wie Druckschrift, erweisen sich als das einzig tatsächlich Dargestellte, während alle der Schrift äußerlichen 'Sachen` verschoben, entzogen werden und dem Blick im Verlauf der Sätze entgleiten"[1416], so dass also lediglich „die Sprache selbst ... als Positivum erhalten bleibt"[1417], was wiederum den zentralen Aspekt der literarischen Selbstreflexion und den überaus bedeutenden Stellenwert des Schreibens unterstreicht und betont und dabei als ein tragisch-komisches Spiel literarischer Zeichen und philosophischer Aspekte erscheint.

Dabei bleibt die Ausgangsperspektive nicht bestehen, die Winkel der Betrachtungen variieren, der Blick wird „da und dort verzerrt, unbewiesene Voraussetzungen laufen mit unter und werden den Fakten koordiniert; aus scheinbar ganz geringfügigen Aperçus wird ein Bau getürmt, dessen Komplikation gar nicht zu überblicken ist, ja der sich zum Schluß ausdrücklich um die eigene Achse dreht, sich selbst widerlegt und dennoch aufrechterhalten bleibt"[1418]. Im Gegensatz dazu steht „der kristallklare Stil und der Realismus der Einzelheiten"[1419], der das Unauflösbare scheinbar kompensiert; „mit möglichst hellen, einfachen,

---

1411 Kurz, Gerhard (Hrsg.): Der junge Kafka, S. 214.
1412 Jayne, Richard: Erkenntnis und Transzendenz, S. 77.
1413 Ebenda, S. 76.
1414 Ebenda, S. 76.
1415 Kobs, Jörgen: Kafka, S. 14.
1416 Kurz, Gerhard (Hrsg.): Der junge Kafka, S. 220.
1417 Ebenda, S. 220.
1418 Brod, Max: Franz Kafka, S. 22.
1419 Ebenda, S. 43.

scharfbegrenzten Worten"[1420] wird das Unfassbare äußerlich konkretisiert.

Auch wenn dabei kein Weg beschrieben, ja nicht einmal eine eindeutige Richtung dem Rezipienten vorgegeben wird, existieren doch diese „winzigen, aber richtigen getreuen Erkenntnisse, aus denen ein ganz neues System von Erkenntnissen aufzubauen man große Lust verspürte, - ohne sich darüber unklar zu sein, daß das Unterfangen, die Welt und die Seele des Menschen auf so minuziöse Art erkennen zu wollen, zwar berechtigt ... sei, jedoch leider zu jenen Angelegenheiten gehöre, die, ... ihrer Natur nach nie zu einem Ende kommen können"[1421].

Es sind, wie Brod es ausdrückte, jene „Schlichtheit des Stils, jedoch von Einfällen erleuchtet in jedem Satz, in jedem Wort"[1422], und die auf den ersten Blick unauffälligen Metaphern, die sich immer wieder im neuen Sinngewand präsentieren, andere Betrachtungsmöglichkeiten offerieren, die Kafkas literarische Einzigartigkeit formieren, so dass man mit den Worten Brods sagen kann:

„*Jeder* große Dichter hat irgend etwas im Leben deutlich gemacht, was vor ihm *keiner so deutlich* gesehen hat. Und *was ist durch Kafka deutlich geworden? Die Undeutlichkeit des Lebens!*"[1423]

Die „Betrachtung" legte dazu zweifellos einen Grundstein, denn schon hier erkennt man eine sprachliche Kraft, die immer wieder über das rein Sprachliche hinausgeht, zwar auf sich selbst verweist, aber auch ständig neue Blickwinkel eröffnet, die jedoch rein textimmanent niemals voll erkannt werden können, stattdessen scheinbar nur in ein fernes Dunkel verweisen.

„Ein Strahl streckt sich von jedem Detail aus, ins Ewige, Transzendente weist er"[1424], doch fällt dann wieder auf sich selbst und das rein Sprachliche zurück.

Kafka hat so „in beispiellos eigensinniger und zugleich perfekter Weise die *Sprache* zum Medium der Selbstentfaltung gemacht"[1425] und beherrscht diese mit fast chirurgischer Genauigkeit, denn bei ihm gibt es „keine Phrasen, keine semantischen Unreinheiten, keine schwachen Metaphern ... Seine Sprache 'fließt` nicht aus sich selbst, noch tritt sie jemals über die Ufer; sie wird beherrscht, wie ein glühendes Skalpell, das durch Stein dringt"[1426], und doch führt sie in ein hermeneutisches Dunkel, das sich nur bei näherer Betrachtung teilweise erhellt.

1420 Brod, Max: Franz Kafka, S. 43.
1421 Ebenda, S. 73.
1422 Ebenda, S. 73.
1423 Ebenda, S. 183.
1424 Ebenda, S. 205.
1425 Stach, Reiner: Kafka. Die Jahre der Entscheidungen, S. XXI.
1426 Ebenda, S. XXI.

Allgemein und abschließend kann man sagen: Mit der „Betrachtung" entstand ein ganz neuer literarischer Stil, ein Novum des literarischen Ausdrucks und Schreibens mit einer beinhalteten „Tendenz zu allegorischer oder, wenn man lieber will, ´symbolischer` Aufladung, die den Leser zwingt, nach der ´Bedeutung` des Dargestellten zu fragen"[1427], nach Möglichkeiten der Ambivalenzauflösung zu suchen und dabei sich selbst zu „betrachten", die eigene Existenz zu hinterfragen. Sie legte somit den Grundstein zu einer innovativen, bisher in dieser Form noch nicht gekannten Art des Schreibens und Rezipierens, die Kafka, nach der These von H. Hillmann, mit diesem Frühwerk erstmals „als Genre intendieren"[1428] konnte.

1427 Kurz, Gerhard (Hrsg.): Der junge Kafka, S. 125.
1428 Binder, Hartmut: Kafka-Handbuch, Band 2, S. 249.

BIBLIOGRAPHIE

Adorno, T.W.: Ästhetische Theorie, Ges. Werke 7, Frankfurt/Main: Suhrkamp Verlag, 1970.

Beicken, Peter U.: Franz Kafka. Eine kritische Einführung in die Forschung. Frankfurt/Main: Athenäum Fischer Taschenbuch Verlag, 1974.

Bezzel, Christoph: Natur bei Kafka. Studien zur Ästhetik des poetischen Zeichens. Nürnberg: Verlag Hans Carl, 1964.

Binder, Hartmut: Kafka-Handbuch in zwei Bänden. Band 2: Das Werk und seine Wirkung. Stuttgart: Alfred Körner Verlag, 1979.

Binder, Hartmut: Kafka-Kommentar zu sämtlichen Erzählungen. München: Winkler Verlag, 1975.

Binder, Hartmut: Kafka in neuer Sicht: Mimik, Gestik und Personengefüge als Darstellungsformen des Autobiographischen, 1. Auflage. Stuttgart: Metzler, 1976.

Born, Jürgen (Hrsg.): Franz Kafka. Kritik und Rezeption zu seinen Lebzeiten 1912-1924. Frankfurt/Main, 1979.

Brod, Max: Franz Kafka. Eine Biographie. Frankfurt am Main: S. Fischer Verlag, 1963.

Brod, Max: Über Franz Kafka. Frankfurt am Main: S. Fischer Verlag, 1991.

David, Claude (Hrsg.): Franz Kafka. Themen und Probleme. Göttingen: Vandenhoeck und Ruprecht, 1980.

Dietz, Ludwig: Franz Kafka. Die Veröffentlichungen zu seinen Lebzeiten (1908-1924). Eine textkritische und kommentierte Bibliographie. Heidelberg: Lothar Stiehm Verlag, 1982.

Duden „Etymologie": Herkunftswörterbuch der deutschen Sprache. 2. völlig neu bearb. u. erw. Aufl. / von Günther Drosdowski. Mannheim; Wien; Zürich: Duden, 1989. (Der Duden; Bd. 7)

Duden „Fremdwörterbuch". 5., neu bearbeitete und erweitere Auflage. Hrsg. vom Wissenschaftlichen Rat der Dudenredaktion: Prof. Dr. Günter Drosdowski u.a. Mannheim; Wien; Zürich: Dudenverlag, 1990. (Duden Band 5)

Emrich, Wilhelm: Franz Kafka. Frankfurt/Main: Athenäum Verlag, 1970.

Eschweiler, Christian: Kafkas unbekannte Botschaft. Der richtige „Process". Bonn: Bouvier, 1998.

Fingerhut, Karl-Heinz v.: Die Funktion der Tierfiguren im Werke Franz Kafkas. Offene Erzählgerüste und Figurenspiele. Bonn: H. Bouvier und Co. Verlag, 1969.

Fülleborn, Ulrich (Hrsg.): Deutsche Prosagedichte des 20. Jahrhunderts. Eine Textsammlung. München: Wilhelm Fink Verlag, 1976.

Gfrereis, Heike (Hrsg.): Grundbegriffe der Literaturwissenschaft. Stuttgart: Metzler, 1999.

Giddens, Anthony: Konsequenzen der Moderne. Frankfurt/Main: Suhrkamp, 1996.

Glaser, Horst Albert (Hg.): Deutsche Literatur. Eine Sozialgeschichte. Band 8: Jahrhundertwende: Vom Naturalismus zum Expressionismus 1880-1918. Hamburg: Rowohlt Taschenbuch Verlag GmbH, 1993.

Habermas, Jürgen: Die Moderne – Ein unvollendetes Projekt. Philosophisch-politische Aufsätze. Leipzig: Reclam Verlag, 1994.

Habermas, Jürgen: Der philosophische Diskurs der Moderne. Frankfurt/Main: Suhrkamp, 1998.

Habermas, Jürgen: Moralbewußtsein und kommunikatives Handeln. Frankfurt/Main: Suhrkamp, 1999.

Habermas, Jürgen: Theorie des kommunikativen Handelns, Band 1, Handlungsrationalität und gesellschaftliche Rationalisierung, Frankfurt/Main: Suhrkamp Verlag, 1997.

Habermas, Jürgen: Theorie des kommunikativen Handelns, Band 2, Zur Kritik der funktionalistischen Vernunft, Frankfurt/Main: Suhrkamp Verlag, 1997.

Hermes, Roger (Hrsg.): Franz Kafka. Die Erzählungen und andere ausgewählte Prosa. Frankfurt/Main: Fischer Taschenbuch Verlag GmbH, 2000.

Janouch, Gustav: Gespräche mit Kafka. Aufzeichnungen und Erinnerungen. Frankfurt/Main: S. Fischer Verlag GmbH, 1968.

Jayne, Richard: Erkenntnis und Transzendenz. Zur Hermeneutik literarischer Texte. Kafka: Forschungen eines Hundes. München: Wilhelm Fink Verlag, 1983.

Kafka, Franz: Beschreibung eines Kampfes, Frankfurt/Main: S. Fischer Verlag, 1986.

Kafka, Franz: Briefe 1902-1924. Frankfurt/Main: Fischer Taschenbuch Verlag, 1975.

Kafka, Franz: Briefe an Felice. Frankfurt/Main: Fischer Taschenbuch Verlag GmbH, 1986.

Kafka, Franz: Briefe an Milena. Frankfurt/Main: Fischer Taschenbuch Verlag GmbH, 1986.

Kafka, Franz: Das Schloß, Frankfurt/Main: S. Fischer Verlag, 1982.

Kafka, Franz: Erzählungen. Frankfurt/Main: S. Fischer Verlag, 1986.

Kafka, Franz: Hochzeitsvorbereitungen auf dem Lande. Frankfurt/Main: S. Fischer Verlag, 1986.

Kafka, Franz: Tagebücher 1910-1923. Frankfurt/Main: S. Fischer Verlag, 1986.

Killy, Walther (Hrsg.): Deutsche Autoren vom Mittelalter bis zur Gegenwart, Band 3. Gütersloh/München: Bertelsmann Lexikon Verlag GmbH, 1994.

Kobs, Jörgen: Kafka. Untersuchungen zu Bewusstsein und Sprache seiner Gestalten. Hrsg. v. Ursula Brech. Bad Homburg: Athenäum Verlag, 1970.

Kraus, Wolfgang / Winkler, Norbert (Hrsg.): Das Phänomen Franz Kafka. Prag: Vitalis, 1997. (Schriftenreihe der Österreichischen Franz-Kafka-Gesellschaft)

Kremer, Detlef: Kafka. Die Erotik des Schreibens: Schreiben als Lebensentzug. Frankfurt am Main: Athenäum Verlag, 1989.

Kurz, Gerhard: Lichtblicke in eine unendliche Verwirrung. Zu Kafkas „Betrachtung". In: Text und Kritik, Sonderband, München 1994, S. 49-65.

Kurz, Gerhard (Hrsg.): Der junge Kafka. Frankfurt/Main: Suhrkamp, 1984.

Luhmann, Niklas: Beobachtungen der Moderne. Frankfurt/Main: Suhrkamp, 1996.

Luhmann, Niklas: Vertrauen. Ein Mechanismus zur Reduktion sozialer Systeme. Stuttgart: Ferdinand Enke, 3. Aufl., 1989.

Lukács, Georg: Die Theorie des Romans. Darmstadt: Hermann Luchterhand-Verlag, 1977.

Meid, Volker: Sachwörterbuch zur deutschen Literatur. Stuttgart: Reclam, 1999.

Meng, Weiyan: Kafka und China. München: Iudicium Verlag, 1986.

Nagel, Bert: Kafka und die Weltliteratur. Zusammenhänge und Wechselwirkungen. München: Winkler Verlag, 1983.

Nietzsche, Friedrich: Die Geburt der Tragödie. Stuttgart: Reclam, 1998.

Nünning, Ansgar (Hrsg.): Metzler Lexikon Literatur- und Kulturtheorie. Ansätze – Personen – Grundbegriffe. Stuttgart: Metzler, 2001.

Platon: Sämtliche Werke, Band 3: Phaidon, Politeia. Hrsg. von Ernesto Grassi. Hamburg: Rowohlt Taschenbuch Verlag GmbH, 1958.

Reuß, Roland: Zur kritischen Edition von „Beschreibung eines Kampfes" und „Gegen zwölf Uhr (...)". Frankfurt/Main: Stroemfeld Verlag, 1999.

Roscher, W.H.: Ausführliches Lexikon der griechischen und römischen Mythologie. Dritter Band, zweite Abteilung. Hildesheim: Georg Olms Verlag, 1978.

Schopenhauer, Arthur: Die Welt als Wille und Vorstellung, Band 1. Stuttgart: Reclam, 1997.

Schopenhauer, Arthur: Die Welt als Wille und Vorstellung, Band 2, Stuttgart: Reclam, 1996.

Schulz, Walter: Metaphysik des Schwebens. Untersuchungen zur Geschichte der Ästhetik, Pfullingen: Neske, 1985.

Stach, Reiner: Kafka. Die Jahre der Entscheidungen. Frankfurt/Main: S. Fischer Verlag GmbH, 2003.

Stölzl, Christoph: Kafkas böses Böhmen. Zur Sozialgeschichte eines Prager Juden. München: edition text + kritik GmbH, 1975.

Unseld, Joachim: Franz Kafka. Ein Schriftstellerleben. Die Geschichte seiner Veröffentlichungen. München: Carl Hanser Verlag, 1982.

Wagenbach, Klaus: Franz Kafka. Bilder aus seinem Leben. Frankfurt/Main: Büchergilde Gutenberg, 1994.

Walser, Martin: Leseerfahrungen, Liebeserklärungen. Aufsätze zur Literatur. Frankfurt/Main: Suhrkamp Verlag, 1997.

Weber, Max: Gesammelte Aufsätze zur Religionssoziologie. Tübingen: Mohr, 1988.

Weber, Max: Gesammelte Aufsätze zur Wissenschaftslehre. Hrsg. von Johannes Winckelmann. Tübingen: Mohr, 1988.

www.ingramcontent.com/pod-product-compliance
Lightning Source LLC
Chambersburg PA
CBHW021936290426
44108CB00012B/855